U0032628

Intellectual History

賀本刊通過科技部2018年
「台灣人文及社會科學期刊評比暨核心期刊收錄」評比為核心期刊（THCI）第二級

8

2018年12月

目錄

【論文】

「學派」以外：
北宋士人鄒浩（1060-1111）的政治及學術思想 *

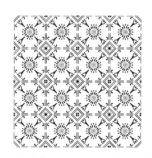

張曉宇

香港中文大學歷史系助理教授，亞利桑那州立大學歷史系博士。主要研究領域包括中國中古思想史、禮制史及社會史。著有《奩中物：宋代在室女財產權之形態與意義》、《唐宋詩詞導賞》、《綠滿窗前：吐露港讀書劄記》等專書，並在《中國文化研究所學報》、《歷史文獻研究》、*Frontiers of History in China* 諸期刊發表學術文章、書評等。

* 拙稿承蒙兩位匿名審查人提供寶貴修改意見，並得編輯先生訂正錯誤，獲益良多，謹致謝悃。

「學派」以外：
北宋士人鄒浩（1060-1111）的政治及學術思想

摘要

　　北宋思想家鄒浩是宋代思想轉型期的關鍵人物之一。其直諫宋哲宗立劉后一事尤爲後人所樂道。在《宋史・道學傳》和《宋元學案》等傳統論述中，鄒浩早年服膺王安石新學，晚年轉入程頤道學，其思想與元祐舊黨中人相近。過去學界多視鄒浩爲政治家，並未專注到鄒浩思想。即使偶有分析，仍不脫《宋元學案》之論述框架。本文通過仔細爬梳鄒浩文集《道鄉集》與及其他文獻材料，試圖重建鄒浩之政治與思想世界。鄒浩本人乃調合論者，政治上並無新、舊的明顯立場。思想方面，鄒浩之學術雜採《易》理、禪學，兼及道家學說，其複雜處遠非「由王入程」的線性發展所能概括。作爲思想家的鄒浩，其政治生命與思想之糾結正好反映了北宋中葉以後學術界眾聲喧嘩的現象。針對此一過程的研究，尤能補充北宋思想史書寫中王氏新學與程氏道學以外的空白地帶。

關鍵詞：鄒浩、程頤、新學、道學運動、《宋元學案》

一、前言

中國思想史上，常會出現學派紛紜、學者們各持其說爭持不下的情形。後世所理解的各種「學派」，不少都是源自這一類爭持。宋代思想史上著名的例子，就是道學發展史。關於道學建構過程，前賢如劉子健、余英時、田浩（Hoyt Tillman）、土田健次郎、夏長樸、陳來、何俊等，都做了充分和精緻的梳理。[1] 可資注意者，則是「學派」建構過程主要由後人主導。而「學案」體的出現與流行更加強了被建構的「學派」合理性。即以北宋思想史爲例，以《宋元學案》爲代表的書寫強調既成「學派」的形態與規模，卻很少提及「學派」以外的思維世界。歸根究底，《宋元學案》是後設的思想史架構。北宋時期的眾多思想家並沒有後世想像中的「學派」意識。擱置北宋時期尚不存在的「學派」概念，有助於揭示一些被埋沒的重要思想家。本文通過考察一位活躍於北宋哲宗、徽宗時期的思想家鄒浩（1060-1111），本文試圖跳出「學派」框架，重建當時學人思想細節，進而爲反思宋代思想史提供一點新線索。

鄒浩，字志完，出生於常州晉陵，即今江蘇省常州市附近。他在

1　James T. C. Liu, "How did a Neo-Confucian school become the state orthodoxy?" *Philosophy East and West,* 23:4（1973）, pp. 483-505. 余英時，《朱熹的歷史世界：宋代士大夫政治文化的研究》（臺北：允晨文化實業股份有限公司，2003）；〔美〕田浩（Hoyt Cleveland Tillman），《朱熹的思維世界》（臺北：允晨文化實業股份有限公司，2008）；〔日〕土田健次郎著，朱剛譯，《道學之形成》（上海：上海古籍出版社，2010）；夏長樸，〈從李心傳《道命錄》論宋代道學的成立與發展〉，《宋史研究集》第三十六輯（臺北：新文豐出版公司，2006），頁1-65；陳來主編，《早期道學話語的形成與演變》（合肥：安徽教育出版社，2007）；何俊，《南宋儒學建構》（上海：上海人民出版社，2013）。

《宋元學案》中立有專案，與陳瓘（1057-1124）同傳。全祖望（1705-
1755）的〈宋元儒學案序錄〉定本認為鄒浩私淑程頤（1033-1107）
之學而未純。[2]全氏之所以有「未純」這樣的評語，是因為鄒浩曾經受
學於王安石（1021-1086）弟子龔原（1043-1110）。換言之，《宋元學
案》筆下的鄒浩是轉投程門的王門弟子，他與陳瓘代表了一整批「各
有師承」卻私淑洛學的北宋中後期士人。[3]這批士人被「道學化」的過
程是宋代思想史中一個值得注意的問題。分析此一過程有助於我們重
寫道學前史乃至道學史。與陳瓘不同，鄒浩終其一生都受王學影響。
從這個意義來說，鄒浩可謂北宋兩大顯學轉型中的關鍵人物，值得深
入探究。

　　至今為止，學界仍然缺乏關於鄒浩思想的專門研究。[4]究其原因，
這可能和鄒浩過於響亮的政治聲名有關。由於北宋中後期變法而產生

2　〔清〕黃宗羲著、全祖望修補，《宋元學案》（北京：中華書局，1986），
　　卷首，〈宋元儒學案序錄〉，頁7。
3　「各有師承」出自清人王梓材案語，見黃宗羲著、全祖望修補，《宋元學
　　案》，卷35，〈陳鄒諸儒學案〉，頁1203-1204。
4　河北大學李洪霞有一篇關於鄒浩的碩士論文，基本上是鄒浩生平概論。作
　　者自己在序言中承認對鄒浩思想部分研究不夠，但已經是難得的專門研
　　究。李洪霞，〈鄒浩研究〉（保定：河北大學歷史學碩士學位論文，
　　2010）。廣西大學朱薷和廣西師範學院谷學穎的兩篇碩士論文均集中闡釋
　　鄒浩詩歌，並沒有深入探究其思想。朱薷，〈鄒浩詩校注〉（南寧：廣西
　　大學碩士學位論文，2011）；谷學穎，〈鄒浩詩歌研究〉（南寧：廣西師範
　　學院碩士學位論文，2012）。此外，還有幾篇關於鄒浩詩歌風格的通論性
　　質論文，例如黃權才，〈鄒浩羈管廣西昭州詩論〉，《廣西師範學院學報
　　（哲學社會科學版）》，26：2（南寧，2005），頁91-95；張福勳，〈鄒浩及
　　其詩論〉，《內蒙古師大學報（哲學社會科學版）》，3（呼和浩特，
　　1993），頁51-56。這些以外，就只有在其他著作中連帶提及的一些散論
　　了。參李洪霞，〈鄒浩研究〉，頁2-3。總體而言，針對鄒浩的研究數量和
　　質量都比較有限。鄒浩文集裡頭許多重要的文字還沒有受到充份注意。

的一系列政治爭鬥，鄒浩被推上了歷史舞台前端。鄒浩作爲思想家的
身份，遂被埋藏在「新」、「舊」黨爭的政治話語之下。元符二年
（1099），鄒浩因爲上奏進諫哲宗立劉后，干犯哲宗所忌的宮闈之
事。加上之前因彈劾新黨權臣章惇（1035-1105）而觸怒後者，被貶
嶺南新州。宋徽宗即位以後召其還朝，官復右正言，後遷爲左司諫、
起居舍人、中書舍人，又遷爲尚書兵部侍郎。5後來因爲招蔡京所忌，
舊事重提當年諫立后一事，再貶至廣西昭州。這兩次貶官，成就了鄒
浩直諫美名。

　　鄒浩直諫哲宗立劉后一舉，十分符合主流士論同情舊黨的歷史想
像。在當時人和後人各種有意無意的表述中，作爲政治家的鄒浩形象
愈加鮮明，而作爲思想家的鄒浩卻漸漸淡出宋代思想史視野。這種重
政治而輕思想的觀念大概由舊黨名臣陳瓘開始。作爲鄒浩好友，陳瓘
在爲鄒所作的墓誌中只略述了出處行事，絲毫不及其思想。6鄒浩尊爲
師友的程頤高足楊時（1053-1135），在鄒浩祭文中有「國事是問，精
貫白日」之褒辭，自然是指其直諫哲宗立劉后的大節。7或許另一篇鄒

5　此處鄒浩履歷主要根據清道光年間學者李兆洛（1769-1841）所編年譜。
　　見〔宋〕鄒浩，《道鄉集》，收入昌彼得主編《宋名家集彙刊》（臺北：漢
　　華文化事業股份有限公司，1970，據道光十三年八月重刊本影印），李兆
　　洛編，〈附錄·年譜〉，頁1256-1262。亦參〔元〕脫脫等著，《宋史》（北
　　京：中華書局，1977），卷345，〈鄒浩本傳〉，頁10955-10959。
6　陳瓘及下文所引各墓誌、銘文字多引自元人謝應芳（1295-1392）所編六
　　卷《思賢錄》。此書搜羅鄒浩生平基本文獻甚勤。除了年譜、家傳以外，
　　其中所輯各類後世追憶文字，頗有可茲考證鄒浩生平的零碎材料，然而涉
　　及鄒浩思想的部分甚少。〔元〕謝應芳、〔明〕鄒量輯，《思賢錄暨續
　　錄》，收入《四庫全書存目叢書》史部傳記類總第82冊（上海：上海古籍
　　出版社，1987，據清華大學圖書館藏清道光二十九年（1849）詠梅軒刻本
　　影印），卷2，〔宋〕陳瓘，〈忠公墓誌〉，頁1a-2b。
7　〔宋〕楊時，《龜山集》，收入《四庫全書》珍本四集第257冊（臺北：臺

浩祭文中的一句話最能表述這種同時代人針對鄒浩的共同意識，其
云：「九年兩謫，天涯地垠；望闕有淚，弔原無文」。[8]在當時人來
看，鄒浩先後二次被貶嶺表，直諫之忠可比屈子，是宋人「當代史」
中值得大書特書之事。然而這部「當代史」中，鄒浩的思想——無論
是他對國是的具體看法還是其人本身之學術理念——終究闕如。在檢
視鄒浩學術之前，有必要先檢視一下鄒浩的政治立場及思想，尤其是
當時士大夫記憶猶深的直諫哲宗事件。

二、鄒浩的政治立場及思想

　　鄒浩政治生涯大概可分為元符二年直諫哲宗立后之前和之後兩個
階段。元符二年以前，鄒浩仕官生涯尚算平穩。他是元豐五年
（1082）黃裳那一榜進士，登第時二十三歲，同榜登第的還有游酢
（1053-1123）、余深（?-1128）、耿南仲（?-1129）和楊訓等名士。[9]鄒
浩登第後，初任蘇州吳縣主簿，三年後秩滿磨勘，改任揚州州學教授
（25-28歲）。鄒浩在擔任揚州州學教授這段時期為舊黨元老呂公著
（1018-1089）所賞識，撰有〈謝呂運使啓〉。[10]此後鄒歷任雄州防禦推
官（29歲）、潁昌府學教授（30-33歲）、太學博士（33歲）、襄州州
學教授（34-37歲）等職。[11]其中元祐八年（1093）由中央太學博士出

　　灣商務印書館，1973），卷28，〈祭鄒侍郎〉，頁9b。
8　謝應芳、鄒量輯，《思賢錄暨續錄》，收入《四庫全書存目叢書》史部傳
　　記類總第82冊，卷2，〈祭忠公文〉，頁10b。
9　龔延明、祖慧編，《宋登科記考》（南京：江蘇教育出版社，2009），卷
　　6，〈元豐五年壬戌榜〉，頁360-361、365。
10　鄒浩，《道鄉集》，收入昌彼得主編《宋名家集彙刊》，卷23，〈謝呂運使
　　啓〉，頁618-621。
11　鄒浩，《道鄉集》，收入昌彼得主編《宋名家集彙刊》，李兆洛編，〈附

放襄州教授，是爲御史來之邵、楊畏彈劾。紹聖三年（1096）爲父鄒保之守丁憂而解官；元符元年（1098）鄒浩39歲時爲宋哲宗親擢爲右正言，直轄中書。[12]

　　鄒浩在元符元年九月升任右正言，隔年九月即行上奏進諫哲宗立劉后一事。[13]他的奏文現有兩個本子，一個是蔡京僞造的。據北宋晚期李丙所撰私史《丁未錄》所言，這個僞造本是內侍郝隨找家客所作。[14]今天通行的萬曆本《道鄉集》和《長編》均有收入這個僞造

錄・年譜〉，頁1235-1240。李兆洛年譜出現以前，謝應芳在《思賢錄》裡已經撰有一卷年譜，不過譜主仕官記載遠較李譜簡略。例如雄州防禦推官這樣的過渡性除官，謝譜並不見載。此外，李譜將鄒浩的重要文章繫年編排，頗便閱覽。謝譜原文見謝應芳、鄒量輯，《思賢錄暨續錄》，收入《四庫全書存目叢書》史部傳記類總第82冊，卷1，〈年譜〉，頁2a-6b。

12 以上履歷參〔宋〕李燾（1115-1184），《續資治通鑑長編》（以下簡稱《長編》）（北京：中華書局，2004），卷502，「哲宗元符元年九月壬子」條，頁11954。

13 鄒浩上奏的具體日期，《徽宗實錄》定爲元符元年閏九月二十六乙未，《長編》記載「浩上疏實元符元年九月」，這兩個日期都說不通（李燾，《長編》，卷515，「哲宗元符二年九月甲子」條，頁12254）。鄒浩元符元年九月才上任，如何即行進諫立劉后一事？而且元符元年冬十月、元符二年春正月鄒浩都曾上奏議事。如果元符元年九月已經發生了進諫之事並即刻獲罪，他怎麼能在之後還留在朝廷積極進言？（李燾，《長編》，卷503，「元符元年冬十月甲辰」條，頁11991-11992；《長編》，卷505，「元符二年春正月甲辰朔」條，頁12026）又者，據《長編》，「哲宗元符二年九月甲子」條引崇寧元年閏六月辛未徽宗詔書，其云：「元符之末，是生越王，姦人造言謂非后出」（李燾，《長編》，卷515，「哲宗元符二年九月甲子」條，頁12252）。此處「姦人」實指鄒浩，既云「元符之末」，則鄒浩上奏必非元符元年。頗疑《長編》「哲宗元符二年九月甲子」條細字考證部分「元符元年九月」之「元」字爲「二」字轉抄之誤。姑存之以待考。

14 《丁未錄》此條材料轉引自鄒浩，《道鄉集》，收入昌彼得主編《宋名家集彙刊》，卷23，〈諫哲宗立劉后疏〉疏後註解，頁608。

本。《長編》且提到了此一僞疏當時頗爲風行，連官方玉牒也採用了
其中說法。[15]萬曆本《道鄉集》乃是《道鄉集》版本史上比較重要的
一個本子，以下概述《道鄉集》整體版本流傳情況，以便後文分析。

　　根據鄒浩後人鄒禾所述，最早的《道鄉集》刊本是南宋紹興五年
鄒浩二子鄒柄、鄒栩在福唐合刻的刊本，四十卷，卷前有李綱的一篇
序言。這篇序言後來許多本子都失載了。[16]宋元書錄如《直齋書錄解
題》、《文獻通考》都著錄了這個紹興本。[17]紹興本的鏤板在宋末兵亂
之中被毀，此本亦不知所終。《邵亭知見傳本書目》裡提過同治丁卯
年（1867）在杭州書鋪尚有人看過《道鄉集》宋刊本。[18]邵懿辰
（1810-1861）《增訂四庫簡明目錄標註》也提過錢塘汪氏振綺堂有一
個南宋刻本，恐即紹興本。[19]清末以後，宋刊本不知所終。現存最早
的鄒浩文集是明成化六年（1470）由鄒浩十四世孫鄒量翻刻的《道鄉
全集》，即《道鄉先生鄒忠公文集》。據鄒量自言，這個本子是其姻
親翰林學士王思軒和郡人王廷貴在內閣找到的錄本，應該是一個手抄

15 李燾，《長編》，卷515，「哲宗元符二年九月甲子」條，頁12255。
16 福唐即今福建省福清市。宋代福建刻書重地是在福建路北部的建陽、建
　　安，靠近茶焙場。而鄒浩此集卻刻於近海的福唐。鄒浩，《道鄉集》，收
　　入昌彼得主編《宋名家集彙刊》，鄒禾，〈道鄉集歷次刊刻之本〉，頁
　　1283。
17〔宋〕陳振孫，《直齋書錄解題》（上海：上海古籍出版社，1987），卷
　　17，〈別集類中〉，頁513；〔元〕馬端臨（1254-1323），《文獻通考》（北
　　京：中華書局，2011），卷237，〈經籍考六十四〉，頁6461。
18〔清〕莫友芝（1811-1871）撰，傅增湘（1872-1949）訂補，《藏園訂補邵
　　亭知見傳本書目》（北京：中華書局，1993），卷13a，〈集部別集類・北
　　宋〉，頁116。
19〔清〕邵懿辰，《增訂四庫簡明目錄標註》（上海：上海古籍出版社，
　　1979），卷15，〈集部三〉，頁712。

本。[20]鄒量把這個本子和謝應芳《思賢錄》編在一起重印，是爲成化六年本。這個本子鄒禾無緣得見。[21]四川大學古籍整理研究所編輯的《宋集珍本叢刊》收有這個成化本。到了正德七年（1512）鄒翀在無錫重刊成化本，書前還有邵寶（1460-1527）撰成的一篇序言，邵序原文今已不傳。邵懿辰曾經見過正德七年本及所附邵寶序。據其所述，此本刻印精整，白口，十行二十字。[22]正德本和成化本的一大區別正在於版心，前者爲白口，後者爲黑口。[23]

　　正德七年本以後，嘉靖二十三年（1544）鄒氏後人鄒輓在正德本基礎上重刻了一個修補本。[24]自此以後，一直要到萬曆四十六年（1618），鄒浩十九世孫鄒忠允才據成化本刻成了萬曆錢塘本。[25]萬曆本將原來成化本的四週雙欄變成了單欄。[26]這個萬曆本成爲了以後各

20 鄒浩，《道鄉先生鄒忠公文集》，收入《宋集珍本叢刊》第31冊（北京：線裝書局，2004，據明成化六年本影印），〔明〕鄒量，〈跋重刊道鄉文集後〉，頁1a-2b。

21 鄒浩，《道鄉集》，收入昌彼得主編《宋名家集彙刊》，鄒禾，〈道鄉集歷次刊刻之本〉，頁1283。

22 邵懿辰，《增訂四庫簡明目錄標註》，卷15，〈集部三〉，頁712。傅增湘自稱亦曾寓目此正德本。莫友芝撰，傅增湘訂補《藏園訂補郘亭知見傳本書目》，卷13a，〈集部別集類・北宋〉，頁117。

23 這一點朱蓀在討論《道鄉集》版本時已經指出過了。參朱蓀，〈鄒浩詩校注〉，頁20。朱蓀相關研究承蒙匿名審稿人提示，不勝感激。

24 祝尚書，《宋人別集敍錄》（北京：中華書局，1999），卷13，〈道鄉先生鄒忠公文集〉，頁642。

25 鄒忠允萬曆四十六年刻本序中提過自成化六年本以後，「百三十餘年中，僅南江曾伯祖因其蛀腐稍爲鑱補，至今日，板且化爲烏有」。轉引自，鄒浩，《道鄉集》，收入昌彼得主編《宋名家集彙刊》，鄒禾，〈道鄉集歷次刊刻之本〉，頁1284。

26 成化本版面見《道鄉先生鄒忠公文集》，萬曆本版面資料參王智勇《道鄉先生鄒忠公文集》書前小序。

種清本的底本。文淵閣《四庫全書》本和鄒禾道光十一（1831）、十三年（1833）的兩個刻本，都是衍自此本。[27]道光十三年刻本收入《宋名家集彙刊》之中，1970年在臺灣重印。[28]到了清末同治、光緒年間，鄒氏後人又刻了幾個本子。整個《道鄉集》一共大概有十三個版本，其流傳雖然一脈相承，各卷編序也基本相同，但是文字細微處仍有差別。[29]以下分析主要利用現存最早的成化六年本《道鄉集》文字。有些地方參考了別的版本，也會在註釋裡加以說明。

　　回來再看蔡京陷害鄒浩的偽疏。偽疏文字起首於「臣聞仁宗皇帝在位四十二年」，終文「丐惇之首以謝天下」，其中最犯帝家忌諱者一是明言劉妃「殺卓氏而取其子」，偷天換日，是大壞道德的欺天之行；二是批評宋哲宗廢孟后立劉后一事「愈於桀紂，甚於幽王」，是古代暴君才有的行為。最後警告哲宗如不收回廢后成命，那麼「祖宗百有餘年基業，將顛覆於陛下之手」。[30]這樣一封措辭激烈的偽造文

27 祝尚書，《宋人別集敘錄》，卷13，〈道鄉先生鄒忠公文集〉，頁642。朱蔚，〈鄒浩詩校注〉，頁22-23。朱蔚以為道光本實際上有十一年和十三年兩個版本。筆者無緣目睹道光十一年本，然考李兆洛道光十一年八月序言有云「刊既成，因致企仰之私焉」，鄒禾道光十一年八月跋文亦有「五月付梓，八月竣事」一語，則《道鄉集》道光十一年理應已經付刊（鄒浩，《道鄉集》，收入昌彼得主編《宋名家集彙刊》，卷25，〈跋〉，頁1289）。朱說近是。

28 《宋名家集彙刊》本影印自國立臺灣大學道光十三年重刊本。此本源自清末藏書家龔易圖（1836-1893）所藏「烏石山房文庫」8冊函裝本。筆者未能親見臺大原藏本，感謝匿名審稿人提供《烏石山房文庫》藏本資料。此本卷首〈重刻道鄉集記〉下款提為「道光癸巳八月桐城姚元之書」。「道光癸巳」即道光十三年，足證此本實為道光十一年本刊刻兩年後的另一重刊本。《宋名家集彙刊》重印本首頁刻印書為「景印國立臺灣大學道光十一年刊本」，恐怕是將十三年本誤認為十一年本。

29 參朱蔚，〈鄒浩詩校注〉，頁17。

30 鄒浩，《道鄉先生鄒忠公文集》，成化六年本，卷23，〈諫哲宗立劉后疏〉

字，成功激怒了把鄒浩召回朝廷中央的徽宗，又再一次把他發配回嶺南。

　　細閱偽疏一文，通篇缺乏理據，行文草就，與鄒浩平時文字截然不同。《丁未錄》和《長編》指出其為偽作，實為公論。[31] 至於蔡京為何有機會偽造此奏攻擊鄒浩，卻是因為紹聖年間鄒浩把自己的原稿燒了，乃致死無對證。[32] 幸好南宋汪藻（1079-1154）所編詔旨及《徽宗實錄》鄒浩本傳保留了一個官方存檔的本子。以後各本《道鄉集》所收〈諫哲宗立劉后疏〉即據此本而來。較之偽疏，原疏文氣平緩，辨析透徹明白。[33] 宋人徐度任職史館時曾寓目鄒浩原稿，他的評價是：

疏後，頁4b。亦見《長編》，卷502，「哲宗元符二年九月甲子」條，頁12252-12253。

31 李燾，《長編》，卷515，「哲宗元符二年九月甲子」條，頁12254-12255。
32 李燾，《長編》，卷515，「哲宗元符二年九月甲子」條，頁12254。
33 這一段引文主要引自鄒浩，《道鄉先生鄒忠公文集》，卷23，〈諫哲宗立劉后疏〉，頁1a-4b；兼參鄒浩，《道鄉集》，收入昌彼得主編《宋名家集彙刊》，卷23，〈諫哲宗立劉后疏〉，頁601-606；鄒浩，《道鄉集》，《四庫全書》珍本十二集第163冊（臺北：臺灣商務印書館，1982），卷23，〈諫哲宗立劉后疏〉，頁1a-5b。四庫本有些錯字、誤字因襲萬曆本之誤，沒有改正過來，道光十三年本校出了一些。即以〈諫哲宗立劉后疏〉為例，四庫本論孟后被廢之初，「天下孰不疑賢妃以為后」，文氣不甚連續（鄒浩，《道鄉集》，《四庫全書》珍本十二集第163冊，卷23，〈諫哲宗立劉后疏〉，頁2a）。道光十三年本作「天下孰不疑立賢妃以為后」。增一「立」字，則全句更為清通（鄒浩，《道鄉集》，收入昌彼得主編《宋名家集彙刊》，卷23，〈諫哲宗立劉后疏〉，頁602）。又，四庫本「以廢后為國家不幸，又見宗景有立妾之請」，其意難解（鄒浩，《道鄉集》，《四庫全書》珍本十二集第163冊，卷23，〈諫哲宗立劉后疏〉，頁2a）。查道光十三年本，「景」為「室」字之誤，則當為「又見宗室有立妾之請」，與後文引《孟子》〈告子下〉齊桓公葵丘之會與諸侯誓書「無以妾為妻」一事正反對比，十分明白（鄒浩，《道鄉集》，收入昌彼得主編《宋名家集彙刊》，卷23，〈諫哲宗立劉后疏〉，頁603）。像這樣的地方，道光本是

「緩而不迫，薰然忠厚之言也」。[34]原疏起首處即引仁宗先廢郭后再廢
尚美人的祖宗故事來勸說哲宗，強調處理內宮敏感問題所必需考慮的
公平因素。鄒浩在疏中假設了孟后與賢妃劉氏爭寵情況。用他的話來
說，若孟后「與賢妃爭寵而致罪，則並斥美人以示公，固有仁祖故事
存焉；若不與賢妃爭寵而致罪，則不立妃嬪以遠嫌，亦有仁祖故事存
焉」。[35]後宮爭寵或不爭寵，無論哪一種情況，立劉妃爲后都說不通。
然後，鄒疏再就《論語》「名正言順」之意討論立劉后所可能帶來的
壞影響，可能會導致民眾不安，不知所措。鄒疏續而提出如果要立新
后，在數年前廢孟后之時已經可以施行，不需等到現在。終結處引天
變災異之說，暗指賢妃劉氏不祥，不足以母儀天下。[36]通篇文氣溫和
而有百折不迴之勢，既有「以萬世公議爲足畏」的無形壓力，亦有
「陛下之聖高出三王之上，其可忽此乎」的婉轉規勸，[37]無怪乎當時舊
黨一方如陳瓘、楊時等均衷心佩服鄒浩諫立劉后一疏。

　　鄒浩同情元祐孟皇后這一點當無疑問。但是，單憑進諫立后一事

有助於我們理解文義的。可是，從保存版本原貌的理念來看，四庫本保留
錯字、誤字的做法，爲我們瞭解《道鄉集》早期刻本形態提供了一個珍貴
窗口。事實上，成化六年本裡頭的〈諫哲宗立劉后疏〉一文，也是刻成了
「宗景」和「天下孰不疑賢妃以爲后」。見鄒浩，《道鄉先生鄒忠公文
集》，收入《宋集珍本叢刊》第31冊，卷23，〈諫哲宗立劉后疏〉，頁
1b。可證此類誤植實由早期版本繼承而來。這樣來看，文淵閣四庫本實際
上比道光十三年本還要更接近明刻本。

34〔宋〕徐度，《卻掃編》（北京：中華書局，1985），卷中，頁117。
35 鄒浩，《道鄉先生鄒忠公文集》，收入《宋集珍本叢刊》第31冊，卷23，
　〈諫哲宗立劉后疏〉，頁1b。
36 鄒浩，《道鄉先生鄒忠公文集》，收入《宋集珍本叢刊》第31冊，卷23，
　〈諫哲宗立劉后疏〉，頁3a-3b。
37 鄒浩，《道鄉先生鄒忠公文集》，收入《宋集珍本叢刊》第31冊，卷23，
　〈諫哲宗立劉后疏〉，頁2a、4a。

並不足證明鄒浩偏向舊黨。鄒浩在政治方面和另一位持調和論的重臣曾布（1036-1107）相近，多持大中調和之立場。[38]元符元年末，鄒浩因見朝中黨議不一，影響處理國事的效率，已有上奏加以批評。其〈論執政大臣不和〉一疏，切諫黨爭人事所帶來的不良影響：

> 臣觀執政大臣，不務同心同德，以稱陛下登用之意，其日久矣，而莫甚於今。故事無利害，人無忠邪，但某以爲可者，某必以爲不可，某以爲不可者，某必以爲可，可不可之論相持於上，而公是公非悉蔽於下。夫是非者，萬事之本原，不可蔽也；一蔽于私而失其實，則末流之弊，殆有不勝慮者矣。[39]

---

38 元修《宋史》史料取裁多偏舊黨，將曾布列入〈姦臣傳〉，其傳云：「〔韓〕忠彥雖居上，然柔懦，事多決於布，布猶不能容。時議以元祐、紹聖均爲有失，欲以大公至正消釋朋黨。明年，乃改元建中靖國」（脫脫等著，《宋史》，卷471，〈曾布本傳〉，頁13716）。《宋史》此段取自王偁《東都事略》〈曾布傳〉。考《東都事略》原文爲：「忠彥既爲左相，柔懦，天下事多決於布，議以元祐、紹聖均爲有失，欲以大公至正消釋朋黨」。見〔宋〕王偁，《東都事略》（臺北：國立中央圖書館，1991，據宋紹熙眉山程舍人宅刊本重印），卷95〈曾布本傳〉，頁1476-1477。據《東都事略》文字，則「大公至正」之議原出曾布。而《宋史》增一「時」字，則上下文意分爲兩截，使人感覺「大公至正」的理念乃是當時主流輿情，和曾布無關。考南宋人李幼武所編《宋名臣言行錄》續集，記任伯雨（1047-1119）上奏反對「建中靖」之年號，亦云：「曾布議，以元祐、紹聖均爲有失，欲以大公至正消釋朋黨，乃詔改今年爲建中靖國」，與《東都事略》同。足見「大中至正」之方針本出於布。〔宋〕朱熹、李幼武，〈御史任忠敏公伯雨〉，《宋名臣言行錄五集》（臺北：文海出版社，1967），頁810。

39 此疏鄒浩子鄒柄、鄒栩合刻的宋紹興五年本《道鄉集》未收，而後來的明成化本、萬曆本皆無此疏，這點四庫館臣已經說明了。見鄒浩，《道鄉集》，《四庫全書》珍本十二集第163冊，〈提要〉，頁1b。鄒浩本來有單獨一卷奏議，可惜沒有流傳。清人李兆洛認爲當時鄒浩子孫可能是考慮到

　　所謂「可不可之論相持於上」的說法，正是針對當時黨議紛紜不止的如實書寫。鄒浩認為這種無益內鬥只會消耗時間，使得大臣們無法統一意見從「公是公非」的立場來處理朝政。做為諫官，鄒浩最不滿的是「執政大臣」不能憑至公之心協調意見，反而蔽於私鬥而廢朝政。在鄒浩看來，作為「執政大臣」之首，章惇需負首責。鄒在與〈論執政大臣不和〉疏幾乎同時進上的〈論相之得失〉疏裡，已經批評了章惇「徇情廢理，專務自營，力引所私，分據要路」的結黨行為。[40]併二疏而讀之，更可察見這個源出黨爭習氣的「私」字，正是鄒浩所深惡者。到了元符二年九月，章惇力主立劉后以迎合以劉后及內侍郝隨為代表的後宮勢力，為此連日單獨留身奏事。[41]這一舉措使

了政治原因，恐怕得罪當道權臣，不敢刊印完整奏疏。鄒浩，《道鄉集》，收入昌彼得主編《宋名家集彙刊》，〈補遺〉一卷前敘，頁1161。事實上，在鄒柄、鄒栩意圖刊刻父親文集時，楊時已經提醒過他們最好「節去彈擊之章」了。見鄒浩，《道鄉集》，收入昌彼得主編《宋名家集彙刊》，鄒禾，〈道鄉集歷次刊刻之本〉，頁1283。不過單獨的奏疏似乎還是流傳了出來。至少李燾著《長編》時還能看到一些鄒浩奏稿抄本或刊本，不然《長編》所收鄒浩奏議文後小註不會有「據奏稿並附年末」、「浩三奏薰編入」這樣的說法（李燾，《長編》，卷504，「哲宗元符元年十二月庚子」條，頁12023；《長編》，卷515「哲宗元符二年九月甲子」條，頁12258）。李兆洛後來從《長編》裡輯出38篇文集失載的鄒浩奏議，作為補遺附在道光本《道鄉集》後，此疏亦在其中。見鄒浩，《道鄉集》，收入昌彼得主編《宋名家集彙刊》，〈論執政大臣不和疏〉，頁1169-1171。此處引自李燾，《長編》，卷504「哲宗元符元年十二月庚子」條，頁12022。

40 李燾，《長編》，卷504，「哲宗元符元年十二月庚子」條，頁12021；鄒浩，《道鄉先生鄒忠公文集》，收入《宋集珍本叢刊》第31冊，卷23，〈論宰相章惇疏三首〉之一，頁8a-8b。

41 《宋史》曰紹聖三年（1096）章惇與郝隨勾結以污衊孟后，有「惇又陰附劉賢妃，欲請建為后，遂與郝隨構成是獄，天下冤之」之語。脫脫等著，《宋史》，卷243，〈后妃傳〉下，頁8634。關於章惇與內侍郝隨在廢孟

得鄒浩對章惇的不滿達至頂點，終於引發了力諫立后這件大事。鄒浩平生所做的兩篇政治大文章，第一篇自然是〈諫哲宗立劉后疏〉，第二篇就是同時呈上、痛斥章惇有六大罪的〈論宰相章惇〉疏。

〈論宰相章惇〉疏（爲了方便行文，以下簡稱〈六大罪〉疏）開頭第一句就深斥章惇「不忠之罪」。其具體六項罪名茲羅列於下：

第一罪：假人主之名器以濟其私；

第二罪：以鄙語侮罵污辱羣臣；

第三罪：水旱天災時不知引咎自責；

第四罪：引用親舊無能之輩把持邊境要務，貽朝廷憂；

第五罪：於元祐朋黨方息之後，再興私人是非之辯，使黨論又熾；

第六罪：惇之專權，使天下人不敢言。[42]

這六條罪名，概括來說，無非獨斷專權四字。細味文意，可以看出鄒浩十分厭惡章惇專橫的性格，但這不代表他個人立場有甚麼明顯黨派偏向。我們看他論章惇第五罪「以元祐之朋黨方絕，而後來之朋黨又熾矣」這句慨嘆，本質上還是大中調和這一派看法，明白提出元祐一朝亦有朋黨之病。因此之故，盡管章惇深恨鄒浩，曾布對鄒氏卻是青眼有加。到了元符三年（1100）二月，曾布在和哲宗討論禁中玉虛宮建築費用之時，哲宗突然懷念鄒浩，說了一句「鄒浩敢言，無所不論」，曾布馬上和議。[43]曾布與鄒浩在反朋黨一事上互爲呼應，這一

后、立劉后二事件中的內外呼應，詳參〔宋〕楊仲良，《續資治通鑑長編紀事本末》，（北京：北京圖書館出版社，2003，據清嘉慶宛委別藏影印），卷113，〈哲宗皇帝・立后廢后附〉，頁3681-3701。

42 鄒浩，《道鄉先生鄒忠公文集》，收入《宋集珍本叢刊》第31冊，卷23，〈論宰相章惇疏三首〉之二，頁6a-8a。

43 李燾，《長編》，卷503，「哲宗元符元年十月丁丑」條下引曾布《日錄》細字，頁11973。這條材料出自曾布本人所撰《日錄》，可能有些自吹自

點是我們討論後者政治定位時所需要注意的。

　　關於鄒浩的政治定位，在他彈劾章惇的奏疏裡還透露了一條重要線索。成化本《道鄉集》中收有三篇〈論宰相章惇疏〉，除了上文分析過的〈論相之得失〉疏和〈六大罪〉疏外，另外還有元符二年一篇短疏。四庫館臣認爲「論章惇凡四疏，集亦祇載其三」，指的就是這三篇。[44] 除了這三篇外，《長編》元符二年九月甲子條以下還收有另外一篇短疏，文起「陛下之所以用惇者」，結於「尤難與眾犯之人一槩定罪」。[45] 這一篇文字，據《忠佞錄》所記，是鄒浩好友黃履（1030-1101）供進宮中檔案的，其內容和文集中另一篇元符二年短疏大同小異，很可能是一份奏文的兩個版本。李燾並錄兩文，認爲「或可存一去一」，允爲精識。[46] 這裡併作一篇分析。

　　元符二年這一篇短疏，主要批評章惇行事傷害了哲宗「繼述之孝」。「繼述之孝」，「繼述」即「紹述」，專指元祐以後哲宗繼承神宗遺志、繼續推行新法的政策。在兩個版本的疏文裡，鄒浩都提到章惇所爲是在背離神、哲兩朝皇帝改革法度的意志，具體例子就是保甲法。這裡鄒浩翻了司馬光（1019-1086）舊帳，提到章惇在元祐初年

擂。但是曾布支持鄒浩擔任諫官右正言一事另有堅實史料可證。元符初年，鄒浩召對面聖以後，曾布和哲宗談話中就提到「上近日差除，多出聖意，人情無不悅服……適又聞鄒浩諫官，皆協公議」。當哲宗回答「鄒浩亦言在上者好惡不同，故人材難進」後，曾布再次稱讚鄒浩「此言誠中今日之病」。見李燾，《長編》，卷502，「哲宗元符元年九月壬子」條，頁11955。這條資料乃官方檔案，並非出自曾布私人《日錄》。「公議」、「人情悅服」諸語，足見曾布對鄒浩的欣賞之情。如此看來，元符三年曾布借禁中修築一事和應哲宗「鄒浩敢言」之嘆，的確有其緣由。

44 鄒浩，《道鄉集》，《四庫全書》珍本十二集第163冊，〈提要〉，頁1b。
45 李燾，《長編》，卷515，「哲宗元符二年九月甲子」條，頁12257。
46 李燾，《長編》，卷515，「哲宗元符二年九月甲子」條，頁12258。

曾和司馬光一起進奏反對保甲法。但是在神宗當朝時章惇作為執政卻閉口不言，首鼠兩端，有負先帝神宗恩德。[47]值得注意的是，鄒浩在原疏中三次貶斥司馬光，而這三處在今本《道鄉集》裡全部刪掉了。幸好《長編》保留了原貌。下面把明成化本《道鄉集》和《長編》的相關段落標記出來，以作比較：

> 天下公議又有大不平於惇者，謂惇在元祐初，實與司馬光同入文字，詆斥先帝保甲之法，以為非是，其言甚力。若以保甲誠不便，不可行，即惇在先朝固已為執政矣，於政事無不可論者，何不為先帝言而罷之乎？安忍先帝陵土未乾，而遽詆以為非邪？其背負恩德可謂甚矣。伏自陛下躬攬庶政以來，既追正光罪，又凡語及先帝者，並行竄逐，惟惇久置不問，獨相如初，豈朝廷之典型不可行於惇乎？就令惇比光宜有差，比其餘竄逐之人宜如何哉？（《長編》本原疏文字）[48]

> 天下公議又有大不平於惇者，謂惇在元祐初，詆斥先帝保甲之法，以為非是，其言甚力。若以保甲誠不便，不可行，即惇在先朝固已為執政矣，於政事無不可論者，何不為先帝言而罷之乎？安忍先帝陵土未乾，遽詆以為非邪？其背負恩德可謂甚矣。伏自皇帝陛下躬攬以來，凡語及先帝者，並行竄逐，惟惇久置不問，獨相如初，豈朝廷之典型不可以行於惇乎？（成化六年本《道鄉集》文字）[49]

---

47 李燾，《長編》，卷515，「哲宗元符二年九月甲子」條，頁12258。

48 李燾，《長編》，卷515，「哲宗元符二年九月甲子」條，頁12258。

49 鄒浩，《道鄉先生鄒忠公文集》，收入《宋集珍本叢刊》第31冊，卷23，〈論宰相章惇疏三首〉之三，頁8a-8b。

　　兩相校對，除了一些細微文字改動外，「謂惇在元祐初，實與司馬光同入文字」、「既追正光非」、「就令惇比光宜有差，比其餘竄逐之人宜如何哉」這三句是《道鄉集》所沒有的。成化六年本以外，萬曆四十六年本和道光十三年本中都沒有這三句話。[50]恐怕在最早的南宋紹興五年本中，這幾句話已經給刪掉了。至於刪除理由，從政治層面來看，如楊時勸告鄒浩後人鄒柄、鄒栩時所言，凡「彈擊權要，今子孫恐有當路者，見之遂爲世仇」。[51]觸當路權要之忌自然是要顧慮的。但是，楊時所提及的「權要」是指章惇、蔡京等新黨權臣，和司馬光關係不大。鄒氏後人之所以要在文集中刪去這幾句罵司馬光的話，根本原因還是爲了避免影響鄒浩作爲舊黨直臣的形象。基於同樣考慮，道光十三年《道鄉集》重刊本此疏下細字註明「依《長編》校」，[52]可是內容卻因襲成化本其舊，對《長編》所載鄒浩原疏這三句攻擊司馬光的話視而不見，並沒有據之以改正。

　　鄒浩本人對司馬光和保甲法的看法，在上文討論的這篇奏疏裡已經表達得很清楚了。尤其是「就令惇比光宜有差」一句，暗示司馬光連章惇都不如，把元祐反對變法者比爲「竄逐」。從他的「舊黨」傳統形象出發，這是怎麼都說不通的。考慮到其子鄒柄作爲楊時學生的事實，令人不得不懷疑現存各本《道鄉集》中鄒浩的舊黨形象是其後

---

50 鄒浩，《道鄉集》，《四庫全書》珍本十二集第163冊，卷23，〈論宰相章惇疏三首〉之三，頁9b；鄒浩，《道鄉集》，收入昌彼得主編《宋名家集彙刊》，卷23，〈又論章惇疏〉，頁614-616。

51 楊時，《龜山集》，收入《四庫全書》珍本四集第257冊，卷21，〈與鄒德久〉其一，頁11a；鄒浩，《道鄉集》，收入昌彼得主編《宋名家集彙刊》，鄒禾，〈道鄉集歷次刊刻之本〉，頁1283。

52 鄒浩，《道鄉集》，收入昌彼得主編《宋名家集彙刊》，卷23，〈又論章惇疏〉，頁614。

人構建出來的。[53]鄒浩的政治思想實非與舊黨同調，而更接近於「大公至正」的調和論理念。在學術層面，鄒浩是否也有類似傾向？這是接下來將要處理的問題。

三、鄒浩的學術思想

《宋元學案》〈陳鄒諸儒學案〉簡略交代了鄒浩的學術系譜，將之歸納爲「龔氏門人，了翁講友，伊川私淑，荊公再傳」。[54]這短短十六字反映了鄒氏兩條學術路線：早年跟隨王安石門下弟子龔原讀書，信服王門之學。中年以後轉入程門，與親近程門的陳瓘互爲講友。這兩條路線自然是非常簡單的概括。如果滿足於這一論述，就很容易忽略鄒浩學術中的變化與細節。

要分析鄒浩學術仍須從其本人著作入手。據《宋史》〈藝文志〉著錄，鄒浩撰有《繫辭纂義》二卷、《論語解》十卷、《孟子解》十四卷、《文卿集》四十卷等數種著作。[55]《文卿集》爲史臣著錄之訛，當爲《道鄉集》。[56]《遂初堂書目》並將《春秋邦典》和《春秋四譜》

53 黃宗羲著、全祖望修補，《宋元學案》，卷35，〈陳鄒諸儒學案〉「道鄉家學：州守鄒先生柄」，頁1226。鄒柄年輕時已放棄科考，專心從楊時學習求道之學，故而深得楊時喜愛。其生平可參南宋《毘陵志》中的人物小傳。〔宋〕史能之，咸淳《重修毘陵志》，《中國方志叢書》華中地方第422號（臺北：成文出版社，1983，清嘉靖二十五年重刊本），卷17，〈人物二〉，頁5b-6a。
54 黃宗羲著、全祖望修補，《宋元學案》，卷35，〈陳鄒諸儒學案表〉，頁1204。
55 脫脫等著，《宋史》，卷202，〈藝文一〉，頁5038、5068；卷205，〈藝文四〉，頁5175；卷208，〈藝文七〉，頁5371。
56 這點王智勇先生《道鄉先生鄒忠公文集》集前小序已經提出過了，不敢掠美。

兩部書列於其名下。[57]此外，清人朱彝尊（1629-1709）《經義考》記
載了鄒浩撰有《易解》一書。[58]諸書今多已佚。[59]主要的文字都收在四
十卷文集《道鄉集》中。

　　作爲一名力圖改變現世社會的士大夫，鄒浩的思想有著很強的儒
家求「道」意識。〈陳鄒諸儒學案〉強調鄒浩「由王入程」的學術轉
向，這一段轉向其中一個關鍵轉捩點，發生在鄒浩紹聖年間任職襄州
教授這段時期。在討論這一轉變之前，我們且先重新審視一下《宋元
學案》關於鄒浩「學派」的基本論述。

　　在〈陳鄒諸儒學案〉按語中，全祖望提到鄒浩早年曾與劉跂、田
述古兩位程門弟子互相論學。[60]劉跂，字斯立，是元祐更化重臣劉摯
（1030-1098）之子，元豐二年（1079）進士，又號學易先生，其文集
《學易集》被清人收入了《四庫全書》。原集本二十卷，後來脫佚不

57〔宋〕尤袤（1127-1194），《遂初堂書目》，《叢書集成初編》（北京：中華
　　書局，1985），〈春秋類〉，頁4。然而據鄒浩《道鄉先生鄒忠公文集》，卷
　　27，〈邦典序〉一文自述，《春秋邦典》實爲唐旣（眞淡翁）所作，鄒只
　　是爲之作序而已。序見鄒浩，《道鄉先生鄒忠公文集》，收入《宋集珍本
　　叢刊》第31冊，卷27，〈邦典序〉，頁1a-2a。亦參《道鄉先生鄒忠公文
　　集》，卷35，〈眞淡先生唐公墓誌銘〉，頁10a。據此墓誌銘所述，唐旣此
　　書「本《周官》以釋《春秋》」，採取以經解經的路子。
58〔清〕朱彝尊著，許維萍、馮曉庭、江之川點校，《點校補正經義考》，
　　《古籍整理叢刊》（臺北：中央研究院中國文哲研究所籌備處，1997，據盧
　　見曾刊本點校），卷19，〈易十八〉，頁445-446。
59 羅振玉藏書中有一部題爲鄒浩所纂的明手抄清補抄本《洛誦集》，不分
　　卷。考其內容，多爲摘錄先秦兩漢古籍，類近讀書文鈔一流。所鈔各書皆
　　有，與鄒浩平素之思想並無明顯之關連。恐爲明人僞託其名而售其書。見
　　王榮國編，《羅氏雪堂藏書遺珍》第10卷（北京：中華全國圖書館文獻縮
　　微複製中心，2001）。
60 黃宗羲著、全祖望修補，《宋元學案》，卷35，〈陳鄒諸儒學案〉「忠公鄒
　　道鄉先生浩」，頁1217。

少。[61]四庫館臣從《永樂大典》裡輯出的大概只有十二卷左右。[62]這個十二卷本原收有一些道教青詞、佛教水陸道場疏等文字，清乾隆皇帝認爲「詞涉異端」、「周、程、張、朱諸儒所不肯爲」，於是命館臣刪成了一個八卷本。[63]但是《四庫全書》八卷刪節本裡面依然保留了一些涉及佛教義理的文字。[64]有意思的是，劉跂作爲舊黨元老之子，他的詩作卻頗受王安石影響。在他的集子裡有幾首詩都是和王安石詩韻。[65]

　　至於田述古，其生平資料遠較劉跂爲少。他的行狀是劉跂所寫。其中記載田述古居洛陽時和司馬光、二程以及邵雍都有學術來往，頗受敬重。[66]此外，劉跂在行狀中還提到鄒浩轉述給他聽的田述古晚年自評：「我無稱于時，然賢公卿大夫多知我。今皆亡。晚乃得二人

---

61 陳振孫，《直齋書錄解題》，卷17，〈別集類中〉，頁512-513。

62 〔宋〕劉跂，《學易集》，收入《叢書集成初編》（北京：中華書局，1985），卷前，〈四庫總目提要〉，頁1-2。

63 〔宋〕劉跂，《學易集》，〔清〕紀昀等編，文淵閣《四庫全書》集部別集類總第1121冊（上海：上海古籍出版社，1987），卷前，〈上諭〉，頁1a-2b。

64 比如卷三的一首七律，頸、尾二聯云：「詩句已多猶恐少，禪機雖舊不妨新。鄉山更好莫歸去，且伴蒲團夜坐人」。劉跂，《學易集》，收入《叢書集成初編》，卷3，〈題僧道誠應緣菴用李端叔韻〉，頁27。還有劉跂對佛教說法時代的描述。劉跂，《學易集》，收入《叢書集成初編》，卷6〈萬佛名經序〉，頁63-64。同卷有一篇題爲〈闕題〉的小序，簡述禪宗南傳廣東史（「粵自靈山拈出，葱嶺傳來；天下巖林，分枝布葉」），當爲其紹聖初流放廣東新州時爲當地禪師的語錄集而寫。劉跂，《學易集》，收入《叢書集成初編》，卷6，〈闕題〉，頁66-67。此外，卷八還收有兩篇佛像小讚，也沒有被刪。劉跂，《學易集》，收入《叢書集成初編》，卷8，〈李氏繡佛贊〉，頁77-78、〈又贊〉，頁78。

65 劉跂，《學易集》，收入《叢書集成初編》，卷2，〈舟行懷斯川用王介甫韻〉，頁11、卷3，〈和長歷賦紙閣用王介甫韻〉，頁28。第一首爲即興之作，尤可見劉跂對王詩之精熟。

66 劉跂，《學易集》，收入《叢書集成初編》，卷8，〈田明之行狀〉，頁107。

焉。尚何恨？」[67]可見田述古、劉跂、鄒浩三人之間的交誼相當長
久。劉跂所習爲劉摯家學，系出仁宗時的名儒孫復（992-1057）；田
述古則是胡瑗（993-1059）學生。[68]全祖望稱鄒浩「雖未承濂、洛之
統，固非絕無淵源者」，[69]恐怕是從田述古和劉跂作爲宋初三先生門下
的學術背景出發而論。

　　劉跂、田述古如何從三先生門下轉入「濂、洛淵源」的道統，除
了全祖望「固非絕無淵源者」的揣測之詞外，並無其他證據。然而
劉、田兩位多涉佛、老之學卻有《學易集》中文字爲證。[70]無獨有
偶，鄒浩身上也有著很深的佛學影響。《宋元學案》評價鄒浩「特嗜
禪理」，認爲禪理是鄒浩學術上的一個破綻。[71]事實上，鄒浩喜愛佛教
玄理早有淵源。方蒙爲鄒浩父親鄒戩所撰墓誌銘中稱讚鄒戩「平居探
玩釋典，日造妙理，乃能前示歸限，忘怛其心，豈非有得而然哉」，
可見鄒浩對佛學的興趣實爲承傳家學。[72]我們看鄒浩後來寫給兒子鄒
柄的小詩〈戲示柄〉，以《維摩詰所說經》的釋尊獅子吼典故表達父

---

67 劉跂，《學易集》，收入《叢書集成初編》，卷8，〈田明之行狀〉，頁108。
68 黃宗羲著、全祖望修補，《宋元學案》，卷1，〈安定學案〉「簽判田先生述
　古」，頁56。
69 黃宗羲著、全祖望修補，《宋元學案》，卷35，〈陳鄒諸儒學案〉「忠公鄒
　道鄉先生浩」，頁1217。
70 劉跂之學固然揉雜佛學，田述古早年也曾熟讀《老子》。劉跂，《學易
　集》，收入《叢書集成初編》，卷8，〈田明之行狀〉，頁107；卷1，〈安定
　學案〉「簽判田先生述古」，頁56。
71 見黃宗羲著、全祖望修補，《宋元學案》，卷35，〈陳鄒諸儒學案〉「忠公
　鄒道鄉先生浩」，頁1216。
72「前示歸限」是預知自己生死大事的本領。可惜方蒙沒有提及鄒戩平素讀
　的「釋典」是哪些經書。方蒙，〈宋故廣濟軍錄事參軍監眞州軍資庫鄒君
　墓誌銘〉，收入謝應芳、鄒量輯《思賢錄暨續錄》，收入《四庫全書存目
　叢書》史部傳記類總第82冊，卷2，頁6b。

親對兒子的期許之情，就知道這種家學的影響有多麼根深蒂固。[73]

佛教思想對鄒浩影響最大的兩個部份是經籍和禪理。鄒浩早年爲本鄉常州毘陵名寺所寫的〈承天寺大藏記〉裡有一段重要文字，反映了他對經籍和禪理關係的理解：

> 元祐某年某月，道人德岑既領住持事，遂以告於人曰：夫五千四十八卷，雖不足以盡禪之說，然其語非不多也。而祖師心要，猶以爲教外別傳，審如委付，示以全提。雖遶牀一匝，適半藏爾。況區區五千四十八卷乎？然初機者以此篤志；罷參者以此證解；遊戲自在者以此遮眼。一言半偈，皆是善因；展軸抽函，無非妙用。以方便濟群生者，亦何可廢也。[74]

這一段雖然引用承天寺住持德岑的話，基本上也是鄒浩的意思。「遶牀一匝，適半藏爾」是趙州禪著名偈典。大意是佛祖化作世間一婆子像點化眾僧，借趙州和尚遶牀一圈轉經之舉以比喻世間萬物，不過半藏之間。[75]而「教外別傳，審如委付」亦是禪宗靈山拈花、衣鉢一脈相承的專門術語。在鄒浩看來，經籍再多，也不能替代禪門玄理。不過，經籍亦非完全無用的文字障。初入門者、不欲參偈者、遊戲自

---

73 詩云：「汝爲獅子時，而作獅子吼。他年毛骨成，一顧百獸走」。鄒浩，《道鄉先生鄒忠公文集》，收入《宋集珍本叢刊》第31冊，卷4，〈戲示柄〉，頁11a。

74 鄒浩，《道鄉先生鄒忠公文集》，收入《宋集珍本叢刊》第31冊，卷26，〈承天寺大藏記〉，頁1a-1b。

75 此一典故因收入明人瞿汝稷（1548-1610）禪宗語錄集《指月錄》而廣爲人知。事實上，在宋僧宗杲（1107-1163）的語錄集裡已經有這個故事的雛型了。〔宋〕宗杲，〈大慧普覺禪師語錄卷第九〉，佛光大藏經編修委員會主編，《佛光大藏經·禪藏·語錄部》（高雄：佛光出版社，1994），頁186。

在者，都能在經籍中找到妙用。禪理和經文，只是應對不同層級求道
者的不同需要而已。我們在鄒浩後來一些記敘寺廟藏經的文字中也能
看到他對中土佛教各種宗派經典與基本概念都下過一番工夫。徽宗崇
寧初鄒浩第二次被貶出朝時經過永州，曾為永州法華寺寫了一篇藏經
記。這篇藏經記中提到佛教總藏中的四大經，即《般若經》六百卷、
《寶積經》一百二十卷、《華嚴經》八十卷、《涅槃經》四十卷。[76]《般
若經》六百卷即《大般若波羅蜜多經》，為玄奘（602-664）所譯，是
般若類佛教經典匯編，可謂中土般若學的整體理論基礎。《寶積經》
即《大寶積經》，魏晉以來已有譯本，唐天竺人菩提留志新譯出二十
六會三十九卷，也是中土般若學和密教的重要典籍。《華嚴經》八十
卷即唐譯《大方廣佛華嚴經》，由實叉難陀（652-710）譯出，是中土
華嚴宗的重要經典。《涅槃經》四十卷即十六國時期北涼曇無讖所譯
出的北本《大般涅槃經》。此經力主眾生皆能成佛之旨，是中土涅槃
宗的立教經典。[77]東晉時竺道生（355-434）的「一闡提皆有佛性」與
「頓悟」說與此經說旨相同。《涅槃經》的佛性論與頓悟說對後世中
土禪宗影響尤深。[78]這幾部經典組成了中土大乘佛教的根本經典，號
稱「四大部」。鄒浩撰〈永州法華寺經藏記〉，專門拈出這「四大部」
來稱揚該寺經籍收藏之傳統，可見他對中土重要佛典均有一定瞭解。
此外，在同是崇寧被貶期間寫成的〈華嚴閣記〉裡，鄒浩從《華嚴

---

76 鄒浩，《道鄉先生鄒忠公文集》，收入《宋集珍本叢刊》第 31 冊，卷 26，
〈永州法華寺經藏記〉，頁 3b。

77 以上佛教典籍解說參任繼愈，《佛教大辭典》（南京：江蘇古籍出版社，
2002），頁 148-149（《般若經》、《涅槃經》）、頁 529（《華嚴經》）、頁 858
（《寶積經》）。

78 關於北本《涅槃經》與竺道生之重要性，參湯用彤，《漢魏兩晉南北朝佛
教史》（上海：上海書店，1991），頁 394-395，625-632。

經》所記諸品、諸等、諸會等目錄材料入手討論當時通行八十卷本
《華嚴經》的結構。[79]在與友人書信中，鄒浩又討論了《華嚴經》從十
信到十一地是否存在先後次序等專業佛學問題。[80]從這些文字來看，
鄒浩熟讀《華嚴經》當無疑問。他爲《妙法蓮華經》、《楞伽經》，還
有唐李通玄（635-730）《華嚴經合論》所作贊及書後等文字，也表明
了他細讀過這些釋典。[81]鄒浩廣泛研究閱覽佛教經籍，和他早年對佛
經「展軸抽函，無非妙用」的看法正是一脈相承。

　　至於鄒浩對禪理的理解，基本上不出於禪門語錄。在《道鄉集》
卷二十八收有七篇鄒爲禪師語錄所寫序文，體現了他和禪師們的密切
交遊。在〈慶禪師語錄序〉中，鄒浩回憶自己早年任揚州教授時和昭
慶禪師的私交，並敬佩於禪師的博學。昭慶禪師活躍於熙寧至元祐，
這一段時期和昭慶禪師交遊者尚有龔原、孫覺（1028-1109）、秦觀
（1049-1110）、陸佃（1042-1102）、俞紫芝等（?-1086）士人，都是
和蘇軾與王安石關係親密的朋友或學生。[82]蘇軾、王安石深受佛學影
響，二人與佛學之糾葛是北宋思想史歷久不衰之議題。而由昭慶禪
師、鄒浩這批人組成的小圈子，可謂當時士大夫精神世界中儒、佛糾
纏的一種表現。如果把鄒浩的學術淵源單單擺在「胡瑗—田述古」、
「孫復—劉跂」的儒學系譜中解讀，恐怕會忽略當時對鄒浩乃至田、

79　鄒浩，《道鄉先生鄒忠公文集》，收入《宋集珍本叢刊》第31冊，卷26，
　　〈華嚴閣記〉，頁6b-7b。
80　鄒浩，《道鄉先生鄒忠公文集》，收入《宋集珍本叢刊》第31冊，卷22，
　　〈答張子發書〉，頁10a-11a。
81　鄒浩，《道鄉先生鄒忠公文集》，收入《宋集珍本叢刊》第31冊，卷33，
　　〈蓮華經贊〉、〈書合論後〉、〈書楞伽經後〉，頁7a-8a。
82　鄒浩，《道鄉先生鄒忠公文集》，收入《宋集珍本叢刊》第31冊，卷28，
　　〈慶禪師語錄序〉，頁9b。

劉影響頗深的佛教因素。

　　鄒浩與禪師之交遊背後還蘊藏著另一個思想要素，即其積極的入世取向。宋代新禪宗精神較唐代更為入世，對儒家士大夫影響殊深，此點余英時先生已有高論。[83] 在北宋流行的五家七宗之中，鄒浩偏好黃龍宗，七篇語錄序中有三篇是專門寫給黃龍禪師的。[84] 我們觀察鄒浩中、晚年面對嚴峻政治形勢那種百折不迴的精神，再回頭審視他對黃龍宗之欣賞，就明白鄒浩對黃龍禪的喜愛和北宋黃龍宗修世間法的精神遙為呼應。這一點只要留意鄒浩和黃龍名僧惠洪覺範（1071-1128）的交往即可理解。惠洪覺範喜親近儒門士大夫，對朝政亦有興趣。因為受神、哲二朝政爭牽涉，惠洪曾幾次入獄。[85] 史載其與「黨

---

83 余英時，《中國近世宗教倫理與商人精神》（合肥：安徽教育出版社，2001），頁160-169。尤須注意其中引惠洪《冷齋夜話》記述王安石受佛教入世觀念影響的新儒家精神。阿部肇一關於北宋新禪宗的社會化傾向亦有分析。見（日）阿部肇一著，關世謙譯，《中國禪宗史——南宗禪成立以後的政法社會史的考證》（臺北：東大圖書股份有限公司，1986），頁381-393、406-407、835-843。

84 其中〈宗禪師後錄序〉裡鄒浩提到親見和聽聞的一批禪師，均是系出黃龍。包括建隆慶禪師、保寧璣禪師、廬山總禪師、晦堂心禪師、石塔康遠居士等。鄒浩，《道鄉先生鄒忠公文集》，收入《宋集珍本叢刊》第31冊，卷28，〈宗禪師後錄序〉，頁10a。

85 惠洪本人在所著《石門文字禪》裡曾自述前期生平。見釋惠洪，《石門文字禪》，《四部叢刊初編縮本》第56冊（臺北：臺灣商務印書館，1967，據江南圖書館藏明萬曆二十五年徑山寺本影印），卷24，〈寂音自序〉，頁267-268。關於惠洪的各方面情況，學界已有充分研究，可以參考黃啟方，〈釋惠洪五考〉，《宋代詩文縱談》（臺北：臺灣商務印書館，1997），頁241-272；惠洪之交遊參陳自力，《釋惠洪研究》（北京：中華書局，2005），頁80-113。此外，廖肇亨先生針對惠洪文本（尤其是〈智證傳〉）在晚明禪林中的影響有精到之分析，亦可參考（其文註1提供了一些不見於陳書的重要前人研究）。廖肇亨，〈惠洪覺範在明代——宋代禪學在晚明的書寫、衍異與反響〉，《中央研究院歷史語言研究所集刊》，75：4（臺

人皆厚善，誦習其文，得罪不悔。爲張商英、陳瓘、鄒浩尤盡力」。[86]惠洪之遭遇與入世精神和鄒浩如此相似，無怪乎鄒浩感情上親近黃龍一脈，並多爲黃龍僧人語錄題寫序言了。惠洪爲鄒浩詩集所作跋語有謂：「道鄉以說禪口談醫國法門，雷霆一世」。[87]這句跋語正好爲鄒浩將治世思想與禪理互相契合的思想下一註腳。元符鄒浩蒙罪之時「太學生與夫僧道無不罹罪」，這些爲鄒浩所牽連的僧人口頌禪理、心繫廟堂，正是宋代中葉新禪宗入世關懷的一個縮影。[88]

　　現在重新審視鄒浩的儒學背景。《宋元學案》〈陳鄒諸儒學案〉關於鄒浩早年服膺荊舒之學的判斷，自全祖望提出〈括蒼易傳序〉中的王學烙印後，一直爲主流說法。[89]括蒼先生即龔原，王安石弟子，以治《易》聞名。〈括蒼先生易傳序〉是鄒浩爲龔原《易傳》一書所寫序言。鄒浩在其中重新定義了對「道」的追求，這是鄒浩時代思想家們所面對的主要任務。〈括蒼先生易傳序〉篇首曰：「神宗皇帝以道蒞天下，於是造士以經」，指的是當時新學術的共同氣象。[90]「造士以經」，是爲了培養一批新學術的中堅，復興聖王之治。作爲王安石再傳，鄒浩也有這種對新學術「道蒞天下」的嚮往。他在二十多歲爲

北，2004），頁797-837。

86 見陳振孫，《直齋書錄解題》，《石門文字禪》題解，卷17，〈別集類中〉，頁521。

87 釋惠洪，《石門文字禪》，《四部叢刊初編縮本》，卷27，〈跋道鄉居士詩〉，頁304。

88 鄒浩，《道鄉集》，收入昌彼得主編《宋名家集彙刊》，李兆洛編，〈附錄·年譜〉，頁1252-1253。

89 四庫館臣全盤因襲此說。見鄒浩，《道鄉集》，《四庫全書》珍本十二集第163冊，〈提要〉，頁2a。

90 鄒浩，《道鄉先生鄒忠公文集》，收入《宋集珍本叢刊》第31冊，卷28，〈括蒼先生易傳序〉，頁7b。

文宣王廟配享諸聖賢而寫的祭文中，就特別強調了聖人之道的統一和
傳承，尤以寫給孟子和顏回的幾篇為最。[91]

　　既然「道」的傳播是第一位的，那麼能夠如實記載聖人之道的文
獻自然最重要。鄒浩出任襄州教授時撰寫了十卷《論語解義》和十四
卷《孟子解義》，專門闡發聖人之義。[92] 在《論語解義》自序中，鄒浩
把《論語》擺在高於六經的位置，因為《論語》是「純乎聖人之
言……有志於道者講之而已矣」，是聖人之道的完整體現。《詩》、
《書》、《易》等六經反倒不是純粹聖人言語，只是出於聖人而已。[93] 這
裡涉及了王安石新學所注重的「全經」觀，即六經所述本來只是一個
統一的道理，只不過各得一偏，所以各有不同。[94] 鄒浩所謂的「《易》
之道」、「《詩》之道」等，都是在講「全經」之道分裂以後各得其一
的狀況。[95]

　　在寫作《論語》和《孟子》義解之時，鄒浩的思想經歷了另一重
要改變，亦即所謂的襄州悟道。據吳敏中《橋見聞錄》所記，鄒浩任

---

91 鄒浩，《道鄉先生鄒忠公文集》，收入《宋集珍本叢刊》第 31 冊，卷 38，
〈奉安兗國公文〉、〈奉安鄒國公文〉，頁 4b-5a。
92 這裡及以下文章撰寫時間參考了李兆洛年譜，見鄒浩，《道鄉集》，收入
昌彼得主編《宋名家集彙刊》，李兆洛編，〈附錄・年譜〉，頁 1239。
93 鄒浩，《道鄉先生鄒忠公文集》，收入《宋集珍本叢刊》第 31 冊，卷 27，
〈論語解義序〉，頁 2b-3a。
94 王安石曾明確提出過「世之不見全經久矣」，王安石，《臨川先生文集》，
《四部叢刊初編縮本》第 51 冊（臺北：臺灣商務印書館，1967，據明嘉靖
三十九年撫州本影印），卷 73，〈答曾子固書〉，頁 469。關於王學體系中
的「全經」觀，亦可參考 Peter Bol, *This Culture of Ours: Intellectual
Transitions in T'ang and Sung China*（Stanford: Stanford University Press,
1992）, pp. 228-229。
95 鄒浩，《道鄉先生鄒忠公文集》，收入《宋集珍本叢刊》第 31 冊，卷 27，
〈論語解義序〉，頁 3a。

襄州教授時曾經拜訪過當地一被尊稱爲「小先生」的人物，請教其父
——一位被尊稱爲「先生」的隱者——平時所讀何書。小先生只提到
了一部書，即《太上老君說常清靜經》。[96]考鄒浩本人所撰〈萬山居士
頌常清靜經敘〉，「先生」姓趙。「小先生」全名爲趙務，字處道，號
萬山居士。鄒浩元祐八年冬（1093）已聞襄陽趙先生之名，然而無緣
得見。一年後認識了趙務。再一年後趙務將自己所著《頌常清靜經》
送了一部給鄒浩。[97]這部書對鄒浩觸動很大。《橋見聞錄》說鄒借《清
靜經》讀完以後，「忽若有得」。[98]〈萬山居士頌常清靜經序〉中鄒浩自
述其閱讀經驗是：「仰而驚，俛而惑，忽然而情脫」，經歷了一個思
想激盪的過程。[99]可惜趙務《頌常清靜經》這部註解現已不傳。《太上
老君說常清靜經》原文今收《道藏》「洞神部」本文類，其中「觀

---

96 《橋見聞錄》說法轉引自李燾，《長編》，卷502，「哲宗元符元年九月壬
　子」條，頁11955。亦參鄒浩，《道鄉集》，收入昌彼得主編《宋名家集彙
　刊》，李兆洛編，〈附錄・年譜〉，頁1239-1240。

97 鄒浩，《道鄉集》，收入昌彼得主編《宋名家集彙刊》，卷27，〈萬山居士
　頌常清靜經敘〉，頁787。明成化六年本此序時日與別本不同，開首云
　「元祐七年冬，予既至襄陽」，似指鄒浩在1092年已經聽聞趙先生之名
　了。見鄒浩，《道鄉先生鄒忠公文集》，收入《宋集珍本叢刊》第31冊，
　卷27，〈萬山居士頌常清靜經序〉，頁23a。李兆洛年譜記鄒浩任襄州教授
　在元祐八年夏四月（鄒浩，《道鄉集》，收入昌彼得主編《宋名家集彙
　刊》，李兆洛編，〈附錄・年譜〉，頁1237-1238）。據《長編》所記，元祐
　八年，監察御史來之邵彈劾時任潁昌府教授的鄒浩交結蘇頌子弟，詆毀言
　路，乞屏出朝廷，遂有詔放鄒浩爲襄州教授（李燾，《長編》，卷483，
　「哲宗元祐八年四月庚午」條，頁11487）。可證成化本之訛，「七」字實
　爲誤刻。李譜、道光本所記不誤。四庫本據萬曆本，亦不誤。見鄒浩，
　《道鄉集》，《四庫全書》珍本十二集第163冊，卷27，〈萬山居士頌常清
　靜經敘〉，頁27b。

98 李燾，《長編》，卷502，「哲宗元符元年九月壬子」條，頁11955。

99 鄒浩，《道鄉集》，收入昌彼得主編《宋名家集彙刊》，卷27，〈萬山居士
　頌常清靜經敘〉，頁788。

空」部分頗受如來藏影響，此不贅言。[100]而《常清靜經》中以「應物
爲眞常」的概念對鄒浩啓發尤大。經中明言「常清靜矣，是言寂然不
動也」。[101]然而儒者希聖學賢以去慾爲先，釋門參禪學佛以去念爲
先，道士修道學仙以一味觀空爲先，從不反省「修心煉性，心是何
修，性是何煉？豈以一味頑空枯坐，道可成哉」？[102]在《常清靜經》
的作者看來，「大道即天道，天道生長萬物」，[103]而個體道心如果能常
常活潑，則能體會天地間流轉的大道，透過觀察日月星辰、風雲雷雨
等自然現象感通萬物自然生成的至理。我們看鄒浩稍後所寫的〈雙寂
庵記〉，開首即云「道無所往而不寂」。[104]繼之勸人以平心靜氣，以寂
心之不寂感受天地萬物，則自然體會其中道理。這樣的觀念，尤其對
「寂心」的理解，豈不是由《常清靜經》中的「道心」演變而來？考
慮到《常清靜經》對易理解釋之透徹，鄒浩後來轉入《周易》之學恐
怕在很大程度上受此經影響。[105]自然，鄒浩接觸《常清靜經》前肯定
也讀過《周易》，只不過《常清靜經》解釋「大道」的理念進一步推
動了鄒對易理之理解，無怪乎他讀趙務註解會有「仰而驚，俛而惑」

---

100 《太上老君說常清靜經》，清光緒二十二年（1896）刻本，同誠信藏板，
　　（香港中文大學古籍珍本典藏），頁23a-24b。
101 《太上老君說常清靜經》，頁25b。
102 《太上老君說常清靜經》，頁26a-b。
103 《太上老君說常清靜經》，頁26b。
104 鄒浩，《道鄉先生鄒忠公文集》，收入《宋集珍本叢刊》第31冊，卷25，
　　〈雙寂庵記〉，頁2a。由於鄒浩此文對「道」週流不息的解釋明顯出於道
　　家學說，《宋元學案》附說全祖望案語遂摘引此文以爲鄒氏「不能自拔於
　　異端」的證據。見黃宗羲著、全祖望修補，《宋元學案》，卷35，〈陳鄒
　　諸儒學案〉「忠公鄒道鄉先生浩」附說，頁1219。
105 比如《常清靜經》「皇極品第二」對陰陽動靜的理解，還有「氣質品第
　　九」以八卦爻變解釋人之氣質，皆本《周易》。見《太上老君說常清靜
　　經》，頁5a-6b，19a-20b。

這樣激動的心理時刻。

　　襄州時期以後，鄒浩愈發強調對「道」的追求，自號其居所為「道鄉」，作有〈道鄉歌〉、〈將歸先寄道鄉〉、〈道鄉贊〉二首等詩作。[106]其〈觳音集序〉曰：「道鄉居士，以道自持久矣」，實乃夫子自道。[107]鄒浩的一些講學朋友，包括陳瓘、游酢、楊時、許景衡、陳輔等，亦普遍承認他是一個熱心求道的學者。他的同年游酢在祭文中慨嘆鄒「有行道之志，有經國之識，有含萬物之器，有任天下之力……將以斯道鳴乎」。[108]而陳輔「天下有道，以道殉身」之語，更是儒家士人角度對鄒浩學術事業一以貫之的最高評價。[109]這批學人以鄒浩為「道學」同路人，這一點在程頤高徒楊時與鄒浩的一封書信中表達得至為明顯。在信中楊時勉勵初任右正言的鄒浩「以先王道德之要言」啓迪剛登位的哲宗，並稱讚鄒浩的「道學究極天人之蘊，某之所知」。[110]楊時所理解的鄒浩「道學」，自然不是《清靜經》的「清靜漸

106　鄒浩，《道鄉先生鄒忠公文集》，收入《宋集珍本叢刊》第31冊，卷5，〈道鄉歌〉，頁8a-8b；卷10〈將歸先寄道鄉〉，頁10a-10b；卷33〈道鄉贊〉二首，頁5b-6a。〈將歸先寄道鄉〉一詩可證鄒浩自號「道鄉」早於嶺表生涯之前，李兆洛年譜已有討論。鄒浩，《道鄉集》，收入昌彼得主編《宋名家集彙刊》，李兆洛編，〈附錄・年譜〉，頁1268。

107　鄒浩，《道鄉先生鄒忠公文集》，收入《宋集珍本叢刊》第31冊，卷28，〈觳音集序〉，頁8b。王偁在《東都事略》中稱鄒浩「言雖屈於一時，道則伸於後世」，可謂知鄒浩者。王偁，《東都事略》，卷100，〈鄒浩本傳〉，頁1550。

108　謝應芳、鄒量輯，《思賢錄暨續錄》，收入《四庫全書存目叢書》史部傳記類總第82冊，卷2，〈祭忠公文〉，頁8a。

109　謝應芳、鄒量輯，《思賢錄暨續錄》，收入《四庫全書存目叢書》史部傳記類總第82冊，卷2，〈祭忠公文〉，頁10b。

110　楊時，《龜山集》，收入《四庫全書》珍本四集第257冊，卷19，〈與鄒志完〉，頁4b。又，《思賢錄》亦收此信，題作〈楊龜山與忠公書〉。然而「某之所知」之「某」字作「時」。「時之所知」，喻示鄒浩之道學為

入真道」。[111]「道學」一詞，後來成為宋代儒學運動的最強音。然而在鄒浩的相關語境中，「道學」一詞如何界定？這是理解鄒浩思想的根本關鍵。

　　要處理鄒浩的「道學」問題，先要解決鄒浩轉入程門這一公案。《宋元學案》和《宋史》本傳都提過元符初年鄒浩阻止朝廷以王安石《三經新義》出題試舉人一事，[112]藉此暗示鄒浩對王學頗有不滿，為以後歸宗程學鋪下了前因。然則這條記錄省略太多，有誤導之嫌。考《長編》元符元年十月甲辰條鄒浩上奏全文，絕無攻擊王學之語，反而對王學頗見推崇。其奏文明言：「自王安石父子奉詔訓釋以示天下，而學者知所適從，蓋二十餘年矣，其有功於名教豈小哉」！[113]由於《三經新義》本身的確只是註疏，朝廷以經造士，考的是經典本文，以《三經新義》文字出題考試，不符合以造經士的原則，這是鄒浩阻止以《三經新義》出題的本因。此外，《三經新義》只包括《詩經》、《書經》和《周禮》，《周易》和《禮記》不在其中，鄒浩擔心這樣會造成問題。比如學子見《三經新義》「文字繁多，必擇用力少者而習焉。歲月之間，將盡改《易》與《禮記》」。這樣反而造成了《詩》、《書》、《周禮》三經無人研習。[114]至於《三經新義》本身的學

當世達人所共知，其指涉更廣。今記於此，亦為一說。謝應芳、鄒量輯，《思賢錄暨續錄》，收入《四庫全書存目叢書》史部傳記類總第82冊，卷1，〈楊龜山與忠公書〉，頁16b。

111 《太上老君說常清靜經》，頁27a。

112 黃宗羲著、全祖望修補，《宋元學案》，卷35，〈陳鄒諸儒學案〉「忠公鄒道鄉先生浩」，頁1216；《宋史》，卷345，〈鄒浩本傳〉，頁10955-10956。

113 李燾，《長編》，卷503，「哲宗元符元年十月甲辰」條，頁11991。

114 在鄒浩列舉的五條不可由《三經新義》中出題的理由中，只有最後一條提到了《三經新義》流行以後可能造成《周易》和《禮記》地位下降。

術意義，鄒浩是相當肯定的。[115]

　　《宋元學案》提到鄒浩私淑程頤的過程，主要建基於一個傳統道學論述津津樂道的故事，即鄒浩推崇程頤時有云：「雖未見先生之面，然識先生之心矣」。[116]鄒浩「識先生之心」這一公案，在《河南程氏外書》中的版本更為詳盡。考慮到其重要性，茲全引如下：

> 鮮于侁問伊川曰：「顏子何以能不改其樂」？正叔曰：「顏子所樂者何事」？侁對曰：「樂道而已」。伊川曰：「使顏子而樂道，不為顏子矣」。侁未達，以告鄒浩。浩曰：「夫人所造如是之深，吾今日始識伊川面」。

> 《胡文定公集》記此事云：安國嘗見鄒至完，論近世人物，因問程明道如何？至完曰：「此人得志，使萬物各得其所」。又問伊川如何？曰：「却不得比明道」。又問何以不得比？曰：「為有不通處」。又問侍郎，先生言伊川不通處，必有言行可證，願聞之。至完色動，徐曰：「有一二事，恐門人或失其傳」。後來在長沙，再論河南二先生學術。至完却曰：「伊川見處極高」。因問何以言之？曰：『昔鮮于侁曾問，顏子在陋巷，不改其樂，不知所樂者何事？』伊川却問曰：『尋常說顏子所樂者何？』侁

　　李燾，《長編》，卷503，「哲宗元符元年十月甲辰」條，頁11991。

115 關於鄒浩元符元年進言《三經新義》試題之記載亦可參《文獻通考》，所記較《宋史》詳盡。馬端臨引《長編》文字，交代了鄒浩關於《三經新義》「所以訓經，而其書非經也」的看法。也提到了鄒浩本質上還是支持熙、豐年間選科考改革「專用經術」、「以經造士」的大原則。見馬端臨，《文獻通考》，卷31，〈選舉考四〉，頁915-916。

116 黃宗羲著、全祖望修補，《宋元學案》，卷35，〈陳鄒諸儒學案〉「忠公鄒道鄉先生浩」，頁1217。

曰：『不過是說顏子所樂者道』。伊川曰：『若說有道可
樂，便不是顏子』。以此見伊川見處極高」。

又曰：「浩昔在潁昌，有趙均國者，自洛中來。浩問：
『曾見先生，有何語？』均國曰：『先生語學者曰：「除却
神祠廟宇，人始知爲善。古人觀象作服，便是爲善之
具」』」。

又《震澤語錄》云：伊川問學者，顏子所樂者何事？或
曰：「樂道。」伊川曰：「若說顏子樂道，孤負顏子」。鄒
至完曰：「吾雖未識伊川面，已識伊川心。何其所造之深
也！」[117]

《河南程氏外書》是《二程遺書》的補編，收錄了程門弟子所記
的程顥、程頤談話。以上所引出自胡安國聽錄程頤講學而編成的本
子，亦即《胡氏本拾遺》。胡安國（1074-1138）與楊時、游酢和謝良
佐多有交遊，[118]《胡文定公集》中關於程頤的記載許多轉錄自楊、
游、謝三人。據其所述，鄒浩本來更爲佩服程顥，認爲程頤的學說有
不通處。後來聽說程頤回答學生「顏子所好何學」一問時直指本心，
以爲顏子所樂之「道」是人倫自然之理，不能言說，一說樂道，則非
自然。這時鄒浩才爲程頤之學所感發。換言之，鄒浩對程頤學術的認
知，是有個變化過程的。

　　事實上，鄒浩在二十五歲所作的〈奉安充國公文〉中，已經思考

---

117 〔宋〕程頤、程顥著，王孝魚點校，《二程集》（北京：中華書局，
　　1981），河南程氏外書卷第七，〈胡氏本拾遺〉，頁395-396。
118 關於胡安國的基本背景，參黃宗羲著、全祖望修補，《宋元學案》，卷
　　34，〈武夷學案〉，頁1171-1173。

過顏子安貧樂道的問題。[119]當時他雖然引用了《中庸》「無入而不自得」這一句話來讚揚顏回的「聖人之道」，但沒有具體解釋何謂「聖人之道」。[120]至於程頤，青年時期在太學求學時以〈顏子所好何學論〉一文爲胡瑗所驚賞，乃是思想史上一大因緣。考今本〈顏子所好何學論〉，程頤強調顏回特異之處在於篤學聖人之道，而篤學過程則取《中庸》自明而誠這一條路線，通過努力學習而達到《孟子》所謂「充實而有光輝」的境界。[121]論及對求道之學的追求，青年鄒浩和青年程頤不謀而同，然而兩者追求「道」的手段卻不一定合轍。

　　自襄州時期以後，鄒浩對老氏之學瞭解愈深，而其本身對禪學佛理又有充分體會。這個時候，鄒氏開始有意識地建立自己的求「道」之學，其學術重心逐漸轉向《周易》。這裡還有一個基本思想背景。北宋中葉，佛、老之學已經非常成熟完善。在追求終極眞理方面，儒家義理體系面臨巨大衝擊。當時有見識的士大夫爲了應付這個新挑戰，一派貶抑或批評佛、老之學，另一派則強調調合三教。程頤屬於前者，鄒浩則是後者。兩者都敏銳地察覺到了《周易》是建立儒家求「道」之學的本經。所以程頤費無數心力撰寫《易傳》，而鄒浩以《周易》爲「全經」根基。鄒浩對胡安國稱讚程顥「使萬物各得其所」，正是因爲程顥針對易道流轉所提出的生機論和他本人中年以後的易理觀相近。鄒浩〈雜說〉中有一條對易理的論斷，認爲現世「君

---

119 元豐七年（1084）宋廷有詔重修孔廟配祀。鄒浩此文作於當時。見鄒浩，《道鄉集》，收入昌彼得主編《宋名家集彙刊》，李兆洛編，〈附錄・年譜〉，頁1234。

120 鄒浩，《道鄉先生鄒忠公文集》，收入《宋集珍本叢刊》第31冊，卷38，〈奉安兗國公文〉，頁5b。

121 程頤、程顥著，王孝魚點校，《二程集》，河南程氏文集卷第八，〈顏子所好何學論〉，頁577-578。

子之道鮮矣」的原因就是不知易理。而易理本來沒有實體，不過「曲
成萬物而不遺，通乎晝夜之道而知也」。[122] 最理想的境界，君子之道
發揮到極致，自然暗合易理，用鄒浩的話來說，可以「與天地準……
以智周萬物而道濟天下也」。[123] 鄒浩既持「曲成萬物而不遺」的易理
觀，又受《常清靜經》中的「天道生長萬物」論影響，自然喜愛程顥
「畜魚觀草」的生機論了。[124] 至於青年程頤〈顏子所好何學論〉中勉
力為學去除「非禮」諸事，和鄒浩對易的理解不合，難怪後者在胡安
國面前批評程頤學說「有不通處」了。

　　晚年鄒浩歷經流放，居長沙時從程頤學生鮮于侁處再聞程頤對
「顏子所樂」的看法。這個時候的程頤，以顏子之樂為不可說。按照
朱熹的解法，晚年程頤並不具體解釋何為「顏子所樂」，是因為如果
真正到達了顏子的境界，則「動靜語默日用之間，無非天理。胸中廓
然，豈不可樂」。[125] 當然，朱熹本人不太同意程頤「若說有道可樂，
便不是顏子」的說法，是因為程頤之說容易惹起誤會，使人以為「樂
道」的境界較淺薄，或者「道」與「樂道」為二物。[126] 無論如何，朱

---

122 鄒浩，《道鄉先生鄒忠公文集》，收入《宋集珍本叢刊》第 31 冊，卷 32，
　　〈雜說〉，頁 11b。
123 鄒浩，《道鄉先生鄒忠公文集》，收入《宋集珍本叢刊》第 31 冊，卷 32，
　　〈雜說〉，頁 11a。
124 《太上老君說常清靜經》，頁 26b。「畜魚觀草」一典，參黃宗羲著、全祖
　　望修補，《宋元學案》，卷 14，〈明道學案下〉引張九成語，頁 578。關於
　　程顥生機論的論文不勝枚舉，針對「畜魚觀草」所體現的生機論，可參
　　楊儒賓先生的精要論述，〈理學的仁說──一種新生命哲學的誕生〉，
　　《臺灣東亞文明研究學刊》，卷 6 期 1（臺北，2009），頁 33-35。
125 〔宋〕朱熹著、〔宋〕黎靖德編，《朱子語類》，收入《理學叢書》（北
　　京：中華書局，1986），〈論語十三〉卷 31，「雍也篇二」，頁 796。
126 朱熹著、黎靖德編，《朱子語類》，收入《理學叢書》，〈論語十三〉，卷
　　31，「雍也篇二」，頁 800-801。

子對「顏子之樂」長存日用之間的理解大體是符合程頤本意的。這種對「顏子之樂」的理解，和晚年鄒浩對「道」的理解不謀而合。我們讀鄒浩其中一條〈雜說〉，引《孟子》〈盡心〉篇「君子之言也，不下帶而道存」一條來解釋如何在人倫日用中悟道，[127] 就知道鄒浩對「道」的理解著重切身體會。如能「言近而指遠」，則日常言語亦能合道，不必專以「樂道」為說。[128] 程頤既有「體道者不必言樂道」之悟，無怪乎他佩服其見識高超、有「今日始識伊川面了」之嘆了。[129]

　　除了「體道者不必言樂道」這層意思，據程頤學生王蘋（1082-1153）所述，晚年程頤對「顏子之樂」還有另一重解讀。王蘋學生周憲記載師生問答的〈震澤記善錄〉裡收錄了這一解讀。〈震澤記善錄〉，即上文胡安國聽錄本引用的〈震澤語錄〉。然而胡安國所記〈震澤語錄〉文字並不完整。考今本王蘋文集《宋著作王先生文集》卷八〈震澤記善錄〉其中伊川論「顏子之樂」一條，〈胡氏本拾遺〉鄒浩感嘆「何其所造之深也」以下，另外還有一段，是王蘋向周憲解釋程頤之「樂道」觀，其云：「心上一毫不留，若有心樂道，則有所倚著。功名富貴，固無足樂。道德性命，亦無可樂。《莊子》所謂『至樂無樂』」。[130] 這一段話代表了程門弟子對程頤「顏子之樂」的另

127　鄒浩，《道鄉先生鄒忠公文集》，收入《宋集珍本叢刊》第31冊，卷32，〈雜說〉，頁11b。

128　鄒浩，《道鄉先生鄒忠公文集》，收入《宋集珍本叢刊》第31冊，卷32，〈雜說〉，頁11b。

129　這種契合在朱熹看來自然是一種對程頤的誤讀。朱熹認為鄒浩是把自己所理解的禪、老不可言說之道投射在程頤身上了。所以朱熹同意他的學生批評鄒浩「吾今始識伊川面」是「已入禪去」。朱熹著、黎靖德編，《朱子語類》，收入《理學叢書》，〈論語十三〉卷31，「雍也篇二」，頁800-801。

130　〔宋〕王蘋，《宋著作王先生文集》，《宋集珍本叢刊》第36冊（北京：線

類解答。即使忽略對《莊子》的引用，王蘋將道德性命和功名富貴視
爲無可樂，以虛心齊物爲樂，本身就帶有濃厚的道家思想。我們不知
道王蘋這一段針對程頤的思想解讀在多大程度上代表程頤本人意思，
也不知道鄒浩是否和王蘋就「顏子之樂」的問題有所交流。正因爲程
頤本人回答鮮于侁的方式留下了許多想像空間，王蘋、鄒浩乃至朱熹
才能在這個答案裡各自發揮。這些發揮有時恰好重疊在一起，在後人
看來似乎就成爲了某種隱密的思想傳承，也就是所謂的「識其心」。
然而這些後人以爲的「私淑」傳承，更可能是思想偶然交集的結果。

四、結語

　　北宋黨爭後期淪爲政治標籤化運動。不少名列元祐黨人碑者本是
出於王安石門下的新學學者，只因和新政當權者不和而最終名列黨
籍。[131] 哲宗元符以後，黨爭愈加激化，政治立場和學術糾纏一起，導
致不少思想獨立之士人在後世表述中非「新」即「舊」。鄒浩的舊黨
直臣形象就是這種表述的產物。南宋高宗建炎三年（1129），鄒浩追
復龍圖閣待制。[132] 紹興六年，其子鄒柄入對，進〈諫哲宗立劉后疏〉

　　裝書局，2004，據清鈔明王惟顯翻刻弘治本影印），卷8，〈震澤記善
　　錄〉，頁1b。

131 以曾任待制以上的高級官員爲例，鄒浩的老師龔原即碑上有名，他是王
　　安石《周易》學傳人。還有王安石《詩》學和《禮記》學高足陸佃，有
　　些熙寧、元豐時間的新政支持者如黃履、蔣之奇等也碑上有名。可見黨
　　人碑實出權門私意，連正統意義上的黨爭都稱不上了。〔清〕王昶（1725-
　　1806），《金石粹編》，《續修四庫全書》史部金石類第890冊（上海：上
　　海古籍出版社，1995），卷144，〈元祐黨籍碑姓名考〉，頁2a-2b。

132 〔宋〕李心傳（1166-1243），《建炎以來繫年要錄》，《國學基本叢書》
　　（北京：中華書局，1956），卷28，「高宗建炎三年九月辛未」條，頁
　　557。

原疏，朝廷再次追贈鄒浩爲寶文閣直學士，諡曰忠。[133]鄒浩祠墓位處
武進德澤鄉林莊。元末族人無錢，鬻墓田幾盡。元、明之交，又歷兵
災。明初，謝應芳請知府廣州人張度重修祠宇，立碑墓前。明成化九
年（1473）修建鄒氏祠堂，有廡十一間，門三間。[134]論及身後事，鄒
浩可謂極盡哀榮。陳瓘、楊時、游酢、晁說之這批鄒浩的同輩人亦紛
紛強調其政治家之面貌及「舊黨」身份。

　　入南宋以後，始有士人關注鄒浩思想。他們均強調鄒浩學術系出
程門道學。南宋史能之咸淳四年（1268）所修《毘陵志》中鄒浩小傳
即云鄒「受《大學》於二程先生」。[135]結合胡安國《胡氏傳家錄》轉
述鄒浩「六經大要在《中庸》一篇」此語一同觀看，恐怕南宋中後期
道學家們已經有意在思想層面「歸化」鄒浩，並以道學經典《大
學》、《中庸》作爲鄒氏學術重心。[136]元、明以後，這一類表述更是不
勝枚舉。只要讀讀元、明士人的題詠和祭墓文章就一清二楚了。略舉

---

133 李心傳，《建炎以來繫年要錄》，《國學基本叢書》，卷98，「高宗紹興六
　　年二月己酉」條，頁1612。
134 以上資料見〔明〕朱昱修，成化《重修毘陵志》，成化二十年刊本，《中
　　國方志叢書》華中地方第423號（臺北：成文出版社，1983），卷30，
　　〈陵墓〉，頁1395-1396。並參明郡守張度〈祭墓文〉，謝應芳、鄒量輯，
　　《思賢錄暨續錄》，卷5，張度，〈祭墓文〉，頁3a-3b。
135 史能之，咸淳《重修毘陵志》，《中國方志叢書》華中地方第422號，卷
　　17，〈人物二〉，頁5a。
136 據胡安國《胡氏傳家錄》，鄒浩本人說過「聖人之道，備於六經。六經千
　　門萬戶，何從而入？大要在《中庸》一篇」，轉引自朱熹、李幼武，〈侍
　　郎鄒公浩〉，《宋名臣言行錄五集》，頁761-762。《宋元學案》亦引此
　　條，不過系之於《宋史》本傳名下。黃宗羲著、全祖望修補，《宋元學
　　案》，卷35，〈陳鄒諸儒學案〉「道鄉雜記」，頁1219。考今本《宋史》
　　鄒浩本傳，並無此語，史源當同出《胡氏傳家錄》中之孤證。《宋元學
　　案》誤。

數例：

> 伊洛分來一派長，滿懷星斗粲文章。引裾直諫中宮事，人
> 道前身褚遂良。
>
> 〔元〕謝亨
>
> 道鄉夫子宋儒紳，伊洛淵源派系真。祗仗孤忠扶哲后，寧
> 知直道忤權臣。
>
> 〔明〕趙琬
>
> 道鄉夫子萬人傑，讀書曾立程門雪。文章下筆邁千古，慷
> 慨立朝多大節。
>
> 〔明〕聶大年[137]

　　從今天讀到的《道鄉集》文字來看，鄒浩本人並沒有明顯承繼「伊洛淵源」。[138]後人論及鄒浩思想均就程門道學對鄒氏立身大節之影響出發立論，至於鄒浩的具體思想則乏人問津。幸而《道鄉集》文字保存相對完整，讓我們可以還原鄒浩「由王入程」這一套說辭底下的隱藏細節。

　　首先，佛、老之學在鄒浩學術生命中有著長久影響力，強化了鄒浩作為一個調合論者的基調。他在一些晚年詩作中直截了當地表明了

137 所引數詩皆見《思賢錄》及《思賢續錄》。謝應芳、鄒量輯，《思賢錄暨續錄》，收入《四庫全書存目叢書》史部傳記類總第82冊，卷4，頁8b；卷5，頁8b、9a。

138 補注《宋元學案》的清人馮雲濠曾有過鄒浩受學程門「猶考之未審也」的懷疑，但也僅止於懷疑。此外，馮雲濠後來轉而懷疑自己之前「考之未審」的正確推斷，轉而以為鄒浩「實受業程門也」。〔清〕黃宗羲、全祖望、王梓材、馮雲濠，《宋元學案補遺》，《叢書集成續編》第248冊（臺北：新文豐出版公司據1937年四明叢書本影印，1989），卷35，頁28b，32a。

這種調合論觀念，比如〈偶書〉一詩的「一卷復一卷，三藏與五經；
儒釋本不異，昧者自親」；還有〈讀論語〉一詩的「仲尼初不離靈
臺，請業門人日日來」，都是以調合互通爲說，這是貫穿他一生的看
法。[139]第二，鄒浩從來沒有徹底否定過王學。應該說，鄒氏關於「全
經」和儒家「道」的概念主要來自王學。王學中的《易》學一直是鄒
浩求「道」之學的主要思想來源。〈括蒼先生易傳序〉中鄒浩自云：
「從先生〔按：即龔原〕遊二十餘年矣，始見之廣陵……中見之京
師……晚見之西垣，又見之東省，又見之中臺」，[140]可見鄒與王門學
人的交遊貫徹始終。第三，鄒浩和程頤在思想上確有交集。鄒浩與程
氏門人如楊時、胡安國等人之間的私誼也是事實。但是，這並不代表
他的思想可以被歸納爲一線性的「由王入程」模式。鄒浩對晚年程頤
的「顏子所樂」論固然有見識極高之嘆，但這只是因爲此說與他本人
思想偶合，並不代表鄒浩信服程頤其他學說。事實上，在今本《道鄉
集》中，找不到一篇能夠證明鄒浩轉向程氏道學的決定性文獻。

　　最後，回到鄒浩的「道學」問題。可以補充的是，鄒浩和程頤對
「道學」的理解並不一樣。在建立「道學」方面，鄒浩並沒有那麼強
烈的「學派」意識。盡管鄒浩也會偶爾使用「道學」一詞，但他並不
認爲這是一個不同於流俗的新學派。[141]襄州時期的鄒浩發展出了一套

---

139 鄒浩，《道鄉先生鄒忠公文集》，收入《宋集珍本叢刊》第31冊，卷5，
　　〈偶書〉，頁14b；卷13，〈讀論語〉，頁2b。
140 鄒浩，《道鄉先生鄒忠公文集》，收入《宋集珍本叢刊》第31冊，卷28，
　　〈括蒼先生易傳序〉，頁8a。
141 比如鄒浩在爲王安石門人陸佃所草制書中，就提過陸氏「蚤緣道學，被
　　遇神宗」。這裡鄒浩傾向將「道學」理解爲一種個人品質，這種品質既可
　　以是道德的，亦可以是學術的。鄒浩，《道鄉先生鄒忠公文集》，收入
　　《宋集珍本叢刊》第31冊，卷17，〈陸佃除尚書右丞制〉，頁3a。在與鄒

自己對「道」乃至「求道」之學的新理解。這套理解和程頤道學在思想上固然有重疊之處，但卻不能等同。鄒浩晚年被貶的經歷加深了他對《易》理之理解，故而感佩晚年程頤對「顏子所好何學」的體悟。但對其他程氏道學思想，比如天理說、主敬說，鄒浩並無甚麼興趣。鄒浩個人之思想歷程，既反映了王氏新學與程氏道學互爲消長的時代縮影，也代表了當時一批傾心求「道」的士人在這兩套顯學之外的另類嘗試。這批士人的思維世界匯集起來，才有了《道命錄》、《伊洛淵源錄》和《宋史》〈道學傳〉中的「道學源流」，以及《宋元學案》中與道學宗師同時的各種「諸儒學案」。

浩同時的王氏新學門人中，我們似乎可以看到一套比較完整的王門「道學」話語，比如王門禮學家陳祥道（1042-1093）以及後來反對王安石新政的鄭俠（1041-1119），都有自己對道學的獨特理解。這方面的研究，參 Hiu Yu Cheung, "The Way Turning Inward: An Examination of the 'New Learning' Usage of *daoxue* in Northern Song China," *Philosophy East and West* (2017), pp. 6-17, doi: 10.1353/pew.0.0120.

徵引書目

一、傳統文獻

〔三國〕《太上老君說常清靜經》，清光緒二十二年（1896）刻本，同誠信藏板，香港中文大學古籍珍本典藏。

〔宋〕王偁，《東都事略》，臺北：國立中央圖書館，1991，據宋紹熙眉山程舍人宅刊本重印。

〔宋〕王安石，《臨川先生文集》，《四部叢刊初編縮本》第51冊，臺北：臺灣商務印書館，1967，據明嘉靖三十九年撫州本重印。

〔宋〕王蘋，《宋著作王先生文集》，四川大學古籍整理研究所編，《宋集珍本叢刊》第36冊，北京：線裝書局，2004，據清鈔明王惟顒翻刻弘治本影印。

〔宋〕尤袤，《遂初堂書目》，《叢書集成初編》，北京：中華書局，1985。

〔宋〕史能之修，咸淳《重修毘陵志》三十卷，《中國方志叢書》華中地方第422號，臺北：成文出版社，1983，據宋咸淳四年（1268）原刊、清嘉慶二十五年（1820）重刊本影印。

〔宋〕朱熹纂，李幼武續纂，《宋名臣言行錄》，《宋史資料萃編》第一輯，臺北：文海出版社，1967。

〔宋〕李燾，《續資治通鑑長編》，北京：中華書局，2004。

〔宋〕李心傳，《建炎以來繫年要錄》，《國學基本叢書》，北京：中華書局，1956。

〔宋〕宗杲，《大慧普覺禪師語錄》，《佛光大藏經》「禪藏‧語錄部」，高雄：佛光出版社，1994。

〔宋〕馬端臨，《文獻通考》，裴汝誠等點校，北京：中華書局，2011。

〔宋〕徐度，《卻掃編》，北京：中華書局，1985。

〔宋〕陳振孫撰，徐小蠻、顧美華點校，《直齋書錄解題》，上海：上海古籍出版社，1987。

〔宋〕程頤、程顥著，王孝魚點校，《二程集》，北京：中華書局，1981。

〔宋〕釋惠洪，《石門文字禪》，四部叢刊初編縮本》第56冊，臺北：臺灣商務印書館，1967，據江南圖書館藏明萬曆二十五年徑山寺本影印。〔宋〕鄒浩，《道鄉集》，昌彼得主編《宋名家集彙刊》，臺北：漢華文化事業股份有限公司，1970，據道光十三年八月重刊本影印。

〔宋〕鄒浩，《道鄉先生鄒忠公文集》，四川大學古籍整理研究所編，《宋集珍

本叢刊》第 31 冊，北京：線裝書局，2004，據明成化六年本影印。

〔宋〕鄒浩，《道鄉集》，《四庫全書》珍本十二集第 163 冊，臺北：臺灣商務印書館，1982。

〔宋〕楊時，《龜山集》，《四庫全書》珍本四集第 257 冊，臺北：臺灣商務印書館，1973。

〔宋〕楊仲良，《續資治通鑑長編紀事本末》，北京：北京圖書館出版社，2003，據清嘉慶宛委別藏影印。

〔宋〕劉跂，《學易集》，《叢書集成初編》，北京：中華書局，1985。

〔宋〕劉跂，《學易集》，文淵閣《四庫全書》集部別集類，總第 1121 冊，上海：上海古籍出版社，1987。

〔宋〕朱熹，《朱子語類》，《理學叢書》，北京：中華書局，1986。

〔元〕脫脫等編，《宋史》，北京：中華書局，1977。

〔明〕朱昱修，成化《重修毗陵志》四十卷，《中國方志叢書》華中地方第 423 號，臺北：成文出版社，1983，據成化二十年（1484）刊本影印。

〔明〕謝應芳、鄒量輯，《思賢錄暨續錄》，《四庫全書存目叢書》史部傳記類，總第 82 冊，上海：上海古籍出版社，1987，據清華大學圖書館藏清道光二十九年詠梅軒刻本影印。

〔清〕王昶，〈元祐黨籍碑姓名考〉，見氏著《金石粹編》，《續修四庫全書》史部金石類第 890 冊，上海：上海古籍出版社，1995。

〔清〕朱彝尊著，許維萍、馮曉庭、江之川，《點校補正經義考》，《古籍整理叢刊》，臺北：中央研究院中國文哲研究所籌備處，1997，據盧見曾刊本點校。

〔清〕邵懿辰，《增訂四庫簡明目錄標註》，上海：上海古籍出版社，1979。

〔清〕莫友芝撰，傅增湘訂補，《藏園訂補邵亭知見傳本書目》，北京：中華書局，1993。

〔清〕黃宗羲、全祖望，《宋元學案》，北京：中華書局，1986。

〔清〕黃宗羲、全祖望、王梓材、馮雲濠，《宋元學案補遺》，《叢書集成續編》第 247-248 冊，臺北：新文豐出版公司，1989，據 1937 年四明叢書本影印。

二、近人論著

〔日〕土田健次郎著，朱剛譯，《道學之形成》，上海：上海古籍出版社，2010。

王榮國編，《羅氏雪堂藏書遺珍》，北京：中華全國圖書館文獻縮微複製中心，2001。

〔美〕田浩（Hoyt Tillman），《朱熹的思維世界》，臺北：允晨文化實業股份
　　有限公司，2008。

任繼愈，《佛教大辭典》，南京：江蘇古籍出版社，2002。

余英時，《中國近世宗教倫理與商人精神》，合肥：安徽教育出版社，2001。

余英時，《朱熹的歷史世界：宋代士大夫政治文化的研究》，臺北：允晨文化
　　實業股份有限公司，2003。

朱蕥，〈鄒浩詩校注〉，南寧：廣西大學碩士學位論文，2011。

谷學穎，〈鄒浩詩歌研究〉，南寧：廣西師範學院碩士學位論文，2012。

何俊，《南宋儒學建構》，上海：上海人民出版社，2013。

李洪霞，《鄒浩研究》，保定：河北大學歷史學碩士學位論文，2010。

〔日〕阿部肇一著，關世謙譯，《中國禪宗史——南宗禪成立以後的政法社會
　　史的考證》，臺北：東大圖書股份有限公司，1986。

祝尚書，《宋人別集敍錄》，北京：中華書局，1999。

夏長樸，〈從李心傳《道命錄》論宋代道學的成立與發展〉，《宋史研究集》
　　第三十六輯，臺北：國立編譯館，2006，頁1-63。

陳來編，《早期道學話語的形成與演變》，合肥：安徽教育出版社，2007。

陳自力，《釋惠洪研究》，北京：中華書局，2005。

黃權才，〈鄒浩羈管廣西昭州詩論〉，《廣西師範學院學報（哲學社會科學
　　版）》，卷26期2（南寧，2005年4月），頁91-95。

黃啟方，《宋代詩文縱談》，臺北：臺灣商務印書館，1997。

張福勳，〈鄒浩及其詩論〉，《內蒙古師大學報（哲學社會科學版）》，期3
　　（呼和浩特，1993），頁51-56。

湯用彤，《漢魏兩晉南北朝佛教史》，上海：上海書店，1991。

楊儒賓，〈理學的仁說——一種新生命哲學的誕生〉，《臺灣東亞文明研究學
　　刊》，卷6期1（臺北，2009），頁33-35。

廖肇亨，〈惠洪覺範在明代——宋代禪學在晚明的書寫、衍異與反響〉，《中
　　央研究院歷史語言研究所集刊》，75：4（臺北，2004），頁797-837。

龔延明、祖慧編撰，《宋登科記考》，南京：江蘇教育出版社，2009。

Bol, Peter. *This Culture of Ours: Intellectual Transitions in T'ang and Sung China.*
　　Stanford: Stanford University Press, 1992.

Cheung, Hiu Yu. "The Way Turning Inward: An Examination of the 'New
　　Learning' Usage of *daoxue* in Northern Song China." *Philosophy East and
　　West*, 2017 pp. 1-34. doi: 10.1353/pew.0.0120.

Liu, James T. C. "How did a Neo-Confucian school become the state orthodoxy?."
　　Philosophy East and West 23:4（1994），pp. 483-505.

Beyond "School" — The Thought and Political Stance of Zou Hao (1060-1111) in the Northern Song

Cheung Hui Yu

Abstract

Zou Hao (1060-1111), a scholar-official in the Northern Song, was one of the key figures in the great transition of Song intellectual history. His remonstrance to Song Zhezong (r. 1096-1100) on the issue of the enthronement of a new empress has been generally considered as an act of courage. The Yuan-compiled official dynastic history of Song and the *Song Yuan xue'an* (Case Studies of Song and Yuan Scholarship) portray Zou as a follower of Wang Anshi's New Learning in his early years who gradually turned to the school of Cheng Yi in his late years. Hence, these traditional narratives tend to categorize Zou's thought into the conservative group of the Yuanyou period (1086-1094). Recent scholarship devotes little attention to Zou Hao's thought, but rather focuses on his career as a politician. These studies may show some interest in Zou's intellectual life, but they never challenge the conventional understanding of him in the *Songyuan xue'an*. By examining Zou Hao's own writings and other textual resources, this article explores the political and intellectual worlds of Zou Hao. Zou himself was a pluralist in both realms. He showed a clear inclination toward neither the conservative nor the reformist camps. Intellectually, Zou integrated the *Book of Changes*, Zen (*Dhyana*) contemplation, and Daoist teachings to form his own learning, which is too complicated to be summarized as a simple shift from the New Learning to the Cheng School. In a word, Zou Hao's thought exemplifies the complexity of the mid-Song intellectual landscape. Research on this process, therefore, fills a gap in Northern Song intellectual history that existed in between the two great traditions of Wang Anshi's New Learning and Cheng Yi's *Daoxue* school.

Keywords: Zou Hao, Cheng Yi, the New Learning, *Daoxue* movement, *Song Yuan xue'an*

【論文】

「嚴復時刻」：
早期嚴復政治思想中的聖王之道與社會契約[*]

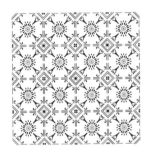

蕭高彥

中央研究院

人文社會科學研究中心

特聘研究員

carl@gate.sinica.edu.tw

---

* 作者感謝科技部「人文行遠專書寫作計畫」以及中央研究院105年度胡適
紀念講座對本研究的支持。本文初稿曾宣讀於「晚清思想中的中西新舊之
爭學術研討會」（2016年12月，北京清華大學），完稿則曾於中央研究院
人文社會科學研究中心「政治思想專題研究中心」座談會發表（2017年2
月），承蒙楊貞德女士以及潘光哲先生的深入評論。另外，本刊兩位審查
人提供詳細的修改建議，使本文能精益求精。對於以上學術社群的切磋琢
磨，筆者敬致謝忱。

「嚴復時刻」：
早期嚴復政治思想中的聖王之道與社會契約

摘要

　　本文分三個層次探討在十九世紀末葉的「嚴復時刻」，他如何以西方現代性為本而為中國現代性奠基：第一、在實質的政治價值與制度層面，他提出了「以自由為體，以民主為用」的著名主張；第二、在正當性的層次，嚴復主張傳統中國聖王之道在新的世變下已經失效，必須以西學為本追求富強。基於此，他挑戰中國自古以來的聖王之道，並因此引發了張之洞集團的強烈反彈，譴責他「貶聖賢以遵西洋之善治」；第三、在《天演論》中嚴復發展出一套全新的政治論述，將西方富強之所本舉為世變之際的新聖王之道，並引進社會契約的正當性理論證成人民參與的「公治」，以及赫胥黎式的「倫理自由主義」，以說服中國士大夫階層瞭解運會之所趨。最後，探討《天演論》中赫胥黎思想與嚴復案語所展現出的史賓賽主義是否矛盾的思想史公案。

關鍵詞：嚴復、赫胥黎、天演論、社會契約、自由

一、緒論：轉型時代與「嚴復時刻」

梁任公嘗言：「吾國四千餘年大夢之喚醒，實自甲午戰敗割台灣償二百兆以後始也」，[1] 這個挫敗也拉開了新時代的序幕，中國知識分子急切地找尋救亡圖存之道。1895 到 1925 年因此被張灝先生稱爲近代中國思想的「轉型時代」。傳統的經世思維，在巨大的歷史衝擊之後，在思想、價值、制度以及行爲層次都產生了重大轉變。在這個承先啓後的關鍵年代，主要的變化有兩個面向。首先，是報刊雜誌、新式學校與學會等現代傳播媒介的大量湧現，以及新興知識階層的出現；其次，在思想內容方面，則包含了文化取向的危機以及新的思想論述之形成。[2] 在政治文化的危機方面，普世王權的崩潰不僅引發宇宙觀以及政治秩序的瓦解，同時產生了重構正當性原則的迫切需要。而新起的知識階層必須快速發展出新的語彙與觀念，以討論其所共同關心的政治社會問題。在這個關鍵時刻，最具代表性的轉型知識分子有兩位：嚴復（1854-1921）以及梁啓超（1873-1929），而本文將以嚴復早期思想爲研究對象。

在甲午戰敗之後，嚴復發表了一系列的論文，包括〈論世變之亟〉、〈原強〉、〈闢韓〉、〈原強續篇〉，以及〈救亡決論〉。這些發表於 1895 年的文章，從理論的角度分析西方政治制度的根本原則，

1　梁啓超，林志鈞編，《飲冰室文集》（臺北：臺灣中華書局，1960），集 1，頁 1。

2　張灝，《時代的探索》（臺北：中央研究院／聯經出版公司，2004）；王汎森等，《中國近代思想史的轉型時代》（臺北：聯經出版公司，2007）；Carl K. Y. Shaw, "Yan Fu, John Seeley and Constitutional Discourses in Modern China: A Study in Comparative Political Thought," *History of Political Thought*, 37:2（Summer, 2016）, pp. 306-310.

並且與中國傳統政治理念加以比較，探討國家在當時劇變中的未來走
向。以當時中國知識界而言，並無任何其他思想家能夠如嚴復一般，
深入西方的經典作品，並且爬梳政治制度背後的基本價值。1898刊
行的《天演論》一書，更鼓動風潮，喚起了保種救國的意識。事實
上在1896-98年之間，改革派知識分子間已經口耳相傳《天演論》的
翻譯並傳閱手稿，[3]更讓梁啓超說出「南海先生讀大著後，亦謂眼中未
見此等人」。[4]所以，若吾人將1895至1902年這個時期命名爲「**嚴復
時刻**」（The Yan Fu Moment），[5]並不爲過，因爲嚴復是在轉型時代
的起點，在強烈的危機意識下，[6]確立中國近代政治思想論述結構的主

3　王天根，《天演論傳播與清末民初的社會動員》（合肥：合肥工業大學出
　　版社，2006）；蘇中立，《百年天演：《天演論》研究經緯》（福州：福建
　　人民出版社，2014），頁240-254。
4　梁啓超，林志鈞編，《飲冰室文集》，集1，頁110。
5　對「嚴復時刻」的終點，筆者斷代於1902年中，略符周振甫認爲嚴復最
　　早期的「全盤西化論時期」（1895-1903）（周振甫，《嚴復思想述評》〔臺
　　北：臺灣中華書局，1964〕，頁205）。周氏1903斷代乃以嚴譯穆勒《群己
　　權界論》爲界，主張嚴復之後轉變爲「中西折衷」，甚至在晚年主張「反
　　本復古」。筆者除了不贊同這樣的標籤外（本文以下將會討論；cf.
　　Benjamin Schwartz, *In Search of Wealth and Power: Yen Fu and the West*
　　〔Cambridge: Belknap Press of Harvard University Press, 1964〕, pp. 38, 47,
　　50），選擇1902年斷代的著眼點是〈主客平議〉和〈與《外交報主人書》〉
　　兩篇作品的分水嶺意義。〈主客平議〉採對話體，由「新者」與「舊者」
　　分別提出理據，嚴復再以「大公主人」身份出現，提出「新舊固任其自
　　擇，苟出於誠，其於群皆有一節之用」（嚴復，王慶成等編，《嚴復合集》
　　〔臺北：辜公亮文教基金會，1998〕，頁268），而他本人在1895年提出的
　　改革論，成爲「新者」的主張，表示嚴復在「傳統」與「現代」之間，開
　　始產生不同的反思。〈與《外交報主人書》〉則批判張之洞《勸學篇》所
　　主張，而已經在清廷「新政」所落實的取徑日本之政策，但這也反映嚴復
　　意識到其翻譯大業已遭逢不同典範的直接競爭。筆者感謝一位審查人對
　　「嚴復時刻」的斷代應仔細思考、詳細說明的指正。
6　郭正昭，〈從演化論探析嚴復型危機感的意理結構〉，《中央研究院近代史

要思想家。[7]雖然百日維新失敗後，大量學生赴日本留學，引介「東學」思想資源與詞彙，逐漸掩蓋了嚴復英雄式的翻譯志業，[8]然而，作爲當時唯一能從英文直接翻譯西方政治社會經典作品的中國學者，嚴復的思想仍是最具深度，值得以政治思想史以及政治哲學的角度深入分析。思想史家J. G. A. Pocock所稱的「馬基維利時刻」（The Machiavellian Moment），代表了一種西方共和主義面對特殊性政治世界所發展出的政治論述結構；[9]由此觀之，「嚴復時刻」也不僅僅是一個特定的歷史時代而已。本文將探討，在近代中國的關鍵歷史時刻中，嚴復對於西方現代性與中國傳統所做出的奠基性綜合分析，其處理的議題與方式，仍爲當代政治理論所無法迴避的課題。

　　轉型時代的政治斷裂點是1911年的辛亥革命，而文化的斷裂點，則發生在1919年的五四運動。在中國近代思想史研究中，已經確立五四時代興起的「激烈反傳統思想」深切影響了近代中國文化政治的發展進程。[10]然而，此種反傳統思想做爲一種激進主義（radicalism）的意識型態，近來學者也開始注意到嚴復對其歷史與思

研究所集刊》，7（臺北，1978），頁527-555。

7　cf. 蘇中立、涂光久主編，《百年嚴復──嚴復研究資料精選》（福州：福建人民出版社，2011）。

8　黃克武，《惟適之安：嚴復與近代中國的文化轉型》（臺北：聯經出版公司，2010），頁109-155；沈國威，《近代中日詞彙交流研究：漢字新詞的創制．容受與共享》（北京：中華書局，2010），頁149-184。

9　J. G. A. Pocock, *The Machiavellian Moment: Florentine Political Thought and the Atlantic Republican Tradition* (Princeton: Princeton University Press, 1975), pp. 57-80.

10　Yü-sheng Lin, *The Crisis of Chinese Consciousness: Radical Antitraditionalism in the May Fourth Era* (Madison: University of Wisconsin Press, 1979)；林毓生，《思想與人物》（臺北：聯經出版公司，1983），頁121-196。

想根源所發揮的關鍵影響。林毓生先生指出：

　　嚴復於1895年發表的〈論世變之亟〉、〈救亡決論〉即以
　　中西對比的二分法來譴責中國制度與文化的落後。這種以
　　——不是黑的就是白的——二分法來衡量中西制度與文化
　　的價值與功效的方式，已經隱含著極強的反傳統的信息
　　——他事實上是現代激進反傳統主義的濫觴。[11]

　　雖然周振甫認為早期的嚴復是「全盤西化論者」，[12]然而本文將論
述，早期的嚴復政治思想，比所謂的全盤西化論要複雜深刻許多。嚴
復所從事的志業，是用中國士大夫階層以及知識分子可以理解的方
式，說明西方政治制度以及價值的理據，從而在更高的視野之中，可
以知所採擇，救亡圖存，並成就國家富強。換言之，嚴復所做的，是
現代意義下的證成（justification）以及說服（persuasion）工作。而如
同余英時先生所指出，嚴復1895年的系列論文標示著中國的政治論
述，自「詮釋」（interpretation）轉變為「發現」（discovery）的分水
嶺。[13]這呈現在兩個重要面向上：首先，政治的價值不再如之前洋務
時期改革派知識分子，需要將西方政治制度（如議會）詮釋為中國三
代之治來證成改制的正當性；其次，嚴復「發現」並直接援引西方重
要思想家如達爾文（Charles Darwin, 1809-1882）以及史賓賽
（Herbert Spencer, 1820-1903）的理論來證成其論述，成為新的權威，

---

11 林毓生，〈二十世紀中國激進化反傳統思潮、中式馬列主義與毛澤東的烏
　　托邦主義〉，收入林毓生主編，《公民社會基本觀念》（臺北：中央研究院
　　人文社會科學研究中心，2014），冊2，頁800。
12 周振甫，《嚴復思想述評》（臺北：中華書局，1964），第一篇。
13 Ying-shih Yü, "The Radicalization of China in the Twentieth Century,"
　　Daedelus, 122:2(Spring 1993), pp. 125-128.

也使得「西方政制之道」與「中國聖王之道」可以在同一層次上分析比較。

　　本文的主旨，在於以脈絡主義（contextualism）分析嚴復早期政治思想，爬梳其文本以及譯文旨意，分析其西學之所據，以形成一個「比較思想史」（comparative intellectual history）的圖像。[14]以下分三個層次探討於「嚴復時刻」，他如何以西方現代性爲本，而爲中國現代性奠基：第一、在實質的政治價值與制度層面，他提出了「以自由爲體，以民主爲用」的著名主張；第二、在正當性的層次，嚴復主張傳統中國聖王之道在新的世變下已經失效，必須以西學爲本追求富強。基於此，他挑戰中國自古以來的聖王之道，並因此引發了張之洞集團的強烈反彈，譴責他「貶聖賢以遵西洋之善治」；第三、在《天演論》中嚴復發展出一套全新的政治論述，將西方富強之所本舉爲世變之際的新聖王之道，並引進社會契約的正當性理論證成人民參與的「公治」，以及赫胥黎式的「倫理自由主義」，以說服中國士大夫階層瞭解運會之所趨。在最後一節餘論中，探討《天演論》中赫胥黎思想與嚴復案語所展現出的史賓賽主義是否矛盾的思想史公案。

二、「以自由為體，以民主為用」：現代政治價值的倡議

　　嚴復在〈論世變之亟〉開宗明義指出，甲午戰敗後，中國「積弱

14　cf. Iain Hampsher-Monk, Karin Tilmans, and Frank van Vree eds., *History of Concepts: Comparative Perspectives*（Amsterdam: University Press, 1998）；漢普歇爾—蒙克（Iain Hampsher-Monk），周保巍譯，《比較視野中的概念史》（上海：華東師範大學出版社，2010）。

不振之勢，不待智者而後明矣。深恥大辱，有無可諱焉者」。[15]中國所
面對的，是秦以來未曾有過的世變，而甲午戰爭所反映的，只不過是
這個世變的一個縮影。爲了讓中國人從西學角度理解這個世變趨勢，
他介紹了達爾文以及史賓賽兩位英國思想家，而通過達爾文之口，他
提出了著名的社會達爾文主義演化觀念：

> 所謂爭自存者，謂民物之於世也，樊然並生，同享天地自
> 然之利。與接爲構，民民物物，各爭有以自存。其始也，
> 種與種爭，及其成群成國，則群與群爭，國與國爭。而弱
> 者當爲強肉，愚者當爲智役焉。[16]

在社會達爾文主義的角度下，人與天地萬物一樣，都必須爭自存，只
不過人有「群」與「國」，而群體本身自然也必須尋找最適合爭自存
之道。他接著略述了錫澎塞（史賓賽），說明他基於社會達爾文主義
而闡釋「人倫之事」，而號其學爲「群學」，而其所論和中國的《大
學》所謂誠正修齊治平之道有不期而合之處，甚至有更深入的分析。

　　在新的世變情境中，中國不再能將西力東漸視爲異族入侵的再一
事例而已。他引用蘇子瞻之言「中國以法勝，而匈奴以無法勝」，但
「無法」的異族，進入中國成爲支配者之後，仍然必須據中國之法而
治理，這是歷史上中國對於異族入侵的基本觀點。[17]面對新世變下的
西洋，此種觀點不再適用，因爲「彼西洋者，無法與法並用而皆有以
勝我者也」。所謂無法之勝，嚴復主張西方「自其自由平等觀
之，……人人得以行其意，申其言，上下之勢不相懸，君不甚尊，民
不甚賤，而聯若一體」；不僅如此，西方亦能以有法勝，因爲「自其

---

15 嚴復，王慶成等編，《嚴復合集》（以下簡稱《嚴復合集》），冊1，頁37。
16《嚴復合集》，冊1，頁35。
17《嚴復合集》，冊1，頁42。

官工商賈章程明備觀之，……莫不備舉」。[18] 這些西方現代世界在「無法」與「有法」面向上所形成的完備體制，「推求其故，蓋彼以自由為體，以民主為用」，[19] 這也是嚴復對於西方政治現代性最有名的論斷。

嚴復對於自由的價值，有深刻的觀察。他指出，西治的命脈，扼要而言，在於「學術則黜偽而崇真，於刑政則屈私以為公而已」，只有西方因為以自由為體，所以能夠實踐「真理」與「為公」兩個價值。他進一步對自由的概念，提出了說明：

> 夫自由一言，真中國歷古聖賢之所深畏，而從未嘗立以為教者也。彼西人之言曰：唯天生民，各具賦畀，得自由者乃為全受。故人人各得自由，國國各得自由，第務令毋相侵損而已。侵人自由者，斯為逆天理，賊人道。其殺人傷人及盜蝕人財物，皆侵人自由之極致也。故侵人自由，雖國君不能，而其刑禁章條要皆為此設耳。中國理道與西法自由最相似者，曰恕，曰絜矩。然謂之相似則可，謂之真同則大不可也。何則？中國恕與絜矩，專以待人及物而言。而西人自由，則於及物之中，而實寓所以存我者也。自由既異，於是群異叢然以生。[20]

嚴復所論之自由，乃是天賦自由（而非「權利」），[21] 因為自由是個人

---

18 《嚴復合集》，冊1，頁42。

19 《嚴復合集》，冊1，頁42。

20 《嚴復合集》，冊1，頁30-31。

21 熊月之認為嚴復所倡議的自由即為人權，恐有討論空間（熊月之，《中國近代民主思想史》【修訂本】〔上海：上海社會科學院，2002〕，頁266）。作為權利的「權」是何啟、胡禮垣的核心觀念（何啟、胡禮垣，《新政真詮》〔廈門：廈門大學，2010〕，冊2，頁189）。嚴復則倡議英國傳統的自

選擇的基礎，而每一個人都為其自由的選擇而負責，且不侵害他人自由，才有可能達到「公」或正義的狀態。[22]不僅如此，每個人的自由也都以他人享有等量的自由為前提。這意味著平等與自由的直接關聯性。基於自由與平等，西方的政治思想發展出「尚賢」、「公治」以及「隆民」的制度與精神。[23]中國傳統思想比較相近的是「恕」或「絜矩」等價值，不過中國所發展出的經世之道，由於缺乏平等的要素，所以著重「三綱」、「親親」、「孝治」以及「尊主」，從而產生了差等的群體治理觀念。

　　對於西方的政治之道，嚴復提出了一個類似《大學》循序漸進的基本架構：必須每個人能夠「自治」，才能恰當行使其自由，也因此才可能基於自由來追求「自利」，至於政治，則是在這個基礎上完成「利民」之道，並達到富強。[24]對嚴復而言，自治即意謂民主，所以對自由、自治與民主的關係，他在〈主客平議〉提出了綜合論述：

> 自由者，各盡其天賦之能事，而自承之功過者也。雖然彼設等差而以隸相尊者，其自由必不全。故言自由，則不可以不明平等，平等而後有自主之權；合自主之權，於以治一群之事者，謂之民主。[25]

　由觀，他對「權利」一詞的譯法與看法，可見於他和梁啟超書信之討論（《嚴復合集》，冊1，頁288-289）。

[22]《嚴復合集》，冊1，頁308。

[23]《嚴復合集》，冊1，頁31。

[24]《嚴復合集》，冊1，頁46。

[25]《嚴復合集》，冊1，頁266-267。如前所述，〈主客平議〉是1902年中所撰，約為「嚴復時刻」的終點。值得注意的是〈主客平議〉為對話體，這個常被引用的簡潔論述乃是「新者」（相對於「舊者」）之主張，而非嚴復自況的「大公主人」。另外，在《原富》案語中，可以看到1890年代末期嚴復的進一步申論：「今夫國者非他，合億兆之民以為之也。國何以

　　然而，這個時期的嚴復，其理論關懷的主要焦點在於自由，民主則似乎是用來對抗君權的概念；對於民主的國家體制，他尚未提出具體主張。[26]嚴復指出西方國家「以自由爲體，以民主爲用」之後，進一步說明：「一洲之民，散爲七八，爭雄並長，以相磨淬，始於相忌，終於相成，各殫智慮，此日異而彼月新，故能以法勝矣，而不至受法之敝，此其所以爲可畏也」。[27]這樣的說法，尚無憲政體制擘劃，其意含毋寧是〈原強修訂稿〉所稱般「身貴自由，國貴自主」，[28]當然也呼應了前引〈論世變之亟〉中關於自由的界定，不僅是「人人各得自由」，而且必須「國國各得自由」，[29]也就是在個人以及群體層次兩者皆有自由的政治狀態，其結果「爭雄並長」則是演化的競存動態。

　　〈原強〉卷尾所提出的自強之道，必須「標本並治」，治標需「收大權、練軍實」，如同俄國所爲；至於治本則「亦於民智、民力、民德三者加之意而已」。[30]換言之，嚴復的終極關懷，仍在於人民

富？合億兆之財以爲之也。國何以強？合億兆之力以爲之也。」嚴復接著指出，相對於傳統的大一統之勢，「乃今之世既大通矣，處大通並立之世，吾未見其民之不自由者，其國可以自由也；其民之無權者，其國之可以有權也。且世之黜民權者，亦既主變法矣，吾不知以無權而不自由之民，何以能孤行其道以變其夫有所受之法也？」所以，嚴復的結論是「故民權者，不可毀者也」（《嚴復合集》，冊9，頁890-891）。在這個案語中，讀者可以清楚地看到，嚴復運用十九世紀下半葉所形成的「民權」觀念（參閱熊月之，《中國近代民主思想史》【修訂本】，頁8-12）來解釋自由與民主，從中可以觀察到當時政治語彙仍存在於嚴復思想中。
26 Benjamin Schwartz, *In Search of Wealth and Power: Yen Fu and the West*, pp. 66-68.
27 《嚴復合集》，冊1，頁42-43。
28 《嚴復合集》，冊1，頁50。
29 《嚴復合集》，冊1，頁30。
30 《嚴復合集》，冊1，頁46。

如何發展自由與自治的三項前提：「血氣體力之強」、「聰明智慮之
強」以及「德行仁義之強」。[31]對他而言，當時政治的根本問題在於，
傳統中國聖王之道所開展出的經世之術，在新的世變之下已經不足以
促進民智、民力與民德。所以，除了倡議新的政治價值，嚴復也對中
國的君權思想及其正當性原則提出了根本批判。他的批判導致了強烈
的政治反應，吾人可視爲早期嚴復政治思想最爲重要的脈絡
（context），並提供詮釋《天演論》一書意旨的關鍵。

三、對傳統政治正當性的挑戰

　　嚴復以〈闢韓〉一文批判韓愈〈原道〉所言「古之時，人之害多
矣。有聖人者立，然後教之以相生相養之道，爲之君，爲之師」，以
及「君者，出令者也；臣者，行君之令而致之民者也；民者，出粟米
麻絲、作器皿、通貨財以事其上者也。君不出令，則失其所以爲君；
臣不行君之令，則失其所以爲臣；民不出粟米麻絲、作器皿、通貨財
以事其上，則誅」。[32]

　　對這些中國士大夫耳熟能詳的聖人之道，嚴復提出了尖銳的批
評：韓愈所言之聖人，其自身與先祖必然都是「非人」，否則如何可
能不受蟲蛇禽獸之侵，並提供人民解決外在弊害的各種建置？這是用
演化論的角度來批判超越性聖人生成之可能性。[33]不僅如此，所謂的
先有「爲之君、爲之師」的聖人出，然後君出令，民出粟米麻絲等，

31《嚴復合集》，冊1，頁51。
32《嚴復合集》，冊1，頁70-71。
33 在此議題上，嚴復論證很接近史賓賽對「偉人」（great men）與社會演化
　　過程的分析。參見 Herbert Spencer, *The Man versus the State*（ Indianapolis:
　　Liberty Fund, 1982）, pp. 387-388.

也完全誤解了君主與人民的政治關係。嚴復在此運用了西方「**民權論**」或「**君權民授論**」（populism），[34]強調是人民自己從事與其相生相養之事，「有其相欺相奪而不能自治」時，才「擇其公且賢者，立而爲之君」。這是天下立君的「本旨」，也符合孟子所說「民爲重，社稷次之，君爲輕」的「古今之通義」。基於此種民權論述，嚴復強調「君臣之倫，蓋出於不得已也！爲其不得已，故不足以爲道之原」。[35]不僅如此，「斯民也，固斯天下之眞主也」，而韓愈目中只見秦以來的君主制，但一究其實，此制「正所謂大盜竊國者耳。國誰竊？轉相竊之於民而已」。[36]

〈闢韓〉反映出嚴復早期思想最爲激越的一面，而對韓愈採取嚴厲批判的姿態，以及將〈原道〉所述中國「爲之君，爲之師」的聖人之道與西方的自由與平等爲本的治理之道相對立，從而產生了極大的張力，並影響同時代的改革派。從梁啓超的〈與嚴幼陵先生書〉（約1897年五月之前）可看出，在私下的通信中，嚴復可以提出更激進的論述，如「先生謂黃種之所以衰，雖千因萬緣，皆可歸獄於君主。此誠懸之日月不刊之言矣。顧以爲中國歷古無民主，而西國有之，啓

---

34 關於西方近代早期「民權論」或「君權民授論」，以及此派學說與證成君主主權的「絕對主義論」（absolutism）之對立與發展，可參閱史金納（Quentin Skinner），蕭高彥編，《政治價值的系譜》（臺北：聯經出版公司，2014），頁83-114。「民權論」或「君權民授論」最簡潔的表述，是霍布斯在《利維坦》一書第18章所述：「有些人說**主權君主的權力雖然比每一個臣民單獨說來大，但比全體臣民總來的權力小**的此種意見」。Thomas Hobbes, ed. by Edwin Curley, *Leviathan, with Selected Variants from the Latin Edition of 1668* (Indianapolis: Hackett, 1994), p. 112.

35 《嚴復合集》，冊1，頁72。

36 《嚴復合集》，冊1，頁74。

超頗不謂然」。[37]亦即嚴復主張中國從無民主,而其衰落的原因皆可歸因於君主制。所以,「國之強弱悉推原於民主,民主斯固然矣。君主者何?私而已矣。民主者何?公而已矣」。[38]梁啓超所轉述的嚴復論述,乃是以「公」來理解民主之道,以「私」作爲君主制的本質。這個分析,可以看出同時代人所理解嚴復早期批判的意旨。

〈闢韓〉一文原發表於1895年3月天津《直報》,但本文在1897年4月12日以「觀我生室主人來稿」署名轉載於《時務報》時,產生了巨大的迴響。譚嗣同寫信給主持《時務報》的汪康年表示,〈闢韓〉一文好極,並詢問作者觀我生室主人是否即爲嚴復。[39]相對於改革派的迴響,湖廣總督張之洞看到《時務報》轉載的本文後,「見而惡之,謂爲洪水猛獸,命屠梅君侍御作闢韓駁議,先生幾罹不測」。[40]

---

37 梁啓超,林志鈞編,《飲冰室文集》,集1,頁108。
38 梁啓超,林志鈞編,《飲冰室文集》,集1,頁109。
39 譚嗣同,《譚嗣同全集》(臺北:華世出版社,1977),頁349-350。
40 王蘧常將此事列在1896年,有誤(王蘧常,《嚴幾道年譜》〔臺北:臺灣商務印書館,1977〕,頁30)。參考孫應祥,《嚴復年譜》(福州:福建人民出版社,2003),頁87-88。嚴復本人對此事的評論,見其與五弟函(1898/8/23):「前者《時務報》有〈闢韓〉一篇,聞張廣雅尚書見之大怒,其後自作〈駁論〉一篇,令屠墨君出名也,《時務報》已照來論交代矣。」(《嚴復合集》,冊1,頁117)。王憲明對屠仁守〈闢韓〉提出了獨特的詮釋(王憲明,〈解讀「闢韓」——兼論戊戌時期嚴復與李鴻章張之洞之關係〉,《歷史研究》,4〔北京,1999〕,頁113-128),主張嚴復對韓愈的批判,其實是針對李鴻章幕府所看重的韓愈與道統的關係,而向張之洞集圖示好。但張之洞要屠仁守反駁〈闢韓〉則是爲了避免《時務報》過份刺激保守派,而妨礙維新。王文舉出了《汪康年師友書札》的若干信函作爲佐證。然而,王說即使成立,以嚴復現存的史料來看,他並不理解這樣的複雜內情。事實上,嚴復並未成功地投入張之洞幕府,不僅如此,嚴復1901年以「妄庸巨子」來指涉張之洞(孫應祥、皮後鋒,《《嚴復集》補編〔福州:福建人民出版社,2004〕,頁226),並對其所提出的中體西用論述加以批判(黃克武,〈何謂天演?嚴復「天演之學」的內涵與意

〈孝感屠梅君侍御辨闢韓書〉[41]一文主張君臣之義、尊卑上下乃是倫紀，「無所謂不得已之說也」。此種說法，假如出於上，則爲順，「出於下則爲逆」，可說做出了最嚴厲之指控。

　　屠仁守對嚴復的實質批判，可分爲四個層次。首先，嚴復「君臣之倫出於不得已」的主張，對屠氏而言是最爲嚴重的謬誤。因爲「君臣之義，與天無極」，所以中國自有倫紀以來，必然嚴守尊卑上下。嚴復的主張，「直欲去人倫，無君子，下而等於民主之國」。其次，屠氏認爲嚴復用佛家的「棄君臣」來批判儒家，所以會主張立君只不過是爲了保護每一個可能成佛者的性命財產，這是某種老子的自然之理，而爲佛教所進一步發展。第三，假如老子與佛教都勝於孔子之道，則今日「西人擅富強，能爲民保財產性命，是西人又勝孔子矣」。屠氏對此不以爲然，認爲孔子所說「足食足兵，民信之矣」就是儒家的富強之道。所以，時代的需求在於追求富強，但須探其本，絕非「法自然，棄君臣」所能完成。最後，嚴復的主張被批評爲「棄君臣專事賈胡之事，變爲民主之國」。換言之，雖然〈闢韓〉一文並未論述民主，但屠仁守已經從其論述中看出嚴復的主張是「咎千載以前之韓子原道，而不知原民主之道，求疵索瘢以闢之」。總結時，屠氏以日本爲例，明治維新時仍有主張國學勃興之論，絕不應如嚴復「貶聖賢以遵西洋之善治」；時代的眞正需求乃是「昭揭盪平正直之王道」，以「臻富強之國」。[42]

　　義〉，《中央研究院近代史研究所集刊》，85〔臺北，2014〕，頁137-141）。

41 屠仁守，〈孝感屠梅君侍御辨闢韓書〉（1897年6月20日），時務報館編，《時務報》，冊30，收入《近代中國史料叢刊三編》（臺北：文海出版社重印本，1987），輯33，總頁2051-2055。

42 從這個脈絡來觀察，張之洞後來於1898年所撰《勸學篇》乃是對嚴復早

的確，嚴復在闡述西方各國的富強之道時，不可免地將之與中國
傳統聖王之道加以對比，從而產生了「二元對立的概念化」傾向，以
概念史家Koselleck的分析而言，[43]則爲一種 "asymmetrical counter-
concepts" 的論述結構，容易導致激進反傳統主義。[44]嚴復強調，在理
解西方富強之道後，國人不可以自餒，而所求之道，在於去除「害富
害強」的諸要素，此一關鍵在於「與民共治」。換言之，嚴復在〈闢
韓〉中的主張，是以西洋之言治者所稱「國者，斯民之公產也，王侯
將相者，通國之公僕隸也」而與中國尊王的傳統相對立。[45]這樣的二
元對立，的確對張之洞、屠梅君等士大夫階層產生了根本衝擊。事實
上，在〈論世變之亟〉中，嚴復在說明西方思想自由的意含後，馬上
對中西政治之道的根本差異，提出了極爲明確的二元對立觀：

> 中國最重三綱，而西人首明平等；中國親親，而西人尚
> 賢；中國以孝治天下，而西人以公治天下；中國尊主，而

期基於西學論證的系統回應。其核心主張「以舊學爲本，以新學爲用」，
可以說是對嚴復稍早「以自由爲體，以民主爲用」的挑戰。關於「體用
說」的爭論，大多以張之洞的論述爲核心，並且引用嚴復在〈與《外交
報》主人書〉中對張之洞的批判「未聞以牛爲體，以馬爲用者也」（《嚴復
合集》，冊1，頁273）。諸多批評者（如王爾敏，《晚清政治思想史論》
〔臺北：華世出版社，1976〕，頁51-71）忽略了在這個特定論述脈絡中，
「體、用」的詞彙其實是嚴復首先提出的。事實上，戊戌政變後清廷所推
的「新政」（任達〔Douglas R. Reynolds〕，李仲賢譯，《新政革命與日本：
中國〔1898－1912〕》〔南京：江蘇人民出版社，1998〕，頁50-53），就
是以《勸學篇》的擘劃爲藍本；而嚴復在〈與《外交報》主人書〉中，對
於清末新政以及張之洞有頗多譏評（《嚴復合集》，冊1，頁272-281）。

43 Reinhart Koselleck, trans. by Keith Tribe, *Futures Past: On the Semantics of Historical Time*（Cambridge, Mass: MIT Press, 1985）, pp. 159-197.
44 參閱林毓生，〈二十世紀中國激進化反傳統思潮、中式馬列主義與毛澤東的烏托邦主義〉，收入林毓生主編，《公民社會基本觀念》，冊2。
45 《嚴復合集》，冊1，頁74。

西人隆民；中國貴一道而同風，而西人喜黨居而州處；中
國多忌諱，而西人眾譏評。[46]

然而，嚴復的中西對比論的意旨，乃在於說明「有與中國之理相
抗，以併存於兩間」，其結論是「吾實未敢遽分其優絀」。[47]他強調，
「夫士生今日，不睹西洋富強之效者，無目者也。謂不講富強，而中
國自可以安；謂不用西洋之術，而富強自可致⋯⋯皆非狂易失心之人
不爲此」。[48]是以，嚴復的眞意未必在於對中西文化作本質評價，而是
分析在當時的世變以及運會之中，國家以及個人應該採用何種富強之
道。基於此，〈闢韓〉的結論並非完全否定聖人明君，而是相對於傳
統「作之君，做之師」的聖人，嚴復提出了「知運會之所由趨，而逆
覩其流極」的新聖王治道：

> 是故使今日而中國有聖人興，彼將曰：「吾之以藐藐之身
> 托於億兆人之上者，不得已也，民弗能自治故也。民之弗
> 能自治者，才未逮，力未長，德未和也。乃今將早夜以孶
> 孶求所以進吾民之才、德、力者，去其所以困吾民之才、
> 德、力者，使其無相欺、相奪而相患害也，吾將悉聽其自
> 由。民之自由，天之所畀也，吾又烏得而靳之！如是，幸
> 而民至於能自治也，吾將悉復而與之矣。唯一國之日進富
> 強，余一人與吾子孫尚亦有利焉，吾曷貴私天下哉！」[49]

總結本節所論，嚴復所提出「以自由爲體，以民主爲用」的現代
政治價值，不可免地必須挑戰甚至重構中國自古以來的聖王之道，這

46《嚴復合集》，冊1，頁31。
47《嚴復合集》，冊1，頁31。
48《嚴復合集》，冊1，頁32。
49《嚴復合集》，冊1，頁73。

引發了強烈的反彈，譴責他「**貶聖賢以遵西洋之善治**」。然而，嚴復已經在1896年底完成了《天演論》的翻譯工作，從味經本及手稿本，可以發現其實在被屠仁守批評之前，嚴復已經在《天演論》初稿中以大量篇幅演繹新聖王之道。由於〈孝感屠梅君侍御辨闢韓書〉發表於時務報第三十冊（1897年6月20日），這意味著嚴復於於1897年5-7月修訂《天演論》手稿的過程中，將面對屠仁守的批判，嚴復如何因應？[50]筆者認為，這個事件提供了分析《天演論》政治思想時不可或缺的基本脈絡，且有助於理解嚴復之意圖。

四、《天演論》的政治思想：聖王之道與社會契約

　　關於中西治道之根本差異，自始便是嚴復的主要關懷。〈論世變之亟〉開宗明義指出，世變構成「運會」，而中國傳統的聖人或聖王也處於運會之中，所能做的，並不是超脫於運會之上的事業，而是「特知運會之所由趨，而逆覩其流極」，唯其如此，才能「裁成輔相，而置天下於至安」。[51]換言之，嚴復嘗試說服當時士大夫階層的基

---

50 依據《天演論》手稿本嚴復標記，本次修訂係於光緒丁酉四月至六月完成（1897/5/16-7/5）。詳論之，在「手稿本」之中，嚴復註記了五個修改的日期：丁酉四月望日（《嚴復合集》，冊7，頁103）、丁酉四月十七日（1897/5/18；《嚴復合集》，冊7，頁118）、丁酉六月初三日（1897/7/2；《嚴復合集》，冊7，頁138）、丁酉六月初五（1897/7/4；《嚴復合集》，冊7，頁150），以及丁酉六月初六（1897/7/5；《嚴復合集》，冊7，頁155）。值得注意的是，屠仁守〈駁闢韓〉刊登於《時務報》的時間是1897/6/20，以時間點的推算，嚴復看到屠仁守文章的時間應該在六月底七月初，正好落在《天演論》的卷上巵言與卷下論之間。嚴復在該年七月之後，快速地修改完畢手稿本。而他提到此事，則是前引1897/8/23致五弟書。

51 《嚴復合集》，冊1，頁28。

本理據在於，在新世變與運會沛然莫之能禦的趨勢中，即使遵從聖人
之道，也必須仔細體察運會之所趨，才有可能完成新時代下的經世濟
民之業。這個觀點，不僅在1895年系列作品中有所發揮，在他被屠
仁守批評後，更是一個不可迴避的課題。是以，在《天演論》一書
中，嚴復完成了早期思想的系統建構，更由於此書所鼓動的時代風
潮，對現代中國人的政治思維，產生了關鍵性的影響。[52]

《天演論》歷來詮釋者眾，本文自無法就其全部複雜之論證提出
系統分析；以下所論，將基於比較政治思想史，梳理《天演論》中關
於政治理論的意旨。《天演論》係翻譯英國十九世紀思想家Thomas
H. Huxley（1825-1895）的作品 *Evolution and Ethics*。[53]由於當時嚴復對
於西方演化論的引介，強調達爾文以及史賓賽理論的劃時代貢獻，而
赫胥黎本文的論旨，其實是挑戰史賓賽的演化理論是否適用於人類社
會及其倫理，所以產生了極為複雜的詮釋觀點。基本上，嚴復翻譯
《天演論》的意旨可以區別出兩派觀點。其一為極度欣賞嚴氏西學造
詣的吳汝綸為《天演論》通行本作序所述：

> 天演者，西國格物家言也。其學以天擇、物競二義，綜萬
> 彙之本原，考動植之蕃耗，言治者取焉。因物變遞嬗，深
> 犛乎質力聚散之義，推極乎古今萬國盛衰興壞之由，而大
> 歸以任天為治。赫胥黎氏起而盡變故說，以為天不可獨
> 任，要貴以人持天。以人持天，必究極乎天賦之能，使人
> 治日即乎新，而後其國永存，而種族賴以不墜，是之謂與

---

52 蘇中立、涂光久主編，《百年嚴復——嚴復研究資料精選》（福州：福建
人民出版社，2011）。

53 Thomas Henry Huxley, *Evolution and Ethics, and other Essays*（Bristol:
Thoemmes, 2001［1894］), pp. 1-116.

天爭勝。而人之爭天而勝天者，又皆天事之所苞。是故天
行人治，同歸天演。[54]

而本書對中國思想界的幫助則在於「蓋謂赫胥黎氏以人持天。以人治
之日新，衛其種族之說，其義富，其辭危，使讀焉者怵焉知變，於國
論殆有助乎？」。[55] 在吳汝綸過世後，嚴復回憶：「不佞往者每譯脫
稿，即以示桐城吳先生。老眼無花，一讀即窺深處」，[56] 應該就是描述
吳汝綸對《天演論》初稿一讀便能掌握其精義。

　　相對於這個依據嚴復譯文所得的理解，Benjamin Schwartz 則提出
了完全相反的評價，認為《天演論》一書，其實可說是用赫胥黎的酒
瓶裝了史賓賽的酒：

> 但是，這就出現了一個極大的矛盾，因為赫胥黎的演講事
> 實上決非在講解社會達爾文主義，而是在抨擊社會達爾文
> 主義。[57]
> 所以，嚴復的案語中充滿了對斯賓塞的頌揚和對其地位的
> 維護。的確，說《天演論》是將赫胥黎原著和嚴復為反赫
> 胥黎而對斯賓塞主要觀點進行的闡述相結合的意譯本，是
> 一點也不過份的。[58]

54《嚴復合集》，冊7，頁173。
55《嚴復合集》，冊7，頁174。
56《嚴復合集》，冊1，頁299。
57 史華茲（Benjamin Schwartz），葉鳳美譯，《尋求富強：嚴復與西方》（江蘇人民出版，1989），頁93。"Here we confront the enormous paradox. Huxley's lectures are decidedly not an exposition of social Darwinism. They actually represent an attack on social Darwinism."（Benjamin Schwartz, *In Search of Wealth and Power: Yen Fu and the West*, p. 100）
58 史華茲（Benjamin Schwartz），葉鳳美譯，《尋求富強：嚴復與西方》，頁95-96。"His commentaries abound in panegyrics of Spence and defense of his

之所以產生如此歧異的詮釋觀點，關鍵在於赫胥黎 *Evolution and Ethics* 一書、嚴復譯文，以及嚴復案語之間的複雜關係。由於在《嚴復合集》中，刊載了最早的「味經本」、[59]1897年刪改的「手稿本」，[60]以及「通行本」之一的富文本三者，[61]使得吾人可以仔細爬梳嚴復初稿、刪改以及定稿的過程，而從這些修改的部分，以及案語的內容，應可重構出嚴復通過《天演論》所欲傳達之旨。

關鍵議題在於，赫胥黎的 *Evolution and Ethics* 是一個反史賓賽主義的講稿。其1893年Romanes Lecture的內容，只包含正文，[62]也就是嚴復譯本的下篇「論」。但由於文意曲折晦澀，赫胥黎並未能使聽眾理解其批判演化論的意旨，所以在彙集成書時，加上了清晰完整的「導言」。[63]赫胥黎在導言中區別大自然的宇宙過程（cosmic process）

---

position on various mattes. It would, indeed, be no exaggeration to say that *T'ien-yen lun* consists of two works – a paraphrase of Huxley's lectures, and an exposition of Spencer's essential views as against Huxley." (Benjamin Schwartz, *In Search of Wealth and Power: Yen Fu and the West*, p. 103）

59《嚴復合集》，冊7，頁1-79。

60《嚴復合集》，冊7，頁81-168。

61《嚴復合集》，冊7，頁169-277。關於《天演論》的修訂過程及早其紛雜之版本，可參考俞政，《嚴復著譯研究》（蘇州：蘇州大學出版社，2003），頁1-20；皮後鋒，《嚴復大傳》（福州：福建人民出版社，2003），頁166-183、183-190，以及蘇中立，《百年天演：〈天演論〉研究經緯》，頁136-170，及所引用之相關文獻。

62 Thomas Henry Huxley, *Evolution and Ethics, and other Essays*, pp. 46-116.

63 Prolegomena; Thomas Henry Huxley, *Evolution and Ethics, and other Essays*, pp. 1-45. 請參閱 Thomas Henry Huxley, *Evolution and Ethics, and other Essays*, pp. vii-viii，赫胥黎本人對其Romanes Lecture需要加上導言的說明。中文文獻可參考王道還（〈《天演論》原著文本及相關問題〉，收入黃興濤主編，《新史學》，卷3，《文化史研究的再出發》〔北京：中華書局，2009〕，頁133-143）對Romanes Lecture背景說明以及同時代英國思想界之回應。

或自然狀態（state of nature）以及人文化成世界（state of art），[64]他主張演化論中，物競（struggle for existence）、天擇（natural selection）等機制是宇宙過程或自然狀態無可逃的規律。至於人文世界雖然亦有興起、衰亡的現象，卻是人類運用其獨特能力所創造出來的世界，其進步或腐化退步和自然的物競天擇機制有所不同。赫胥黎將人文化成世界的發展過程稱之為「倫理過程」（ethical process），相對於宇宙過程的物競天擇，倫理世界則必須壓抑人類的 "self-assertion"（嚴復譯為「自營」），通過人際之間的「善相感通」（sympathy）和「以己效物」（mimic）來營建一個合作的社會，追求集體幸福。然而弔詭之處在於，假如倫理過程將人類的自營過份地壓抑，則將會遏抑人性中「爭存」的本能，反而有可能導致人文化成社會的衰微。基於此，赫胥黎在 Romanes Lecture 的本文中，分析了西方思想主要的倫理學流派，特別是斯多葛學派與西方現代哲學，並且對比於東方印度教與佛教的離世思維，對人文化成社會產生的影響，從而形成了一個比較思想史的宏觀圖像。

　　許多文獻已探討嚴復選擇 *Evolution and Ethics* 翻譯的原因；演講正文比較古今東西哲學的宏觀論述，令嚴復可以據此引介西方哲學學說給中國的知識界，這點無可爭議。[65]嚴復運用易經變易之說來詮釋

---

64 *Evolution and Ethics* 一書的用語，存在著 "state of nature" 與 "state of art" 的二元對立，這使得讀者將之與社會契約論的「自然狀態」產生聯想的可能。事實上，赫胥黎雖然是演化論者，但本文以下將分析，他的理論架構中存在著某種社會契約的色彩。嚴復的譯文，沒有將 "state of nature" 翻譯成「自然狀態」，而僅翻譯為「自然」或「天造草昧，人功未施」等詩意譯法，所以當《天演論》卷下論四引介社會契約的概念時，不免略顯突兀。

65 可見於孫寶瑄之閱讀心得。孫寶瑄，《忘山廬日記》（上海：上海古籍出

天演理論，也多有學者論述。[66]事實上，天演論深刻影響到中國近代「線性歷史觀」之形成，[67]使得政治行動所參照的歷史型態，脫離了「一治一亂」的循環觀，轉向依據天演公例以追求未來導向之人群進化。[68]至於為何引介赫胥黎的自然／人文二元主義架構，而非史賓賽無所不包的一元論演化體系？則有各種不同的詮釋觀點。**筆者主張，關鍵應在於赫胥黎在討論人文世界倫理過程的形成時，蘊含了史賓賽演化論所缺乏的人類行動之能動性（human agency）觀念；而赫胥黎所運用的論述結構以及譬喻，可以與中國的聖王之道加以連結，構成了一個用聖王之道來呈現西方政治哲學的架構，並據以說服中國士大夫階層的修辭方式，從而克服了屠仁守對嚴復「貶聖賢以遵西洋之善治」的批評。**

　　赫胥黎在描述倫理世界的形成時，提出一個「園藝過程」（horticultural process）[69]的譬喻，即園丁能在天演流變的大自然中，創

版社，1983），頁155-156。

66　吳展良，〈嚴復《天演論》作意與內涵新詮〉，《臺大歷史學報》，24（臺北，1999），頁154-156；汪暉，《現代中國思想的興起》（北京：生活‧讀書‧新知三聯書店，2004），頁844-857。

67　王汎森，〈近代中國的線性歷史觀：以社會進化論為中心的討論〉，《新史學》，19:2（臺北，2008），頁1-46；王汎森，〈時間感、歷史觀、思想與社會：進化思想在近代中國〉，收入陳永發主編，《明清帝國及其近現代轉型》（臺北：允晨文化，2011），頁369-393；王汎森，〈中國近代思想中的「未來」〉，《探索與爭鳴》，9（上海，2015），頁64-71；Luke S. K. Kwong, "The Rise of Linear Perspective on History and Time in Late Qing China c. 1860-1911," *Past & Present*, 173 (Nov. 2001), p. 173.

68　梁啓超，林志鈞編，《飲冰室文集》，集9，頁11-17。這正是德國史家Koselleck所強調西方現代性所獨有的歷史性與「時代化」（*Verzeitlichung*, temporalization）。Reinhart Koselleck, trans. by Keith Tribe, *Futures Past: On the Semantics of Historical Time*, pp. 27-38, 267-288.

69　Thomas Henry Huxley, *Evolution and Ethics, and other Essays*, p. 11.

造出一個具體而微的精緻花園。[70]此外，赫胥黎進一步運用了殖民地的比喻，假設一小群殖民者在一個蠻荒之地（自然狀態），如何在其行政長官（administrative authority）的領導下建構出一個社會。在這兩個譬喻中，「園丁」以及「殖民行政長官」兩者的角色，都是在自然與人爲世界的交會點，以其人文化成之術，採取行動對抗自然的天演流變。[71]這使得嚴復得以改造赫胥黎的論述，在中文語境脈絡化，將此種推動倫理過程的樞紐人物與中國的聖王觀相連結，說明在天演之中新聖王之道的必要性，成功地鼓動時代風潮。

　　以下以聖王之道、政體論以及社會契約論分析《天演論》對中國近代政治思想的重要貢獻。

（一）聖王之道

　　嚴復將cosmic process譯爲「天行」，而將ethical process翻譯爲「人治」或「治化」：「蓋天行者，以物競爲功，而人治則以使物不競爲志」。[72]人治或治化，則是聖人之功。就在赫胥黎論述「人爲」的脈絡中，嚴復首先提到聖人一詞，[73]指出「出類拔萃之聖人」，雖然其受性與其他生物相同，但卻能「建生民未有之事業」，也就是能夠克服天行的「人治」。在以下的文本中，吾人清楚地看到赫胥黎所運用的

---

70 如王道還指出，在英國文學中，以花園隱喻文明，源遠流長。王道還，〈《天演論》原著文本及相關問題〉，收入黃興濤主編，《新史學》，卷3，《文化史研究的再出發》，頁150。

71 汪暉主張進一步區分自然、人爲（園藝）以及社會組織三重世界。汪暉，《現代中國思想的興起》，頁857-872。

72 《嚴復合集》，冊7，頁9；cf. 黃克武，〈何謂天演？嚴復「天演之學」的內涵與意義〉，《中央研究院近代史研究所集刊》，期85，頁146-152。

73 《嚴復合集》，冊7，頁8、93、192。

園丁與殖民長官之例，被嚴復改造成爲聖人與爲君之道：

> 由墾荒設屯之事以至成國，其所以然之故，前篇以約略言
> 之，將於此篇大暢其説。今設此數十百人之內，乃有首出
> 庶物之一人，[74]其聰明智慮之出於人人，猶常人之出於牛
> 羊犬馬，~~此不翅中國所謂聖人者也~~，[75]幸而爲眾所推服，
> 而立之以爲君，以期人治之必申，而不爲天行之所勝。是
> 聖人者，其措施之事當如何？曰彼亦法園夫之治園已
> 耳。[76]

此處所出現的「君」承繼了〈闢韓〉之論述模式，是由眾人所推
服；但成爲君之後，其作用則必需申張人治。而聖人治國，乃「取一
國之公是公非，以制其刑與禮，使民各識其封疆畛畔，而毋相侵奪，
而太平之治以基」。[77]此處的中國「太平之治」概念和西方的「毋相侵
奪」（自由的維護）與公是公非（正義的伸張）關聯起來。嚴復接著
描述了聖人如何「以人事抗天行」，通過各種公共政策來服務人民，
而當聖君善用其治理之道時，將成就一「烏托邦」。至於治理之術，

---

74 筆者按，原文爲 administrative authority. Thomas Henry Huxley, *Method and Results* (Bristol: Thoemmes, 2001 [1893]), p. 17.
75 刪除線表示在手稿本中，嚴復加以刪除。本段在手稿本的相對應處，見嚴復合集，冊7，頁98。眾所周知，基於吳汝綸的建議，嚴復將《天演論》初稿中關於中國的典故加以刪除，或置於案語中，以免失去譯書之本意：「顧蒙意尚有不能盡無私疑者，以謂執事若自爲一書，則可縱意馳騁；若以譯赫氏之書爲名，則篇中所引古書古事，皆宜以元書所稱西方者爲當，似不必改用中國人語。以中事中人，固非赫氏所及知，法宜如晉宋名流所譯佛書，與中儒著述，顯分體制，似爲入式」（王栻編，《嚴復集》，冊5，頁1560）。
76《嚴復合集》，冊7，頁12。
77《嚴復合集》，冊7，頁13。

則不外乎二途，其一爲「任民之孳乳，至於過庶食不足之時，然後謀
其所以處置之者」，另一則是「量其國之食以爲生，立嫁娶收養之程
限，而使其民不得有過庶之一時」。[78]事實上，此處的兩種治理之術，
在赫胥黎的原文中並不明顯。[79]相對地，在卮言十八中，強調園夫之
治園有兩件要事：其一爲「設所宜之境，以遂物之生」，另一則爲
「去惡種，而存其善種」；前者是「保民養民之事」，後者則爲「善群
進化之事」。[80]這兩種治理之術，才符合赫胥黎原文之中所做的區別：
前者只是創造合宜的環境與條件，後者則是園夫對植物進行直接的
「人擇」（direct selection）。[81]在赫胥黎的論述中，人類的倫理過程不
可能有任何個人可以從事此種人擇的工作，嚴復則將之改述爲「善群
進化之事，園夫之術必不可行，故不可以人力致」。[82]而在這個脈絡
中，人力所及者，除了保民養民之外，「教民」則是善群進化之道，
也就是取人民的「民德」與「良能」，擴而充之，成爲「其群所公享
之樂利」。換言之，嚴復用園丁以及墾荒設屯的行政長官的施政，來
重新詮釋聖人與君，並重新描述制定法律以及社會政策等議題。

　　在嚴復的早期思想中，聖人與人類結群的關聯密不可分。在味經

78《嚴復合集》，冊7，頁15。

79 Thomas Henry Huxley, *Evolution and Ethics, and other Essays*, p. 21.

80《嚴復合集》，冊7，頁21。

81 Thomas Henry Huxley, *Evolution and Ethics, and other Essays*, p. 43. 事實
上，《天演論》初稿的讀者，非常注意嚴復在這個脈絡中所提出的聖王治
理之道，明確例證可見於梁啓超〈致嚴幼陵書〉，他一方面完全理解《天
演論》所強調的人類結群需要壓抑人性中的自營面向，但不可壓抑到缺乏
爭存之能力；另一方面他與康有爲都極爲關注嚴復對「進種之說」與「擇
種留良之論」的討論，並表達希望能有更多理解。參閱梁啓超，林志鈞
編，《飲冰室文集》，集1，頁109-110。

82《嚴復合集》，冊7，頁31。

本卷下論二討論人類結合為群（赫胥黎原文是organized polity）時，
加上了以下的文字，後來又加以刪除：

> 彼老聃、莊、列之徒，未之知也。嘵嘵然訾聖智、薄仁
> 義，謂嘩嘩已亂天下，未若還淳反樸之為得也。明自然
> 矣，而不知禮樂刑政者，正自然之效；此何異樂牝牡之
> 合，而聖其終於生子乎；此無他，視聖智過重，以轉移世
> 運為聖人之所為，而不知世運至，然後聖人生。世運鑄聖
> 人，而非聖人鑄世運也。徒曰明自然而昧天演之道故
> 也。[83]

嚴復對這段文字的存廢，顯然是「旬月踟躕」，[84] 因為依據吳汝綸建
議，此處引述中國老、莊、列思想的文本，理應刪削，所以這整段在
手稿本中盡數刪去。[85] 然而，文本中筆者加上底線的最後一句，仍可
見於通行本的《天演論》，只是文字略加修改為：

> 夫轉移世運，非聖人之所能為也。聖人亦世運中之一物
> 也，世運至而後聖人生。世運鑄聖人，非聖人鑄世運也。
> 使聖人而能為世運，則無所謂天演者矣。[86]

嚴復對這個文本的編輯修改，可以看出《天演論》通行本中出現的
「世運」以及「聖人」在天演中的關係，的確呼應了〈論世變之亟〉
卷首所述，乃是嚴復的核心關懷。

---

83 《嚴復合集》，冊7，頁36。
84 《嚴復合集》，冊7，頁177。
85 《嚴復合集》，冊7，頁122
86 《嚴復合集》，冊7，頁231。

(二) 政體論

嚴復進一步分析了另一個重要的政治理論議題：即使在「人治」
的世界中，仍然有物競的成分，「趨於榮利」；他並在此脈絡（導言
十六）中，將西方政體的概念，以一種持續存在的物競關係來表述統
治者與人民的關係：

> 唯物競長存，而後主治者可以操砥礪之權，以礱琢天下。
> 夫所謂主治者，或獨具全權之君主，或數賢監國，如古之
> 共和，或合通國民權，如今日之民主，其制雖異，其權實
> 均，亦各有推行之利弊。[87]

---

[87]《嚴復合集》，冊7，頁219。筆者按，味經本及手稿本「通國民權」作
「通國之權」。本段文字並不見於 *Evolution and Ethics*，為嚴復所加。金觀
濤與劉青峰引用嚴復這個文本，並主張由於中國儒學傳統與西方共和主義
都強調為政者的德行，以及公私領域的分離，兩者較具親和性，所以更能
接受共和制而非民主制（金觀濤、劉青峰，《觀念史研究：中國現代重要
政治術語的形成》〔香港：香港中文大學，2008〕，頁262）；這是十九世
紀末葉的重要的「儒家公共空間」現象。然而，筆者認為，此處嚴復所謂
「數賢監國」之「共和」，並非指涉 republic，可能僅是西文的 aristocracy，
因而未必證成金、劉二氏的論述。在百日維新前嚴復用「共和」來翻譯
aristocracy，可以在梁啟超論述嚴復與他的討論中得到旁證：「嚴復曰，歐
洲政制，向分三種。曰滿那棄者，一君治民之制也。**曰亞理斯托格拉時
者，世族貴人共和之制也。**曰德謨格拉時者，國民為政之制也。德謨格拉
時又名公產，又名合眾。希羅兩史班班可稽，與前二制相為起滅」〈論君
政民政相嬗之理〔1897/10〕〉（梁啟超，林志鈞編，《飲冰室文集》，集
2，頁10）。事實上，金、劉二氏在其著作附錄的「百個現代政治術語詞
意匯編」的「共和」項，也引用了梁啟超這篇文章，指出「嚴復曾用『共
和』來指稱 aristocracy」（金觀濤、劉青峰，《觀念史研究：中國現代重要
政治術語的形成》，頁539）。到了1904年所刊行的《法意》案語中，嚴復
明白反對日本將 republic 譯為共和，而以「公治」最當：「東譯姑以為共
和。然共和見於周，乃帝未出震之時，大臣居攝之號，此與泰西公治之
制，其實無一似者也」（《嚴復合集》，冊13，頁31）。

這個文本的重要性在於，嚴復用西方的政體概念取代了中國知識分子在十九世紀下半葉所發展出的政體三分論：「君主」「民主」與「君民共主」。這個運用君／民二元對立所發展出的三分架構，以王韜（1828-1897）在1870年代末期的闡釋最爲著名且完整：

> 泰西之立國有三：一曰君主之國，一曰民主之國，一曰君民共主之國，⋯一人主治於上，而百執事萬姓奔走於下，令出而必行，言出而莫違，此君主也。國家有事，下之議院，眾以爲可行則行，不可則止，統領但總其大成而已，此民主也。朝廷有兵、刑、禮、樂，賞罰諸大政必集眾於上下議院，君可而民否不能行，民可而君否亦不能行也，必君民意見相同，而後可頒之於遠近，此君民共主也。論者謂君爲主，則必堯舜之君在上，而後可久安長治，民爲主則法制多紛，更心志難專壹，究其極不無流弊，惟君民共治，上下相通，民隱得以上達，君惠亦得以下逮，都俞吁咈，猶有中國三代以上之遺意焉。[88]

所謂的君民共主，即爲後來政治理論所稱的君主立憲制。和本文相關的議題在於，政體三分論的思考架構，是在君與民的二元對立中，嘗試追尋能夠「上下相通，民隱得以上達，君惠亦得以下逮」[89]的政治體制。嚴復引進了西方傳統的政體概念，表示十九世紀下半葉這個初步形成的政治知識體系，[90]即將在西學的衝擊下被重構，而在日本政

88　王韜，李天綱編校，《弢園文新編》（香港：三聯書店，1998），頁25-26。
89　王韜，李天綱編校，《弢園文新編》，頁26。
90　這個觀念史進程，可參考潘光哲詳盡的分析。潘光哲，〈晚清中國士人與西方政體類型知識「概念工程」的創造與轉化——以蔣敦復與王韜爲中心〉，《新史學》，22：3（臺北，2011），頁113-159；潘光哲，〈美國傳教

治詞彙的影響下，最終形成君主專制、君主立憲，以及民主共和的現代用語。[91]

　　這個政體三分論，一直到1890年中葉，仍為當時的改革派政論家何啓（1859-1914）以及胡禮垣（1847-1916）所接受與闡揚。他們所合著的《新政眞詮》，在第三部〈新政始基〉以下是1898年之後所撰，已經晚於嚴復早期的時論。其〈新政論議〉（1894）則指出，「恆覽天下，自古至今，治國者唯有君主、民主以及君民共主而已。質而言之，雖君主仍是民主。何則？政者，民之事而君辦之者也，非君之事而民辦之者也。……故民主即君主也，君主亦民主也」。[92]熊月之認爲這是在中國主張社會契約論思想的開端。[93]然而，筆者主張，何啓和胡禮垣的文本所呈現的，仍然與嚴復早期時論中的民權論或君權民授說相近，「契約」的概念並不存在於何、胡二氏所述的君民關係中。嚴復在《天演論》完成概念創新後，社會契約論述才眞正引進中國。

（三）社會契約論

　　在《天演論》通行本中，「約」的概念首見於導言七，在描寫墾荒之事時，相關移民者「推選賞罰之**約**明」。[94]在味經本以及手稿本卷

士與西方政體類型知識「概念工程」在晚清中國的發展（1861-1896）〉，《東亞觀念史集刊》，1（臺北，2011），頁179-230。
91 cf.梁啓超，林志鈞編，《飲冰室文集》，集4，頁71-72；集5，頁1-7。
92 何啓、胡禮垣，《新政眞詮》，冊1，頁279。
93 熊月之，《中國近代民主思想史》（修訂本），頁179。
94《嚴復合集》，冊7，頁199。值得注意的是，在味經本（《嚴復合集》，冊7，頁12）以及手稿本（《嚴復合集》，冊7，頁97）均作「舉措賞罰之**政**明」。可見是在通行本刊行前，嚴復才做的修正。另外，在味經本（《嚴

下論四之中，嚴復正式引進社會契約的政治正當性原則，進一步發展了〈闢韓〉所提出的民權論。手稿本文字如下：

> 自群事既興，而人與人相與之際，必有其所共守而不畔者，而群始立。其守之彌固，則其群彌堅；其畔之或多，則其群立渙。攻寇強弱之間，胥視此所共守者以為斷，凡此之謂公道。~~班孟堅之志刑法也，其言曰：古有聖人，作之君師，既躬明懋之性，又通天地之心，於是則天象地，動緣民情，以制禮作教，立法設刑焉。秩有禮所以崇敬，討有罪所以明威。此之謂一人作則，範圍百世而天下服也。中國論刑賞之原如此。~~故泰西法律之家，其推刑賞之原也，曰：民既成群，必有群約。夫約以馭〔馭〕群，豈唯民哉？豺狼之合從而逐鹿兔也，飄〔飆〕逝霆擊，可謂暴矣。然必其不互相吞噬而後能行，而其有獲是亦約也，夫豈必載之簡書，懸之象魏，著之讀法哉？隤然默喻，深信其為公利而共守之足矣。民之初生，其為約也大類此，心之相喻為先，而言說文字皆其後也。自其約既立，於是有背者，則合一群共誅之，其遵而守者，亦合一群共慶之。誅慶各以其群，初未嘗有君公焉，臨之以尊位貴勢，為之法令而強使服從也。故其為約也，自立而自守之，自諾而自責之，此約之所以為公也。[95]

復合集》，冊7，頁24）以及手稿本（《嚴復合集》，冊7，頁110）的后言十四曾有「民約國法」作為「金科玉條」的對立面，通行本刪除。

[95]《嚴復合集》，冊7，頁127-128；並參考頁42、237。赫胥黎原文為：One of the oldest and most important elements in such systems is the conception of justice. Society is impossible unless those who are associated *agree to observe*

從這個獨特的文本（包括嚴復對赫胥黎原文的增益，以及對手稿的修
改），吾人可看出《天演論》此處對於〈闢韓〉論述的進一步發揮。
嚴復所刪除的部分，乃是用班固的話語來說明古之聖人作之君師，制
禮作教，立法設刑，以爲中國刑賞論的代表。事實上，這段增益的譯
文原本所展現的是東方與西方政治原理之差異與對照；值得注意的
是，與〈闢韓〉不同，嚴復在此並沒有對「古有聖人，作之君師，既
躬明哲之性，又通天地之心」加以批判攻擊。在這個脈絡中的「二元
對立的概念化」是均衡展現的圖像，但當這段文字在通行本刪除之
後，[96]僅剩嚴復對於西方社會契約論的發揮，讀者不復見其較爲平衡
的比較。

　　在這個脈絡中，最重要的概念自是「群約」，也就是「隤然默
喻，深信其爲公利而共守之」。這意味著成群的人民，必須以公利爲

---

certain rules of conduct towards one another; its stability depends on the steadiness with which they abide by that agreement; and, so far as they waver, that mutual trust which is the bond of society is weakened or destroyed. Wolves could not hunt in packs except for the *real, though unexpressed, understanding* that they should not attack one another during the chase. *The most rudimentary polity is a pack of men living under the like tacit, or expressed, understanding*; and having made the very important advance upon wolf society, that they *agree* to use the force of the whole body against individuals who violate it and in favour of those who observe it. This observance of a common understanding, with the consequent distribution of punishments and rewards according to accepted rules, received the name of justice, while the contrary was called injustice.（Thomas Henry Huxley, *Evolution and Ethics, and other Essays*, pp. 56-57）。赫胥黎此處論述，指出社會的基礎在於人民對正義作爲行爲準則的同意（agreement），無論是默示或明示的理解（tacit or expressed understanding）；但「契約」（contract）一詞並未出現在赫胥黎原文。筆者以斜體加重處是比較接近可以被理解爲「約」的文本。

96《嚴復合集》，冊7，頁237。

依歸而成立群約，並共同遵守，若有違背者，則群將「共誅之」。不
僅如此，嚴復還在他自己所加的「群約」文本，進一步發揮，指出在
成群的時期「未嘗有君公焉」，而是人民立約而自守之，在這個意義
上，此約乃是一種公約。相對於「公」，「私」則源自於「刑賞之權
統於一尊」，這在成立社會的群約中並不存在。他並強調「夫尊者之
約，非約也，令也。約生於平等，而令行於君臣上下之間」。[97] 此處嚴
復所對「約」與「令」所作的區別，從思想史的意義而言在於：群約
必定是基於全體人民所訂定的社會契約（social contract; *pactum
societatis*），而非人民與統治者訂定的臣屬之約（contract of
subjection; *pactum subjectionis*）；[98] 不僅如此，上對下僅構成了令
（decree），而絕非社會契約。

　　對於政治制度的發展與變遷，特別是君主制的形成，嚴復也提出
了獨到的解釋：群約初始，必爲公治，但「文法日繁，掌故日夥」，
就需要有「專業者」爲治，這可「命之曰士君子」。[99] 此時人民就將治
理的權限「約託之」，使其爲公而統治，並且願意繳納賦稅以酬其庸
並爲之養。雖然嚴復沒有明說，此處應該就是從原始的公治轉變成士
君子的貴族制。之後，有「奸雄」「起而竊之，乃易此一己奉群之
義，以爲一國奉己之名」，才形成君主制。[100] 換言之，君主制乃是後起

97《嚴復合集》，冊7，頁42。
98 請參閱Bobbio對兩種契約的討論（Norberto Bobbio, trans. D. Gobetti, *Thomas
　Hobbes and the Natural Law Tradition* [Chicago: University of Chicago Press,
　1993], pp. 46-50），更詳細的思想史分析，可見Otto von Gierke, trans. B.
　Freyd, *The Development of Political Theory* (New York: W. W. Norton, 1939),
　pp. 91-112.
99《嚴復合集》，冊7，頁43。
100《嚴復合集》，冊7，頁43。

的，並且改變了社會契約的公治精神，以一國而奉己，「久假而不
歸」，這豈非他在〈闢韓〉所說的「國誰竊？轉相竊之於民而
已」？！[101]只不過，世運的變化時至今日，西方的政治演化，「民權日
申，公治日出」，[102]所以公治與民主再度成爲現代政治的基本原則。

　　換言之，嚴復1895時期的文章，只存在著個人自由「爲天所
界」，以及君權民授理論或民權論，並未運用社會契約以及天賦人權
論概念，所以有些學者認爲嚴復早期倡議盧梭式民約論的主張並不正
確。[103]事實上，如前所述，嚴復在〈闢韓〉中所闡釋的民權理論（或
君權民授說），在《天演論》卷下論四之中，才正式發展成爲社會契

101《嚴復合集》，冊1，頁74。

102《嚴復合集》，冊7，頁43。

103 在部分嚴復研究文獻中，或許受到權威觀點（如王栻，《嚴復傳》〔上
　　海：上海人民出版社，1976〕，頁30）的影響，有詮釋者（如鄭師渠，
　　〈嚴復與盧梭的《民約論》〉，《福建論壇》〔人文社會科學版〕，2〔福
　　建，1995〕，頁45-50）認爲早期嚴復運用盧梭的民約論來批判君主制，
　　但在戊戌運動失敗後，嚴復在政治上倒退並轉而批評民約論。王憲明對
　　此詮釋觀點提出了批判：戊戌時期嚴復所宣傳的不可能是盧梭思想，因
　　爲影響他的主要是十九世紀中後期英國派的功利自由主義（王憲明，〈關
　　於戊戌時期嚴復傳播「社會契約論」和「天賦人權論」問題再探討〉，收
　　入劉桂生、林啓彥、王憲明編，《嚴復思想新論》〔北京：清華大學出版
　　社，1999〕，頁315-327）。王憲明引用了《天演論》下部第四章〈嚴意〉
　　（《嚴復合集》，冊7，頁42）前述關於群約的論述，主張這是赫胥黎所闡
　　釋的社會契約論（王憲明，〈關於戊戌時期嚴復傳播「社會契約論」和
　　「天賦人權論」問題再探討〉，頁320-321）。換言之，王氏的詮釋主旨在
　　於，〈闢韓〉之中被研究者認定爲具有社會契約色彩的文本，可能是取自
　　赫胥黎的 Evolution and Ethics，並在文字上略有變通發揮，因而主張「嚴
　　復在這一時期傳播的是赫胥黎的『社會契約論』思想」（王憲明，〈關於
　　戊戌時期嚴復傳播「社會契約論」和「天賦人權論」問題再探討〉，頁
　　322-323）。但由於這段文字並不見於 Evolution and Ethics，所以並不能用
　　這個文本來證成嚴復早期時論的君權民授論述乃是「赫胥黎式的」。

約的論述，並且將政體發展重新作了一番梳理。既然《天演論》卷下論四的社會契約論述不見於 *Evolution and Ethics*，而為嚴復所加，且此為社會契約論述第一次以完整的形貌出現在中文世界，那麼，更為關鍵的思想史問題在於：**嚴復《天演論》〈嚴意〉章的社會契約論述所本為何**？

二十世紀上半葉英國政治理論名家 Ernest Barker 在論述十九世紀英國政治思想史時曾指出，赫胥黎將 cosmic process 和 ethical process 所作的區別，或更廣泛地 natural 與 artificial 之分別，其實與霍布斯甚為相近。[104] 不僅如此，Barker 進一步分析，赫胥黎與史賓賽的差異在於前者嘗試運用「社會契約」來解釋人文化成的倫理過程。Barker 並沒有指出赫胥黎的相關文本，但其詮釋的確指向赫胥黎曾經運用社會契約觀念。經查閱嚴復所可能參考的赫胥黎著作，筆者認為，此處社會契約論，應該是根據赫胥黎的 *Method and Results* 中 "Administrative Nihilism" 一文的論述：

> 儘管「社會契約」此一概念受到諸多嘲弄，顯而易見的是，所有社會組織仰賴的東西，本質上都是契約，由社會成員彼此之間明文規定，或心照不宣而成。無論是過去還是未來，都不可能透過武力來維繫社會。說奴隸主是以協定而非武力來要求奴隸工作，聽起來很矛盾，但卻是千眞萬確的。此二人之間確實有著契約，倘若化為文字，條款如下：「夸西，要是你好好工作，我就會讓你有吃有穿還有得住，也不會想鞭打、虐待或殺了你。」夸西看來沒得

104　Ernest Barker, *Political Thought in England 1848 to 1914*（London: Oxford University Press, 1954）, p. 120.

選，只好將就，開始工作。要是有搶匪勒住我脖子，把我
的口袋洗劫一空，那麼以嚴格的定義來說，他是用武力搶
劫了我。不過，要是他拿槍抵住我的頭，問我要錢還是要
命，而我，選了後者，交出錢包，那麼我們之間實際上是
訂了一份契約，我還履行了其中一項條款。要是搶匪後來
還是開槍殺了我，那麼大家就會看到，除了謀殺與盜竊，
他的罪行還包括違反契約。[105]

筆者主張，嚴復將這個文本中所提任何社會組織都必須依賴的 "a contract, whether expressed or implied" 關連到 *Evolution and Ethics* 中，赫胥黎的原文 "tacit, or expressed, understanding"，[106] 並加以擴充改

---

105 Thomas Henry Huxley, *Method and Results*, pp. 272-273. 原文為：Much as the notion of a "social contract" has been ridiculed, it nevertheless seems to be clear enough, that all social organisation whatever depends upon what is substantially a contract, whether expressed or implied, between the members of the society. No society ever was, or ever can be, really held together by force. It may seem a paradox to say that a slaveholder does not make his slaves work by force, but by agreement. And yet it is true. There is a contract between the two which, if it were written out, would run in these terms: — "I undertake to feed, clothe, house, and not to kill, flog, or otherwise maltreat you, Quashie, if you perform a certain amount of work." Quashie, seeing no better terms to be had, accepts the bargain, and goes to work accordingly. A highwayman who garrotes me, and then clears out my pockets, robs me by force in the strict sense of the words; but if he puts a pistol to my head and demands my money or my life, and I, preferring the latter, hand over my purse, we have virtually made a contract, and I perform one of the terms of that contract. If, nevertheless, the highwayman subsequently shoots me, everybody will see that, in addition to the crimes of murder and theft, he has been guilty of a breach of contract.
106 Thomas Henry Huxley, *Evolution and Ethics, and other Essays*, pp. 56-57

寫，成為目前〈嚴意〉章的「群約論述」。[107]比起將嚴復在《天演論》中的社會契約概念根源追溯到霍布斯、洛克，或盧梭，筆者認為，考慮到此處兩個文本在行文上的親和性，內在於赫胥黎文本的解釋方式應該更為可信。

　　進一步而言，赫胥黎的這個文本也提供了線索，解釋何以許多詮釋者在早期嚴復思想中觀察到「霍布斯式」社會契約論色彩。[108]事實

---

107 當然，這牽涉到一個關鍵問題：嚴復在1897年是否已經閱讀過赫胥黎的 *Method and Results*？《天演論》通行本論九的案語提供了確解。在赫胥黎的原文中，比較了喬答摩（Gautama）與英國思想家柏克萊（George Berkeley）思想的異同，在味經本（《嚴復合集》，冊7，頁52）以及手稿本（《嚴復合集》，冊7，頁141）中，則大致依據赫胥黎原文，雖然在手稿本的案語中，已經擴充論述並加上近代哲學家的名號。到了通行本的案語，柏克萊被笛卡兒（嚴復譯為特嘉爾）所取代，並且附上相當長的介紹（《嚴復合集》，冊7，頁249-251）。在這個案語中，嚴復明白引用赫胥黎的詮釋以「講其義」，其所本實源於 *Method and Results* 頁172-173。其中說明人如何感知「圓赤石子」的各種屬性，正為赫胥黎所舉之例，而且運用所謂的「乙太」（ether；嚴復譯為「依脫」）做為中介，也和赫胥黎的解說相同。事實上，嚴復對 *Method and Results* 相當看重，並且曾經數次重閱。他在日記中提到，於1909/3曾經閱讀此書（《嚴復集》，冊5，頁1490），而1914年〈《民約》平議〉一文更是以 *Method and Results* 一書中 "On the Natural Inequality on Man" 為本加以發揮，並被章士釗所批判（林啟彥，〈嚴復與章士釗——有關盧梭《民約論》的一次思想論爭〉，《漢學研究》，20:1〔臺北，2002〕，頁339-367；承紅磊，〈嚴復〈民約平議〉文本來源及其撰文目的再議：兼論赫胥黎在嚴復思想中的位置〉，《中國文化研究所學報》，58〔香港，2014〕，頁229-257）。另外，從《法意》第十八卷十四章的案語（《嚴復合集》，冊14，頁461）已經可以看出，嚴復在《法意》第四冊出版時（1905/8）已經熟知赫胥黎在 *Method and Results* 中對盧梭的批評。所以嚴復早期即已閱畢此書，並曾多次參考。

108 林毓生，〈二十世紀中國激進化反傳統思潮、中式馬列主義與毛澤東的烏托邦主義〉，收入林毓生主編，《公民社會基本觀念》，冊2，頁803-804；俞政，〈評嚴復的社會起源說〉，《史學月刊》，8（開封，2003），

上，赫胥黎在此脈絡批判的對象是史賓賽早期的文章 "The Social
Organism"。[109]赫胥黎認爲社會的演化並不如史賓賽所述般，可以完
全類比於生物體的演化；赫胥黎並指出，假如依據史賓賽的邏輯，政
府有如大腦，社會其他部分爲肢體，則大有可能推論出大腦可以強力
干涉肢體的主張，而未必是史賓賽所主張的放任政策。就在這個脈絡
中，赫胥黎提出了前述「社會契約」的文本。霍布斯「利維坦」的意
義不但爲赫胥黎所強調，[110]仔細考察赫氏所論述的社會契約，更可以
發生在主人與僕役之間，甚至是路上強盜與被搶劫的路人之間等；這
兩個例子，都是霍布斯《利維坦》特有的論證，[111]完全不見於洛克與
盧梭思想。這解釋了何以嚴復將赫胥黎此文本運用到《天演論》中的
群約概念時，會產生霍布斯主義的色彩。然而，赫胥黎論述霍布斯式
的社會契約論，並非在政治價值觀上採取其絕對主義立場。相反地，
赫胥黎建立一種「倫理自由主義」，將於下節討論。

五、赫胥黎與嚴復的倫理自由主義

　　赫胥黎的社會契約論述，特別是人類的自然自由與社會自由差
異，深刻地影響到嚴復自由觀念的理論結構。在1895年的系列論文
中，「以自由爲體」的說明，關鍵在於「務令毋相侵損」是自由最根
本的意義，也就是彌爾所稱的「傷害原則」。[112]雖然在《天演論》中

109　Thomas Henry Huxley, *Method and Results*, pp. 269-271.
110　Thomas Henry Huxley, *Method and Results*, p. 272.
111　Thomas Hobbes, ed. by Edwin Curley, *Leviathan, with Selected Variants from
　　the Latin Edition of 1668*, pp. 86, 130-132.
112　John Stuart Mill, ed., J.M. Robson, *Collected Works of John Stuart Mill*, vol.

嚴復並未引用彌爾的自由觀，但他在庚子之亂前已經譯畢彌爾的《論自由》，可見他對其理論必然相當熟悉。[113]《天演論》中引述 *The Principles of Ethics* 中的自由與公道（justice）界說，一究其實，史賓賽的正義觀，是通過每一個人都有相同程度最大可能自由的方式，來成就一個消極自由的理論體系。**然而，筆者主張，嚴復並非以史賓賽的「無擾」為尚，而是「群己並重，則捨己為群」或「群己並稱，已輕群重」。[114] 雖然其文本根源於史賓賽的倫理學，[115] 但其中牽涉到個人自由界限的重大問題時，嚴復事實上是以赫胥黎的社會契約理論為基礎來加以解決。**

如前所述，赫胥黎在 *Evolution and Ethics* 中建構了人文化成與自然相對立的兩元體系：他強調人類的獨善自營（self-assertion）是人類「為私」的本能，也就是基督教原罪觀之根源，嚴復則加上荀子的性惡論。[116] 然而，獨善自營也是人類在自然或天行的層次，與萬物爭存、最適者存在的原始本能，且與其他動物無所別。在人類成立群體之後，每個人的自營就必須加以克制，否則社會合作便無由存在：

> 自營甚者必侈於自由，自由侈則侵，侵則爭，爭則群渙，群渙則人道所恃以為存者去。故曰自營大行，群道息而人種滅也。然而天地之性，物之最能為群者，又莫人若。如是，則其所受於天，必有以制此自營者，夫而後有群之效

18, *Essays on Politics and Society*（London: Routledge and Kegan Paul, 1977）, p. 223.

113 黃克武，《自由的所以然：嚴復對約翰彌爾自由思想的認識與批判》（臺北：允晨文化，1998）。

114 《嚴復合集》，冊1，頁111。

115 詳見以下第七節餘論所述。

116 《嚴復合集》，冊7，頁209。

也。[117]

在赫胥黎原文中，將self-assertion等同於natural liberty；思想史之關鍵議題是，*Evolution and Ethics*的理論結構其實是「自然狀態」與「社會狀態」的對立，而自營作為人類的自然自由，與人類進入群體生活之後每個人不受他人干涉的自由完全不同。換言之，相較於1895年嚴復受到彌爾以及史賓賽影響下的自由觀念，是一種直接的個人主義系統，每個個人都擁有平等的自由，互不干涉、亦不得傷害。相對地，赫胥黎的*Evolution and Ethics*一書的架構，則暗合於社會契約論傳統，並提供了嚴復以人類在成立社會之前的「自然自由」，以及成立共同體之後個人在群體內的「社會自由」（嚴復有時稱之為「國群自繇」）之區別甚至對立，構成了一種「**倫理自由主義**」（ethical liberalism）的論述。如此一來，「群己權界」才成為一個理論議題，而社會自由意味著為了共同福祉，個人的自然自由必須適度消減。是以，赫胥黎在 "Administrative Nihilism" 一文關於社會契約的論述之後，馬上指出：

> 任兩人之間的契約，表示此二人的自由各自在特定事項上受到了限制。⋯每一個單純或複雜的社會組織，其本質與基礎，皆為以下事實，即每一位社會成員都自願捨棄某些方面的自由，以換取他預期從與該社會其他成員合作而得來的好處。一究其實，憲法、法律或風俗習慣也不過就是

---

117 《嚴復合集》，冊7，頁210。原文為：The check upon this free play of self-assertion, or natural liberty, which is the necessary condition for the origin of human society, is the product of organic necessities of a different kind from those upon which the constitution of the hive depends.（Thomas Henry Huxley, *Evolution and Ethics, and other Essays*, pp. 27-28.）

明示或暗示的契約，由社會成員彼此所訂定，規定何所應
爲，何所不應爲。[118]

這觀點深刻影響了嚴復自由觀念的理論邏輯。只有赫胥黎的邏輯方能
推論出群體必須克制人類自營本能或自然自由，而非如史賓賽所主
張，政府只能消極地阻卻個人侵犯其他人之自由。

　　赫胥黎進一步仔細檢討英國政治思想史傳統對政府功能的各種理
論，從霍布斯主張「人民的安全是主權者的職責」，[119] 及之後在洛克
及彌爾的發展。赫胥黎本人的政治主張是洛克式的，他發揮洛克在
《政府論》下篇229節所述「政府的目的是人類的福利」（The end of
Government is the Good of Mankind.），並且加以延伸：「我認爲，全
人類的福利，是每個人都獲得他能享有的所有幸福，同時無損於其同
胞的幸福。」。[120] 換言之，在 "Administrative Nihilism" 一文中，赫胥
黎運用「福利」與「幸福」的觀念，來對抗史賓賽所強調的自由與正
義，主張在演化過程中，政府雖然不宜過度干涉，但是仍應施行義務
教育，促進其「知性與德行的發展」[121]。

　　赫胥黎的觀點，明確反映在嚴復所譯穆勒的《群己權界論》。在
〈譯凡例〉中，嚴復指出：

　　其字義訓，本爲最寬，自繇者凡所欲爲，理無不可，此如
　　有人獨居世外，其自繇界越［域］，豈有限制？爲善爲

118　Thomas Henry Huxley, *Method and Results*, pp. 273-274.
119　Thomas Henry Huxley, *Method and Results*, p. 263; cf. Thomas Hobbes, ed.
　　by Edwin Curley, *Leviathan, with Selected Variants from the Latin Edition of
　　1668*, p. 219.
120　Thomas Henry Huxley, *Method and Results*, pp. 278, 281.
121　Thomas Henry Huxley, *Method and Results*, p. 288.

> 惡，一切皆自本身起義，誰復禁之！但自入群而後，我自
> 繇者人亦自繇，使無限制約束，便入強權世界，而相衝
> 突。故曰人得自繇，而必以他人之自繇爲界，此別［則］
> 《大學》絜矩之道，君子所恃以平天下者矣。[122]

所謂人在世外獨居，其自由便沒有限制，當然指的是前述的「自然自
由」；但自從「入群」或進入社會，便不再可能有無限制的自由。而
在《群己權界論》第四篇中，雖然穆勒認爲社會未必源於契約，但個
體與社群之間，仍然需有界限以確立法度。在這個脈絡中，嚴復將穆
勒所描述的一種自私的冷漠者翻譯爲「自營之子」，[123] 便可明白看出
赫胥黎的思想，在嚴復翻譯穆勒的《論自由》一書時，仍然是重要參
照。對當時英國義務教育爭議的政策，赫胥黎主張，在演化過程中，
政府仍應「教育人民」，促進其「知性與德行的發展」；[124] 此一政治主
張，無疑對嚴復所論「民智」、「民德」與教育產生重大影響。

六、結語

　　基於本文所述，在關鍵的「嚴復時刻」中，他闡述了「以自由爲
體，以民主爲用」，以及平等、公治等現代政治制度得以奠基的基本
價值。嚴復同時以二元對比方式，挑戰了傳統中國聖王之道的唯一正
當性，認爲在全新的世變與運會之下，西方政制的基礎才是創建國群
的適當基礎。而在《天演論》一書中，更通過赫胥黎對倫理過程的獨
特描述，以「園丁」與「殖民地長官」的譬喻，重建一種演化論中符

---

[122]《嚴復合集》，冊11，頁1-2。
[123]《嚴復合集》，冊11，頁120。
[124] Thomas Henry Huxley, *Method and Results*, p. 288.

合世運的聖人，及其經世之道。此外，嚴復並運用了社會契約的概
念，將君、民關係，以西方民主與君主混和政體的型態重新加以建
構。而嚴復的自由觀念，更受到赫胥黎社會契約論的深刻影響，構成
了一種「倫理自由主義」的論述。

　　然而，在「聖王之道」以及「社會契約」之間，似乎存在著緊張
性：在政治制度演化的過程中，究竟是聖王以其德行立下國群之基，
還是人民自身通過社會契約建構一個追求幸福的國群？嚴復的回答似
乎只能從《天演論》通行本導言八〈烏託邦〉的案語中，他自己加上
的文本窺其端倪：

> 且聖人知治人之人，因賦於治於人者也。凶狡之民，不得
> 廉公之吏；偷懦之眾，不興神武之君。故欲郅治之隆，必
> 於民力、民智、民德三者之中，求其本也。故又為之學校
> 庠序焉。學校庠序之制善，而後智仁勇之民興。智仁勇之
> 民興，而有以為群力群策之資，而後其國乃一富而不可
> 貧，一強而不可弱也。嗟夫！治國至於如是，是亦足
> 矣。[125]

而嚴復在《天演論》通行本於此脈絡再加上一則案語：「此篇所論，
如『聖人知治人之人，賦於治於人者也』以下十餘語最精闢」，[126]這

---

[125]《嚴復合集》，冊7，頁201。赫胥黎相應文本為："In order to attain his
ends, the administrator would have to avail himself of the courage, industry,
and co-operative intelligence of the settlers; and it is plain that the interest of
the community would be best served by increasing the proportion of persons
who possess such qualities, and diminishing that of persons devoid of them. In
other words, by selection directed towards an ideal." (Thomas Henry Huxley,
Evolution and Ethics, and other Essays, p. 19) 嚴復大幅擴充了赫胥黎原意。

[126]《嚴復合集》，冊7，頁201-202。

無異是強調，嚴復本人所演繹聖人治理之道的重要性。所謂的「賦」
是授與的意思，也就是說，即使聰明智慮高出眾人的聖人，仍須「爲
眾所推服，立之以爲君，以期人治之必申，不爲天行之所勝。」換言
之，最基源的政治力量，應當還是來自於人民。然而，嚴復在這個脈
絡中的討論，似乎隱藏著一個循環：假如需要有「民力、民智、民德」
三者皆具的人民，才會推舉眞正賢能的聖君，來完成人治，但人民的
力、智、德，又需要聖人治理的教化才能實現，那麼眞正的開端，也
就是「群約」，其實是很難成立的，至少不易在當時的中國落實。

　　事實上聖人、聖王或君的論述在《天演論》出現的頻率遠高於社
會契約論（僅出現於〈論四〉及〈論十七〉）。基於此，筆者主張，
在當時世變之亟的脈絡中，聖人或明君由於其具有**政治能動性**
（agency），並可作爲明確的**行動者**（agent），應該還是嚴復心目中能
夠從事政治改革的動能之源。這個論據，在其〈擬上皇帝書〉最爲明
顯（當然也和預設的讀者有關）：英國的富強，雖爲「其民所自
爲」，但「顧中國之民有所不能者，數千年道國明民之事，其處勢操
術，與西人絕異故也。夫民既不克自爲，則其事非陛下倡之於上不可
矣」。[127]事實上，此種**菁英主義式自我超克的邏輯**，在〈闢韓〉中可
以清楚地觀察到：相對於傳統「作之君，做之師」的聖人，嚴復提出
了「知運會之所由趨，而逆覩其流極」的新聖王治道，其主要課題在
於「孳孳求所以進吾民之才、德、力者」，而當「幸而民至於能自
治」時，「吾將悉復而與之矣」。[128]也就是說，唯有「知運會」之「聖
人」才能克服前述聖王之道與群約公治的循環，在培養的人民的才、

127《嚴復合集》，冊1，頁135。
128《嚴復合集》，冊1，頁73。

德、力之後，還政於民，任其自治。這意味著菁英在創造理想的政治
體制後，將放棄其自身權力的悖論。[129]

除了「知運會」之「聖人」，嚴復對思想家在天演中所能扮演的
角色也有清楚的定位。在《法意》第四卷第三章，他對針對專制下的
教育篇章的案語，其中的「賢者」，乃是嚴復對其時代任務之自況：

> 吾譯是書，至於此章，未嘗不流涕也。嗚呼，孟氏之言，
> 豈不痛哉！夫一國之制，其公且善，不可以為一人之功，
> 故其惡且虐也，亦不可以為一人之罪，雖有桀紂，彼亦承
> 其制之末流，以行其暴，顧與其國上下同遊天演之中，所
> 不克以自拔者則一而已矣。**賢者睹其危亡，思有以變之，**
> **則彼為上者之難，與在下者之難，又不能以寸也，必有至**
> **聖之德，輔之以高世之才，因緣際會，幸乃有成。不然，**
> **且無所為而可矣。**吾觀孟氏此書，不獨可以警專制之君
> 也，亦有以戒霸朝之民。嗚呼！法固不可以不變，而變法
> 豈易言哉！豈易言哉！[130]

---

129 然而，此處嚴復的理論有可能產生立法家（legislator）創造民族政治秩
序，與人民通過社會契約形成普遍意志或有矛盾的盧梭式辯證議題，參
見蕭高彥，《西方共和主義思想史論》（臺北：聯經出版公司，2013），
頁193-218。兩位審查人均指出，此處是否具有理論循環之疑義，或有商
榷之處。嚴復本人主張教育人民的智、德、力作為最重要的課題，也因
此教育扮演了可以克服此處循環的立基點。在實踐上，嚴復與孫逸仙在
1905年的對話，足可看出其中關鍵：「時孫中山博士適在英，聞先生之
至，特來訪。談次，先生以中國民品之劣、民智之卑，即有改革，害之
除於甲者，將見於乙，泯於丙者，將發之於丁。為今之計，惟急從教育
上著手，庶幾逐漸更新乎。博士曰：俟河之清，人壽幾何？君為思想
家，鄙人乃執行家也」（王蘧常，《嚴幾道年譜》，頁74-75）。
130 《嚴復合集》，冊13，頁66，黑體強調為筆者所加。

　　事實上，1898年戊戌變法前夕，上海同文譯書局刻印了日人中江兆民採用文言體漢文翻譯的《民約譯解》第一卷，而1910年《民報》第26期（最後一期），以《民約論譯解》再度刊行了中江譯本的社會契約論第一卷，最後則在民國成立後，於1914年7月由民國社田桐再次重刊，書名改爲《共和原理民約論：民約一名原政》，使得盧梭的社會契約論逐漸成爲革命派的思想武器。[131]

　　相對地，在嚴復之後的政治思想發展中，社會契約論述雖仍形塑其自由觀念，卻逐漸隱沒，民權論被涵攝在菁英主義所領導的漸進改革之下，並轉向一種保守的演化理論，如影響深遠的《社會通詮》（1904）。[132]最後，通過1914年〈《民約》平議〉一文，嚴復以赫胥黎 *Method and Results* 一書中 "On the Natural Inequality on Man" 爲本批判盧梭的民約論，成爲近代中國堅決批判社會契約論的思想家。這些緊張性與矛盾，在嚴復早期思想中，其實已可見其端倪。

七、餘論：《天演論》通行本嚴復案語中的史賓賽主義

　　基於以上所述，本文主張嚴復《天演論》的譯旨，可說是以一種倫理自由主義的方式，運用赫胥黎天行與人治的辯證關係，討論現代的聖王之道，以及人民通過社會契約以維持其自由等政治正當性根本課題。換言之，吳汝綸的讀法掌握了嚴復譯書的意旨。

　　至於Schwartz的主張，「說《天演論》是將赫胥黎原著和嚴復爲

131　蕭高彥，〈《民約論》在中國：一個比較思想史的考察〉，《思想史》，3（臺北，2014），頁105-158。

132　參閱王汎森，〈近代中國的線性歷史觀：以社會進化論爲中心的討論〉，《新史學》，19:2，頁7-10

反赫胥黎而對斯賓塞主要觀點進行的闡述相結合的意譯本，是一點也不過份的」[133]的讀法，雖然已經被Pusey所批評，[134]然而的確有某些文本讓Schwartz提出此種主張，其理據大體有二。第一，手稿本原標題為《赫胥黎治功天演論》，將「治功」與「天演」並列，較為符合赫胥黎原旨將ethics與evolution並立的意旨。在最後通行本時，改題為《天演論》，顯示他對赫胥黎的倫理取向似乎有所保留。[135]第二，更重要的是，在《天演論》通行本中，嚴復加上不少長篇案語，說明並稱揚史賓賽的演化觀。

　　筆者主張，**《天演論》中嚴復案語的意義系統應該獨立看待**。在最早的味經本中，大部分的案語集中在卷下論的部分，除了思想家的歷史背景外，嚴復亦對許多西方哲學思想提出了說明，由此也可看出嚴復最早翻譯《天演論》的動機。在手稿本中，嚴復在吳汝綸的建議下，刪節原稿正文中自己所加上的中國傳統思想，但此時他也已經開始思考史賓賽理論的相關部分。如卮言十五結尾處，嚴復即註記「此下宜附後案。著斯賓塞爾『治進自不患過庶』之旨。」[136]直到1898年6月的通行本中，才出現了手稿本中尚未寫就的大量案語。[137]

133　史華茲（Benjamin Schwartz），葉鳳美譯，《尋求富強：嚴復與西方》，頁95-96。
134　James Reeve Pusey, *China and Charles Darwin*（Cambridge, Mass.: Harvard University Asia Center, 1983）, pp. 157-169.
135　Benjamin Schwartz, *In Search of Wealth and Power: Yen Fu and the West*, p. 110.
136　《嚴復合集》，冊7，頁112。
137　從新刊《嚴復全集》卷一所收錄的《天演論懸疏》，可以看出嚴復最後的案語，是在1898年的上半年完成的。按《天演論懸疏》刊載於《國聞匯編》第二、四、五、六期，時間是1897年12月底至1898年初，連載了自序和前九節。這部分的內容，與之後的通行本基本一致，而且已經完

　　嚴復在以下幾處稱揚了史賓賽的演化觀，如導言二案語闡釋史賓賽的天演界說、[138]導言五案語補充說明史賓賽與赫胥黎的差異、[139]導言十五案語再次強調赫胥黎這本書的要旨在於「以物競為亂源，而人治終窮於過庶」，而此論述與史賓賽「大有逕庭」；[140]在這個脈絡中，嚴復看來較為偏向天行的史賓賽主義：「人欲圖存，必用其才力心思以與是妨生者為鬥。負者日退，而勝者日昌。勝者非他，智德力三者皆大是耳」，[141]並可見導言十七[142]以及論十五[143]等案語。

　　然而，有一個關鍵問題仍待解決：嚴復何以在最後校訂通行本時，加上大量案語稱頌史賓賽，批判赫胥黎？筆者的推測是，從早期版本的讀者，特別是吳汝綸的讀後反應，[144]嚴復可能覺得赫胥黎以「人治」對抗「天行」的理論角度被過份強調，所以才加上了大量的史賓賽觀點。進一步而言，通行本的案語，扣除已經出現在味經本與手稿本者，反映出嚴復在刊行前對演化論的最後反思，在於考慮史賓賽《群誼論》「任天為治」與赫胥黎《天演論》「以人持天」的平衡

　　成了通行本的案語。而最早的通行本慎始基齋本在1898年6月發行，但刻於1897年冬或1898年初，「此本經嚴復親自校訂於天津，基本定型，此後各地翻印，基本依據此本」（汪征魯、方寶川、馬勇主編，馬勇、黃令坦點校，《嚴復全集》[福州：福建教育出版社，2014]，卷1，頁3）。
138 《嚴復合集》，冊7，頁186-187。
139 《嚴復合集》，冊7，頁195-196。
140 《嚴復合集》，冊7，頁215-218。
141 《嚴復合集》，冊7，頁217。
142 《嚴復合集》，冊7，頁223-224。
143 《嚴復合集》，冊7，頁270-271。
144 嚴復在1898年3月11日以前收到吳汝綸的序（《嚴復合集》，冊5，頁1561）。必須強調的是，吳汝綸序所根據的版本是「手稿本」，嚴復在1897年11月9日函表示將「改本」寄給吳氏（《嚴復合集》，冊1，頁121）。

點。通行本導言一的案語（也就是全書的第一個案語），可爲明證，
在其中嚴復對史賓賽的學說，做出了相當完整的綜述：

> 斯賓塞爾者，與達同時，亦本天演著《天人會通論》，舉
> 天、地、人、形氣、心性、動植之事而一貫之，其說尤爲
> 精闢宏富。其第一書開宗明義，集格致之大成，以發明天
> 演之旨。第二書以天演言生學。第三書以天演言性靈。第
> 四書以天演言群理。最後第五書，乃考道德之本源，明政
> 教之條貫，而以**保種進化**之公例要術終焉。嗚呼！歐洲自
> 有生民以來，無此作也。（不佞近繙《群誼》一書，即其
> 第五書中之一編也。）[145]

嚴復明白標舉史賓賽《群誼》一書「保種進化之公例要術」作爲
最重要的終極主張，這是詮釋《天演論》通行本新增案語的關鍵。事
實上，嚴復在《天演論》新增案語所提關於「進種公例」與「保種公
例」的文本，源於史賓賽《群誼篇》，也就是《倫理學原則》（*The
Principles of Ethics*）。[146] 在本書第四部分的「社會生活之倫理：正義
論」（The Ethics of Social Life: Justice）中，史賓賽基於有機演化
（organic evolution）的角度，闡釋人類正義情感的發生，[147] 而就在第

---

145 《嚴復合集》，冊7，頁184；黑體強調爲筆者所加。《天人會通論》即
　　《綜合哲學體系》（*A System of Synthetic Philosophy*）。依據史賓賽所述，
　　包括：第一原則、生物學原則、心理學原則、社會學原則、道德學原則
　　五大部分。參見 *First Principles* 序言（Herbert Spencer, *First Principles*
　　[Edinburgh, Williams & Norgate, 1893], pp. xiii-xviii）所述。
146 Herbert Spencer, *The Principles of Ethics*（Indianapolis: Liberty Fund, 1978）.
　　作者感謝黃克武、韓承樺兩位先生對檢索出此文本根源之協助，部分訊
　　息來源是王道還先生。
147 Herbert Spencer, *The Principles of Ethics* , vol.2, p. 42.

一、二章中，他詳論物種保存的基本定律（laws；嚴復譯為「公例」）。[148]

首先，有必要爬梳嚴復「進種公例」與「保種公例」在史賓賽的文本依據。味經本案語雖有提及「國種盛衰強弱」，[149]但尚未見此保種或進種公例的相關論述。手稿本最後一則案語開始提出史賓賽關於「進種、進化之公例要求，大抵不離天演而已」。[150]嚴復第一次討論這些公例是在1897年11月25日的〈論膠州章鎭高元讓地事〉：[151]

> 吾嘗聞英人之言曰，世之公例有三焉：一曰民未成丁，功食爲反比例；二曰民已成丁，功食爲正比例；而其三曰，群己並稱，己輕群重。用是三者，群立種強；反是三者，群散種滅。[152]

---

[148] Herbert Spencer, *The Principles of Ethics*, vol.2, pp. 20-23; 31-33.

[149]《嚴復合集》，冊7，頁68。

[150]《嚴復合集》，冊7，頁168。

[151] 這個時間點晚於手稿本，但早於第一個刊行的通行本，慎始基齋版（1898/6）。

[152]《嚴復合集》，冊1，頁111。在此嚴復只說這是「英人之言」，而未明述爲史賓賽之論。此文本大體上是 Herbert Spencer, *The Principles of Ethics*, vol.2, pp. 22-23 的整理：The most general conclusion is that, in order of obligation, the preservation of the species takes precedence of the preservation of the individual. It is true that the species has no existence save as an aggregate of individuals; and it is true that, therefore, the welfare of the species is an end to be subserved only as subserving the welfares of individuals⋯. The resulting corollaries are these:

First, that among adults there must be conformity to the law that benefits received shall be directly proportionate to merits possessed: merits being measured by power of self-sustentation ⋯.

Second, that during early life, before self-sustentation has become possible, and also while it can be but partial, the aid given must be the greatest where the worth shown is the smallest -- benefits received must be inversely

在《天演論》通行本導言十七的案語中，則區別爲「保種公例」
與「進種公例」兩部分：

斯賓塞群學保種公例二曰：凡物欲種傳而盛者，必未成丁
以前，所得利益與其功能作反比例；既成丁之後，所得利
益與功能作正比例。反是者衰滅。其《群誼篇》立進種大
例三：一曰民既成丁，功食相準；二曰民各有畔，不相侵
斯［欺］；三曰兩害相權，已輕群重。[153]

---

proportionate to merits possessed: merits being measured by power of self-sustentation....

Third, to this self-subordination entailed by parenthood has, in certain cases, to be added a further self-subordination. If the constitution of the species and its conditions of existence are such that sacrifices, partial or complete, of some of its individuals, so subserve the welfare of the species that its numbers are better maintained than they would otherwise be, then there results a justification for such sacrifice.

Such are the laws by conformity to which a species is maintained.

[153] 《嚴復合集》，冊7，頁224。「保種公例」應出於 Herbert Spencer, *The Principles of Ethics*, vol. 2, p. 20. These are the two laws which a species must conform to if it is to be preserved. Limiting the proposition to the higher types, ... I say, it is clear that if, among the young, benefit were proportioned to efficiency, the species would disappear forthwith; and that if, among adults, benefit were proportioned to inefficiency, the species would disappear by decay in a few generations (see *Principles of Sociology,* § 322).

「進種大例」則應源於 Herbert Spencer, *The Principles of Ethics*, vol. 2, pp. 31-32. It remains only to point out the order of priority, ... the principle that each individual ought to receive the good and the evil which arises from its own nature, is the primary law holding of all creatures; ... the law, second in order of time and authority, that those actions through which, in fulfilment of its nature, the individual achieves benefits and avoids evils, shall be restrained by the need for non-interference with the like actions of associated individuals. ... Later in origin, and narrower in range, is the third law, that under conditions

最後，在《天演論》通行本論十五這個明確批判赫胥黎、支持史賓賽
的案語中，嚴復再度引述史賓賽重要的界說與公例：

> 雖然，曰任自然者，非無所事事之謂也。道在無擾而持公
> 道。其爲公之界說曰：「各得自由，而以他人之自由爲
> 域。」其立保種三大例曰：一、民未成丁，功食爲反比例
> 率；二、民已成丁，功食爲正比例率；三、群己並重，則
> 捨己爲群。用三例者群昌，反三例者群滅。[154]

　　在確立了嚴復所提出的保種與進種公例之文本依據後，須進一步
說明其理論意涵。在史賓賽的最初討論中，他自己援引其《社會學原
理》（*Principles of Sociology*）第322節；[155]史賓賽在其社會學體系中

---

such that, by the occasional sacrifices of some members of a species, the
species as a whole prospers, there arises a sanction for such sacrifices, and a
consequent qualification of the law that each individual shall receive the
benefits and evils of its own nature.

[154] 《嚴復合集》，冊7，頁271。本案語前半「公之界說」出於Herbert
Spencer, *The Principles of Ethics*, vol. 2, pp. 61-62 所論「正義公式」
（formula of justice）: Hence, that which we have to express in a precise way,
is the liberty of each limited only by the like liberties of all. This we do by
saying: Every man is free to do that which he wills, provided he infringes not
the equal freedom of any other man. 案語後半「保種三大例」與前引〈論
膠州章鎮高元讓地事〉來源相同。

[155] Herbert Spencer, *The Principles of Ethics*, vol. 2, p. 20. Herbert Spencer, *The
Principles of Sociology*, 3 vols.（New York: Appleton, 1900）, §322. 原文如
下：“And here we come in sight of a truth on which politicians and
philanthropists would do well to ponder. The salvation of every society, as of
every species, depends on the maintenance of an absolute opposition between
the regime of the family and the regime of the State. To survive, every species
of creature must fulfil two conflicting requirements. During a certain period
each member must receive benefits in proportion to its incapacity. After that
period, it must receive benefits in proportion to its capacity.”（Herbert

比較家庭的管理與國家的治理，就已經提出「保種公例」的兩個原則（一曰民未成丁，功食爲反比例；二曰民已成丁，功食爲正比例），意指在演化的過程中，未成年人不可能「功食爲正比例」，所以需要家庭的照顧。相對地，國家的公民均已成年，所以必須以「功食爲正比例」，以每個人的自由行動以及所完成之功績爲所得之依據，這是國家最根本的治理原則。換言之，此議題是史賓賽在社會學理論中，區別「家庭」與「國家」功能所提出的原則。

到了 The Principles of Ethics 中，這個「保種二公例」被歸類在人類倫理的演化過程中，最初始的「動物性倫理」（animal ethics）項下，而這項兩個公例的運作所達到的結果爲「次人類正義」（subhuman justice；此爲第二章之標題）。值得注意的是，影響嚴復日後思想極爲重大的表述「兩害相權，已輕群重」或「群己並重，則捨己爲群」，在史賓賽原文中意指，當物種的存續與個體福祉有所衝突時，少部分個體不得不有所犧牲（sacrifice）的原則。[156]這樣才符合「最適者生存」（survival of the fittest）之旨，[157]而嚴復用「己輕群重」或「捨己爲群」來表達。[158]

Spencer, *The Principles of Sociology*, vol. 1, pp. 719-720.）

[156] Herbert Spencer, *The Principles of Ethics*, vol. 2, pp. 23, 32.

[157] Herbert Spencer, *The Principles of Ethics*, vol. 2, p. 25.

[158] 值得注意的是，史賓賽在這個脈絡中所論者爲「物種」與「個體」，其實尚未及嚴復所表述保種與進種公例中的「群」與「己」之關係。筆者認爲，此議題必須參照另外一組社會公例，出自 Spencer 之 *A Study of Sociology*，所提之 "three general conditions of society" : "[T]here are certain general conditions which, in every society, must be fulfilled to a considerable extent before it can hold together, and which must be fulfilled completely before social life can be complete. Each citizen has to carry on his activities in such ways as not to impede other citizens in the carrying-on of

　　在史賓賽最後一次闡述這些定律時，[159]已經脫離了「動物性倫理」與「次人類正義」，進入「人類正義」（human justice；此為第三章標題）的倫理思考範疇。他指出，每個人都要為自身行為結果負責，不受他人干涉。嚴復則以「進種大例」之二「民各有畔，不相侵欺」說明之。由嚴復行文，可見他完全理解史賓賽的演化倫理觀，因為「保種公例」指的是物種基本的自保原則，所以僅能達到「次人類正義」；至於「進種公例」則進一步強調每個人的自由，以及每個個體不得侵犯其他個體相同程度的自由，這時，就進化到「人類正義」的層級，並在社會中發展出利他的正義情感。[160]通過人類的四種恐懼（恐懼被報復、恐懼社會厭憎、恐懼法律懲罰，以及恐懼天罰），終於發展出完整的人類正義。[161]而這個抽象層次最高的正義原則，其實

---

their activities more than he is impeded by them. That any citizen may so behave as not to deduct from the aggregate welfare, it is needful that he shall perform such function, or share of function, as is of value equivalent at least to what he consumes; and it is further needful that, both in discharging his function and in pursuing his pleasure, he shall leave others similarly free to discharge their functions and to pursue their pleasures." Spencer Herbert, *The Study of Sociology* (New York: Routledge/Thoemmes Press, 1996 [1873]), pp. 347-348.

　　嚴復《群學肄言》〈憲生篇〉譯為：「然以人類有大同之性質，是以有普通之公例，必其民與之體合稍深，夫而後其群可以聚。又必與之合同而化，行之而安，而後其群之天演乃備。而郅治有可言者，是普通公例何耶？曰民託於群以為生，彼之累其群者，不可過其群之累彼，一也。民生所受利於其群，所為皆有以相報，其所報者雖至儉，必如所食於其群，二也。為義務，為樂方，將人人各得其自由，惟不以其人之為義務為樂方，而以阻他人之為義務為樂方，三也。三者不備，其群不昌」（《嚴復合集》，冊10，頁374）。

159 Herbert Spencer, *The Principles of Ethics*, vol. 2, pp. 31-32.
160 Herbert Spencer, *The Principles of Ethics*, vol. 2, p. 45.
161 Herbert Spencer, *The Principles of Ethics*, vol. 2, p. 46.

和自由相輔相成。[162]

　　換言之，根據赫胥黎人治與天行的二元主義，所推論出的倫理律則必須在自營與自制（self-restrain）間維持中道（mean），[163] 這樣的原則是倫理性的，與物競天擇相對。但是，嚴復在《天演論》通行本定稿時，通過新增案語，強化了史賓賽的演化理論，並援引史賓賽的保種與進種公例，來闡釋《天演論》在科學層次所展現出的律則。[164]

　　除了平衡史賓賽與赫胥黎的演化理論外，以通行本刊行的時間點（1898年6月）而言，這些論述相當具有時代意義。1897年冬，梁啟超在湖南時務學堂已經提出了「保國、保種、保教」的重大議題，而「三保」議題已經反映在嚴復最後增刪《天演論》通行本之譯文，如導言十七善群，將手稿本「蓋不僅富強而已，抑且有**進群**之效焉」，[165] 改成「將不止富強而已，抑將有**進種**之效焉」；[166] 又如在愼始基齋本中，在論十六關於「牧民進種之道」之處，補充「所謂擇種留良，前導言中已反覆矣。今所謂蔽，蓋其術雖無所窒用者，亦未能即得所期也」；[167] 或在論三教源中，增加一段伯庚（Francis Bacon）對「學」與「教」所做的區別等。[168]

162　Herbert Spencer, *The Principles of Ethics*, vol. 2, p. 62.

163　cf. Thomas Henry Huxley, *Evolution and Ethics, and other Essays*, p. ix.

164　除了強化史賓賽思想，《天演論》通行本案語還可以見到嚴復開始翻譯亞丹斯密《原富》的思想印記。如論十六案語，指出「開明自營」觀念爲理財計學（古典經濟學）最大貢獻，可以說明功利與道義未必相反（《嚴復合集》，冊7，頁273）。另外，在史賓賽的「太平公例」（人得自由，而以他人之自由爲界）之外，嚴復還標舉亞丹斯密經濟理論「亦有最大公例焉，曰大利所存，必其兩益」（《嚴復合集》，冊7，頁213）。

165　《嚴復合集》，冊7，頁116。

166　《嚴復合集》，冊7，頁223。

167　《嚴復合集》，冊7，頁272，編者註。

168　《嚴復合集》，冊7，頁234。

以康梁爲首的維新派在1898年的4月所訂定的《保國會章程》，也以此三保爲宗旨，強調「爲保全國家之政權土地」、「爲保全人民種類之自立」、「爲保聖教之不失」。此一章程原載於1898年5月7日的《國聞報》，不到一個月（《天演論》通行本刊行前後），嚴復就在《國聞報》上「與客論保種、保國、保教三事」而發表了〈有如三保〉、〈保教餘義〉以及〈保種餘義〉三篇文章。[169]另外，張之洞在1898年5月刊行的《勸學篇》，同樣以「保國、保教、保種」之次第來論述此三保的重要性。[170]

換言之，《天演論》通行本刊行前後，其實際政治意涵，在嚴復〈有如三保〉的系列論文中彰顯出來。他的主要目的，是以「保種」與「進種」爲主軸，對抗康有爲的「保教」論，以及張之洞的「保國」論。所以，這個時期的嚴復強調中國面臨之危機不僅是亡國，更可能遭逢「滅種之禍」，[171]而孔教不需保，因爲孔教「三千年教澤」其結果正是當時重大危機的根源，「然則累孔教，廢孔教，正是我輩。只須我輩砥節礪行，孔教固不必保而自保矣」[172]。在〈保種餘義〉中，嚴復再論述了「爭存天擇」之理；當時的中國「由於文化未開，則民之嗜欲必重而慮患必輕」，所以汲汲於婚嫁生子，又無「移民之法，積數百年，地不足養，循至大亂」，最後「優者盡死，則劣者亦必不能自存，滅種是矣」。[173]嚴復特別強調，「滅種」完全符合進化

---

169 《嚴復合集》，冊1，頁151-161。

170 參閱蘇中立，《百年天演：《天演論》研究經緯》，頁177-181；另可參考唐文明，〈儒教文明的危機意識與保守主題的展開〉（宣讀於「晚清思想中的中西新舊之爭學術研討會」2016年12月10-11日，北京清華大學）。

171 《嚴復合集》，冊1，頁151。

172 《嚴復合集》，冊1，頁154-155。

173 《嚴復合集》，冊1，頁160-161。

論，乃是個別的退化現象，並明白提及赫胥黎的「擇種留良」，[174] 最後指出「夫天下之事，莫大於進種，又莫難於進種，進與退之間，固無中立之地哉！」，[175] 彰顯出「進種公例」的重要性。

　　總結本節所述，嚴復在為《天演論》通行本最後所加的案語，形成一個獨立的意義系統，稱頌史賓賽，強調其保種與進種公例，重述物競天擇的機制在人類社會的演化將發生關鍵作用，從而降低了赫胥黎倫理自由主義的倫理取向。這是 Schwartz 提出嚴復為史賓賽主義者論斷之所據，但以其時代脈絡而言，則與「三保」在 1898 年上半年成為主要政治議題有關，但這已經和嚴復在 1897 年中修訂手稿本時，對新聖王之道的措意之原始脈絡有所不同。

---

174 所謂赫胥黎的擇種留良論，即本文第四節分析聖王之道的政策中，關於「人擇」或嚴復所譯「善群進化之事」。赫胥黎對「人擇」採取完全反對的態度；嚴復則由於中國可能面臨滅種的壓力，苦思「進種」之道，才會在三保系列中再度提出討論。

175 《嚴復合集》，冊 1，頁 161。

徵引書目

王天根，《天演論傳播與清末民初的社會動員》，合肥：合肥工業大學出版社，2006。

王汎森，〈近代中國的線性歷史觀：以社會進化論爲中心的討論〉，《新史學》，19:2（臺北，2008），頁1-46。

_____，〈時間感、歷史觀、思想與社會：進化思想在近代中國〉，收入陳永發主編，《明清帝國及其近現代轉型》，臺北：允晨文化，2011，頁369-393。

_____，〈中國近代思想中的"未來"〉，《探索與爭鳴》，9（上海，2015），頁64-71。

王汎森等，《中國近代思想史的轉型時代》，臺北：聯經出版公司，2007。

王栻，《嚴復傳》，上海：上海人民出版社，1976。

王道還，〈《天演論》原著文本及相關問題〉，收入黃興濤主編，《新史學》，卷3，《文化史研究的再出發》，北京：中華書局，2009，頁133-154。

_____，〈導讀〉，收入赫胥黎著，嚴復譯，王道還導讀・編輯校注，《天演論》，臺北：文景書局，2012，頁vii-xxxv。

王爾敏，《晚清政治思想史論》，臺北：華世出版社，1976。

王憲明，〈關於戊戌時期嚴復傳播「社會契約論」和「天賦人權論」問題再探討〉，收入劉桂生、林啓彥、王憲明編，《嚴復思想新論》，北京：清華大學出版社，1999，頁315-327。

_____，〈解讀「闢韓」——兼論戊戌時期嚴復與李鴻章張之洞之關係〉，《歷史研究》，4（北京，1999），頁113-128。

王韜，李天綱編校，《弢園文新編》，香港：三聯書店，1998。

王蘧常，《嚴幾道年譜》，臺北：臺灣商務印書館，1977。

史金納（Quentin Skinner），蕭高彥編，《政治價值的系譜》，臺北：聯經出版公司，2014。

史華茲（Benjamin Schwartz），葉鳳美譯，《尋求富強：嚴復與西方》，南京：江蘇人民出版社，1989。

皮後鋒，《嚴復大傳》，福州：福建人民出版社，2003。

任達（Douglas R. Reynolds），李仲賢譯，《新政革命與日本：中國（1898—1912）》，南京：江蘇人民出版社，1998。

何啓、胡禮垣，《新政眞詮》，廈門：廈門大學，2010，共兩冊。

吳展良，〈嚴復《天演論》作意與內涵新詮〉，《臺大歷史學報》，24（臺北，

1999），頁103-176。

汪暉，《現代中國思想的興起》，北京：生活　讀書　新知三聯書店，2004。

沈國威，《近代中日詞彙交流研究：漢字新詞的創制.容受與共享》，北京：
　　中華書局，2010。

周振甫，《嚴復思想述評》，臺北：臺灣中華書局，1964。

承紅磊，〈嚴復〈民約平議〉文本來源及其撰文目的再議：兼論赫胥黎在嚴
　　復思想中的位置〉，《中國文化研究所學報》，58（香港，2014），頁229-
　　257。

林啓彥，〈嚴復與章士釗——有關盧梭《民約論》的一次思想論爭〉，《漢學
　　研究》，20:1（臺北，2002），頁339-367。

林毓生，〈二十世紀中國激進化反傳統思潮、中式馬列主義與毛澤東的烏托
　　邦主義〉，收錄於林毓生主編，《公民社會基本觀念》，臺北：中央研究
　　院人文社會科學研究中心，2014，冊2，頁785-863。

林毓生，《思想與人物》，臺北：聯經出版公司，1983。

金觀濤、劉青峰，《觀念史研究：中國現代重要政治術語的形成》，香港：香
　　港中文大學，2008。

俞政，〈評嚴復的社會起源說〉，《史學月刊》，8（開封，2003），頁54-59。

俞政，《嚴復著譯研究》，蘇州：蘇州大學出版社，2003。

孫應祥，《嚴復年譜》，福州：福建人民出版社，2003。

孫應祥、皮後鋒，《《嚴復集》補編》，福州：福建人民出版社，2004。

孫寶瑄，《忘山廬日記》，上海：上海古籍出版社，1983。

屠仁守，〈孝感屠梅君侍御辨闢韓書〉（1897年6月20日），時務報館編，
　　《時務報》，冊30，收入《近代中國史料叢刊三編》，臺北：文海出版社
　　重印本，1987，輯33，總頁2051-2055。

張灝，《時代的探索》，臺北：中央研究院／聯經出版公司，2004。

梁啓超，林志鈞編，《飲冰室文集》，臺北：臺灣中華書局，1960。

郭正昭，〈從演化論探析嚴復型危機感的意理結構〉，《中央研究院近代史研
　　究所集刊》，7（臺北，1978），頁527-555。

黃克武，〈何謂天演？嚴復「天演之學」的內涵與意義〉，《中央研究院近代
　　史研究所集刊》，85（臺北，2014），頁129-187。

_____，《自由的所以然：嚴復對約翰彌爾自由思想的認識與批判》，臺北：
　　允晨文化，1998。

_____，《惟適之安：嚴復與近代中國的文化轉型》，臺北：聯經出版公司，
　　2010。

漢普歇爾—蒙克（Iain Hampsher-Monk），周保巍譯，《比較視野中的概念
　　史》，上海：華東師範大學出版社，2010。

熊月之,《中國近代民主思想史》(修訂本),上海:上海社會科學院,2002。
潘光哲,〈美國傳教士與西方政體類型知識「概念工程」在晚清中國的發展
　　(1861-1896)〉,《東亞觀念史集刊》,1(臺北,2011),頁179-230。
　　　　,〈晚清中國士人與西方政體類型知識「概念工程」的創造與轉化
　　——以蔣敦復與王韜爲中心〉,《新史學》,22:3(臺北,2011),頁
　　113-159。
鄭師渠,〈嚴復與盧梭的《民約論》〉,《福建論壇》(人文社會科學版),2
　　(福建,1995),頁45-50。
蕭高彥,〈《民約論》在中國:一個比較思想史的考察〉,《思想史》,3(臺
　　北,2014),頁105-158。
　　　　,《西方共和主義思想史論》,臺北:聯經出版公司,2013。
譚嗣同,《譚嗣同全集》,臺北:華世出版社,1977。
嚴復,王慶成,葉文心,林載爵編,《嚴復合集》,臺北:辜公亮文教基金
　　會,1998,共二十冊。
嚴復,王栻編,《嚴復集》,北京:中華書局,1986,共五冊。
　　　,汪征魯、方寶川、馬勇主編,馬勇、黃令坦點校,《嚴復全集》,福
　　州:福建教育出版社,2014,卷1,《天演論》。
蘇中立,《百年天演:《天演論》研究經緯》,福州:福建人民出版社,2014。
蘇中立、涂光久主編,《百年嚴復——嚴復研究資料精選》,福州:福建人民
　　出版社,2011。
Barker, Ernest. *Political Thought in England 1848 to 1914*. London: Oxford
　　University Press, 1954.
Bobbio, Norberto. trans. D. Gobetti. *Thomas Hobbes and the Natural Law
　　Tradition*. Chicago: University of Chicago Press, 1993.
Burke, Martin J. and Melvin, Richter eds. *Why Concepts Matter: Translating
　　Social and Political Thought*. Leiden; Boston: Brill, 2012.
Gierke, Otto von, trans. B. Freyd. *The Development of Political Theory*. New York:
　　W. W. Norton, 1939.
Hampsher-Monk, Iain, Karin, Tilmans, and Frank, van Vree eds., *History of
　　Concepts: Comparative Perspectives*. Amsterdam: University Press, 1998.
Hobbes, Thomas, ed. by Edwin Curley. *Leviathan, with Selected Variants from the
　　Latin Edition of 1668*. Indianapolis: Hackett, 1994.
Huxley, Thomas Henry. *Method and Results*. Bristol: Thoemmes, 2001〔1893〕.
——. *Evolution and Ethics, and other Essays*. Bristol: Thoemmes, 2001〔1894〕.
Koselleck, Reinhart, trans. by Keith Tribe. *Futures Past: On the Semantics of
　　Historical Time*. Cambridge, Mass: MIT Press, 1985.

Kwong, Luke S. K. "The Rise of Linear Perspective on History and Time in Late Qing China c. 1860-1911." *Past & Present*, 173（Nov. 2001）, pp. 157-190.

Lin, Yü-sheng. *The Crisis of Chinese Consciousness: Radical Antitraditionalism in the May Fourth Era*. Madison: University of Wisconsin Press, 1979.

Mill, John Stuart, ed., J.M. Robson. *Collected Works of John Stuart Mill*, vol. 18, *Essays on Politics and Society*. London: Routledge and Kegan Paul, 1977.

Pusey, James Reeve. *China and Charles Darwin*. Cambridge, Mass.: Harvard University Asia Center, 1983.

Pocock, J. G. A. *The Machiavellian Moment: Florentine Political Thought and the Atlantic Republican Tradition*. Princeton: Princeton University Press, 1975.

Schwartz, Benjamin. *In Search of Wealth and Power: Yen Fu and the West*. Cambridge: Belknap Press of Harvard University Press, 1964.

Shaw, Carl K. Y. "Yan Fu, John Seeley and Constitutional Discourses in Modern China: A Study in Comparative Political Thought." *History of Political Thought*, 37:2（Summer, 2016）, pp. 306-335.

Skinner, Quentin. "Truth and the Historian." *Intellectual History*（《思想史》）, 1（Sep. 2013）, pp. 187-212.

Spencer, Herbert. *First Principles*. Edinburgh, Williams & Norgate, 1893.

——. *The Principles of Sociology*, 3 vols. New York: Appleton, 1900.

——. *The Principles of Ethics*. Indianapolis: Liberty Fund, 1978.

——. *The Man versus the State*. Indianapolis: Liberty Fund, 1982.

——. *The Study of Sociology*. New York: Routledge/Thoemmes Press, 1996 [1873].

Yü, Ying-shih. "The Radicalization of China in the Twentieth Century." *Daedelus*, 122:2（Spring 1993）, pp. 125-150.

The Yan Fu Moment:
Sage-King and Social Contract in the Early
Political Thought of Yan Fu

Carl K. Y. Shaw

Abstract

This article examines the political thought of Yan Fu in "The Yan Fu Moment," which is defined as the period between 1895 and 1902. During this period, Yan was the singular voice in China promoting Western political values based on the original classics. Three issues are explored in this article. First, Yan's famous proclamation that the notion "Liberty is the substance, democracy the function" constituted the reasons for the success of the Western countries and should also be values pursued by the Chinese. Secondly, Yan's challenge to the Confucian ideal of the "sage-king" as the only source of political legitimacy, which roused strong hostility from Zhang Zhidong, who blamed Yan for "disparaging the sages so as to praise the Western way of good governance." Third, Yan's famous translation and expansion of Thomas Huxley's *Evolution and Ethics* as *Tianyan lun* demonstrated his rhetorical strategy in persuading the Chinese scholar-officials that the legitimacy of Western modernity is compatible with the Chinese tradition of statecraft and the sage-king. Yan skillfully introduced the ideas of *res publica* and social contract into the Chinese political discourse in Huxley's framework of ethical liberalism. This article also explores the tension between the thoughts of Huxley and Spencer in Yan's commentaries, which is a hotly debated issue in modern Chinese intellectual history.

Keywords: Yan Fu, Thomas Huxley, evolution, social contract, liberty

【論文】

危機中的烏托邦：
西本省三對民國的觀察和議論，1912-1928[*]

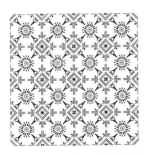

林志宏

1970年生於台北市萬華區。輔仁大學歷史系學士，中央大學
歷史所碩士，台灣大學歷史學研究所博士。現任中央研究院
近代史研究所副研究員。研究領域主要爲近現代中國思想文
化史、學術史，著有《民國乃敵國也：政治文化轉型下的清
遺民》，以及論文、書評等四十餘篇。

[*] 本文最初宣讀於中央研究院近代史研究所舉辦的「辛亥革命百年回顧」國
際學術研討會（2011年10月3-4日），承蒙評論人胡平生教授多所指正。嗣
後復經兩位匿名審查人的修改建議，在此表達謝忱之意。

危機中的烏托邦：
西本省三對民國的觀察和議論，1912-
1928

摘要

　　本文以一位僑居中國上海的日本人——西本省三爲例，分析民初思想與東亞環境的互動。曾是南京「東亞同文書院」學生的西本，是主張「興亞論」的人物之一。他在清末時經營報刊和媒體輿論，扮演中日兩國間文化的中介地位；民國建立後，由於個人的政治傾向，又與鄭孝胥、沈曾植等清遺民的關係相當密切。在 1920 年代出版的幾本著作中，西本省三堅持復辟的態度，通過「以古喻今」爲策略來描述民國現況，並提倡「大義名分論」做爲維護東亞地區國際外交的準繩。

　　總結來說，西本認爲共產思想和學生運動終將成爲中國的亂源；他以「復興亞洲」爲口號，強調應該積極恢復中國固有的道德。從西本省三的立場、活動與人際網絡來看，我們可以想像：1910 年代中國發生革命之際，究竟帶給鄰近國家日本何種衝擊？當社會現實產生「概念轉型」後，爲什麼那些「興亞論」者會走上戰爭侵略之道路？

關鍵詞：西本省三、民初政治、大義名分、興亞論、上海日僑

一、前言

　　發生於1911年10月的武昌革命，不但震驚了中國朝野各方，也給予列強勢力極大地關注；為求避免受到牽連，有些列強帝國主義重新調整政策，改變在遠東地區外交的佈局。[1]其中，以一衣帶水的東鄰國家日本，其態度便特別值得關注。大致從1890年代起，中國和日本的互動就顯得格外密切。由於日本國內大量地翻譯來自西方的學說、辭彙，形成文化轉譯及思想輸入之現象；而在政治方面，明治維新與改革更帶給中國各種追求富強的經驗及典範。此外，二十世紀初期在中國民族主義高漲的同時，日本甚至還提供了散佈革命思想的溫床。[2]

　　然而，當革命花果在中國確立之際，也令此一培育革命思潮的國度——日本開始深感局促不安。相關學者指出：中國革命成功的消息傳來後，實際上等同挑戰了日本君主立憲和天皇制本身，促使「國體」面臨前所未有的危機。因此，無論支持革命的活動與否，整個日本社會可說因為革命衝擊而積極地動員起來，共同應對這場來自中國巨變可能造成的影響。[3]究竟日本各界是如何來肆應民初的政治變革？

1　特別是革命發生在長江流域，使得英國與日本在武漢三鎮的經濟利益遭受影響。儘管列強避免干涉，可是俄、日兩國則伺機觀變；直到各省響應革命後，則紛紛擔心在華僑民的安全，以及能否繼續保有權益。見：李約翰（John Gibbert Reid），孫瑞芹、陳澤憲譯，《清帝遜位與列強（1908-1912）——第一次世界大戰前的一段外交插曲》（北京：中華書局，1982），頁269-276。

2　Marius Jasen, "Japan and the Chinese Revolution of 1911," in Denis Twitchett and John K. Fairbank ed., *The Cambridge History of China*（Cambridge; New York: Cambridge University Press, 1980）, Vol. 11, Pt. 2, pp. 339-374.

3　櫻井良樹，《辛亥革命と日本政治の変動》（東京：岩波書店，2009）；對

　　回答上述問題，學界業已累積了相當豐碩的研究成果。[4]這篇短文
並不預備重複既有的討論內容；筆者主要想通過一位始終反對革命的
「中國研究專家」——西本省三（1878-1928）爲例，探析日本對辛亥
革命後民國時局的反應。以西本個案爲對象，實與他晚年堅定復辟清
室的態度有關。因爲就長期旅居在華的日人而言，西本的例子並非多
見；尤其他經常和忠清遺民有所往來，身份可謂相當特殊。對於瞭解
一位政治光譜上抱持極端立場和想法者，西本省三足以提供吾人釐清
近代日本對華外交政策與態度的另一個側面。

　　本文有幾處側重的要點想說明：第一是討論西本省三人際網絡帶
給他的影響，特別是與滿清遺民的關係；第二將進一步分析西本著作
裡「以古喻今」的特色，還有當中傳達對民國不滿的情緒；第三是檢
討他提倡的「大義名分論」。通過該項主張，我們如何來體察1920年
代初期國際外交環境裡日本國策的轉向，以及日後關於「東亞共榮」
殖民思維之起源。

二、西本來華的身份及其交往圈

　　說明西本省三的思想和言論之前，須先梳理近代中日兩國的時代
背景和文化交流。如眾周知，受到西力衝擊所影響，中日各界紛紛尋

　　於日本政壇所帶來的各式各樣意見，另請參考：信夫清三郎著，周啓乾
　　譯，《日本近代政治史》（臺北：桂冠圖書公司，1990），卷4，頁73-130。
4　譬如「大正民主運動」在日本的進展，就是具體而微地證例。論者指稱：
　　日本東京帝國大學教授吉野作造（1878-1933），對中國革命便有從否定到
　　肯定的過程。大抵說來，1910-1913年歐美留學體驗帶給吉野態度上的改
　　變；在此之前，吉野對革命派並無好感，但隨著1915年護國軍反袁活動
　　開始，則支持革命思想。見：黃自進，《吉野作造對近代中國的認識與評
　　價：1906-1932》（臺北：中央研究院近代史研究所，1995），頁61-75。

求與學習富強之道。然而，由於兩國對追求西化的目標和步驟不同，加上保守勢力的反撲情況，結果步上完全迥異的命運。在歷經甲午與日俄兩場戰役後，東鄰日本一躍而邁入世界列強國家之林，成為領先亞洲各國的先進國家。就在這段期間，日本國內出現「脫亞」、「興亞」兩種截然不同的聲音；到底要走「日本與亞洲」相互平行的路線，抑或成為「亞洲中的日本」，始終係近代日本知識分子最感掙扎的地方。[5]站在「復興亞洲」的立場，有近衛篤麿（1863-1904）、根津一（1860-1927）等人同情中國，力主「支那保全」論。他們組織「東亞同文會」，開始在中國境內進行活動；西本就是其中一位的「中國研究者」。

可惜的是，後世有關西本省三的資料與描述甚少。最先出現大量有關西本生平敘述，應屬《東亞先覺志士記傳》中《列傳》之記載，[6]惟說明不夠充分，未受廣泛重視。受限資料緣故，開啓研究民國復辟運動的學者胡平生先生，論及復辟派與日本方面的接觸時，得悉有西本等多位日人，但言「其身份難以考究，似多為日本軍官及大陸浪人」。[7]依據2001年由講談社所編輯出版的《日本人名大辭典》，形容西本為一位「明治—昭和時代前期的中國研究家」。尤其值得措意的是他在政治態度上的見解；《日本人名大辭典》以「反對辛亥革命，創立春申社及刊行週刊《上海》，批判孫文及其新體制」來總結

5　即便是主張「脫亞入歐」的福澤諭吉（1835-1901），論者指稱實際上他也存有亞細亞主義思想。見：岡本幸治，〈「日本とアジア」か「アジアの日本」か〉，收入岡本幸治編，《近代日本觀》（東京：ミネルヴァ書房，1998），頁15-17。

6　葛生能久，《東亞先覺志士記傳》（東京：原書房，1966），下卷《列傳》，頁98-100。

7　胡平生，《民國初期的復辟派》（臺北：臺灣學生書局，1985），頁185。

其一生作爲，[8]這大概是最簡明扼要對西本省三個人的介紹。最近幾年
甫出版的《近代日中關係史人名辭典》，則沿用了類似的筆調，比較
不同地方是以「記者」身份來看待西本在華的活動和工作。[9]總括言
之，後世人們對西本省三的印象大抵與其批判民國的言論有關，特別
是身爲一位旅居上海的日人，公然在報刊上屢次發表支持復辟運動之
言論。

　　其實革命發生以前，西本省三早已在中國居住生活，相當熟悉於
地方民情。1900年，當中國北方發生拳亂之際，西本便渡海來華，
最初於「南京同文書院」入學。相隔一年後，他遂由南京移往上海的
「東亞同文書院」，開始負責傳授漢語方面教學。而這段期間，西本
省三因爲同鄉宗方小太郎（1864-1923）、井手三郎（1862-1931）的
影響，同時也獲得主持東亞同文書院的根津一所啓發，開始注意到對
華方面人際關係的建立。[10]眾所周知，東亞同文書院源自1898年日人
組織的「東亞同文會」，宗旨爲「保全支那」，助成中國及朝鮮之改
革，並研討兩國時事。該會的官方色彩濃厚，每年均由日本全國各
府、縣選送公費生來華，授予對中國研究相關的各項課程，目的提供
政府對外政策之參考。1901年，東亞同文書院於上海正式成立後，
即創辦以漢語爲主的《同文滬報》，一方面藉此形成輿論園地，主導
日本對華外交政策，另一方面則培養相關的人才。[11]西本即是在這樣

8　上田正昭等監修，《日本人名大辭典》（東京：講談社，2001），頁1443。
9　中村義等編，《近代日中關係史人名辭典》（東京：東京堂，2010），頁
　　440。
10〈略傳〉，收入上海雜誌社編，《白川西本君傳》（上海：蘆澤民治，
　　1934），頁1。
11 翟新，《東亞同文会と中国：近代日本における対外理念とその実践》
　　（東京：慶應義塾大学出版会，2001），頁133-182。

的時局下，逐漸形成自己一套中國的認識觀。

　　歷經四年在東亞同文書院的教學工作後，適逢1904年2月發生日、俄兩國開戰，西本省三遂以「高等通譯官」的名義，參與從軍活動。直迨日本勝利後，西本仍舊返回東亞同文書院中繼續執鞭任教，可是不久則決定放棄。此時西本省三選擇理由是要加入日人所經營的《上海日報》，繼續爲輿論喉舌；他並以記者的身份，隻身前往東北、華北、華中各地進行考察調查，甚至最遠曾旅行到雲南、緬甸交界。嗣後，西本便以所謂的「支那通」名義，與其他日人在上海共同創辦「支那研究會」。[12] 1910年4月長沙發生「搶米風潮」，日本駐華公使爲了能夠查明「青兵」會黨來源，遂以包括西本省三在內等五人小組，進行爲期三個月的調查工作，並完成報告書。[13]

　　民國建立後，西本個人身份基本上仍未改變。1910年代他接手經營週報《上海》，將中國的政治、經濟情況介紹給在滬的日僑讀者；又透過發行週報的「翻譯通信」，專門速記中、英文重大新聞。據相關資料介紹，該雜誌每週大約有一千數百部的銷量；[14]西本始終扮演著中日兩國文化的中介人士，直到去世爲止。

　　有許多例證都說明西本省三在民初時期的中介角色。譬如1921年4月，身爲《大阪每日新聞》海外視察員的芥川龍之介（1892-1927），前來上海拜訪章太炎（1869-1936）時，便由西本隨旁接待，

---

12 〈略傳〉，收入上海雜誌社編，《白川西本君傳》，頁2；葛生能久，《東亞先覺志士記傳》，下卷《列傳》，頁98。

13 該調查團係由同文書院出身的遠藤保雄領軍，報告書的內容可見於：中村義，《辛亥革命史研究》（東京：未來社，1979），頁191。

14 杉江房造編，〈邦人案內‧新聞雜誌〉，《上海案內（第8版）》（上海：金風社，1919），頁28。

並擔任翻譯。此事後來頗令芥川個人的印象深刻,在其出版的游記裡特別表示感謝。[15]同樣在《鄭孝胥日記》裡,也能發現有西本的若干蹤影:他不是經常爲中國傳統學者引介日本政界、軍方人物,就是溝通彼此時局意見和訊息。[16]在日人宗方小太郎的日記中,亦有類似方面的記載;甚至張勳(1854-1923)復辟時,西本還與上海遺民相聚,共商復辟對策。[17]直到1923年,服部宇之吉(1867-1939)等人代表日本外務省到中國辦理庚款對華文化事業,途經上海之際即由西本接待,居間聯繫當地的舊學士人,[18]亦是顯例。不過,據友人稱:在上海活動的西本省三,實際上頗與其他日人有所不同。他眞正關心和注意的對象,並非康有爲(1858-1927)、章太炎、梁啓超(1873-

---

[15] 芥川龍之介,《上海游記‧江南游記》(東京:講談社,2001),頁38。另見:西田禎元,〈芥川龍之介と上海〉,《創大アジア研究》,17(八王子,1996),頁7。

[16] 例如:民國初建未幾,西本告以川島浪速(1866-1949)不受袁世凱之聘,意謀復清;又1920年曾偕其友海軍少佐北岡春雄拜訪鄭孝胥。俱見:中國國家博物館編,勞祖德整理,《鄭孝胥日記》(北京:中華書局,1993),總頁1449,1913年1月17日條、頁1844,1920年10月6日條。餘不贅列。

[17] 宗方小太郎,《宗方小太郎日記》(上海社會科學研究院歷史研究所藏,手抄本),未標頁碼,大正6年7月1日至15日條。有關宗方日記的介紹,可見:戴海斌,〈宗方小太郎與近代中國——上海社科院歷史所藏宗方文書閱讀札記〉,《中山大學學報》,4(廣州,2013),頁58-70;馮正寶,〈中國殘留の宗方小太郎文書について〉,《法學志林》,89:3‧4(東京,1991),頁245-292;大里浩秋,〈關於上海歷史研究所所藏宗方小太郎資料〉,上海中山學社編,《近代中國》,第18輯(上海:上海社會科學院出版社,2008),頁464-500。

[18] 植野武雄,〈故白川先生を追懷して滿洲の書院に及ぶ〉,收入上海雜誌社編,《白川西本君傳》,頁41;惟心,〈日本退回賠款交涉之經過 要求付託於中日耆宿之手 勿爲兩方當局利用〉,《申報》,1923年8月7日,7版。

1929）等一類知名人士，反倒是刻意與沈曾植（1850-1922）、鄭孝胥（1860-1938）等遺民往來。[19]

　　當然，西本省三之所以有如此的交往圈，實與其政治傾向密切相關。儘管報刊以「中日合邦」語及清遺民私通日人，致使鄭孝胥曾經刻意避嫌，並不積極參與活動，[20]但雙方關係密切，乃不爭事實。而西本自己同情清室遭遇、支持復辟行動，也在其著作裡展露無遺。譬如他的《現代支那史的考察》一書，留有不少忠清遺民的事蹟：像是西本兩度造訪青島，居留當地之遺民勞乃宣（1843-1921）特意將愛新覺羅・溥儀（1906-1967）「御筆」贈送的「丹心黃髮」匾額出示，用來做為彼此激勵之意；又如升允（1858-1931）亡命日本，時逢二次革命後不久，孫中山（1866-1925）亦避居日本，孫以敬重升允忠誠清室之心求見，卻遭拒絕，更令孫心儀其人氣概；此外西本描寫李瑞清（1867-1920）臨終之際親自探訪景況，又李氏遺體以穿著清朝禮帽禮服等，不一而足。[21]

　　從目前已知的資料來看，最常與西本省三來往的忠清遺民，應為鄭孝胥和沈曾植。鄭孝胥在民初時即以反對民國而著稱。他屢為人作碑志，不書民國年份，以「宣統某年」代之，曾遭人匿名警告意欲謀殺。[22]面對這樣一位充滿社會爭議的人物，西本則是罔顧他人眼光，

---

19 平川清風，〈白川先生を憶ふ〉，收入上海雜誌社編，《白川西本君傳》，頁17。

20 中國國家博物館編，勞祖德整理，《鄭孝胥日記》，總頁1541，1914年12月4日條。

21 上述例證均見：西本省三，《現代支那史的考察》（上海：春申社，1922），頁59、65、132-133、230。

22 中國國家博物館編，勞祖德整理，《鄭孝胥日記》，總頁1845，1920年10月14日條。

經常親訪鄭氏，向其請益。可以推測的是：西本言論之中有關「王道」的講法和主張，多半可能是跟鄭孝胥平日相互激盪下的成果。等到日後滿洲建國之後，鄭氏非常感念西本省三往昔對於復辟言論的提倡，特別以「滿洲國」總理身份前往日本九州熊本縣的西本家鄉；西本的夫人、子嗣甚至還前來迎接，鄭氏並餽贈一千日圓，以供資學。[23] 這件事情更被當時日本媒體大肆報導，報紙特意描述昔日西本之「夢想」內容，如今卻具體化爲滿洲國度的事實，加以宣傳且渲染。[24]

　　至於沈曾植，則是西本省三在學問上最爲欽慕之人。沈氏出身浙江嘉興的書香門第，祖父沈維鐈（1778-1849）乃進士，官至工部左侍郎，「國史有傳」，人稱「小湖先生」。[25] 受到家風的感染所致，青年沈曾植早已因其學問而名貫於耳，爲人矚目。民初王國維（1877-1927）便稱沈氏在「少年固已盡通國初及乾嘉諸家之說，中年治遼、金、元三史，治四裔地理，又爲道咸以降之學，然一秉先正成法，無或逾越。其於人心、世道之污隆，政事之利病，必窮其源委，似國初諸老；其視經、史爲獨立之學，而益探其奧窔、拓其區宇，不讓乾嘉諸先生；至於綜覽百家，旁及二氏，一以治經、史之法治之，則又爲自來學者所未及」，[26] 可謂推崇備至。而沈曾植的學問博古通今，以

---

23 甲斐多聞太，〈西本先生の思出〉，收入上海雜誌社編，《白川西本君傳》，頁59。鄭氏日記則是提及「與西本夫人五百元」，中國國家博物館編，勞祖德整理，《鄭孝胥日記》，總頁2521，1934年4月22日條。
24 〈美しい一情景──亡友西本省三氏の遺族と鄭孝胥氏淚の對面〉，《東京日日新聞》，1934年3月25日，第1版。
25 許全勝，《沈曾植年譜長編》（北京：中華書局，2007），頁11。
26 王國維，〈沈乙庵先生七十壽序〉，收入謝維揚、房鑫亮主編，《王國維全集》（杭州：浙江教育出版社，2009），第8卷《觀堂集林》，頁619。

「碩學通儒」名聲蜚振中外，即連德國哲學家蓋沙令（Hermann Alexander Graf Keyserling, 1880-1946）來華時也有意相訪，後經辜鴻銘（1857-1928）引見。蓋氏曾在《哲學家的旅行日誌》（*The Travel Diary of a Philosopher*）一書內記載其事。[27]

西本初遇沈曾植，是在1914年姚文藻宅中。當時一群住在上海的清遺民，正秘密圖謀復辟計畫，打算以馮國璋（1859-1919）勢力為首，同時結合日本人脈關係來進行。[28]此後，由於個人衷心敬仰沈曾植之學問，西本便時時私下以學習《尚書》為名義來請教，1920年則正式拜師。與中江丑吉（1889-1942）探索古代中國世界和政治思想有所不同，[29]西本省三既無借鑑於日本學者在《尚書》領域耕耘的成果，也沒有從德國哲學裡汲取理解古代中國文獻之方法。他的策略反倒是貼近沈曾植等一類耆舊，從中窺奧中國學術之梗概。

而西本體察沈氏思想最為具體地呈現，是他在沈過世之後編寫的《大儒沈子培》一書。迄今雖有學者編纂過沈氏年譜長編，多引據日記、書札、電稿及文字等內容以勾勒活動，惟仍乏系統地理解其內心世界。《大儒沈子培》不啻為概觀沈氏個人生平之書，且屢有「先生曰」的內容，誠如張爾田（1874-1945）稱，是書乃「結集生平所親

---

27 Hermann Keyserling, translated by J. Holroyd Reece, *The Travel Diary of a Philosopher*（New York: Harcourt, Brace & Co., 1925），pp. 132-134.

28 西本省三，〈沈子培先生小傳〉，《大儒沈子培》（上海：春申社，1923），頁14-15。

29 中江丑吉約於1920年代投注心力在中國古典的政治哲學裡。與此同時，他也留心到西方學術書籍和閱讀哲學。見：Joshua A. Fogel, *Nakae Ushikichi in China: The Mourning of Spirit*（Cambridge, MA.: Council on East Asian Studies, Harvard University Press, 1989），pp. 81-112.

炙者嘉言懿行」。[30]至於西本其他出版的書中，固然也有沈氏個人零星見解，然終究不及《大儒沈子培》；蓋因此書對於全面釐清兩人復辟言論及主張之認識，實有參考價值。

　　總之，西本省三所接觸的這群滿清遺民，帶給他思想上莫大的影響。不獨針對復辟言論的支持而已，西本甚至認爲他們實是「中國的國寶」，更由於其奉行儒教，主張融合東西文明，直言「乃救世界和平之良方」。[31]毫無疑問，西本這樣言論也引來若干民國反對復辟思想的人士，撰寫文章大加撻伐。[32]

三、以「古」之史事喻「今」之民國

　　接著筆者要進一步分析西本省三對民國的觀察和議論。在探索其思想前，有必要對於本文使用的史料稍加說明，以解讀者困惑。誠如前述，清末西本選擇以記者身份在上海活動，直到民國建立後大抵未曾改變。與戰前許多日僑一樣，他透過公開的報紙、雜誌等媒介，提供了日本官方關於中國的政治、經濟、社會、文化等各種面向資料，同時也將自己對中國的認識，藉由文字傳達出來。[33]西本省三民國後與宗方小太郎、島田數雄（1866-1928）、佐原篤介（1874-1932）、波

---

30 西本省三，《大儒沈子培》，張爾田跋語，頁235。近人利用該書摘錄沈氏零星的隻字片語，惟解釋上多所偏頗與訛誤。見：李慶，〈沈曾植與西本省三筆談考〉，《國際漢學研究通訊》，9（北京，2014），頁88-99。

31 西本省三，《現代支那史的考察》，頁233-234。

32 像是周作人屢次撰文，批評西本省三有關對清室的支持言論。見：李京珮，〈論周作人20年代中期的日本觀〉，收入李怡、張堂錡主編，《民國文學與文化研究》，第1輯（臺北：秀威資訊科技，2015），頁142。

33 有關日人在華創辦報刊的情況，可見：中下正次，《新聞にみる日中關係史——中国の日本人經營紙》（東京：研文出版，1996）。

多博等人在上海設立「春申社」，並以此爲據點，1913年創辦雜誌
《上海》（*The Shanghai, Japanese Weekly*），後改爲週報《上海》，直
到1944年爲止。這份刊物被視爲是日人在華經營最久的雜誌，[34]當中
若干係由西本所撰作的文章，後來還紛紛集結出版成書。從這些文字
與內容可知，鎖定的讀者對象係以在華日人爲主，特別是位於上海的
日僑。由於時間和材料的限制，本文自然無法全部關照到報刊內容，
僅以西本的著作進行討論。

　　值得注意是：西本省三對民國時局採取嚴厲的批判態度，實際上
並非一開始便係如此。當革命軍在中國各地宣佈獨立、造成清室決定
退位之際，西本最初並無明確的復辟思想，仍一味希冀袁世凱（1859-
1916）能夠接任主持大局，挽救滿清帝國頹勢。沒想到在歷經二次革
命後，他反而愈見共和政治體制的失敗與革命風潮之再現，愈發產生
對民國政府的絕望，遂決意創辦週報《上海》，公然標榜復辟言
論。[35]當西本著作《支那思想與現代》出版時，他便自承1919年12月
偶讀《論語・子罕第九》言「文王既沒，文不在茲乎。天之將喪斯文
也。後死者不得與於斯文也；天之未喪斯文也。匡人其如予何？」更
加啓發關注到「斯文之喪」的問題。於是乎，西本省三陸續撰文對中
國思想及國民性看法提出意見，連載發表於週報《上海》。[36]

---

34 濱田正美等著，《近世以降の中国における宗教世界の多元性とその相互
　　受容》（科學研究費研究成果報告書，2001，未刊稿），頁11。本書係爲
　　日本學者合作計畫之成果報告書，其中附有現存關於雜誌《上海》、週報
　　《上海》的館藏地以及內容目錄。在此筆者要特別感謝日本的森紀子教授
　　提供此一資料。
35 波多博，〈西本さんの思出〉，收入上海雜誌社編，《白川西本君傳》，頁
　　85。
36 西本省三，〈自序〉，《支那思想と現代》（上海：春申社，1921），頁3-5。

　　當我們讀到他林林總總的文字時，會發現西本的策略是「以古喻今」，有意無意拿所見所聞的民國事蹟，比擬中國歷史上的某一朝代，並且紀錄下自己的省思、意見乃至想法。對他而言，探求目前中國所處的各種病徵，藥方奇石並非自外國來取得，而是必須正視傳統的思想資源，以求解決之道。

　　扣緊這個「以古喻今」的課題，充分反映在1922年西本省三的一部小書——《現代支那史的考察》上。根據該書的〈自序〉所稱，書中內容係以道統爲經，以歷史爲材料，藉此窺探現代中國的思想流變。[37]就像是書中目錄（見附錄）所示，西本屢從中國歷史傳統裡找尋跟現在情勢相互輝映的事例，敘述、呈現當中脈絡之緣由所在，然後再以一番說詞來進行對話。可以這麼說，收錄在他「考察」中的歷史對象，既是歷經選擇後的「記憶」，也是他想要投射於當代種種不平事蹟的感憤。讀者應該要清楚地釐清《現代支那史的考察》裡分野所在。

　　像是西本刻意言及歷史上「周召共和」，說明「共和」二字之所由，即爲有意與革命黨人加以區分，倡言中國必須施行君主立憲政體。[38]有關這方面的辯解，自非他個人創見，而係受到勞乃宣〈共和正解〉、〈續共和正解〉的言論所影響。[39]當然，環顧這些古今對照的內容之中，身爲日人的西本自然不免會站在日本立場，有替官方外交

---

37 西本省三，〈自序〉，《現代支那史的考察》，頁8。

38 西本省三，《現代支那史的考察》，頁53-56。

39 勞乃宣，《桐鄉勞先生遺稿》（臺北：藝文印書館影印，1964），卷1〈共和正解〉，頁35-36、卷1〈續共和正解〉，頁38-40。「共和」二字儘管雖有勞乃宣的解釋和康有爲提出「虛君共和」說，但素爲忠清遺民厭惡。見：林志宏，《民國乃敵國也：政治文化轉型下的清遺民》（臺北：聯經出版公司，2009），頁208-218。

政策打圓場的功能存在。譬如，張作霖（1875-1928）向來對日採取親善政策，大量雇傭日本軍事人員，且保障其安全。排日報紙便時常加以詆毀，將張氏比附爲後晉時期的石敬塘（892-942），暗喻其乃受日本所頤使的「兒皇帝」。此點也引來西本特別撰文駁斥，認爲日方要求張作霖保護其居留民的生命財產，純爲追求「東洋和平」而已；至於張氏作法，毋寧則是提供方便，何來有所謂「兒皇帝」之作爲？[40]

另外，還有形容民國以來各種形勢，就如同中國歷史上每每出現的亂世一樣，以「三國」、「五胡十六國」、「五代」、「六朝」等例子爲比喻。有意思的是，西本省三把民國政治紛亂之現狀看做衰亂時代，針對的並非日益分裂、混亂失序之政局，而是懷憂人們的道德淪喪。他痛切抨擊軍閥、政客濫用「法統」二字，因此阻礙了中國統一；《現代支那史的考察》甚至還有篇〈五代與民國〉，西本舉證之例是徐世昌（1855-1939），說他歷經滿清、洪憲、民國三個時期，毫無廉恥可言，對照到其他軍閥的情形亦復如是。[41]究其實，「五代式民國」的感受非惟西本省三個人的獨特印象，同樣也充斥於其他滿清遺民對民初的觀感與共識。[42]甚至這一股趨勢，絕非僅存於忠清與反對民國的人士身上，直到國民革命軍北伐前，亦體現爲人們普遍厭亂、意欲弭兵的想法。[43]

---

40 西本省三，《現代支那史的考察》，頁185-187。

41 西本省三，《現代支那史的考察》，頁83-86、192-194。

42 林志宏，《民國乃敵國也：政治文化轉型下的清遺民》，頁180-187。

43 有關這方面的討論，請參：羅志田，〈五代式的民國：一個憂國知識分子對北伐前數年政治格局的即時觀察〉，《亂世潛流：民族主義與民國政治》（上海：上海古籍出版社，2001），頁142-184。

　　當然在這些「以古喻今」的例證中，少不了也對現世人物進行臧否的意味。西本省三有關人物形象的描繪，有其一套標準。在追述親歷的滿清遺民時，他的筆觸下彷彿訴說著一位「今之古人」形跡；相反地，舉凡不在西本劃定為政治盟友內的人，則基於捍衛自我價值及立場，一律通通歸為「反動者」。以劉師培（1884-1919）、楊度（1875-1931）為例，西本省三比擬他們就像是西漢末年的劉歆（50BC-23AD）、楊雄（53 BC -18 AD）一般，為了鼓吹袁世凱稱帝，竟爾發起「籌安會」，等同歷史上促成新莽一朝的弄臣。[44]至於袁世凱、徐世昌等，西本省三均認為他們是「不學無術」之人。他聲稱袁氏行為猶如是欺瞞寡兒孤婦，又作夢稱帝，無異於王莽（45BC -23 AD）、曹操（155-220）、司馬昭（211-265）等篡奪者；徐氏則是迎合時流，甘做「學匪」，又逢現今直、奉兩系人馬爭奪，無從擺平，更顯其「不學無術」的寫照。[45]

　　對於中國歷史人物的書寫，西本省三最為推崇的是清朝聖祖康熙皇帝（愛新覺羅‧玄燁，1654-1722）。1925年，他特別花了近370頁的篇幅來撰作《康熙大帝》一書。最初1923至1924年間，西本先是完成〈清之聖祖〉（後收入《現代支那史的考察》）一文，隨後則持續增補內容，擴充成書。為了完成該書的出版，西本省三還曾多方地接觸康熙相關資料，包括向沈曾植借閱康熙的親筆墨寶，還有跟鄭孝胥要求目睹康熙個人畫像，並且請鄭氏題字「前則虞舜，後則周文，若合符節，天作之君」。[46]甚至書完成之後，趁著遜帝溥儀避居天津

44 西本省三，《現代支那史的考察》，頁129。
45 西本省三，《現代支那史的考察》，頁205。
46 中國國家博物館編，勞祖德整理，《鄭孝胥日記》，總頁2037，1925年1月21日條；西本省三，《康熙大帝》（上海：春申社，1925），卷首。

時，西本親往拜謁，呈獻該書。[47]從各種跡象表示，顯然他相當重視自己的《康熙大帝》這部書。

西本省三如此刻意描寫清聖祖康熙，自然別有用心。從一開始的文字書寫裡，西本就強調康熙不僅對清代的文德武功有所貢獻，而且是位能以異族之姿統領漢人的賢明君主；他的作為更使得日後李光地（1642-1718）、曾國藩（1811-1872）等士大夫能夠追念其治道，殊屬不易。[48]在西本省三的眼中，康熙確係唯一能比擬歷史上舜及周文王的「聖君」。《康熙大帝》則是繼續發揮此一想法，同時還連結到以下三點內容：首先，西本認為中國政治不該只有陳勝、吳廣之輩到處充斥，而是要回歸到正軌上，由類似康熙一般的聖君真正來領導。由此推斷，他之所以刻意編寫康熙傳記及其事蹟，目的絕非崇奉清聖祖的遺德，實有不滿現實境況而發。為了進一步凸顯康熙的地位，西本更賦予其「道統」的意涵，如直言：「康熙乃三代以後王道的體認和道統的代表者」，[49]即為顯例。

第二點，在追念康熙各項德政的同時，《康熙大帝》也為了要強化自己復辟理念及其維護清朝統治的合理性。西本省三曾經撰文，歸納清室有其幾項貢獻：（一）統一四千年來未有之領土且擴充之，足為「支那」民族之光榮；（二）發起「支那」四千年未有之文化運動，並統一而發展之，為清室之偉業；（三）集「支那」歷代之法律制度而大成，為不朽事業。[50]其中有關第二點，指的是乾隆（愛新覺

---

47 葛生能久，《東亞先覺志士記傳》，頁99。
48 西本省三，《現代支那史的考察》，頁278-304。
49 西本省三，《康熙大帝》，頁7。
50 西本省三，《現代支那史的考察》，附錄〈復辟論と余等の主張〉，頁9-10。

羅・弘曆，1711-1799）朝所編纂的七部《四庫全書》。恰巧在第一次
世界大戰後，歐洲有識之士正高唱「物質破產」論，帶動民國北京政
府和興論界正爲影印該部叢書而有所討論；西本認爲此正迎合風尚，
足以象徵「清室偉業」的文化活動。[51] 對照到沈曾植盛倡復辟乃出於
「追遠感謝之念」，[52] 可以推知西本省三對康熙之描寫，同樣抱持類似
看法，並以此爲其立論根據。

　　最後，書中一再闡明：康熙所代表的道統地位，不僅純就中國漢
民族文化而論，同樣站在多元民族文化以及對外關係的角度上，亦復
如是。自《康熙大帝》裡描述康熙處理傳教士問題、對俄外交、蒙藏
關係等內容來看，西本省三都在在想要說明：一位「異族」統治者是
如何具備了綜綰國際事務的眼光。尤有甚者，他撰作的目的還放在更
寬廣地「東洋和平」課題上。在書中，西本高舉了三位擁有這樣歷史
評價的人物：成吉思汗（鐵木眞，1162-1227）、康熙皇帝、明治天皇
（1852-1912）。除了康熙之外，另外兩位也是在經營異民族問題上深
具雄才大略的政治家和軍事家，能夠以維持「東洋和平」爲基礎。[53]
在這裡，文化民族主義（cultural nationalism）的考量凌駕於一切，漢
族及其文化自非「道統」之所在，更非具有核心地位。

　　熟悉近代中日關係發展的學者，很快就會察覺到西本省三那些在
「以古喻今」的論述裡，其實想法充滿一廂情願，並且也會對其無法
自圓其說之處產生諸多疑問。但無論如何，這些零星主張還得配合西
本對民國政局所提出的看法，以及衡顧國際環境後，吾人才能獲致更

---

51 西本曾以「支那文化整理的恩人」形容清室，故復辟有其意義。見：西本
　　省三，《現代支那史的考察》，頁331。

52 西本省三，《大儒沈子培》，頁111-112。

53 西本省三，《康熙大帝》，頁9。

清楚的認識。

四、「大義名分論」下的國際觀

對極度不滿的民國局勢，西本省三重申「大義名分」的思想，認為此乃「指導時代大勢之復辟論」。他的這項主張立刻遭到上海輿論界大肆批評，也引發各式各樣地質疑。[54]

無須諱言，中國儒教文化本為東亞文明重要源頭之一，歷代日本有許多政治語彙都來自於此。然而，歷經本土經驗的發展和洗禮以後，有些語詞意義反而因為各自階段性之需要，與原先性質不同，「大義名分」的說法即為顯例。簡單來說，「大義名分」源自傳統中國先秦之思想；經典古籍《左傳》中即有「大義滅親」的掌故，而「名分」一詞則最早出現於《莊子》內。至少到北宋時期，司馬光（1019-1086）更在《資治通鑑·周紀一》云：「天子之職莫大於禮，禮莫大於分，分莫大於名。何謂禮？紀綱是也。何謂分？君臣是也。何謂名？公、侯、卿、大夫是也。」換言之，「大義名分」係指人類社會之中本存在著各種人倫分際，包括君臣、父子、夫婦等綱常關係和主從原則。然而，在日本的江戶幕府末期，該項口號卻被水戶學派及其志士進一步加以運用、發展，成為尊王攘夷、討伐幕府的思想基礎，並扮演著推動明治維新理念之意識形態。從幕末到明治初期，推動「大義名分」目的在於端正王統，彰顯忠臣價值，並強調以尊王為原則。維新運動展開後，「大義名分」仍繼續被拿來鼓吹要對天皇效

---

54 關於質疑的內容，可見：西本省三，《現代支那史的考察》，附錄〈復辟論と余等の主張〉，頁6。

忠，並納入國粹思想中之一環。[55]

　　西本省三藉由中國歷史和日本經驗，強調君主制度是早已存在的「事實」。並且，「事實」存在往往應先於「理論」，蓋世上任何萬物未有先「理論」而後有「事實」者。所以他所提出的「大義名分論」，講究的是事實之「秩序」；舉凡宇宙有宇宙的秩序，世界有世界的秩序，一國則有一國的秩序。擴而大之，國民有身為國民的秩序，人類也有身為人類的秩序。受到這樣「秩序」的規範之下，往往是在「事實」發生以後，人們才必須去尋求「理論」加以支撐。

　　因此，在追求「事實」的本質中，不可能先有「理論」基礎，然後再來「創造」事實。基於這樣的思維，西本省三認為共和革命、建立民國毋寧乃以「理論」來促成「事實」的發生；無論革命黨人及其附和者所謂的「共和」、「民主」等意義，均係如此。相反地，他覺得如果要追求中國政治真正的「秩序」，唯有重新思考君臣以降的「三綱五倫」。西本是這麼說：「以中國言之，向以君臣間秩序為其立國之大綱。余等所主張之『大義名分論』，以闡明此大綱而正確之為職志也。」[56]

　　從「大義名分論」的角度來看，成立民國共和政體就像是以「理論」為空架，而非原來的「事實」。如此一來，中國政局定然要導致不安，勢必帶來諸多的災難。環顧民初十年紛擾的光景，西本省三便

---

55 前述說法均見於：內田周平，〈大義名分と歷史〉，森脇美樹編，《國史回顧叢書》（東京：文明協會，1936），冊1，頁85-113。類似這種語彙運用情況，站在維新對立面的「幕府」、「將軍」也是頗值得觀察的現象。可見：吳偉明，〈中式政治詞彙在德川日本的改造與使用：「幕府」與「將軍」的思想史考察〉，《九州學林》，32（香港，2013），頁115-127。
56 西本省三，《現代支那史的考察》，附錄〈復辟論と余等の主張〉，頁8。

認定武昌革命實非得天而革命，乃源自民眾的私心自用，結果擴大而成為變亂；此後的政局所以分分合合，皆因得位之「不正」的緣故。[57]他篤信朱熹（1130-1200）在《近思錄》裡的話，認為「不正而合，未有久而不離者也」。[58]至於「不正」的具體表現，係民國政治上地方主義與軍閥的興起。西本針對民初「聯省自治」運動，尤其語帶批評，特別是地方一再與中央對抗，各省軍人爭相擁兵自重，結果造成了統一的障礙。他乾脆以「犯上作亂思想」一語來看待軍閥們之作為，深感其禍患為烈，絕不亞於漢唐、六朝、五代時期的藩鎮。[59]有段話可以總結上述「不正」的民國局勢：

> 今日有所謂階級制度問題、勞資關係紛爭……聯省自治割據爭亂，皆是「君不君」無從正德的表現。既且無君，取而代之是各方爭取成為大總統為目標，人們蔑視君臣之道，軍人不像軍人、官僚不像官僚、政治家不像政治家、紳董不像紳董、商人不像商人，遂使天下人民陷入餓莩不止的窘境。[60]

　　尤有甚者，今日的福禍相尋更由於世界「惡思潮」影響所致，弊端逐轉而加深一層。[61]西本省三所言「惡思潮」，係指晚清以降維新變法和革命種種外來思想。無論變法或革命主張，西本皆認為藉由國際

---

57 西本省三，〈政爭沒頭の弊〉，《支那思想と現代》，頁273。
58 朱氏一段話引自：朱熹編、張伯行集解，《近思錄》（臺北：臺灣商務印書館，1968），卷7，總頁207。
59 西本省三，〈犯上作亂思想〉，《支那思想と現代》，頁297-298。有關聯省自治運動的背景、目標及其發展，請見：李達嘉，《民國初年的聯省自治運動》（臺北：弘文館出版社，1986）。
60 西本省三，〈德を正すの法〉，《支那思想と現代》，頁326。
61 西本省三，〈犯上作亂思想〉，《支那思想と現代》，頁297。

思潮而提供種種改革方案，未必能夠真正符合中國的需要。特別是關
於改變政治體制，遂使民國以來政爭反覆不斷，造成困擾。他甚至比
喻跟宋代的王安石（1021-1086）變法一樣，改革皆不得要領。[62]猶可
措意，這些「惡思潮」歷經新文化運動展開後，更如波濤洶湧般，銳
不可擋。

　　以往在滿清遺民的身上，似乎很難斷定他們對於民初新文化運動
帶來思想革命的衝擊與感受。甚至於像胡適（1891-1962）如此一位
扮演新文化運動導師的知名學者，在1920年代也和許多遺民的學術
成績有著千絲萬縷、既傳承又競爭之關係。[63]然而，西本省三的個案
卻帶給我們諸多線索，得以釐清忠清復辟者對「新思想」的厭惡與見
解。

　　譬如西本分析「新思想」係受革命黨（文中他有時用「民黨」二
字）的鼓吹所致。根據他的說法，提倡者來自三方面：一為買辦性質
的廣東派人士，一為推廣西洋哲學文學的福建派人士，最後為講究政
治經濟學科的浙江派人士。廣東派乃革命黨人陣營，此不待言；而福
建派指的是晚清以來嚴復（1854-1921）、林紓（1852-1924）等人翻
譯西方小說和思想學說；至於浙江派概指蔡元培（1868-1940）、章太
炎門生等北京大學教授。西本給予新文化運動裡新、舊思想之爭的解
釋，直接簡化為省籍問題，說「其實不外浙江派與福建派私下競爭的
結果」，多少帶有「利己」色彩的文化運動。[64]雖然西本省三對於雙方
論戰，主要站在舊派立場而言，曾有〈矛盾思想的補救〉一文撰

62 西本省三，《現代支那史的考察》，頁211-212。
63 林志宏，〈「我的朋友」胡適之──1920年代的胡適與清遺民〉，《近代中
　　國》，18（上海，2008），頁70-97。
64 西本省三，〈支那の所謂新思想〉，《支那思想と現代》，頁47-48。

寫，[65]可見始終對「新思想」並無好感。

在〈其則不遠〉一文裡，西本省三更直接指責中國的政治人物和青年學子，是帶來「新思想」的罪魁禍首；說他們爲了擺脫傳統束縛，竟要大家不讀經書，擅自放棄了「固有本來之大道」，盡信所謂「自由思想」。[66]另一篇的文章中則道：辛亥革命雖以政治革命後倡行社會革命，事實上只有模仿易姓的政治革命而已。與過去比較不同的是，留學生反倒成爲了「新階級」；他們推倒清廷，卻過度倚賴資本主義的外援，且以其文字煽動遊民勞動者，增加社會動盪。因此，西本認爲眞正製造中國動亂和麻煩的正是今日的「士」階級。[67]對於這些新式知識分子，西本省三通通以「亂道之儒」稱之。

有關「亂道之儒」，西本的言論就顯得相當狂放，簡直到了令人匪夷所思的地步。他藉由朱彝尊（1629-1709）評論秦朝焚書的名言：「聖人之書燼焉，然則非秦焚之，處士橫議者焚之也」，[68]暗喻今日的「政客青年」即爲當時的「處士橫議之徒」；而昔日的「邪說」，猶如今天提倡無君無父、公開呼籲廢止經書且主張言文一致的「危險思想」。尤其對於主宰言論機關的新聞報刊而言，他們更是推動「惡思潮」的動力，是該被坑埋的對象。[69]對於這樣的看法，也在

---

65 西本省三，〈矛盾せる思想の彌縫〉，《支那思想と現代》，頁418-426。該文並得到李瑞清的讚賞，有手函爲憑：「西本先生閣下：不聞巨論久矣。項讀貴報論矛盾思想之宏編巨製，有心人宜焚香浣手誦之。白川氏何人，願詳聞其名字歷史也。春和清想安善。清道人頓首。」

66 西本省三，〈其則遠からず〉，《支那思想と現代》，頁151-152。

67 西本省三，〈支那の知識勞働階級〉，《支那思想と現代》，頁66-71。

68 朱彝尊，《曝書亭集》（上海：上海書店，1989，據商務印書館1926年版重印），卷59〈秦始皇論〉，頁11。

69 西本省三，〈現代の處士〉，《支那思想と現代》，頁153-156。他甚至形容現代中國局勢猶如處士橫議的時代，過去的策士縱橫家搖身一變成爲官

《現代支那史的考察》裡有進一步發揮：

> 考察現代中國的情況，雖無秦始皇一般的暴君，卻仍存在
> 應該坑埋的儒生，誠如朱彝尊所云：天下滿居著「亂道之
> 儒」。今日的亂道之儒即所謂政客議員。他們若居於始皇
> 時代，必遭集體坑埋吧！然而今日時局既異，即使有始皇
> 一般的暴君，如此非文明的事情也不爲列國所容許。是以
> 政客議員的跋扈，無論如何還持續可見，依附世界潮流而
> 成爲今日中國首要的問題。[70]

西本的想法並非單一而有的現象，可能也是許多忠清反對民國的
人之心聲。《鄭孝胥日記》剛好有一則內容足以印證：

> 近日舉國亂事潛伏，亂黨將陰結日本亂黨推倒政府及軍
> 閥；……余語鄒紫東、王聘三：「使我執政，先行三事：
> 禁結黨、封報館、停學堂，皆以丘山之力施之，使莫敢
> 犯，不過一年，天下朝覲，謳歌皆集於我矣。」[71]

講這段話的契機適逢「五‧四」事件發生後不久；所謂「以丘山之力
施之」，即指費盡全部力量完成使命之意。引文裡提到禁結黨、封報
館、停學堂，針對的便是議員、記者、學生等三群體。他們既爲西本
省三心目中的「處士橫議之徒」，亦是該被坑埋的對象。

西本省三對青年學生感到深惡痛絕，實與學生運動風潮迭起的情
形有關，更進而確切說，當中還涉及了東亞國際與日本外交關係。像

　　僚、政客、議員。見：西本省三，《現代支那史的考察》，頁99-100。
70 西本省三，《現代支那史的考察》，頁109-110。
71 中國國家博物館編，勞祖德整理，《鄭孝胥日記》，總頁1787，1919年6
　　月23日條。「鄒紫東」爲江蘇吳縣人鄒嘉來，「王聘三」爲四川中江人王
　　乃徵。

是「凡爾賽和約」（Peace Treaty of Versailles）對山東問題的處理上，他直指學生的行為不當，甚至以「學匪」稱之。[72]眾所周知，第一次世界大戰結束後在法國召開巴黎和會（the Paris Peace Conference），戰勝國處置戰敗的德國相關主權和建立新的國際外交規範。由於美國總統威爾遜（Thomas W. Wilson, 1856-1924）輕易地承認日本取得德國原先在山東之全部利益，造成國際輿論譁然，也爆發中國的「五·四」事件及學生運動。[73]站在日本的立場，學生運動最終促使了中國民族主義的昂揚，同時也讓日本在山東問題上遭到國際各方指責，形成進退維谷之局。這些情況同樣都反映在西本的隻字片語之中。

　　1921年11月召開「華盛頓會議」（Washington Naval Conference）、簽訂「九國公約」（Nine-Power Treaty）之後，英、美等國要求日本改變了原來一戰期間獨霸中國的局面，更加速日本在國際外交上走向孤立政策。此後列強恢復在遠東地區的均勢關係，也維持近十年之外交和平景況。這場國際會議係由美國主導，迫使日本在山東權益方面讓步，並尊重中國東北之主權。[74]西本省三的時論文字裡也對此屢屢表示其看法。有意思的是，他將辛亥革命後中國的處境比喻為春秋時代：先秦時期的春秋為「小春秋」，而一次大戰後的世界局勢如同

---

72 西本省三，〈黃梨洲と王船山の學生論〉，《支那思想と現代》，頁64-65。
73 Tse-tsung Chow, *The May Fourth Movement: Intellectual Revolution in Modern China*（Cambridge: Harvard University Press, 1960), pp. 84-94.
74 關於華盛頓會議對中國的討論及其影響，主要涉及到門戶開放原則，還有山東問題、二十一條要求的改廢，相關討論甚多。請見：黃正銘，〈華盛頓會議之中國問題〉（臺北：私立中國文化學院史學研究所博士論文，1966，未刊稿）；藤井昇三，〈ワシントン体制と中国─北伐直前まで─〉，《国際政治》，46（東京都，1972），頁1-16；服部龍二，〈ワシントン会議と極東問題─一九二一～一九二二─〉，《史學雜誌》，108：2（東京都，1999），頁6-17。

「大春秋」。日、英、法、美、義正猶如春秋的齊、晉、秦、楚列國
般，彼此締結同盟，利用協約、國際公法等來維持其既得利益。而新
生的「國際聯盟」（League of Nations），更像是當時彼此相互締結的
盟約，儘管高唱「民主」聲調，實際上卻依然自謀私利。[75]

　　至於中國情勢，西本省三則比擬爲春秋時代的鄭國。在歷史上，
鄭國地處晉、楚兩大強國之間，經常面臨著外交抉擇。而西本認爲中
國的處境也有類似遭遇，北有來自陸權國家俄、德的威脅，南方又有
新興海權國家美國的勢力，倍感壓迫。因此，從選擇盟友的角度來
看，中國必須聯合日本帝國，共謀東亞利益，才是正確之道。西本甚
至感嘆：目前尚無子產一類的人物出現，能夠順利協助中、日兩國締
結外交。[76]相反地，他呼籲民國政府當局，不該像春秋時期歷史上
吳、越兩國彼此相互猜忌的方式，處理對日外交關係。[77]這也正是西
本省三爲何深惡青年學生緣故；因爲學子配合日益興起的排日風潮，
他擔心由「親美排日派」主導之下，只會徒爲英、美列強的附庸，對
中國「統一」卻帶來障礙和破壞。[78]

　　應該提醒讀者瞭解：當西本省三這些著作出版之際，他隱隱然觀
察到社會上還有種「過激主義」思想的流布，只是尚未形成體系。所
謂「過激」，主要意指俄國革命後共產思想的流傳和散佈，像是階
級、工人問題與勞資關係等爭議。不過對西本來說，他的關注點始終
聚焦於「華盛頓體制」造成日本殖民擴張時的阻礙，而比較忽略蘇聯

---

75 西本省三，〈大春秋と小春秋〉，《支那思想と現代》，頁33-36。
76 西本省三，《現代支那史的考察》，頁87-90。
77 西本省三，《現代支那史的考察》，頁95。
78 西本省三，〈支那南北の地氣〉，《支那思想と現代》，頁263。西本認定的
　　「統一」之局，主要以恢復清室統治的帝國形式。

及第三國際所帶來世界問題和變化。如此情勢同樣也反映在會議後最初國際新秩序的展開上。[79]

　　是以，為了維護日本帝國的外交利益，同時恢復中國原來的「道統」，西本省三認為唯有清室復辟，才能化解民國的眾多紛亂。這一條思路看似彼此毫無相涉，但對西本而言，卻為一體兩面的途徑。他認為沈曾植講「歐人講自由界限，永世不分明，在《論語》止二語曰：『君使臣以禮，臣事君以忠。』一切支節，一齊斬斷」，[80]正深刻點出了「自由」對中國的不適用性。另外，西本省三又引用《禮記‧坊記》：「天無二日，土無二王，家無二主，尊無二上」，聲稱革命後共和政體的建立，儘管以優待條件將遜帝視如外國君主，然中國現狀應該效法握有三百年政權的德川家族，迅將王權歸還清室，才是正道；免得最後結果形同兩頭蛇，令國事無所遵循。[81]

　　為了實踐「大義名分」的理想，吾人尚可留心西本省三各種有關「復興亞洲」的言論。就在週報《上海》經營屆滿六週年之際，沈曾植特別揮毫題字「太平人語」，藉以激勵。根據沈氏自言：「太平人語」就是「東方人語」，亦即講究「仁」之意。[82]而「太平」二字，語自《淮南子》，意即東方日出之所。西本據此解讀，沈氏既以「太平人語」勉勵亞洲復興為宗旨，又與日本帝國之名相為呼應，則「廣大

---

79 Sadao Asada, "Japan's 'Special Interests' and the Washington Conference, 1921-22," *The American Historical Review*, 67:1（October 1961），pp. 62-70; Akira Iriye, *After Imperialism: The Search for a New Order in the Far East, 1921-1931*（Cambridge, Mass.: Harvard University Press, 1965），pp. 50-56.

80 西本省三，《大儒沈子培》，頁 125。

81 西本省三，〈支那に二王あり〉，《支那思想と現代》，頁 219-223。

82 西本省三，《大儒沈子培》，頁 160。

仁讓」係救世良藥，實由東亞民族啓之。[83]

　　此一「復興亞洲」的理念，進而落實到成立「亞洲學術研究會」上。1920年，沈曾植與西本省三計畫籌設一所中日兩國聯合的經科大學，打算援用部份的日本庚子賠款，由日方派遣學界重要人士來訪，並由中國的孔教學者接待，達成相互交流目的。結果受到1921年7月中國共產黨成立所刺激和影響，於是結合南洋華僑的資助，組織「亞洲學術研究會」。[84]該會並於1921年8月發刊《亞洲學術雜誌》。

　　根據《亞洲學術雜誌》內容所見，可知這是一份匯集滿清遺民與舊派士人文字爲陣營的刊物。該刊係由孫德謙（1869-1935）負責擔任編輯，論說的規劃以「亞洲舊有之學術發明眞理，著爲專篇，以備世賢之研究」，其餘專著、文苑、叢錄亦以有利學術爲主，[85]先後共編有六期。耐人尋味地是，該研究會的〈綱領〉中還特別規劃了「亞洲」的地理範疇：內容包括蒙藏四部、西伯利亞、中國、朝鮮、琉球、菲律賓、日本、波斯、埃及、阿拉伯、英人殖民統治的諸地區等。[86]然而，如此冠以「亞洲」二字的意涵，未必爲其他抱持共識者所接受。例如同樣主張潛心舊學以挽回世道的胡思敬（1869-1922），即稱「直陳『亞洲』名目，古所未有；即徐氏《瀛寰志略》，亦云四

---

83 西本省三，《大儒沈子培》，頁160-161、179。

84 西本省三，《大儒沈子培》，頁218-221；中國國家博物館編，勞祖德整理，《鄭孝胥日記》，總頁1860，1921年3月2日條。亞洲學術研究會成立同時，春申社還設有「支那思想研究會」，專以日文讀者爲主，目的在學習漢語及閱讀中文報紙。該會並於每二到三個月發行一次小冊以利學習。見：島津長次郎編，〈邦人案內〉，《上海案內（第10版）》（上海：風金社，1924），頁52。

85 〈本會紀事・亞洲學術研究會雜誌例言〉，《亞洲學術雜誌》，1（上海，1921），頁7。

86 西本省三，《大儒沈子培》，頁224。

大土之名，乃泰西人所立，本不足爲典。要今崇孔教而襲用歐西名詞，充同洲之義，勢必舉佛教、波斯火教、天方回教牽混爲一」，造成「華夷不分，更失麟經之旨」。所以胡氏建議：「『亞洲』二字，可否削小範圍，改爲中國之處，尚望酌之」。[87]

　　如何來詮釋亞洲學術研究會出現的意涵？這裡不妨以1920年代堅持「文化保守」思想的《學衡》爲例來說明。眾所週知，《學衡》創辦初期高舉「昌明國粹、融化新知」爲宗旨，在許多態度上反對民初新文化運動主張。[88]該刊靈魂人物之一吳宓（1894-1978）的日記裡1923年9月即有一條：「《學衡》稿件缺乏，固須竭力籌備。惟國學一部，尤形欠缺，直無辦法。日昨函上孫德謙先生，請其以《亞洲學術雜誌》停辦後所留遺之稿見賜，並懇其全力扶助。頃得復書，全行允諾，甚爲熱心，且允撰〈評今之治國學者〉一文。」[89]此外，西本曾在週報《上海》上關於批評新文化運動的文章〈德意志青年與中國文化〉，也被《亞洲學術雜誌》所翻譯轉引，[90]可見雙方立場相同。

　　另一方面，我們或許可將在日本組織起來的「斯文會」做爲參照比較。根據相關研究指稱，斯文會約自1918年第一次世界大戰即將

---

87 胡思敬，《退廬全集》（臺北：文海出版社，1970，據1924年刊本影印），卷4〈致沈乙盦書〉，頁27。相關討論亦見：羅惠縉，〈從《亞洲學術雜誌》看民初遺民的文化傾向〉，《武漢大學學報（人文科學版）》，2（武漢，2008），頁219-220。

88 關於學衡派思想及其主張，論者研究甚多，可舉：沈松僑，《學衡派與五四時期的反新文化運動》（臺北：國立臺灣大學出版委員會，1984），茲不贅列。

89 吳宓著，吳學昭整理註釋，《吳宓日記》（北京：生活・讀書・新知三聯書店，1998-1999），冊2，頁248，1923年9月1日條。

90 西本省三，〈德意志青年與中國文化〉，《亞洲學術雜誌》，4（上海，1922），頁1-4。

告終的前夕成立，1919年隨即展開一連串的活動，直到1945年日本投降爲止。最初該會的成立，乃屬大正年間後期，係面對「大正民主運動」中如雨後春筍般出現的右翼團體之一。從性質而論，斯文會毋寧具有「近代日本漢學的庶民性特徵」。主事者服部宇之吉眼見辛亥革命後亞洲民主風潮湧現，於是提倡孔教信仰，強調君臣之義和東方思維。然而，服部自言「孔教」與康有爲實乃「同名異質」；他尤其更擔憂中國的民主風潮可能會擴展至日本，故強調有所不同。[91] 從斯文會的經驗來看，亞洲學術研究會既以「復興亞洲」爲宗旨，又有日人居間合作，皆以強調、重視傳統儒教爲依歸，不難從中得曉其背景，實有抵抗西方式民主政治之意味。

從西本省三的「大義名分論」以及參與「復興亞洲」相關活動可知：辛亥革命以後，他一路觀察民國的政局與動向，並通過人際交往網絡，進而逐步形成一套對中國的認識。這套建立起來的價值觀，係以「東洋」或「亞洲」爲基準，並與1920年代日本外交的變遷恰巧相互輝映。儘管當時日本的外交原則，未必全以東亞局勢爲主，還是衡量自身的國際地位及其利益來出發。但沒想到跟西本從歷史經驗所體悟的中、日兩國關係，竟不謀而合，同步發展起「東亞共榮」之思維。

五、結論

政治思想史學者昆丁・斯金納（Quentin Skinner）曾要大家留心到歷史人物中「思想脈絡」（ideas in context）的重要性。他強調：要

---

91 陳瑋芬，〈近代日本漢學的庶民性特徵——漢學私塾、漢學社群與民間祭孔活動〉，《成大宗教與文化學報》，4（臺南，2004），頁275。

理解某一論斷之所由，我們不單只是需要掌握作者論述的意涵而已，還要不斷地追索作者在提出論述時的行為，藉此考察文本與言論的時代環境，以揭示作者真正想要傳達的意圖。[92] 身為一位在華日僑，西本省三相當程度上受到來自中國共和革命的衝擊。他在1920年代曾陸續不斷寫下了關於對民國政府的觀察與議論，並充分表達憂慮和危機感。本文即以西本的個案為例，重新思考東亞區域內中、日兩國的關係。

　　從政治態度來看，西本無疑是日本少數極力主張清朝要復辟的人物之一。當辛亥革命發生後不久，他先與友人在上海創辦報刊，積極鼓吹要恢復中華傳統，同時結納在滬的滿清遺民，發表興復清室的言論。除此之外，西本省三還對民國的共和政府有諸多批評，甚至從中國歷史及人物來比附當時種種時事怪象。這些充斥想像且豐富的「考察」，非惟形成日後西本個人對中國的認識，進而也企望影響日本政府對華的「大陸政策」。

　　西本省三的言論無疑也提供吾人對辛亥革命後民國政局之另類思考。對他來說，民初中國猶如身處「危機中的烏托邦」；民國政權的走向時時刻刻都帶來各種東亞區域的不安及危臬。究竟該怎麼去化解，非惟屬於中國自身的困境，毋寧也是日本的問題。遺憾的是，受限於史料關係，我們還很難從革命派角度來理解這群力主復辟的日本人士。至於探討西本個人思想脈絡的同時，有必要釐清其雙面性意義；確切地說，他具有著傳統和現代的思想資源。同樣地，西本省三所批判的時局，當然也並非純粹屬於「靜態」的改朝換代而已，更是

---

92 Quentin Skinner, *Visions of Politics*（Cambridge: Cambridge University Press, 2002），Vol. 1, pp. 57-89.

一個兼容國際情勢變遷、深具「動態」之民國。比起滿清遺民主張強
調要重建道德秩序，身爲記者和「支那通」角色的西本，則有更多地
方是針對東亞區域的理解與認識。他的「大義名分論」，看似夾雜了
許多對民國的不滿情緒，其實也若干符合1920年代初期日本外交政
策——特別是華盛頓會議之後日本國策所面臨的轉向。由此我們可以
推知：當日本帝國主義逐步擴張之際，辛亥革命後的民國十年間究竟
帶給日人在思想上何種轉折？尤其那些旅華的日人，又是怎樣勾勒他
們對「中國非中心化」和「東洋再編」的理解，並由此邁向日後「東
亞共存共榮」的殖民思維？[93]在西本省三的看法裡，或許已透露出讓
我們進一步追索的訊息。

---

93 將中國從天下中心的位置變成萬國之列，不獨爲晚清民初中國自身思考的
轉變，也是東鄰日本許多人士共同的趨向。後來有些知識分子進而從各自
專業領域提供了類似的養分，譬如史學的內藤湖南、宣揚民族主義的大川
周明均是。內藤提出「文化中心移動說」，即是將日本取代中國，成爲東
洋文化體系的中心；大川則是把日本神道看做高於朝鮮、中國、印度的思
想，主張「建設大東亞秩序」。見：增淵龍夫，《歷史家の同時代史的考
察について》（東京：岩波書店，1983），頁49-82；吳懷中，〈「大東亞戰
爭」期における大川周明の思想戰——その日中關係論を中心に〉，《同
志社法学》，59：2（京都，2007），頁313-335。

附錄

《現代支那史的考察》目次

時代	古代史事	現代譬喻
堯舜	帝堯と道統	現代支那救治の要諦
堯舜	堯の胤子丹朱	囂訟の民
堯舜	古代の共工氏	史的に見た南方人
堯舜	舜の大知	經綸に目を致せ
禹	支那革命の始	西洋革命との比較
禹	禹の戒懼心	當局及議員の罪
禹	帝位世襲の始	易姓革命と易總統革命
周	周至柔の道	支那民性の淵源
周	周の虞芮質成	國交の讓
周	周の共和	勞乃宣の共和正解
周	勞乃宣氏を憶ふ	
春秋	長沮桀溺	各朝の隱君と遺老
春秋	魯の少正卯	現代支那の聞人
春秋	春秋の大一統	昔の正統と今の法統
春秋	鄭の子產	露獨と米國介在の日支
春秋	吳越の范蠡	今日の華僑
春秋	越王勾踐	猜防の國
戰國	戰國の蘇秦張儀	詭辯家と說客
戰國	戰國の策士	現代支那の政客議員
秦	始皇帝と儒生	當時の儒生と今日の政客
秦	楚の宗義の徒	張作霖と孫文の態度
漢	漢高祖と楚項羽	袁世凱と國民的情誼
漢	韓信の兵法	其兵法と支那民性
漢	漢の晁錯	吳佩孚の真似

漢	漢徐樂の土崩瓦解	民國の土崩瓦解
漢	漢の楊雄	洪憲時代の楊度
漢	漢の蘇武	清遺老の升允
漢	東漢の非孝論	今日の非孝論
三國後漢	劉備と曹操	現代は劉備の亞流か
三國後漢	三國の形勢	張作霖吳佩孚と孫派
五胡十六國	魏晉の清談	今日の自然主義
五胡十六國	秦の符堅と王猛	張作霖の缺點
唐	唐の太宗	支那の文弱と日本の尚武
唐	唐の魏徵	其諫錚振りと支那民性
唐	唐の魏徵と封德彝	支那教化の意義
唐	唐の婁師德	忍耐力と視聽力
唐	唐の李林甫	徐世昌との比較
唐	唐の李敬業	檄文の眞似
唐	唐の德宗と盧杞	徐世昌と張弧
五代	晉の石敬塘	張作霖は石、日本は契丹
五代	五代士風代表馮道	今日の人物との比較
五代	五代と民國	民黨の辯解
宋	宋の太祖	曹錕左右の野心
宋	宋の王旦	支那の中庸妥協性
宋	宋の寇準	不學無術
宋	宋王安石の新法	變法自強と革命
宋	宋の護法善神	阿諛逢迎
宋	宋の張邦昌	段祺瑞不人氣の原因
宋	宋末の謝枋德	清末の李梅庵
宋	李梅庵氏を憶ふ	
宋	宋末の陸秀夫	道の人として

宋	孫文と陸秀夫	
元	元時代の木剌夷	今日のパーチザン
元	天命と元	元宋學者を祀る
元	元の耶律楚材	黃康の眞似
元	不忽朮の天道觀	天道と民國の運命
元	元の尊孔	假借さるゝ孔子
明	明の太祖	當時の群雄と現在督軍
明	明の職吏	民國の貪官汚吏
明	明の燕王と方孝儒	儒の賊
清	清の世祖	列國と順治の意義
清	清の聖祖	大道を活かせる恩人
清	顧亭林と國恥	國恥と匹夫責あり
清	清朝立憲の實	國體なき民國
清	長髮賊と曾國藩	耶蘇教對道學
清	清の宋學と漢學	清朝滅亡の原因に就て
清	道學源流	
清	結論	所謂政治革命と道統

徵引書目

〈本會紀事・亞洲學術研究會雜誌例言〉,《亞洲學術雜誌》,1（上海,
　1921）,頁6-8。
〈美しい一情景——亡友西本省三氏の遺族と鄭孝胥氏淚の對面〉,《東京日
　日新聞》,1934年3月25日,1版。
上田正昭等監修,《日本人名大辭典》,東京：講談社,2001。
上海雜誌社編,《白川西本君傳》,上海：蘆澤民治印行,1934。
大里浩秋,〈關於上海歷史研究所所藏宗方小太郎資料〉,《近代中國》,18
　輯（上海,2008）,頁464-500。
內田周平,〈大義名分と歷史〉,收入森脇美樹編,《國史回顧叢書》,第1
　冊,東京：文明協會,1936,頁85-113。
中下正次,《新聞にみる日中關係史——中國の日本人經營紙》,東京：研文
　出版,1996。
中村義,《辛亥革命史研究》,東京：未來社,1979。
中村義等編,《近代日中關係史人名辭典》,東京：東京堂,2010。
中國國家博物館編,勞祖德整理,《鄭孝胥日記》,北京：中華書局,1993。
朱熹編、張伯行集解,《近思錄》,臺北：臺灣商務印書館,1968。
朱彝尊,《曝書亭集》,上海：上海書店,1989,據商務印書館1926年版重印。
西本省三,〈德意志青年與中國文化〉,《亞洲學術雜誌》,4（上海,1922）,
　頁1-4。
＿＿＿＿,《大儒沈子培》,上海：春申社,1923。
＿＿＿＿,《支那思想と現代》,上海：春申社,1921。
＿＿＿＿,《康熙大帝》,上海：春申社,1925。
＿＿＿＿,《現代支那史的考察》,上海：春申社,1922。
西田禎元,〈芥川龍之介と上海〉,《創大アジア研究》,17（八王子,
　1996）,頁1-10。
吳宓著,吳學昭整理註釋,《吳宓日記》,第2冊,北京：生活・讀書・新知
　三聯書店,1998-1999。
吳偉明,〈中式政治詞彙在德川日本的改造與使用：「幕府」與「將軍」的思
　想史考察〉,《九州學林》,32（香港,2013）,頁115-127。
懷中,〈「大東亞戰爭」期における大川周明の思想戰——その日中關係論
　を中心に〉,《同志社法学》,59：2（京都,2007）,頁313-335。
杉江房造編,《上海案內（第8版）》,上海：金風社,1919。

李京珮，〈論周作人20年代中期的日本觀〉，收入李怡、張堂錡主編，《民國文學與文化研究》，第1輯，臺北：秀威資訊科技，2015，頁129-156。

李約翰（John Gibbert Reid），孫瑞芹、陳澤憲譯，《清帝遜位與列強（1908-1912）——第一次世界大戰前的一段外交插曲》，北京：中華書局，1982。

李達嘉，《民國初年的聯省自治運動》，臺北：弘文館出版社，1986。

李慶，〈沈曾植與西本省三筆談考〉，《國際漢學研究通訊》，9（北京，2014），頁88-99。

宗方小太郎，《宗方小太郎日記》，上海社會科學研究院歷史研究所藏，手抄本。

岡本幸治，〈「日本とアジア」か「アジアの日本」か〉，收入岡本幸治編，《近代日本觀》，東京：ミネルヴァ書房，1998，頁1-22。

服部龍二，〈ワシントン会議と極東問題—一九二一～一九二二—〉，《史學雜誌》，108：2（東京都，1999），頁157-189。

林志宏，〈「我的朋友」胡適之—— 1920年代的胡適與清遺民〉，《近代中國》，18（上海，2008），頁70-97。

＿＿＿＿＿，《民國乃敵國也：政治文化轉型下的清遺民》，臺北：聯經出版公司，2009。

芥川龍之介，《上海游記・江南游記》，東京：講談社，2001。

信夫清三郎著，周啓乾譯，《日本近代政治史》，臺北：桂冠圖書公司，1990。

胡平生，《民國初期的復辟派》，臺北：臺灣學生書局，1985。

胡思敬，《退廬全集》，卷4，臺北：文海出版社，1970，據1924年刊本影印。

惟心，〈日本退回賠款交涉之經過 要求付託於中日耆宿之手 勿為兩方當局利用〉，《申報》，1923年8月7日，7版。

許全勝，《沈曾植年譜長編》，北京：中華書局，2007。

陳瑋芬，〈近代日本漢學的庶民性特徵——漢學私塾、漢學社群與民間祭孔活動〉，《成大宗教與文化學報》，4（臺南，2004），頁251-286。

勞乃宣，《桐鄉勞先生遺稿》，臺北：藝文印書館影印，1964。

馮正寶，〈中國殘留の宗方小太郎文書について〉，《法學志林》，89：3・4（東京，1991），頁245-292。

黃正銘，〈華盛頓會議之中國問題〉，臺北：私立中國文化學院史學研究所博士論文，1966，未刊稿。

黃自進，《吉野作造對近代中國的認識與評價：1906-1932》，臺北：中央研究院近代史研究所，1995。

葛生能久，《東亞先覺志士記傳》，東京：原書房，1966，卷下。

翟新，《東亞同文会と中国：近代日本における対外理念とその実践》，東京：慶應義塾大学出版会，2001。

增淵龍夫，《歷史家の同時代史的考察について》，東京：岩波書店，1983。

戴海斌，〈宗方小太郎與近代中國——上海社科院歷史所藏宗方文書閱讀札記〉，《中山大學學報》，4（廣州，2013），頁58-70。

濱田正美等著，《近世以降の中国における宗教世界の多元性とその相互受容》，科學研究費研究成果報告書，2001，未刊稿。

謝維揚、房鑫亮主編，《王國維全集》，杭州：浙江教育出版社，2009，卷8《觀堂集林》。

羅志田，《亂世潛流：民族主義與民國政治》，上海：上海古籍出版社，2001。

羅惠縉，〈從《亞洲學術雜誌》看民初遺民的文化傾向〉，《武漢大學學報（人文科學版）》，2（武漢，2008），頁218-223。

藤井昇三，〈ワシントン体制と中国―北伐直前まで〉，《国際政治》，46（東京都，1972），頁1-16。

櫻井良樹，《辛亥革命と日本政治の変動》，東京：岩波書店，2009。

Asada, Sadao. "Japan's 'Special Interests' and the Washington Conference, 1921-22." *The American Historical Review*, 67:1 (October 1961), pp. 62-70.

Chow, Tse-tsung. *The May Fourth Movement: Intellectual Revolution in Modern China.* Cambridge: Harvard University Press, 1960.

Fogel, Joshua A.. *Nakae Ushikichi in China: The Mourning of Spirit.* Cambridge, MA.: Council on East Asian Studies, Harvard University Press, 1989.

Iriye, Akira. *After Imperialism: The Search for a New Order in the Far East, 1921-1931.* Cambridge, Mass.: Harvard University Press, 1965.

Jasen, Marius. "Japan and the Chinese Revolution of 1911." in Denis Twitchett and John K. Fairbank ed., *The Cambridge History of China.* Cambridge; New York: Cambridge University Press, 1980, Vol. 11, Pt. 2, pp. 339-374.

Keyserling, Hermann. translated by J. Holroyd Reece, *The Travel Diary of a Philosopher.* New York: Harcourt, Brace & Co., 1925.

Skinner, Quentin. *Visions of Politics.* Cambridge: Cambridge University, 2002, Vol. 1.

Utopia in Crisis:
Nishimoto Shōzō's Observation and Discussion of the Republic of China, 1912-1928

Chih-hung Lin

Abstract

Focusing on the case of Nishimoto Shōzō, a Japanese who lived in Shanghai in the late Qing and early Republican era, this article analyzes the interactions between the politics of the early Republic of China and the East Asian environment. Nishimoto not only had been a student of the Tōa Dōbun Shoin（東亞同文書院）, but also an advocate of Pan-Asianism. During the late Qing period, he shaped the public opinion in the media and played a vital role in cultural transmission between China and Japan. Due to his personal political tendencies, Nishimoto maintained close relationships with Zheng Xiaoxu, Shen Zengzhi, and other Qing loyalists. In several books published in the 1920s, Nishimoto Shōzō promoted the restoration of Qing dynasty. He often narrated anecdotes of the past in alluding to the present to describe the current situation in the Republic of China, and he promoted the "righteousness theory" as the basis of East Asian international diplomatic standards.

Overall, Nishimoto believed that the communist ideology and student movements would eventually become a source of chaos in China. He cited the slogan of the "revival of Asia" and sought to restore Chinese traditional morality. Through the position, activities, and interpersonal network of Nishimoto Shōzō, we can explore two questions: How did the revolutionary 1910s in China impact Japanese? And when the social reality produced "conceptual transformation," why did the supporters of Pan-Asianism embark on the path of military aggression?

Keywords: Nishimoto Shōzō, politics in the early Republic of China, relation of sovereign and subject, Pan-Asianism, Shanghai Japanese residents

【論著】

New Culture Liberalism: Perspectives from the Study of Transnational Concepts

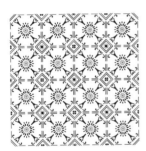

Peter Zarrow（沙培德）

Peter Zarrow is professor of history at the University of Connecticut, having previously worked as research fellow at the Institute of Modern History, Academia Sinica. His work focuses on modern Chinese intellectuals, political thought, and conceptual history. His most recent publication is *Educating China: Knowledge, Society, and Textbooks in a Modernizing World, 1902-1937*（2015）, and his current research topics include utopianism in cross-cultural comparison and national heritage in East Asia and Europe.

New Culture Liberalism:
Perspectives from the Study of Transnational Concepts

Peter Zarrow

Abstract

An examination of the utopian aspects of Chinese liberalism in the New Culture movement highlights not only the optimism of the period, but also the close links that Chinese liberals drew among constitutionalism, democracy, and socialism. Liberalism has proved to be a highly dynamic mode of political thought globally at least since the beginning of the nineteenth century, and Chinese liberalism formed part of its circulation at the beginning of the twentieth century. Chinese liberals believed in the worth of the individual (derived largely from various strands of Confucianism and Western liberalism) and the need to break down barriers of class, gender, and even nationality. This utopian-infused emphasis on humanism and cosmopolitanism had much in common with John Dewey's thought without echoing it completely. But we should not exaggerate the utopianism in Chinese liberalism; its recognition of the state and stable social order was not utopian. At the same time, Chinese liberals' willingness to cooperate with the power-that-be was not a result of a fault in the theory of liberalism, nor a betrayal of liberal ideals. In many places, liberals attempt to combine utopian notions with peaceful reform. Histories of the "failure of liberalism" are accurate as far as they go, but miss the impact of the dominance, or at least the mainstream nature, of liberalism in China from the 1910s through the 1940s. Within the entire range of ideologies in China in the early twentieth century, liberalism, including constitutionalism, was a dominant tendency until the triumph of Marxism. The cases of Chen Duxiu and Hu Shi illustrate the centrality of liberalism in modern Chinese culture, notwithstanding the triumph of Marxism by mid-century. The revival of Chinese liberalism since the end of the twentieth century is partly based on a liberal tradition that is being recovered under new circumstances.

Keywords: liberalism, Hu Shi, Chen Duxiu, utopianism, New Culture Movement

Liberalism is a large and amorphous concept that between its friends and its critics has been variously associated with general progress, moderate conservatism, radical individualism, reformism, limited government, socialism, and repression. Its nature at any given time was determined by the goals of its adherents and the immediate political context in which they operated. But this context is always in part a global one as well. The liberalism of Chen Duxiu 陳獨秀 and Hu Shi 胡適 was imbricated with the ideas of John Dewey, for example. In the Chinese context of the 1910s and 1920s, this gave rise to a liberalism that was strikingly utopian in style and content.

Scholars have neglected utopian liberalism because liberalism has often presented itself explicitly as a non-utopian, rational ideology opposed to the extremes of left and right. It can seem idealistic in calling for order in times of violence, but this kind of idealism does not reflect a utopian theory; rather, liberalism remains anti-utopian in its twinned demands for skepticism and tolerance. Paul Kelly notes that "the heart of liberalism as a way of accommodating disagreements" and so: "As liberalism offers a limited conception of politics that rejects the idea of achieving human redemption on earth through political means, disagreement will persist." [1] Kelly argues that a constitutional state is required as a final arbiter, through fair and just means, in cases of conflict, but the point here is that, regardless of political form, the pluralism and open-endedness of liberalism seem at odds with the promise of utopia to

---

1   Paul Kelly, *Liberalism* (Cambridge, UK: Polity Press, 2005), pp. 149-150.

solve all problems once and for all.

However, I suggest that utopianism in a certain sense and liberalism in the general sense should not be regarded as mutually exclusive. Suppose utopianism is interpreted as an extreme version of optimism and progress rather than a necessarily static vision of the perfect society. Suppose utopianism is seen in glances at social perfection rather explorations of a perfect society. In that case, the utopian impulse may be compatible with a range of ideologies including liberalism. What I am calling the "utopian impulse" is to be distinguished from full-scale utopias, which are imaginary worlds that combine visions of political, social, and economic systems that guarantee the happiness and usually the equality of the people of those worlds. Classic examples of full-fledge utopias range from Thomas More's *Utopia* of 1516 to Edward Bellamy's *Looking Backward* of 1888. Not incidentally, both these works were known to late Qing intellectuals. Chinese writers produced few similar experiments in full-fledged utopianism, but the utopian impulse became widespread in political and social thought. The utopian impulse was manifested in the context of generally non-utopian ideas, marking a tendency usually repressed yet still constitutive of a larger theory. In this form, utopianism did not represent the end of progress—a vision of a static, perfect society—but rather functioned as a building block in a broader ideological edifice. At the same time, however "ideology" is defined, utopianism is not one. That is, it does not function like socialism or liberalism in the modern political imagination. Nor is it precisely a concept like progress. It is revealed as a leap of faith in what otherwise appears to be careful, rational reasoning.[2] The utopian impulse further acts as a move in the rationalization of various ideological positions. The liberalism and socialism constructed in China by Chen Duxiu and Hu Shi from the 1910s through the 1940s rested in part on the utopian impulse.

Liberalism is too fluid an ideology to pin down in abstract terms, but a workable description of liberalism in the Chinese case is possible. First, constitutionalism and law (and equality before the law); second, a notion of tolerance and open debate; both of these requiring, third, some limits on power; and as well, fourth, a faith in progress. And finally, fifth, individualism—calls for self-fulfillment, but especially for emancipation from the traditional restraints on the individual, and above all, emancipation from the patriarchal family.[3] Individually, these points were

---

2   The utopian impulse is a little like what the European historian Jay Winter calls minor utopias or "imaginings of liberation usually on a smaller scale." Jay Winter, *Dreams of Peace and Freedom: Utopian Moments in the Twentieth Century* (New Haven: Yale University Press, 2006), pp. 4-6. Minor utopias, in Winter's view, do not aim to remake everything but are relatively focused on a particular problem: national unity, peace, human rights, and the like. Major utopias are marked by great detail, by massive scale, and often by their distance in future (or in their earlier Renaissance form, by their supposed distance in space). Major utopias always, and minor utopias to a considerable extent, are based on a particular historical view that gives confidence in the future. In this view, by reading history properly, we can determine its direction and speed up its course. We know the future by the past. The utopian impulse as I use the term is certainly found in minor utopias, but is more amorphous and not focused on a single concrete cause such as disarmament, human rights, and the like.

3   Liberalism must be distinguished from freedom, though there is a dialectical relationship between them: the former as a political system and the latter as a concept of moral agency may each be necessary to support one another. For an

scarcely unique to the liberals, but collectively they defined liberalism in its formative stage.[4] It is worth noting that most Chinese liberals believed in limiting the power of capitalists as well as that of the state. Sources for thinking through these issues ranged from Confucian classics and non-canonical ancient texts to various Western writings on society and politics.

The liberal utopian impulse in modern China: Chen Duxiu

Chinese traditional thought did not display much utopianism, though there is a good deal of millennialism and such picture-perfect sketches as the Peach Blossom Spring. Here we see a simple pastoral world with no conflicts.[5] Such Edenic visions resonate with the idea of "utopia" as good-place but no-place. As a genre, Daoist utopian sketches have much in

---

approach that is somewhat skeptical of the claims of liberalism but affirmative of those of freedom, see Jiwei Ci, *Moral China in the Age of Reform* (Cambridge, UK: Cambridge University Press, 2015), esp. chapters 3 and 4.

[4] The Chinese liberals of the 1920s did not use the language of markets, as in "the market-place of ideas." They believed in some kind of civic sphere of democratic participation. Roughly speaking, they assumed that the future would be socialist. Finally, I note their elitism—to some extent derived from the traditional view of the scholar as a rightful ruler, but in any case an elitism that is also typical to liberalism.

[5] An exhaustive overview is Wolfgang Bauer, *China and the Search for Happiness: Recurring Themes in Four Thousand Years of Chinese Cultural History* (New York: Seabury Press, 1976); and see also Julia Ching, "Neo-Confucian Utopian Theories and Political Ethics," *Monumenta Serica*, 30 (1972), pp. 1-56.

common with the classic utopias of the Renaissance. Western utopias were being projected into the future, however, by the nineteenth century. Based on a progressive view of history, utopias are the not-yet. Sharing the progressive view of history with reformist and gradualist approaches to political thinking, utopias became distinguished by both their world-making qualities and their radicalism. Following Karl Mannheim, we can define utopianism as not only picturing perfect societies but also as "transcending reality" and leading to behavior that will "tend to shatter, either partially or wholly, the order of things prevailing at the time." [6]

Utopianism in China, at least in its modern and secular form stressing social organization, can be traced back to the vision of a "great Commonwealth" that Kang Youwei 康有爲 proposed around the beginning of the twentieth century. Kang originally transmitted an esoteric version of his views to trusted disciples, publishing part of what became *Datongshu*（大同書）only in 1913. The entire work was published posthumously in 1935, by which time it attracted little interest. However, it is worth noting that Kang had published a sketch of a moral society that combined human equality with individual autonomy in the late 1880s.[7] Combined with his belief in linear progress, Kang had already produced a rough recipe for utopia. As well, the first few years of the twentieth century saw an outpouring of utopian novels with a science fiction flavor,

---

6 Karl Mannheim, *Ideology and Utopia*, trans. Louis Wirth and Edward Shils （New York: Harcourt, Brace and World, 1936）, p. 192.

7 Kang Youwei, "Shili gongfa quanshu"〈實理公法全書〉, *Kang Youwei quanji* 《康有爲全集》（Shanghai: Shanghai guji chubanshe, 1987）, vol. 1, pp. 275-306.

though this ceased after the 1911 Revolution.[8]

In the mid-1910s Chen Duxiu sketched out his commitment to democracy in the face of China's political disorder. One feature of Chen's writing was his use of the trope "boundaries" (*jie* 界), an important concept in late Qing writings. Although, unlike Kang Youwei or Zhang Binglin 章 炳麟, Chen did not regard boundaries as a metaphysical problem or ontological illusion, he certainly saw them as a practical obstacle to progress. If fully carried out, Chen believed, democracy would erase the boundaries between ruler and ruled, men and women, and rich and poor. In other words,

---

8　Most prominent of the utopian novelists is perhaps Wu Jianren 吳趼人（1866-1910）; also worth mentioning as political thinkers are Liang Qichao 梁啓超, who produced an unfinished utopian novel, and Cai Yuanpei 蔡元培, author of a utopian short story. See David Der-wei Wang, *Fin-de-siècle Splendor: Repressed Modernities of Late Qing Fiction, 1849-1911*（Stanford: Stanford University Press, 1997）, esp. chap. 5; Lorenzo Andolfatto, "Paper Worlds: The Chinese Utopian Novel at the Beginning of the Twentieth Century, 1902-1910"（Ph.D. dissertation, Università Ca'Foscari Venezia, 2015）; Dun Wang, "The Late Qing's Other Utopias: China's Science-Fictional Imagination, 1900-1910," *Concentric: Literary and Cultural Studies*, 34:2（September 2008）, pp. 37-61; Chuanming Geng, "Old State and New Mission: A Survey of Utopian Literature during the Late Qing Dynasty and the Early Period of the Republic of China," *Frontiers of Literary Studies in China*, 4:3（2010）, pp. 402-424.

　　The new interest in utopias in the late Qing was no doubt prompted by many factors（and lies outside the scope of this paper）. The global circulation of Anglo-American utopian works by Edward Bellamy, Samuel Butler, William Morris, Edward Bulwer-Lytton, H. G. Wells（also the Jules Verne in his way）; Victorian optimism; technological breakthroughs; ethnological appreciation of so-called primitives; and Chinese escapism and fantasies of national recovery and triumph all played a role. The collapse of utopianism after the fall of the Qing is harder to explain, but the point here is that utopian tendencies even without totalistic utopias continued.

democracy and equality were two sides of the same coin. Furthermore, Chen saw this coin as the product and result of liberation, meaning in particular the freedom of the individual, who was to emerge strong and self-assertive. If nowhere else, Chen's utopianism lay in this tendency to reconcile all good: individual-group; liberty-equality; order-democracy. He ruthlessly condemned both old culture and new oppression, but saw a better future coming. At times he problematized the idea of the nation, but even that was swept up into happy news of progress ("civilization").[9]

What was modern civilization? For Chen, it essentially consisted of three elements: the practice of rights, the concept of evolution, and the upsurge of socialism. The modern social system was based on democracy, which meant all persons were equal before the law. Chen acknowledged that inequalities remained in the West in regard to wealth; and, as long as the system of private property remained in place, capitalist oppression would continue. He thus posited the need to complete the "political revolution" with a "social revolution."[10] Europe's socialist movement has not (yet) succeeded in its goals, but governments have at least become aware of the problem of poverty and taken measures to ameliorate it.

---

[9] "Falanxiren yu jinshi wenming"〈法蘭西人與近世文明〉, in Chen Duxiu, *Chen Duxiu wencun*《陳獨秀文存》(hereafter CDWC; Shanghai: Yadong tushuguan, 1927), vol. 1, pp. 11-12. Chen's particular interest in French contributions to modern civilization, a major point of his essay, need not concern us here.

[10] That is, that the French Revolution of 1789 would be "completed" in a sense by the institutionalization of socialism, whether through government reforms or through further violent revolution. Chen was not overly concerned with the problem of revolution at this point. CDWC 1: 13-14.

Chen's famous "Warning to Youth" essay of 1915 suggested that something like utopia was to be found partly in the future, but partly in the present as well. Not "here" in China to be sure, but in an "over there" that was a fictional projection of Chen's imagination.

> It is said that modern European history is "the history of liberation" : the destruction of monarchy represents political liberation; the rejection of religious authority represents religious liberation; the rise of socialist thought represents economic liberation; and political rights for women represents liberation from male authority.

> "Liberation" means gaining freedom from the yoke of slaves in order to become fully human, based on autonomy and freedom. We have hands and feet and so can plan how to feed and warm ourselves; we have mouths and tongues and so can make our preferences clear; we have the capacity for thought and so can exalt what we believe in; *and we absolutely do not allow other people to represent us* and equally should not make ourselves masters by enslaving others. On the basis of recognizing our character as independent and autonomous, all our actions, rights, and beliefs are based on our own knowledge and ability, and absolutely cannot be based on blindly following others.[11]

---

[11] Chen Duxiu, "Jinggao qingnian"〈敬告青年〉, CDWC 1: 3. My italics, for reasons that will become evident.

This was a political program disguised as cultural-historical analysis. In his attacks on Yuan Shikai's monarchical movement, Chen began to express a utopian vision of democracy that he conceived as the precise opposite of Confucianism. He feared the Chinese people were trapped in a Confucian swamp of delusion.[12] But he simultaneously believed they had the capacity to free themselves. What society would look like once they did so, was essentially a congeries of small participatory democracies. The direct participation of all individuals in public life was the core of Chen's utopian vision, which defined his view of the modern state." [13] Autocracies were "false states" that sacrificed the good of the people for the sake of an individual monarch. This kind of prose merely echoed the writings of Liang Qichao from the previous decade. But Chen went further when he demanded that the Chinese people take *direct* charge of their own affairs. It was through political participation that they would achieve their own liberation, or as Chen put it in 1916, "enlightenment." [14]

Whether "constitutional political order" and "citizen politics" can be practiced depends entirely on one basic condition: that a majority of the people are able to consciously understand their

---

[12] That is, that in spite of the 1911 Revolution, they had not absorbed the principles of republicanism. Even after the defeat of Yuan's monarchism — because of the failure of the republican revolutionaries to achieve power in the wake of Yuan's defeat — Chen's tone in 1917 became apocalyptic. See "Jiu sixiang yu guoti wenti"〈舊思想與國體問題〉, CDWC 1: 147-151; and "Jindai Xiyang jiaoyu"〈近代西洋教育〉, CDWC 1: 153-159.

[13] Chen Duxiu "Jinri zhi jiaoyu fangzhen"〈今日之教育方針〉, CDWC 1: 23.

[14] Chen Duxiu, "Wuren zuihou zhi juewu"〈吾人最後之覺悟〉, CDWC 1: 49-56.

active agency as masters in regard to politics. Active agency as masters stems from the people themselves establishing a government, themselves establishing laws and obeying them, and themselves determining rights and respecting them. If agency in a constitutional order lies in the government and not the people, then not only is the constitution merely empty words that can never be enforced, but also the people will not take its guarantees of liberty seriously and will not protect it with their lives. In this way the spirit of constitutional order is completely lost.[15]

Hence Chen's skepticism of the entire notion of representation, as highlighted above. Such constitutional liberalism went beyond the constitutionalist movement of the late Qing while ignoring economic liberalism. In this, it reflected the "new liberalism" of which John Dewey was a preeminent representative. In his extensive series of lectures on "Social and Political Philosophy" given in Beijing, Dewey made the case that ideas about society should be rooted in concrete situations and not airy theory, whether conservative or radical.[16] This was to link the experimental and particularistic methods of the philosophy of pragmatism to the cause of reform. Dewey's explicit opposition to Marxism and revolutionism may have appealed more to his interpreter, Hu Shi, as we will see, than to Chen.

---

15 Chen Duxiu, "Wuren zuihou zhi juewu"〈吾人最後之覺悟〉, CDWC 1: 54.
16 *Duwei wuda jiangyan*《杜威五大講演》（Beijing: Chenbaoshe, 1920）; translated as *John Dewey: Lectures in China, 1919-1920*, ed. and trans. Robert W. Clopton and Tsuin-chen Ou（Honolulu: East-West Center, University Press of Hawaii, 1973）, pp. 45-180.

But Chen did agree with Dewey's denial of grand theories based on binaries—such as the people vs. the government, the individual vs. society—in favor of communication and gradual consensus-building among individuals and interest groups. Dewey claimed that only democracy best guaranteed social and political stability, fostering the unity of a social organism.

Dewey's own views on democracy were fairly utopian; he argued that nature (or reality) as described by modern science was in accord with the democratic objectives of human beings.[17] This was virtually a metaphysical case for democracy, or at least a claim that metaphysics must fail to construct a case against democracy. Dewey suggested that although traditional philosophy had sought for absolutes and was intertwined with feudal thought, there was a link between rise of modern experimental science and democracy. "Liberty," Dewey said, pointed to a "universe in which there is real uncertainty and contingency," never complete and always in the making, and hence a universe that was, to a degree, open to human will.

> Now whatever the idea of equality means for democracy, it means, I take it, that the world is not to be construed as a fixed order of species, grades or degrees. It means that every existence deserving of the name of existence has something unique and irreplaceable about it, that it does not exist to

---

[17] John Dewey, "Philosophy and Democracy," in *The Middle Works, 1899-1924* (Carbondale, IL: Southern Illinois University Press, 1982) vol. 11 , pp. 41-53.

illustrate a principle to realize a universal or to embody a kind
or class. As philosophy it denies the basic principle of atomistic
individual as truly as that of rigid feudalism.[18]

Three decades earlier, in one of his first writings on democracy,
Dewey had concluded that "democracy is an ethical idea, the idea of a
personality [to be developed freely by all persons to their potential], with
truly infinite capacities, incorporate with every man. Democracy and the
one, the ultimate ethical ideal of humanity, are to my mind synonyms." [19]
All good government allows all members of society to obtain their fullest
development by finding their proper place in society, but only democracy
allows them to find their own places. "The end is not mere assertion of the
individual will as individual; it is not disregard of law, of the universal; it
is complete realization of the law, namely of the unified spirit of the
community.... and individualism of freedom, of responsibility, of initiative
to and for the ethical ideal, not an individualism of lawlessness."
Regarding people as innately social, and society as an "organism" that
possesses a common will, Dewey did not deny the existence of "struggle
and opposition and hostility" but insisted democracy was more than
majority rule. As members of the organism, citizens are wholly sovereign.
The organic metaphor, for Dewey, represented the reciprocal relations of

---

18　John Dewey, "Philosophy and Democracy," in *The Middle Works, 1899-1924*,
　　vol. 11, p. 52.
19　John Dewey, "The Ethics of Democracy" (1888), *The Early Works, 1882-1898*
　　(Carbondale, IL: Southern Illinois University Press, 1969), vol.1, pp. 227-249;
　　quotes from pp. 248, 232, 243-244.

its parts, and not some kind of hierarchy. He thus denied the "delegation theory" of government, insisting that democracies could not be divided into governors and governed but precisely insofar as they were organic, were unified.

Dewey's notion of democracy never rested on the rejection of positive freedom. Scholars have noted the influence of Hegel on Dewey's early thought as well as Dewey's lingering Christianity.[20] There are also echoes of Rousseau's general will in Dewey's organismic interpretation of democracy, and probably coincidental reverberations with Mencius, at least in terms of humanity's inherent sociability. As for Rousseau, Dewey firmly rejected the notion of the social contract, which he found not only ahistorical but also philosophically mistaken insofar as it regarded persons as essentially atomistic individuals. Nonetheless, aside from his debts to Rousseau's theories of education, Dewey's vision of democracy as based on communication and consensus was at least approximately Rousseauean, and Rousseau had already been welcomed among Chinese intellectuals.

Just before his prolonged visit to China, Dewey gave a series of lectures in Japan that became a major work, "Reconstruction in Philosophy." [21] Dewey wanted to show why pragmatism was superior to

---

[20] Richard J. Bernstein, "Dewey's Vision of Radical Democracy," in ed. Molly Cochran, *The Cambridge Companion to Dewey* (Cambridge, UK: Cambridge University Press, 2010), p. 291. In his later thought, Dewey consistently criticized metaphysical idealism.

[21] John Dewey, "Reconstruction in Philosophy," *The Middle Works, 1899-1924*, vol. 12, pp. 77-201.

previous philosophies. Here, however, I focus on Dewey's comments on democracy. Not surprisingly, Dewey linked modernity—"the new science and its industrial applications" —to the fall of feudal institutions, urbanization, and finance capital, all resulting in "emancipating the individual from bonds of class and custom and in producing a political organization which depends less upon superior authority and more upon voluntary choice...contrivances of men and women to realize their own desires." [22]

To define democracy, Dewey described the conditions of what he termed pluralism: a field of social activity restricted neither to the state nor the individual, as in traditional theory, but which therefore "demands a modification of hierarchical and monistic theory." [23] Dewey did not in fact have much to say about conflict, but seemed to assume that goods will be enhanced as they are mutually communicated and shared precisely through numerous associations and organizations. And social experimentation is intrinsic to the process through which society develops so that all its members fulfill their capacities. Democracy in this sense is social, not political, and it is deeply liberal.

The best guarantee of collective efficiency and power is liberation and the use of the diversity of individual capacities in

22 John Dewey, "Reconstruction in Philosophy," *The Middle Works, 1899-1924*, vol. 12, pp. 103-104.
23 John Dewey, "Reconstruction in Philosophy," *The Middle Works, 1899-1924*, vol. 12, p. 196.

initiative, planning, foresight, vigor and endurance. Personality must be educated.... Full education comes only when there is a responsible share on the part of each person, in proportion to capacity, in shaping the aims and policies of the social groups to which he belongs. This fact fixes the significance of democracy.... It is but a name for the fact that human nature is developed only when its elements take part in directing things which are common, things for the sake of which men and women form groups—families, industrial companies, governments, churches, scientific associations and so on.[24]

In his Beijing lectures in 1919, Dewey said relatively little about democracy or liberalism directly. But he spoke about the conditions, nature, and limits of democracy. He eventually reached the point he could offer a strong critique of authoritarianism in social and cultural as well as political systems. For according to Dewey authoritarianism obstructed rather than developed "the common life," that is, "a life of free communication, social intercourse, mutual empathy, and the exchange of all sorts of valuable things." [25] It was this social good, not democracy as such, that represented the highest value for humanity, in Dewey's view, but democracy better fostered all those traits associated with the common life.

---

[24] John Dewey, "Reconstruction in Philosophy," *The Middle Works, 1899-1924*, vol. 12, pp. 199-200.

[25] *Duwei wuda jiangyan*, p. 34; cf. John Dewey, *Lectures in China*, p. 90. Dewey criticized institutions like the caste system and the patriarchal family as well as dictatorial government.

Furthermore, it is authoritarian societies that are more prone to disintegration, because they depend on force rather than consent—which results from the free exchange of ideas and the building of consensus that define democratic societies. Some of these notions were long familiar to Chinese intellectuals, but Dewey offered an unusually clear explanation of how individual freedom and social cohesion depended on one another.

Democracy as a process of building consensus; society as an organism composed of free and equal parts or members; skepticism, at least, of "delegation" ; even perhaps the crucial nature of communication: these Deweyan themes might have been explicitly designed to appeal to Chen Duxiu. The highpoint of Chen's appreciation of participatory democracy came in his 1919 essay, clearly inspired by Dewey, "The Basis of Democratic Practice." Even though—or because—Chen did not regard democracy as the ultimate goal, this is the arena his utopianism received its biggest play.[26] The ultimate goal was the improvement of "social life," Chen echoed, a project not timeless in the sense that a static perfection would be reached, but timeless in the sense it was a never-ending project. Thus, Chen stated, progress in politics, economics, and morality marks the

---

26 Chen Duxiu, "Shixing minzhi de jichu"〈實行民治的基礎〉, CDWC 2: 373-389. While Chen's acceptance of the social reformism of the Deweyan presentation of democracy may have been temporary, his democratic utopianism lingered. Other scholars have instead emphasized Chen's lack of commitment to liberal democracy, see Benjamin I. Schwartz, *Chinese Communism and the Rise of Mao* (Cambridge, MA: Harvard University Press, 1951), pp. 21-23; and Lee Feigon, *Chen Duxiu: Founder of the Chinese Communist Party* (Princeton: Princeton University Press, 1983), pp. 144-146.

never-ending improvement of social life. While claiming that the "social question" was now paramount, Chen actually devoted most of this essay to the political question.[27] However, it is also true that democratic politics and democratic economics were indivisible for Chen, who cited Dewey's thought as an example of the evolution of the concept of democracy in the West from the purely political sphere to other spheres.

This is a well-known essay and will not be further described here except to note that it was in this essay that Chen most explicitly argued that democracy and social equality are two sides of the same coin. A system that represents the will of the people, according to Chen, rests on the abolition of economic and gender distinctions, which would promote individual freedoms. He was skeptical of representative institutions precisely because "constitutional limits of powers" and "representative institutions to express the people's will" leave liberty rights (*ziyouquan* 自由權)—necessary to people's livelihoods—in the hands of the few. True democracy, according to Chen, means that the constitution is directly determined by the people, and that they use the constitution to establish limits on powers and use republican institutions to carry out people's will in accord with the constitution: "in other words, destroying the distinction between ruler and ruled as the people themselves are simultaneously both

---

[27] Commenting on the Chinese neglect of "the social question" (economic problems), Chen noted that a focus on political questions was to be expected, due to the failure of the Republic to keep its promises. "Shixing minzhi de jichu," CDWC 2: 376.

rulers and ruled." [28] Engaging in a perilous balancing act, Chen emphasized that he was not opposed to constitutionalism—parliaments, cabinets, good government, infrastructure, provincial and county self-government—but that all of these political forms needed to be built on the foundation of true democracy in order to develop properly.[29] Democracy (*minzhi*)—"direct and real self-governance and associations of the people" —had to be built from the bottom up. The alternative was bureaucratic rule which might be competent but could never be democratic.

At the height of the May Fourth movement, Chen saw hope in the numerous grassroots organizations that had sprung up. They offered a basis to allow persons to act of out the demands of their consciences, awaken the people, and plan a unified march toward democracy. However, Chen's true utopianism can been seen in the other parts of his scheme.[30] First, he urged that associations be kept small. "Self-government" (*zizhi* 自治) should begin with villages and townships; in cities, with neighborhoods; in unions, with particular sets of workers. All adult men and women are to meet together and directly participate. This would avoid,

---

[28] Chen Duxiu, "Shixing minzhi de jichu," CDWC 2: 375-376.

[29] Chen Duxiu, "Shixing minzhi de jichu," CDWC 2: 378. Contrary to Tse-tsung Chow (*May Fourth Movement*, p. 231), I doubt Chen was thinking primarily of such specific institutions as initiative, referendum, and recall (as advocated by Sun Yat-sen), but rather in more general terms of truly direct, if necessarily local, participatory democracy. If so, he was simply following Dewey's description of Rousseau's notion of the general will—*Duwei wuda jiangyan*, pp. 89-90; Robert Clopton and Tsui-chen Ou, *John Dewey: Lectures*, p. 144.

[30] Chen Duxiu, "Shixing minzhi de jichu," CDWC 2: 382-387.

in Chen's view, the problems of minority rule and corruption. And it would nourish the organizational abilities of the people, encourage thinking about the public good, and foster involvement in public affairs. Citing Dewey approvingly, Chen claimed that one point of democracy was to educate people: so they become involved in their communities; and once involved, learn how to support the political sphere. Local groups would focus on immediate needs, such as education (schools, reading rooms), elections, roads, public hygiene, and in rural areas grain storage, water, and pests. And occupational associations would attend to education (night schools, reading rooms, popular lectures), credit unions, public hygiene, insurance (health, old age, unemployment, and the like), consumer unions, employment contacts, leisure, and so forth. Thus Chen pointed not to great but vague causes like anti-imperialism but to those steps that free and voluntary groups could take immediately.

Chen's utopian impulses thus flowered in his vision of democratic participation, his belief that healthy human associations could take form inside the larger corpse of a dead society, and his faith in "making habits" that would eventually ensure that political and economic organizations of a larger scale would not fall under the domination of minorities. At this point, Chen shared the general consensus that China could avoid class struggle even as it avoided the worst evils of capitalism. He foresaw the relatively peaceful elimination not only of the current divisions between rich and poor, but also of national divisions and of sexual divisions.

The liberal utopian impulse in modern China: Hu Shi

Hu Shi's vision of liberal democracy was quite different from that of Chen Duxiu, yet Hu Shi's understanding of politics was also infused with utopian impulses, and many of Hu's ideas can also be heard in conversation with Dewey. Hu was disgusted by the revival of Confucianism and talk of "Eastern spirituality" that had arisen by the early 1920s. By way of contrast, he insisted that Western civilization had produced not only material wealth but also a superior understanding of the spiritual life than Chinese had ever reached. It is as if Hu had seen utopia in the West (the United States particularly), and it worked. Some of this was rhetorical overkill, as Hu himself was aware.[31] Hu did not change his fundamental argument depending on his audience, but writing in Chinese he harped on the backwardness of "daily life," infuriated that talk of "Eastern spirituality" justified not just poverty but the indignities heaped on the poor. In Hu's historical vision, the premodern West was much like

---

[31] Hu Shi did note his tendency to emphasize America's strong points and ignore its real weaknesses and problems. See "Meiguo de furen: zai Beijing nüzi shifan xuexiao jiangyan"〈美國的婦人：在北京女子師範學校講演〉, in Ji Xianlin 季羨林, ed., *Hu Shi quanji*《胡適全集》(hereafter "HSQJ"; Hefei: Anhui jiaoyu chubanshe, 2003), vol. 1, pp. 618-632. In this 1918 lecture Hu insisted that he did despise Westerners looking down on the Chinese and that when he was in US he emphasized good points of Chinese culture. Nonetheless, he did not think the Chinese were in a position to criticize others, and when in China he wanted to raise the strong points of other civilizations for the Chinese to learn from.

the premodern East and, alas, the East's contemporary form. With the breakthrough of the scientific method, the West was able to create a modern world that the East should now emulate. For Hu, therefore, the key distinction was not East versus West. Since civilizational values were mutable, any such distinction was at best temporary. Rather what mattered was the distinction between tradition and modernity, or in other words, between religious superstition and science.

In his 1926 essay on "Our Attitudes toward Modern Western Civilization" Hu demolished the argument that the West was materialist while the East spiritual.[32] He did not merely base a defense of material civilization on a utilitarian calculation of happiness, he denied that the material-spiritual dichotomy made any sense in the first place. *All* civilizations are *both* material and spiritual. By the material, Hu meant ways of controlling natural forces; by the spiritual, he meant the intelligence, sentiments, and ideals of a people.[33] In this way, Hu implied that the source of civilization was spiritual: human intelligence invented

---

32 Hu Shi, "Women duiyu xiyang jindai wenming de taidu" 〈我們對於西洋近代文明的態度〉, HSQJ 3: 1-14. Hu's major complaint was with complaisant Chinese, but he was no happier with Westerners who, disillusioned in the wake of World War One, turned against science. In the English version of this essay, Hu snapped that Europeans had no reason to be so depressed; their condemnations of Western materialism and their veneration of Eastern spiritual qualities were "gratifying the vanity of Oriental apologists and thereby strengthening the hand of reaction in the East" — "The Civilizations of the East and the West," pp. 25-41 in Charles A. Beard, ed., *Whither Mankind: A Panorama of Modern Civilization* (New York: Longmans, Green & Co., 1928), p. 25.

33 Hu Shi, "Women duiyu xiyang jindai wenming de taidu," HSQJ 3: 2.

the material ways to deal with the environment. But equally, it is material
sufficiency that allows spiritual development.

> We deeply believe that spiritual civilization is necessarily built
> on material foundations. In raising the material enjoyment of
> humans and in increasing the material convenience and ease of
> humans, we are headed in the direction of liberating the
> capabilities of humans and allowing human spirit and
> intelligence not to be entirely devoted to mere survival but
> allow them to satisfy spiritual needs.[34]

For Hu, then, the West is not materialist in the crass sense of the word
but idealistic and even spiritual because of its strong material foundations.[35]
Hu praised what he considered the Western view that the goal of life is
happiness and therefore that poverty and illness were evils. The result was
an emphasis on production and commerce that provided people with
medicines, sanitation, transportation, art, and an orderly society.

John Dewey, from the perspective of American technological
supremacy and his own escape from childhood religiosity, also noted the
frequently-heard lament that "the development of the material civilization
leads to the corruption of morality and blocks the development of spiritual
civilization." However: the advocates of this view "fail to realize that
while such 'materials' are aspects of material civilization, its

---

34 Hu Shi, "Women duiyu xiyang jindai wenming de taidu," HSQJ 3: 3.
35 Hu Shi, "Women duiyu xiyang jindai wenming de taidu," HSQJ 3: 4-5.

breakthroughs nonetheless provide the basis for spiritual civilization. It is because material civilization can bring all social relations ever closer that it not only refers to material aspects but also provides the basis for a spiritual and moral life." [36] This aside came in a lecture on economics and the notion of the division of labor, which Dewey treated as a feature of the organic nature of society, and hence the basis of civilization.

> First, the life of knowledge, thought, and the spirit can raise the value of social life. Second, the life of knowledge, thought, and the spirit may be considered the basis of social life. In regard to the first point, human beings are not animals, only interested in eating, drinking, and sex. It is necessary to include knowledge, thought, and the spirit in the lives of human beings to transform them and bring their [animal] appetites into accord with civilized standards and not merely live by satisfying their appetites.[37]

Dewey never suggested that the material achievements of the West were due to any innate or racial qualities; he emphasized the historical role of science in improving morality. Somehow, the "influence of scientific progress on morality led to new hopes, new believes, and the enlargement

---

36 Duwei, "Shehui zhexue yu zhengzhi zhexue", p. 46; cf. John Dewey, *Lectures*, pp. 102-103.
37 Duwei, "Shehui zhexue yu zhengzhi zhexue," p. 111; cf. John Dewey, *Lectures*, p. 164.

of the scope of morality." [38] Dewey was *not* saying that material progress in and of itself led to moral or spiritual improvement, but rather that both sets of changes stemmed from a common cause: the progress of science and in particular the changes in "methods of thinking" that it engendered. Nor, for that matter, did Dewey simply condemn "old morality" or dismiss the dangers of scientific progress. Though he did not speak to the issues raised by the mass violence of World War I, he did acknowledge the evils of capitalism. But Dewey's fundamental point remained that regardless of the dangers of scientific progress, it had given people confidence in their ability to shape their shared future.

In addition to the influence of "new hopes and courage" on moral life, Dewey pointed to a "new honesty" that stemmed from the scientific method and understanding of Nature. Until recently, without modern science, not much truth was even possible, and social harmony was often valued above the truth. Not incidentally, Dewey was attacking old customs and "superstition." But perhaps more to the point, Dewey saw no reason not to apply the scientific method to social questions; the key was to isolate problems and bring out the facts and discuss them publically.[39] The "new honesty" thus frees people from their selfish interests and partial perspectives. Dewey（along with other pragmatists）has been accused of the sin of "scientism" —the belief that the scientific method can solve all

---

[38] Duwei, "Jiaoyu zhexue"〈教育哲學〉, *Duwei wuda jiangyan*, pp. 61-62; cf. John Dewey, *Lectures*, pp. 237-238. See also Barry Keenan, *The Dewey Experiment*, pp. 39-42.

[39] Duwei, "Jiaoyu zhexue," p. 68-69; cf. John Dewey, *Lectures*, pp. 242-243.

problems capable of solution and that non-scientific viewpoints are invalid.[40] This seems overstated to me, but the point here is that Chinese audiences would have heard that the scientific method was the proper way to analyze social and even ethical problems, and offered the correct road forward. The utopian impulse behind this vision of a road forward is clear: ultimately, no problem is insoluble, even if all solutions are tentative, temporary, and gradual.

In his two lectures on William James, Dewey emphasized that "knowledge" for James stemmed from the interaction between environment (stimulus) and organism (response), and functioned to determine appropriate responses.[41] Perhaps of most immediate interest in an otherwise quite abstract lecture was Dewey's emphasis on the role of will—the active pursuit of knowledge—and attack on pure skepticism. For truth emerges from the test of predictions, which, when accurate and useful, are true: experimentalism rather than absolute truth. Dewey's examples implied this was a matter of daily life, not laboratory science, but was also a new approach that the new scientific age would ratify. Thus in another lecture Dewey simply reduced the scientific method to

---

40 The issues are explored in David Hollinger, "The Problem of Pragmatism in American History," *Journal of American History*, 67:1(June 1980), pp. 88-107; Peter T. Manicas, "Pragmatic Philosophy of Science and the Charge of Scientism," *Transactions of the Charles S. Peirce Society,* 24: 2(spring 1988), pp. 179-222.

41 Duwei, "Xiandai de sange zhexuejia" 〈現代的三個哲學家〉, in *Duwei wuda jiangyan*, pp. 1-19; cf. John Dewey, *The Middle Works, 1899-1924*, vol. 12, pp. 205-220.

experimentation （*shiyan*） or, "a method for uniting the functions of the mind and the phenomena of nature through human action." [42] For example, performing various actions on a metal to determine if it is gold. Dewey was not, of course, speaking of random actions but forming plans （testing hypotheses） in a process that leads ever on through cycles of new facts, new hypotheses, and new tests. He insisted that the experimental method was both conservative and progressive—if traditional theories turn out to be worthwhile, they should be conserved, but it also encourages change.[43] And: "There is no true knowledge without action." [44]

While Dewey's experimentalism was crucial for Hu Shi and whatever scientism might be ascribed to Dewey, it is critical also to note another of Dewey's asides: "Genuine freedom, in short, is intellectual; it rests in the trained *power of thought*, in ability to 'turn things over,' to look at matter deliberately, to judge whether the amount and kind of evidence requisite for decision is at hand, and, if not, to tell where and how to seek such evidence." [45] For the alternative, that is irrationality, is "to foster enslavement."

Hu Shi similarly never attributed any kind of essential superiority to

---

[42] Duwei, "Jiaoyu zhexue," p. 71; cf John Dewey, *Lectures*, p. 246.

[43] Duwei, "Jiaoyu zhexue," p. 76-77; cf John Dewey, *Lectures*, pp. 249-250.

[44] Duwei, "Jiaoyu zhexue," p. 72; cf John Dewey, *Lectures*, p. 247. The scientific method Dewey described in these talks was largely a simplified version of his 1910 work *How We Think*, a two-hundred page work that was both a guide for teachers and a description of the thought process, particularly but not only of children—*The Middle Works, 1899-1924*, vol. 6, pp. 177-356.

[45] John Dewey, *How We Think*, p. 232 （italics in original）.

the West, but rather assumed that the East (China) had somehow simply fallen behind in a universal developmental process. In other words, there was a single path to modern civilization. Hu did not claim that it was the intention of modern civilization to improve moral standards and even create a new religion, but that was its effect. How did this happen? The European explorers of the fifteenth and sixteenth century may have been pirates and thieves, but their merchants who followed them opened up new lands, opened up the human imagination, and created new wealth. The industrial revolution that followed created new forces of production.

> In the course of two to three centuries, material enjoyment gradually increased and humanity's empathy gradually enlarged. This enlarged empathy became the basis of a new religion and morality. As the self sought liberty, the self also considered the liberty of others, so not only did liberty mean not transgressing the liberty of others, but also progressed to the point of seeking liberty for the greatest number of people. The benefits enjoyed by the self became the benefits to be enjoyed by [all] people, and so the philosophers of utilitarianism advocated the standard of the "greatest happiness for the greatest number" for human society.[46]

The notion of universal empathy shows that Hu's utopian impulse went beyond the merely technological. Moreover, Hu linked sociopolitical

---

[46] Hu Shi, "Women duiyu xiyang jindai wenming de taidu," HSQJ 3: 9-10.

systems to material progress as well. He claimed that the "religious creed" of the eighteenth century had already evolved into that of "liberty, equality, and fraternity." And after the mid-nineteenth century, socialism. Thus the West's "spiritual civilization" which, if hardly perfect, nonetheless represented real accomplishments toward bringing ordinary people into political participation, the emancipation of women, and moves toward equality and liberties under the law. The trend toward socialism in the nineteenth century, Hu said, had come about as a reaction to the evils of individualism and the cruelties of capitalism. "Men of vision realized that the capitalist system of free competition could not achieve the goals of true 'liberty, equality, and fraternity.'" [47] If modern Western civilization was initially built on basis of the right to pursue individual happiness and the sacrality of property rights, a new knowledge of property as partly social in nature led Westerners, in Hu's estimation, to institute political reforms such as income and inheritance taxes. The rise of the labor movement led to further reforms: factory inspections, hygiene, protections for child and women workers, minimum wages, regulation of working hours and bonuses, workers' insurance, unemployment insurance, progressive taxes, and so forth. "This is the new religion and morality of socialization." [48]

By "socialization" (*shehuihua* 社會化), Hu meant something more than socialist policies. He was pointing to a new kind of spiritual existence—one closely related to his notion of "humanization" (*renhua* 人

---

[47] Hu Shi, "Women duiyu xiyang jindai wenming de taidu," HSQJ 3: 11.
[48] Hu Shi, "Women duiyu xiyang jindai wenming de taidu," HSQJ 3: 12.

化). Until recently, Hu thought, humanity had been subject to Nature's whims, unable to discover its secrets or resist its ferocity.[49] People understandably lacked confidence in their own powers and sought to placate natural forces. But today people have conquered Nature. People fly high in the air, dive deep in the seas, can see far away constellations and tiny microbes. Humanity is now "master of the world." Here, it was not science as such that gave Hu's thought a utopian thrust. It was that he sought to turn science into a new religion. At the very least, Hu said that religious ideas had to be in accord with rational judgment and evidence.

> Today we do not fantasize about heavens and paradises, but we should think about creating a "kingdom of joy" on earth. We do not fantasize about eternal life but we should build strong and vigorous people on earth.... We may not lightly believe in the omnipotence of the Lord, but we believe that the scientific method is omnipotent, and that the future of humanity is limitless. We may not believe that the soul is indestructible, but we believe that human dignity (*renge* 人格) is sacred and that human rights are sacred.[50]

Thus religion would be humanized and a modern system of morality socialized.

This is the "humanization" of religion; but most importantly modern

---

49 Hu Shi, "Women duiyu xiyang jindai wenming de taidu," HSQJ 3: 7-8.
50 Hu Shi, "Women duiyu xiyang jindai wenming de taidu," HSQJ 3: 8-9.

moral-religion become "socialized."

Unlike other utopian thinkers, Hu did not base his prediction of utopia on a putative natural human kindness. Rather, he traced the rise of empathy to the material abundance of modern civilization. Hu Shi's general optimism and his utopian impulses blended together in ways that make the distinction unusually difficult to sort out. Hu's utopian impulse is seen most clearly in his belief that through science a world of material abundance leads to a virtually perfect society—that is, ongoing processes of "socialization" and "humanization." But the utopian impulse is also seen in the steadfastness of his faith in gradual promotion of democratic institutions. He did not deny the problems of functioning democracies such as corruption and power-mongering. Nonetheless, Hu not only believed that progress toward democracy was historically inevitable (or at least probable), but also that democracy served as a kind of single-root solution to China's problems. Here is the heart of the utopianism of Hu's democratic thought, devoid of revolutionism as it was.[51] Hu's was a kind of processual utopia, happiness emerging from the endless, if experimentally jerky, road of progress.

The liberal utopian impulse in the Chinese Revolution

The teleology of revolution may misleadingly exaggerate the

---

[51] See inter alia Hu Shi, *"Zhengzhi gailun* xu"〈政治概論序〉, HSQJ 2: 415-420.

differences between Chinese liberals and Marxists, real though they were. From the conservative point of view, Marxists are merely liberals who have taken the next step. Conservatives blame liberals for harming the existing regime and making Marxism possible. Marxists, not least Marx himself, particularly detested liberals as mealy-mouthed, undisciplined compromisers. Insofar as liberals regard themselves as non-ideological, opposed to the rigid dogmas of left and right, they themselves share this view in a certain sense—proud of seeing nuance and the advantages of peaceful compromise. Marxists, including Mao Zedong, regarded liberals as their chief enemy precisely because liberals shared some of their views and values and thus threatened the purity of revolutionary endeavor, whereas conservatives, "reactionaries," and imperialists were out in the open. Liberalism, in this view, marks psychological and moral pusillanimity, not political principles.

The utopianism of Marxism, though denied in orthodox Marxism, is too obvious to need further comment here. The utopian impulse of liberalism *in* the Chinese Communist Revolution, however, is worth a final comment. Liberalism did not disappear with the triumph of Marxism. Chen Duxiu's final turn from Leninism to a liberal reading Trotskyism is an example of commitment to liberal principles in the name of "proletarian democracy." [52] The chief aim of the concept of permanent revolution as

---

52 In the wake of the anti-Communist purges, Chen went underground in Shanghai, where he began reading Trotskyist theory in 1929. The most thorough account is Zheng Chaolin, "Chen Duxiu and the Trotskyists," in Gregor Benton, *China's Urban Revolutionaries: Explorations in the History of Chinese*

Trotsky first developed it was to explain how, contrary to Marx, revolution could occur in a backwards country like Russia.[53] Whilst Lenin postulated that the route to revolution in colonized and semi-colonized countries would involve the segment of the native bourgeois which was opposed to imperialism, Trotsky came to emphasize the ties of both native bourgeoisie and feudal（agrarian）elites to the capitalist world order. Revolutionary energy could thus only come from workers and peasants. The key point here is that Trotsky claimed "permanent revolution" would combine the revolutionary tasks of building democracy and socialism rather than sorting them out into different stages. This was not liberalism, since

Trotskyism, 1921-1952（Amherst: Prometheus Books, 1996）, pp. 124-202; and see Gregor Benton, *China's Urban Revolutionaries*, esp. chap. 6; Gregor Benton, "Editor's Introduction," in Chen Duxiu, *Chen Duxiu's Last Articles and Letters, 1937-1942*, ed. and trans. Gregor Benton(Honolulu: University of Hawai'i Press, 1998）, pp. 11-30; Peter Kuhfus, "Chen Duxiu and Leon Trotsky: New Light on Their Relationship," *China Quarterly*, 102(June 1985）, pp. 253-276; Wang Fan-hsi, *Chinese Revolutionary: Memoirs 1919-1949*, trans and ed. Gregor Benton（Oxford: Oxford University Press, 1980）, pp. 121-126; Zheng Chaolin, *An Oppositionist for Life: Memoirs of the Chinese Revolutionary Zheng Chaolin*, ed. and trans. Gregor Benton（Atlantic Highlands, NJ: Humanities Press, 1997）, p. 229; and Lee Feigon, *Chen Duxiu*, pp. 196-204.

In 1931 Chen helped establish a Left Opposition group with ties to Trotsky, though the exceedingly small number of Chinese Trotskyists remained divided among themselves. According to Gregor Benton, a key step in Chen's progress toward becoming a Trotskyist in 1929 was his final acceptance of the notion of "proletarian dictatorship as an immediate goal of the revolution"（*China's Urban Revolutionaries*, p. 32）. My focus here, however, is on Chen's later thought.

[53] Trotsky considered that Marxism *had* predicted the Russian Revolution as a bourgeois revolution. Leon Trotsky, *The Permanent Revolution and Results and Prospects*（New York: Merit Publishers, 1969）, p. 180.

"democracy" for Trotsky largely referred to the Leninist concept of the "democratic dictatorship of the proletariat and peasantry." [54] But compared to Marx and Lenin, Trotsky made a greater effort to think through mass participation in the political processes of the revolution.[55]

This was to prove inspirational for Chen Duxiu. Chen's thinking about democracy evolved throughout the 1930s. It eventually led him back to liberalism, though a liberalism firmly based on socialist revolution. Chen began with a more or less orthodox Marxist view of history:

Of course democracy does not transcend classes, and what is normally called democracy is in fact only bourgeois democracy.... While it remains under the control of the bourgeoisie and has not yet seized political power, the proletariat should use this sharp tool of the bourgeoisie without any niceties to deal with the bourgeoisie, to sweep away obstacles to the proletariat's entrance on to the political stage, and to bring about the conditions for their own class liberation.... The endpoint of bourgeois democracy becomes the starting point of proletarian democracy, which is to say the starting point of the preservation of the political power of soviets and a government of rights and liberties acquired by the majority of the popular, the laboring

---

54 Leon Trotsky, *The Permanent Revolution and Results and Prospects*, pp. 69-74.
55 For Trotsky's evolving views, see Leon Trotsky, *Problems of the Chinese Revolution*, trans. Max Shachtman(Ann Arbor: University of Michigan Press, 1967); *Leon Trotsky on China*, eds. Les Evans and Russell Block (New York: Monad Press, 1976).

masses.[56]

Over the course of the decade, however, Chen reemphasized the progressive nature of bourgeois democracy. Chen distinguished a kind of true or even—protestations notwithstanding—a transcendent democracy from bourgeois democracy.[57] Chen traced democracy from the popular assemblies of pre-state clan societies to the struggle of the new bourgeois class of the modern period against the autocracy of monarchs and aristocrats. In saying that bourgeois democracy was narrower than proletarian democracy, Chan was in effect saying that proletarian democracy will broaden bourgeois democracy as bourgeois democracy had broadened what came before it. Hence, if democracy did not precisely transcend class, it nonetheless evolved progressively as a new mode of production replaced the older. Chen said that democracy "developed in tandem with history" in historical stages.[58] The bourgeois revolution's "task" is to replace the minority rule of kings and nobles with that of the majority through elected assemblies. This task remains unfulfilled but today, at least, revolutionary forces throughout the world are pushing it to completion. Indeed, completion of this "bourgeois democratic revolution"

---

[56] Chen Duxiu, "Women zai xianjieduan zhengzhi douzheng de celue wenti"〈我 們在現階段政治鬥爭的策略問題〉, in eds. Lin Zhiliang 林致良, Wu Mengming 吳孟明, and Zhou Lüqiang 周履鏘, *Chen Duxiu wanniang zhuzuoxuan*《陳獨秀晚年著作選》(hereafter CDXWZ; Hong Kong: Tiandi tushu youxian gongsi, 2012), pp. 40-41.

[57] Chen Duxiu, "Dui guomin huiyi kouhao"〈對國民會議口號〉, CDXWZ, p. 250.

[58] Chen Duxiu, "Wuchan jieji yu minzhu zhuyi"〈無產階級與民主主義〉, CDXWZ, pp. 410-415（quote from p. 410）.

will lead to the socialist revolution.

In the sense that Chen wrested the democratic revolution away from the bourgeoisie he might still be regarded as a Trotskyist.[59] But as socialism is being achieved, there is no turning back: and here Chen moved beyond Trotsky, if he did not directly contradict him:

The moment we seize power is precisely the start of the era of our carrying out of our democratic platform, not its termination. We need to say that at that time we cannot limit ourselves to a democratic platform, while we still cannot say it can be discarded. The platform and slogan of democracy that we use is our goal, not a mere method. Democracy is the antidote for the poison of bureaucratism. It is not inescapably incompatible with socialism. After the proletariat gets power, it will not discard democracy but rather expand it. In replacing bourgeois democracy with proletarian democracy, it will extend the narrow democracy of the bourgeoisie to the masses, who are the large majority of the nation and who have been exploited and oppressed. This is quantity transformed into quality, and parliament into soviet, and as well the government of the majority of the people will continue to expand to become the government of the whole people.[60]

---

59 Chen Duxiu, "Wuchan jieji yu minzhu zhuyi", CDXWZ, pp. 411-412.
60 Chen Duxiu, "Wuchan jieji yu minzhu zhuyi", CDXWZ, p. 414.

And by 1940, Chen had broadened his definition of democracy to include specific liberties. He now insisted that the "concrete content" of proletarian democracy was the same as that of bourgeois democracy: that all citizens have the freedoms to assemble, form associations, speak, publish, and go on strike.[61] In a letter to a younger Trotskyist in 1940 Chen further explicated the "true content of democracy," which included, in effect, checks on the powers of any government as well as freedoms inherent in the people.[62] Chen listed: no organ has the right to arrest people outside of the court system; there can be no taxes without political participation; the government may not levy taxes without legislative approval; oppositions parties have the freedom to organize, speak, and publish; workers have the right to strike; peasants have the right to till the land; there must be freedom of thought and religion; "and so forth."

It is not that Chen had abandoned his commitment to Marxist revolution as he understood it, but sought to push that revolution in a democratic direction. He had not, in other words, simply returned to his liberal position of the 1910s, but the utopian impulse behind that position had revived. The Chinese revolution was to shuck off this liberal utopian impulse soon enough. Still, it had echoes in Mao Zedong's "new

---

[61] Chen Duxiu, "Wo de genben yijian"〈我的根本意見〉, CDXWZ, pp. 436-440; translated as "My Basic Views" in *Chen Duxiu's Last Articles and Letters, 1937-1942*, ed. and trans. Gregor Benton（Honolulu: University of Hawai'i Press, 1998）, pp. 70-74.

[62] Chen Duxiu, "Gei Lianggen de xin"〈給連根的信〉, CDXWZ, pp. 472-474; "Letter to Liangen," in *Chen Duxiu's Last Articles and Letters*, pp. 59-61.

democratic" promises of cross-class cooperation and bourgeois rights in the late 1930s and 1940s.[63]

New Culture liberalism in comparative perspective

The notion of "Chinese liberalism" has struck many inside and outside of China as an oxymoron or an irrelevancy. But in fact concepts of liberty and equality, democracy and civil society were broached in the late Qing and came together in the politically tumultuous 1910s and 1920s. Chinese liberals, basing their ideas on an evolving synthesis of strands of Confucian and Western political thought, sought to encourage the development of a stable political system that would also be free. Their particularly utopian interpretations of liberalism became part of the global circulation of political thought. The cases of Chen Duxiu, who became a founder of the Chinese Communist Party, and of Hu Shi, who later became Chiang Kai-shek's ambassador to the United States, certainly raise questions about their liberalism. However, for several reasons it is pointless to throw them out of the liberal club. Chen's vision of personal and class liberties, which came to assume institutional form, and Hu's commitment to building a constitutional order on the political norms of the day, display something of the range of Chinese liberal ideas both partook of liberalism because of the utopian impulse behind them, not in spite of it.

---

63 See e.g., Mao Zedong, "On New Democracy" [1940], in Stuart Schram, ed., *Mao's Road to Power: Revolutionary Writings, 1912-1949* (Armonk, NY: M. E. Sharpe), vol.7, pp. 330-369.

Let us put the question more generally. First, unless liberalism is going to be defined strictly in terms of its formulations in the nineteenth century—which in fact is impossible—then it is best understood as a family of ideas that are distinct but overlapping in different contexts: that is, time, place, and individual (and individual text) may be shaped by different concerns but still belong to the same ideological family. Historically, Chinese liberalism is distinct in its consistent suspicion of the view that the public interest can be derived from the sum of individual interests, and its skepticism of the view that elections can reliably choose good people for office, but optimistic its faith in the human capacity for individual improvement and sociality. "Chinese liberalism" is thus a form of liberalism in China and not a deformed political doctrine; Chinese liberals' support for state-building is in no way foreign to liberalism. And second, the question of describing a political theory, concept, or ideology must be divorced from our own teleology and self-idealization. Much of the earlier emphasis on the limitations of liberalism in China stemmed from a sense that liberalism had failed to perform the function it was meant to; and indeed that liberals had misperceived their function. But these charges, if not unfounded, miss the point of what liberalism in China actually did do.

Chinese liberalism is unique—like the liberalism in any nation—but it nonetheless cannot be understood outside of its global context. Globalization has created an international intellectual class whose members are capable of speaking to one another. Globalization has not solved problems of incommensurable languages and assumptions, but it has created good-enough shared vocabularies. Globalization has not solved unequal power relations within this international intellectual class, and it has exacerbated the inequalities between centers and peripheries. But it has created *global conversions*. Incidentally, some peripheral discourses have become major forces in global discourse, such as Gandhian non-violence or Maoist class struggle. However unequal the participants in these discourses, they are not one-way sources of influence and repression.[64] It is the globalization of the present-day that shows how this methodology may apply to earlier periods as well.[65]

The complexities involved in trying to grasp conceptual context can scarcely be exaggerated. As Reinhart Koselleck remarked, "The original contexts of concepts change; so, too, do the original or subsequent meanings carried by concepts. The history of concepts may be reconstructed through studying the reception, or, more radically, the translation of concepts first used in the past but then pressed into service by later generations…. With more or fewer, greater or smaller deviations from earlier meanings, concepts may continue to be used or reused. Although such variations may be either marginal or profound, linguistic

---

[64] A preliminary examination of the global circulation of ideas is Samuel Moyn and Andrew Sartori, eds., *Global Intellectual History* (New York: Columbia University Press, 2013); and see David Armitage, "The International Turn in Intellectual History," in Darrin M. McMahon and Samuel Moyne ds., *Rethinking Modern European Intellectual History* (Oxford: Oxford University Press, 2014), pp. 232-252.

[65] Historical methodology is distinct from that of comparative philosophy, which can abstract ideas from any context, e.g., Aristotle-Mencius.

recycling insures at least a minimum degree of continuity." [66] Can we substitute "different nations" for "later generations," thereby giving new force to the image of linguistic recycling? As Quentin Skinner has long pointed out, texts (and speeches) emerge only in given language-contexts that are simultaneously constricting and enabling.[67] New ideas emerge in the interplay and extension of concepts, since language-contexts are never completely closed. This creates hermeneutical traditions, and regardless of whether we then see in these traditions the evolution (history) of concepts or only see uses of concepts in specific discourses, the text's power (though not its meaning) derives from its reception. But hermeneutical traditions are never closed. The notion of translingual practice highlights how originally distinct hermeneutical traditions become intertwined through the circulation of ideas.[68] Lydia Liu rightly pointed to the need for

---

[66] Reinhart Koselleck, "A Response to Comments on the *Geschichtliche Grundbegriffe*," trans. Melvin Richter and Sally E. Robertson, in Hartmut Lehmann and Melvin Richter, eds. *The Meaning of Historical Terms and Concepts: New Studies on Begriffsgeschichte* (Washington, D.C.: German Historical Institute, 1996), pp. 62-63.

[67] See inter alia Quentin Skinner, "Some Problems in the Analysis of Political Thought and Action," *Political Theory*, 2:3(1974), pp. 277-303; and the essays in James Tully, ed., *Meaning and Context: Quentin Skinner and His Critics* (Cambridge: Polity Press, 1988).

[68] Lydia H. Liu, *Translingual Practice: Literature, National Culture, and Translated Modernity—China 1900-1937* (Stanford: Stanford University Press, 1995). Here is the key definition: "The study of translingual practice examines the process by which new words, meanings, discourses, and modes of representation arise, circulate, and acquire legitimacy within the host [source] language due to, or in spite of the latter's contact/collision with the guest [target] language" (p. 26).

scholars to be more self-reflective about the process of translation (of concepts as well as terms; in particular of essentializing categories), while in practice working around incommensurability.[69] But the danger here is that translingual practice continues to reify "cultures" or the differences among civilizations, whereas in my view it is more useful to think of incommensuability as both always-real and yet always-overcome through the ongoing search for good-enough equivalents: phrases if not terms, essays if not phrases. Rather than reifying cultures and performing "cross-cultural" comparative work, we can analyze cross-cutting discourses that are based on different sets of conditions. Translingual practice offers valuable insights as far as it goes, but we can also learn a lot from "forgetting"—forgetting the one-sided relationship between source language and target language, and so enable outselves to set up conversations. The artificiality of such conversations (in some cases) is compensated by the insights we gain into the construction of discourses in the several contexts. The problem of incommensurability is relativized, as we realize the differences between the "democracy" of James Madison and Abraham Lincoln are as important in their way as the differences between the "freedom" of, say, Chen Duxiu and John Stuart Mill.

It is difficult to define liberalism in a way that forces it into the straightjacket of incommensurability. This becomes clearer if we start not with an abstract definition but the question of what was liberalism

---

[69] What Liu calls, "tropes of equivalent in the middle zone of interlinear translation" — Lydia H. Liu, *Translingual Practice: Literature, National Culture, and Translated Modernity—China 1900-1937*, p. 40.

supposed to do, or the problem it was intended to solve. A recent book by Edmund Fawcett on liberalism in the West locates its origins in the early nineteenth century, as a reaction against the disorder of the revolutions of the late eighteenth century.[70] Taking a capacious approach to defining liberalism, Fawcett focuses precisely on what liberals did rather than on the exact content of their ideas. Fawcett thus looks to variations on a formula of conflict, resistance, progress, and respect.[71] The short answer to the question above is, like other ideologies of the day, liberalism proposed to construct a modern state.

Though utopianism is not Fawcett's concern, he emphasizes that while particular liberals might be tempted by utopian visions from time to time, in essence their view of progress never reached to a future when the conflicts of interest between people （or classes, nations, etc.）were all

---

[70] And in part a response to the reactionary politics that followed those revolutions in England and the Continent. Edmund Fawcett, *Liberalism: The Life of an Idea* （Princeton: Princeton University Press, 2014）, p. 5: "Liberals hoped for an *ethical* order without appeal to divine authority, established tradition or parochial custom. They hoped for *social* order without legally fixed hierarchies or privileged classes. They hoped for an *economic* order free of crown or state interference, monopoly privileges, and local obstacles to national markets. They hoped for an *international* order where trade prevailed over war and treaty prevailed over force. They hoped last for a *political* order without absolute authorities or undivided powers that all citizens might understand and accept under lawful arrangements honoring and fostering those other hopes." Fawcett admits that elements of liberalism can be found here and there in pre-modern times and especially in the Enlightenment, but insists—rightly, in my view— that the doctrine really came together only in the nineteenth century.

[71] Edmund Fawcett, *Liberalism: The Life of an Idea*, p. 10.

reconciled, nor when power, whether of state or economic actors, could be entirely trusted. For Fawcett, then, liberalism and utopianism are incompatible. Yet as noted at the beginning of this essay, liberal pluralism does not rule out the utopian impulse in the formulation of a doctrine that was, after all, precisely designed to regulate conflict. This is to say that liberalism is a distinctively modern ideology of power. Turning to China, one can find elements of liberalism in the Confucian tradition, as several scholars have strenuously suggested; in my view, a recognizably coherent liberalism emerged in the late Qing period from the 1890s through new interest in the nature of the state. Late Qing thinkers such as Liang Qichao were certainly trying to forge a new ideology of power, one that broke with what was now understood as despotism. But liberalism in China only recognized itself as liberalism in the 1910s. It too, was a reaction to revolution, of a sort; that is, a reaction to what was seen as the failure of the Revolution of 1911. Liberals asked: Now that the revolution produced dictatorship, how do we rethink the transition from the old imperial order to a modernizing republic?

This interest in power has caused many historians to cast a skeptical eye on liberalism in China. The history of modern Chinese liberalism has particularly attracted attention at two moments. Western scholars in the 1960s and 1970s and Chinese scholars since the 1990s each offered new appraisals of the liberals of the 1910s and 1920s. Scholars in the West looked to the "failure of liberalism" as part of the explanation for the success of Communism, while scholars in China have been establishing a genealogy of Chinese liberalism, often with some reference to the late

Ming but always with consideration of the New Culture movement's adaptations of Western notions of freedom, individuality, democracy, pragmatism, socialism, and so forth. To this, I would add that an appreciation of the utopian aspects of Chinese liberalism changes our views of liberalism. Previous scholarship has largely neglected the utopianism of Chinese liberalism.[72] Scholars have noted its presence here and there, but there are few systematic studies. One reason for this neglect is that if, from Liang Qichao and Yan Fu to Chiang Kai-shek and Mao Zedong, many modern thinkers displayed utopian impulses, few figures identified themselves as utopian thinkers.[73] Zhang Hao's illuminating but brief study illustrates how a more thorough examination of utopian thought in modern China might be done, but it remains a preliminary anlaysis.[74]

---

[72] Thomas A. Metzger, *A Cloud Across the Pacific: Essays on the Clash between Chinese and Western Political Theories Today* (Hong Kong: Chinese University Press, 2005), discussed below, is the exception that proves the rule.

[73] If utopianism is defined as a textual genre, to the best of my knowledge there were no utopias written between late Qing fiction and the *Datongshu* and perhaps the emergence of science fiction at the end of the century. Lao She's *Cat Country* (1933) was in genre a classic dystopia.

[74] Zhang Hao 張灝, "Zhuanxing shidai Zhongguo wutuobang zhuyi de xingqi"〈轉型時代中國烏托邦主義的興起〉, *Xinshixue*《新史學》,46:2 (June 2003), pp. 1-42. This article is the most acute and complete analysis of utopianism in what Chang calls the transitional period (c. 1895-1925). Chang explore the traditional and Western intellectual sources used by the creators of what he called two types of utopianism, hard and soft. The former category, represented by thinkers such as Tan Sitong, Liu Shipei, and Li Dazhao essentially refers to their belief in the imminence of a utopian world and their revolutionism. The latter category, represented by Kang Youwei and Hu Shi, refers to their gradualist approach. Nonetheless, Chang does not show how specific

Western scholars in the 1960s examined Chinese liberalism largely through the lens of the so-called "loss of China." In response to the Cold War view that American failures allowed an international Communist conspiracy to seize control of China, scholars such as Harvard's John King Fairbank and Benjamin Schwartz emphasized the indigenous roots and strengths of the Chinese Communist Party. Part of that story became the failure of Chinese liberals and Chinese liberalism. And part of the story of the failure of Chinese liberalism was not only the anti-liberalism of the Marxists but the authoritarianism of the Nationalists in the 1930s. In a word, a scholarly consensus emerged that liberalism had failed in China because it simply could not find any way to lay down roots in a society racked by long-term imperialism, civil war, invasion, vast poverty, illiteracy, and so on. Also, some scholars felt that Chinese liberals were not liberal enough, or didn't really understand liberalism in the first place. That is, there never was *real* liberalism in China, only a sort of flawed "Sino-liberalism." Writing with real respect for China's liberals, Fairbank nonetheless concluded, "While Western liberals took due process of law for granted and sought power if at all only by legal means, Chinese liberals found no way either to create a rule of law or to control military power. They lacked the security of private property even when they came from well-to-do backgrounds." [75]

---

emotional-intellectual reaction to crisis shaped the specific utopian impulses of these thinkers.

[75] John King Fairbank, *The Great Chinese Revolution, 1800-1985* (New York: Harper & Row, 1987), p. 186. The term "Chinese liberalism" (as opposed, say,

Such views were not limited to Western scholars, of course. Yin Haiguang 殷海光, arguably China's most important liberal voice of the 1940s（and beyond, in Taiwan）, concluded that Chinese liberalism had been "congenitally deformed" and, open to attacks from both the right and the left, unable to develop.[76] Yin acknowledged that the objective conditions for development of liberalism in China did not exist, but he also charged liberals with a failure to consider the needs of the whole society as opposed to the liberation of the individual. In Yin's view, liberal individualism understandably sought to free the individual from the overweening ethical obligations of Confucianism and familism, but also it easily mutated into escapism, resting on certain Daoist and Buddhist premises. Liberals were thus unable to rally popular demands for freedoms.

Western scholars at the time perhaps paid greater attention to problems of translation. Benjamin Schwartz's classic intellectual biography of Yan Fu highlighted a tension between Yan's search for national "wealth and power" on the one hand and the liberal values he also found in Montesquieu, Mill, and Spencer. Thus Schwartz found that "the strictly

---

to "liberalism in China"）might seem to imply a kind of disability, or at least difference. But at the same time, the term usefully avoids the task of deciding whether Chinese liberalism was a valid variant of liberalism while essentially positing an equivalence between, say, "Western liberalism" and "Chinese liberalism" and other geographical formulations.

76 Yin Haiguang 殷海光, "Ziyou zhuyi de quxiang"〈自由主義的趨向〉, in *Zhongguo wenhua de zhanwang*《中國文化的展望》（Taipei: Wenxing shudian, 1966）, pp. 291-371.

liberal aspects of Yan Fu's vision must be considered as a part of the whole—as a means to an end. Herbert Spencer, Adam Smith, and, to a certain extent, John Stuart Mill have convinced him that the energies which account for the West's development are stored up in the individual and that these energies can be realized only in an environment favorable to individual interests. Liberty, equality (above all, equality of opportunity), and democracy provide the environment within which the individual's 'energy of faculty' is finally liberated. From the very onset, however, Yan Fu escapes some of the more rigid dogmatic antitheses of nineteenth-century European liberalism" (that is, such as individual-society). And Schwartz thus concluded, "How profoundly rooted is his variety of liberalism? In the final analysis one may assert that what has *not* come through in Yan Fu's perception is precisely that which is often considered to be the ultimate spiritual core of liberalism—the concept of the worth of persons within society as an end in itself, joined to the determination to shape social and political institutions to promote this value." [77] This notion

---

[77] Benjamin Schwartz, *In Search of Wealth and Power: Yen Fu and the West* (Cambridge: Belknap Press of Harvard University Press, 1964), p. 240. More recent work has moved Yan Fu studies in stimulating directions. If Millsian individualism was regarded skeptically in East Asia, such had actually been the case in England and America as well, based on unacknowledged premises of the bourgeois capitalist state. Douglas Howland, *Personal Liberty and Public Good: The Introduction of John Stuart Mill to Japan and China* (Toronto: University of Toronto Press, 2005). And if we take Yan Fu seriously as a political thinker, we may find a liberalism that emphasized positive freedom based on Confucian ethical ideals. Max Ko-wu Huang, *The Meaning of Freedom: Yan Fu and the Origins of Chinese Liberalism* (Hong Kong: Chinese

of a binary opposition between nationalism and liberalism informed the later work of Vera Schwarcz and, in China, of Li Zehou 李澤厚.[78]

We should also note a view of liberalism in China in the 1920s and 1930s that saw it as less of a political program and more a "habit of mind" —not liberal escapism but a resistance to ideological straitjackets of both right and left, despising mass parties and perhaps also mass consumerism. In this view, liberalism was depoliticized. It emphasized private pursuits, but it still had a connection to society: liberal intellectuals saw themselves as bears of progressive cultural values that would in time form the basis of a liberal political order.[79] Schwartz's student Jerome Grieder concluded,

---

University Press, 2008). Yet Huang also points to Yan's failure to fully appreciate the importance of competition in Millsian liberalism and especially Yan's faith, which would not have been shared by Mill, that the free individual would live according to Confucian ethical ideals. That is, Yan believed "in the practicability of institutionalizing a fully enlightened and moral political regime promoting 'positive freedom'…. and that "China's government would play a, or even the, major role in forming a society made up of citizens who would feel, be, and act as human being should" (p. 258). As opposed to Schwartz, Huang writes that Yan Fu was not an imperfect transmitter of Western liberalism; rather, "He not only partly misunderstood Mill but also followed convictions of his own which diverged from Mill's beliefs. He was not only a translator but also an astute and vigorous political thinker confidently 'adopting and rejecting' (*qushe*) the native and the Western ideas in his intellectual world…." (p. 249).

[78] Li Zehou 李澤厚, "Qimeng yu jiuwang de shuangchong bianzou"〈啓蒙與救亡的雙重變奏〉, in *Zhongguo xiandai sixiang shilun*《中國現代思想史論》(Taipei: Sanmin shuju, 1996 [1986]) pp. 3-39; Vera Schwarcz, *The Chinese Enlightenment: Intellectuals and the Legacy of the May Fourth Movement of 1919* (Berkeley: University of California Press, 1986).

[79] Jerome B. Grieder, *Intellectuals and the State in Modern China: A Narrative History* (New York: Free Press, 1981), chap. 6.

"In the circumstances which prevailed in China, the defeat of liberalism as a philosophy of government, or as an accepted set of norms governing the transaction of public business, is less remarkable in retrospect than is the stubborn persistence of intellectual professionalism and, as a corollary, of liberal skepticism as a style of political criticism directed against the ideological enthusiasm of unequivocally illiberal regimes." [80] Written with a kind of respect for individual liberals similar to Fairbank's, this is nonetheless to reduce the function of liberalism to critique. More substantively, as Grieder noted elsewhere, "Liberalism failed in China, in short, because Chinese life was steeped in violence and revolution, and liberalism offers no answers to the great problems of violence and revolution." [81] Still, the criticism of liberals as insufficiently committed to their political cause, remains hovering in the background. Scholarly consensus at least implicitly accepted the view that the liberals' efforts to stand in between the Guomindang and the CCP were doomed by the liberals' own limitations as well as external political realities. Cai Yuanpei's support for the GMD in the anti-Communist purges of the late 1920s, Hu Shi's acceptance of an ambassadorship—these were alliances with an authoritarian political beast, incompatible with the position of a disinterested public intellectual.

Interest in liberalism disappeared from most scholarship on China

---

[80] Jerome B. Grieder, *Intellectuals and the State in Modern China: A Narrative History*, p. 337.

[81] Jerome B. Grieder, *Hu Shi and the Chinese Renaissance* (Cambridge, MA: Harvard University Press, 1970), p. 345.

over the 1970s, as a new generation of New Left scholars more vehemently rejected Cold War analyses. Their premise was that, if from the beginning liberalism was a dead end, other topics were more worth investigation. Interest shifted to understanding the origins and the evolution of radicalism in China in its own terms, so to speak. (This phenomena was also related to the triumph of social history over intellectual history.) In time, scholars influenced by postmodernism and postcolonialism further developed the traditional socialist critique of liberalism as anti-democratic and repressive.

Utopianism and the ambiguities of failure

The Western scholar who has done most to take both Chinese liberalism and utopianism seriously is Thomas Metzger. Broadly speaking, Metzger finds that liberalism was one of four main Chinese ideologies in the twentieth century: "Sunism, Chinese Marxism, Chinese liberalism, and modern Confucian humanism." [82] And he believes all of these ideologies

---

[82] Thomas Metzger, *A Cloud Across the Pacific*: see inter alia pp. 16, 383. The taxonomy of modern Chinese political thought lies outside this article. But I would rather generalize that liberalism evolved out of the late Qing constitutional movement, and was then replaced by Marxism. Sunism, which possessed both liberal and illiberal tendencies, and Confucianism did less to infuse general political discourse but were more confined to particular constituencies. Conversely, a more detailed taxonomy would include the four schools of thought mentioned by Metzger but also need to take note of the Buddhist revival, fascism, anarchism, guild socialism; it would differentiate the distinct varieties of liberalism and Marxism, the latter including Stalinism, Trotskyism, and Maoism; and would take note of the shifting boundaries and

were infused with that he calls "epistemological optimism." By this term, Metzger essentially refers to the belief that knowledge—moral as well as technical—is available to a number of persons especially equipped to discover it, and as a corollary that those persons can rectify the state and should lead society.[83] Creating the perfect state is thus a practical goal, the essence of Chinese utopianism.

> Convinced that the corrigible state could be a vehicle of progress free of selfish interests and tyrannical tendencies, they saw no need to accept any risk of moral-intellectual dissonance. Thus they all insisted on a utopian, Rousseauistic ideal of a government fusing together knowledge, morality, political power and an effective concern with the freedom of the individual. …they all looked to an intellectually guided transformation of "Chinese culture" and the resulting use of the educational system to produce morally and intellectually reformed citizens. These citizens would realize what Isaiah Berlin had called "positive freedom." [84]

Even Chinese liberals, according to Metzger, believed that "it is a basically definitive theory, that its implementation in the West has greatly reduced the impact of selfishness and irrationality on public life," and that if liberal utopianism in China seems relatively moderate, it still derives

---

overlaps among these schools of thought.
83 Thomas Metzger, *Cloud across the Pacific*, esp. chap. 1.
84 Thomas Metzger, *Cloud across the Pacific*, pp. 383-384.

socio-moral standards from supposedly objective, rational truths.[85]

Metzger contrasts this fundamental cultural disposition to "epistemological pessimism," which he associates with the modern West and which entails thorough-going skepticism about truth claims, a tragic view of history and human potential, and a turn to the negative freedoms of markets rather than reliance on leaders（who are always fallible）. Schematically, Metzger's argument is that democracy depends on liberal values, and liberal values ultimately depend on a skeptical rather than optimistic view of human goodness. Utopianism, in this view, is dangerous or at best a dead end. Whether Chinese culture failed to produce a sense of "dark consciousness" is not the issue here.[86] Rather, the question is one of the extent and effect of a utopian mind-set; specifically, is Chinese liberalism utopian as Metzger would have it, or merely informed by a utopian impulse?

There are several problems with Metzger's position. The all-encompassing ideal of selflessness that, in different ways, arguably does describe Maoists and the New Confucians, is certainly a key to Chinese utopianism. But it was not important for all thinkers in China, or was only a secondary concern. Distrust of government was deeper than Metzger acknowledges, seen not only in the anarchist movement but in widespread proposals for self-governing associations at various levels of society, as the case of Chen Duxiu among many illustrates. Metzger barely acknowledges

---

85 Thomas Metzger, *Cloud across the Pacific*, p. 29; see also pp. 91-95.
86 Zhang Hao 張灝, *You'an yishi yu minzhu chuantong*《幽暗意識與民主傳統》（Taipei: Lianjing, 1993）.

the calls both strident and sober for individualism and liberation. Nor, as Jiwei Ci has pointed out, does Metzger analyze the actual functions of freedom in Western societies, where, for example, it is capable of producing conformity as well as license.[87] Whether in China or a Western nation, freedom functions in different ways to simultaneously achieve two objectives: individual agency and social order. A more pressing issue for my purposes, is Ci's refutation of Metzger's equation of epistemological optimism with utopianism.[88] For regardless of their putative epistemology, generations of Chinese thinkers and political actors looked back to centuries of highly non-utopian reality: and had come to the understanding that utopian hopes were not in fact realistic or practicable. Therefore, in Ci's terminology, what Metzger took to be an enduring utopianism in Chinese discourse was in fact an ideological discourse. That is, a discourse affirming that status quo; as for example, optimism about the morality of elites functions to legitimate their claims to authority. We may also question whether epistemology is simply all that important in understanding political movements.[89]

---

[87] Jiwei Ci, *Moral China*, pp. 66-68.

[88] Jiwei Ci, *Moral China*, pp. 73-76.

[89] See also Jiwei Ci, *Moral China*, pp. 78-79. And I see two further problems with Metzger's analysis. First, from a methodological point of view, it seems useless to categorize all Chinese thinkers as utopians: the category does not lead to any analytical insight (in itself, this does not contradict Metzger's truth claims but renders them uninteresting). In Metzger's case the point is to contrast modern China to the modern West, where, he says, Chinese-style utopianism did not exist. Rather, Western utopias were advocated by social critics who did not believe they were practical (but presumably functioned as social critique),

Still, we are left with a major question. In his writings of the 1990s Metzger believed that "modern Chinese dynamism...entailed a kind of utopianism at odds with the functional requirements of modernization." [90] Although I am not quite sure whether Metzger would put it precisely in these terms today, in essence this view remains a widely-shared, commonsensical judgment of utopianism. The fundamental problem with utopianism in this view is that, even if it acknowledges the legitimacy of fallible institutions, it cannot admit that private interests can ever be fully legitimate. Therefore, in thie view, utopianism is incompatible with modernity. It will be seen that this is to define modernity in terms of the capitalist world order. Two further questions then arise. First, are the kind of "modernization" programs favored by Metzger themselves devoid of utopian longings and even possible without their own utopian vision? And second, are we sure that there no alternative to this supposedly level-headed, non-utopian capitalist modernity?

　　Be that as it may, since the 1980s a number of *Chinese* intellectuals

---

while Chinese utopias represented a "radical determination" that they be implemented (Thomas A. Metzger, *Cloud across the Pacific*, pp. 700-701). So, second, Metzger utilizes binary contrasts that are grossly reductionist. In fact, from Fourier to Marx to Bellamy and beyond, Western utopian thinkers have radically sought to implement their goals. Whereas even if many Chinese thinkers displayed a utopian impulse, utopianism was not the real key to their thought (Cai Yuanpei, Hu Shi, and as Metzger mentions, Yan Fu); furthermore, the greatest utopian, Kang Youwei, may or may not have believed his goals could all be implemented, but he sought to avoid radicalism in his political life.

90 According to his own account. Thomas A. Metzger, *Cloud across the Pacific*, p. xxii; and see p. 392.

and writers identify themselves as liberals, and so the question of liberalism is back on the historical agenda.[91] Of course, it is not only liberals who are interested in the history of liberalism, but many liberals have written on their intellectual forebears. It is beyond the scope of this essay to offer more than a few generalizations about the historical views of contemporary Chinese liberals—a large and motley group. First, the distinction between political liberalism and economic liberalism is critical. "Classical liberalism" —which has today achieved new ideological rigor as "neoliberalism" —joins the two in a regime of property rights and freedom of contract, which limits the role of the state to protection of the former and enforcement of the latter, while it also demands that the state prohibit collective action that might restrain "free markets." [92] It is further

---

91 See Timothy Cheek, *The Intellectual in Modern Chinese History* (Cambridge, UK: Cambridge University Press, 2015), pp. 291-302; Edward X. Gu, "Cultural Intellectuals and the Politics of the Cultural Public Space in Communist China (1979-1989): A Case Study of Three Intellectual Groups," *Journal of Asian Studies*, 58:2 (May 1999), pp. 389–431; Merle Goldman and Edward Gu, eds., *Chinese Intellectuals between State and Market* (London: Routledge, 2004); and Chen Lichuan, "The Debate between Liberalism and Neo-Leftism at the Turn of the Century," *China Perspectives*, 55(Sept.-Oct. 2004), pp. 2-12. See also the brief bibliographical accounts in Yan Runyu 閆潤魚, *Ziyou zhuyi yu jindai Zhongguo*《自由主義與近代中國》(Beijing: Xinxing, 2007), pp. 1-5; and Lin Jianhua 林建華, *1940 niandai de Zhongguo ziyou zhuyi sichao*《1940 年代的中國自由主義思潮》(Beijing: Zhongguo shehui kexue chubanshe, 2012), pp. 1-2.

92 Douglass C. North, John Joseph Wallis, and Barry R. Weingast, *Violence and Social Orders: A Conceptual Framework for Interpreting Recorded Human History* (Cambridge, UK: Cambridge University Press 2009); Friedrich A. Hayek, *The Constitution of Liberty* (Chicago: University of Chicago Press, 1978).

possible to roughly categorize three types of liberals today, in China as elsewhere: those who hold strongly to the link of political and economic liberalism (neoliberalism); those who favor economic liberalism while believing the state should place severe limits on civil society (neo-authoritarianism); and those who favor political liberalism while wishing to regulate markets to a high degree (social democracy). It is the tradition of political liberalism that dominated republican period thought, with its roots in the late Qing and its loose acceptance of socialism. Today, however, liberalism in China certainly includes neoliberalism.[93] By the end of the twentieth century translations of Smith, Hume, Ricardo, Mill, Popper, Hayek, and Friedman were being widely read. Chinese liberalism today also includes an emphasis on positive freedom that is informed by the new Confucian movement, stemming back at least to the 1970s in Hong Kong and Taiwan. Xu Fuguan 徐復觀 and Mou Zongsan 牟宗三, for example, stressed ways in which liberal democracy could be based on Confucian values.

The point here is that many liberals have, working as historians, done much to revive the political thought of the early twentieth century. For example, a generally humanistic approach to liberalism, emphasizing political liberalism, is represented by Xu Jilin 許紀霖.[94] In addition to his writings on contemporary debates and theory, Xu has sympathetically

---

[93] An upbeat view is presented in Ronald H. Coase and Ning Wang, *How China Became Capitalist* (Basingstoke, UK: Palgrave Macmillan, 2012).

[94] Timothy Cheek, "Xu Jilin and the Thought Work of China's Public Intellectuals," *China Quarterly*, 186 (June 2006), pp. 401-420.

discussed historical issues ranging from Liang Qichao's "liberal nationalism" to "May Fourth cosmopolitanism," and an entire range of figures in between.[95] Another prominent example is Jin Guantao 金觀濤, who has done considerable historical work on early twentieth century intellectuals and highlights the construction of a "Chinese-style" liberalism over the course of the 1920s and 30s.[96] Jin rightly emphasizes both the evolution of liberalism in the West and the selective adaption of liberal ideas by Chinese intellectuals.

Other historians have in effect followed Western scholars and Yin Haiguang by emphasizing the "failure" of Chinese liberalism.[97] From a

95 Xu Jilin 許紀霖, "Zhengzhi meide yu guomin gongtongti: Liang Qichao ziyou minzu zhuyi sixiang yanjiu"〈政治美德與國民共同體：梁啓超自由民族主義思想研究〉, in Huang Aiping 黃愛平 and Huang Xingtao 黃興濤, eds., *Xixue yu Qingdai wenhua*《西學與清代文化》(Beijing: Zhonghua shuju, 2008) pp. 733-745; "Wusi: yichang shijie zhuyi qinghuai de gongmin yundong"〈五四：一場世界主義情懷的公民運動〉, in Xu Jilin and Liu Qing 劉擎, eds., *Qimeng de yichan yu fansi*《啓蒙的遺產與反思》(Nanjing: Jiangsu renmin chubanshe, 2010), pp. 16-27; *Zhongguo zhishi fenzi shilun*《中國知識分子十論》(Shanghai: Fudan daxue chubanshe, 2004); *Wuqiong de kunhuo: Huang Yanpei, Zhang Junmai yu xiandai Zhongguo*《無窮的困惑：黃炎培、張君勱與現代中国》(Shanghai: Shanghai sanlian shudian, 1998).

96 Jin Guantao 金觀濤 and Liu Qingfeng 劉青峰, "Shilun Zhongguoshi de ziyou zhuyi — Hu Shi shiyan zhuyi he Dai Zhen zhexue de bijiao"〈試論中國式的自由主義——胡適實驗主義和戴震哲學的比較〉, in eds. Liu Qingfeng 劉青峰 and Cen Guoliang 岑國良, *Ziyou zhuyi yu Zhongguo jindai chuantong*《自由主義與中國近代傳統》(Hong Kong: Chinese University Press, 2001), pp. 167-200.

97 For example, Zhang Shengli 張勝利, *Zhongguo wusi shiqi ziyou zhuyi*《中國五四時期自由主義》(Beijing: Renmin chubanshe, 2011), esp. pp. 6-9; Lin Jianhua 林建華, *1940 niandai de Zhongguo ziyou zhuyi sichao*, esp. pp. 3-5, 291-308; and Gao Like 高力克, "Duwei yu wusi xinziyou zhuyi"〈杜威與五四

Marxist perspective, this was not a bad thing, of course: it was only Marxist revolution that could defeat the forces of imperialism and feudalism and finally bring about successful state-building. The question of whether the failure of liberalism was primarily due to its inherent incompatibility with Chinese conditions or due to the liberals' own elitism and utopianism is still subject to debate. Even more debate-worthy is the question of the long-term impact of the liberal movement of the republican period and its relevance to today. In other words, did liberalism fail beyond any possibility of resuscitation? Or, to ask a more subtle historical question, how has it been shaping modern Chinese political culture over the last hundred years both when it flourished and when it was diminished?

The recent outpouring of historical work on liberalism and something like a Hu Shi fever suggests the centrality of liberalism to the post-Mao order. At a minimum, liberals and anti-liberals alike tend to agree that both in historical practice and in theory, a liberal order depends on a strong state. It makes no sense, for example, to speak of liberal checks on state powers when the state is already weak, much less at times of state breakdown. Since the 1980s, however, Chinese liberals became actors, or at least voices, in a strong state political system. This alone allows liberals to make a strong case for their views. But looking back: precisely because

---

新自由主義〉, in *Ziyou zhuyi yu Zhongguo jindai chuantong*, pp. 289-306. Jin Guantao has also noted the failure of Hu Shi to confront imperialism. Jin Guantao 金觀濤, "Daixu: Ziyou zhuyi yu Zhongguo sixiang guanxi de zaisikao"〈代序：自由主義與中國思想關係的再思考〉, in *Ziyou zhuyi yu Zhongguo jindai chuantong*, pp. vii-x.

the Chinese state of the 1910s and beyond was so weak, Chinese liberalism had a utopian cast. Liberalism under conditions of warlordism and revolution required a double imaginative move: first the premise of successful state-building and construction of a stable social order, and then the creation, virtually de novo, of a political structure that would allow dissent and operate according to constitutional norms.

This is not to suggest that liberalism in China today, in the second decade of the twenty-first century, is in a strong position. Plainly, the era of Xi Jinping is not one favorable to the conditions that would support liberal thinking, much less institutions. Indeed, neither is the era of Trump. In the West, faith in liberalism may have peaked as far back as 1989, with the notion it had seen off its rivals, fascism and communism. Notwithstanding the global reduction of poverty over the last several decades, liberal faith has been in decline at least since the global depression of 2007-8. At least, doubts about globalization and neo-liberalism, revulsion against growing inequality, and tendencies toward political fragmentation are fueling anti-liberal movements in many parts of the world. It may be that the success of liberalism has brought its contradictions to the explosion point.[98] Or it may be that by restoring a sense of utopian possibility to liberalism, liberal values and institutions can be revived.

---

[98] Patrick J. Deenan, *Why Liberalism Failed* (New Haven: Yale University Press, 2018).

Bibliography

Andolfatto, Lorenzo. "Paper Worlds: The Chinese Utopian Novel at the Beginning
of the Twentieth Century, 1902-1910." Ph.D. dissertation, Università
Ca'Foscari Venezia, 2015.

Armitage, David. "The International Turn in Intellectual History." In eds. Darrin
M. McMahon and Samuel Moyne, *Rethinking Modern European Intellectual
History*. Oxford: Oxford University Press, 2014, pp. 232-252.

Bauer, Wolfgang. *China and the Search for Happiness: Recurring Themes in Four
Thousand Years of Chinese Cultural History*. New York: Seabury Press, 1976.

Benton, Gregor, *China's Urban Revolutionaries: Explorations in the History of
Chinese Trotskyism, 1921-1952*. Amherst: Prometheus Books, 1996.

_____. "Editor's Introduction." In Chen Duxiu, *Chen Duxiu's Last Articles and
Letters, 1937-1942*, ed. and trans. Gregor Benton. Honolulu: University of
Hawai'i Press, 1998, pp. 11-30.

Bernstein, Richard J. "Dewey's Vision of Radical Democracy." In ed. Molly
Cochran, *The Cambridge Companion to Dewey*. Cambridge, UK: Cambridge
University Press, 2010, pp. 288-308.

Cheek, Timothy. *The Intellectual in Modern Chinese History*. Cambridge, UK:
Cambridge University Press, 2015.

_____. "Xu Jilin and the Thought Work of China's Public Intellectuals." *China
Quarterly,*186（June 2006）, pp. 401-420.

Chen, Duxiu. *Chen Duxiu's Last Articles and Letters, 1937-1942*, ed. and trans.
Gregor Benton. Honolulu: University of Hawai'i Press, 1998.

Chen Duxiu 陳獨秀. *Chen Duxiu wanniang zhuzuoxuan*《陳獨秀晚年著作選》,
eds. Lin Zhiliang 林致良, Wu Mengming 吳孟明, and Zhou Lüqiang 周履
鏘. Hong Kong: Tiandi tushu youxian gongsi, 2012（"CDXWZ"）.

_____. *Chen Duxiu wencun*《陳獨秀文存》, Shanghai: Yadong tushuguan, 1927（4
vols., "CDXW"）.

Chen Lichuan, "The Debate between Liberalism and Neo-Leftism at the Turn of
the Century." *China Perspectives*, 55（Sept.-Oct. 2004）, pp. 2-12.

Ching, Julia. "Neo-Confucian Utopian Theories and Political Ethics." *Monumenta
Serica,* 30（1972）, pp. 1-56.

Ci, Jiwei. *Moral China in the Age of Reform*. Cambridge, UK: Cambridge

University Press, 2015.

Coase, Ronald H. and Ning Wang. *How China Became Capitalist*. Basingstoke, UK: Palgrave Macmillan, 2012.

Deenan, Patrick J. *Why Liberalism Failed*. New Haven: Yale University Press, 2018.

Dewey, John. *The Early Works, 1882-1898*. Carbondale, IL: Southern Illinois University Press, 1969 (5 vols.).

_____. *John Dewey: Lectures in China, 1919-1920*, ed. and trans. Robert W. Clopton and Tsuin-chen Ou. Honolulu: East-West Center, University Press of Hawaii, 1973.

_____. *The Middle Works, 1899-1924*. Carbondale, IL: Southern Illinois University Press, 1982 (15 vols.).

Duwei 杜威 [John Dewey]. *Duwei wuda jiangyan*《杜威五大講演》. Beijing: Chenbaoshe, 1920.

Fairbank, John King. *The Great Chinese Revolution, 1800-1985*. New York: Harper & Row, 1987.

Fawcett, Edmund. *Liberalism: The Life of an Idea*. Princeton: Princeton University Press, 2014.

Feigon, Lee. *Chen Duxiu: Founder of the Chinese Communist Party*. Princeton: Princeton University Press, 1983.

Gao Like 高力克. "Duwei yu wusi xinziyou zhuyi"〈杜威與五四新自由主義〉. In Liu Qingfeng 劉青峰 and Cen Guoliang 岑國良, eds., *Ziyou zhuyi yu Zhongguo jindai chuantong*《自由主義與中國近代傳統》. Hong Kong: Chinese University Press, 2001, pp. 289-306.

Geng, Chuanming. "Old State and New Mission: A Survey of Utopian Literature during the Late Qing Dynasty and the Early Period of the Republic of China." *Frontiers of Literary Studies in China*, 4: 3 (2010), pp. 402-424.

Grieder, Jerome B. *Hu Shi and the Chinese Renaissance*. Cambridge, MA: Harvard University Press, 1970.

_____. *Intellectuals and the State in Modern China: A Narrative History*. New York: Free Press, 1981.

Goldman, Merle and Edward Gu, eds., *Chinese Intellectuals between State and Market*. London: Routledge, 2004.

Gu, Edward X. "Cultural Intellectuals and the Politics of the Cultural Public Space in Communist China (1979-1989): A Case Study of Three Intellectual Groups." *Journal of Asian Studies*, 58: 2 (May 1999), pp. 389-431.

Hayek, Friedrich A. *The Constitution of Liberty*. Chicago: University of Chicago Press, 1978.

Hollinger, David. "The Problem of Pragmatism in American History." *Journal of American History*, 67: 1 (June 1980), pp. 88-107.

Howland, Douglas. *Personal Liberty and Public Good: The Introduction of John Stuart Mill to Japan and China*. Toronto: University of Toronto Press, 2005.

Hu, Shih. "The Civilizations of the East and the West." In ed. Charles A. Beard, *Whither Mankind: A Panorama of Modern Civilization*. New York: Longmans, Green & Co., 1928, pp. 25-41.

Hu Shi 胡適. *Hu Shi quanji*《胡適全集》, ed. Ji Xianlin 季羨林. Hefei: Anhui jiaoyu chubanshe, 2003（44 vols., "HSQJ"）.

Huang, Max Ko-wu. *The Meaning of Freedom: Yan Fu and the Origins of Chinese Liberalism*. Hong Kong: Chinese University Press, 2008.

Jin Guantao 金觀濤. "Daixu: Ziyou zhuyi yu Zhongguo sixiang guanxi de zaisikao"〈代序：自由主義與中國思想關係的再思考〉. In Liu Qingfeng 劉青峰 and Cen Guoliang 岑國良, eds., *Ziyou zhuyi yu Zhongguo jindai chuantong*《自由主義與中國近代傳統》. Hong Kong: Chinese University Press, 2001, pp. vii-x.

Jin Guantao 金觀濤 and Liu Qingfeng 劉青峰. "Shilun Zhongguoshi de ziyou zhuyi—Hu Shi shiyan zhuyi he Dai Zhen zhexue de bijiao"〈試論中國式的自由主義——胡適實驗主義和戴震哲學的比較〉. In Liu Qingfeng 劉青峰 and Cen Guoliang 岑國良, eds., *Ziyou zhuyi yu Zhongguo jindai chuantong*《自由主義與中國近代傳統》. Hong Kong: Chinese University Press, 2001, pp. 167-200.

Kang Youwei 康有為. "Shili gongfa quanshu"〈實理公法全書〉. In *Kang Youwei quanji*《康有為全集》, eds. Jiang Yihua 姜義華 and Wu Genliang 吳根樑. Shanghai: Shanghai guji chubanshe, 1987, vol. 1, pp. 275-306.

Kelly, Paul. *Liberalism*. Cambridge, UK: Polity Press, 2005.

Koselleck, Reinhart. "A Response to Comments on the *Geschichtliche Grundbegriffe*," trans. Melvin Richter and Sally E. Robertson. In eds. Hartmut Lehmann and Melvin Richter, *The Meaning of Historical Terms and Concepts: New Studies on Begriffsgeschichte*. Washington, D.C.: German Historical Institute, 1996, pp. 59-70.

Kuhfus, Peter. "Chen Duxiu and Leon Trotsky: New Light on Their Relationship." *China Quarterly*, 102 (June 1985), pp. 253-276.

Li Zehou 李澤厚. "Qimeng yu jiuwang de shuangchong bianzou"〈啓蒙與救亡的

雙重變奏〉. In *Zhongguo xiandai sixiang shilun*《中國現代思想史論》. Taipei: Sanmin shuju, 1996.

Lin Jianhua 林建華. *1940 niandai de Zhongguo ziyou zhuyi sichao*《1940年代的中國自由主義思潮》. Beijing: Zhongguo shehui kexue chubanshe, 2012.

Liu, Lydia H. *Translingual Practice: Literature, National Culture, and Translated Modernity—China 1900-1937*. Stanford: Stanford University Press, 1995.

Manicas, Peter T. "Pragmatic Philosophy of Science and the Charge of Scientism." *Transactions of the Charles S. Peirce Society,* 24: 2（Spring 1988）, pp. 179-222.

Mannheim, Karl. *Ideology and Utopia*, trans. Louis Wirth and Edward Shils. New York: Harcourt, Brace and World, 1936.

Mao Zedong, "On New Democracy" [1940], in Stuart Schram, ed., *Mao's Road to Power: Revolutionary Writings, 1912-1949*. Armonk, NY: M. E. Sharpe, vol.7 , pp. 330-369.

Metzger, Thomas A. *A Cloud Across the Pacific: Essays on the Clash between Chinese and Western Political Theories Today*. Hong Kong: Chinese University Press, 2005.

Moyn, Samuel and Andrew Sartori, eds. *Global Intellectual History*. New York: Columbia University Press, 2013.

North, Douglass C., John Joseph Wallis, and Barry R. Weingast, *Violence and Social Orders: A Conceptual Framework for Interpreting Recorded Human History*. Cambridge, UK: Cambridge University Press 2009.

Schwarcz, Vera. *The Chinese Enlightenment: Intellectuals and the Legacy of the May Fourth Movement of 1919*. Berkeley: University of California Press, 1986.

Schwartz, Benjamin I. *Chinese Communism and the Rise of Mao*. Cambridge, MA: Harvard University Press, 1951.

____. *In Search of Wealth and Power: Yen Fu and the West*. Cambridge: Belknap Press of Harvard University Press, 1964.

Skinner, Quentin. "Some Problems in the Analysis of Political Thought and Action." *Political Theory*, 2: 3（1974）, pp. 277-303.

Trotsky, Leon. *Leon Trotsky on China*, eds. Les Evans and Russell Block. New York: Monad Press, 1976.

____. *The Permanent Revolution and Results and Prospects*. New York: Merit Publishers, 1969.

____. *Problems of the Chinese Revolution*, trans. Max Shachtman. Ann Arbor:

University of Michigan Press, 1967.

Tully, James, ed. *Meaning and Context: Quentin Skinner and His Critics*. Cambridge: Polity Press, 1988.

Wang, David Der-wei. *Fin-de-siècle Splendor: Repressed Modernities of Late Qing Fiction, 1849-1911*. Stanford: Stanford University Press, 1997.

Wang, Dun, "The Late Qing's Other Utopias: China's Science-Fictional Imagination, 1900-1910." *Concentric: Literary and Cultural Studies*, 34: 2 （September 2008）, pp. 37-61.

Wang, Fan-hsi, *Chinese Revolutionary: Memoirs 1919-1949*, trans and ed. Gregor Benton. Oxford: Oxford University Press, 1980.

Winter, Jay. *Dreams of Peace and Freedom: Utopian Moments in the Twentieth Century*. New Haven: Yale University Press, 2006.

Xu Jilin 許紀霖. *Wuqiong de kunhuo: Huang Yanpei, Zhang Junmai yu xiandai Zhongguo*《無窮的困惑：黃炎培、張君勱與現代中國》. Shanghai: Shanghai sanlian shudian, 1998.

____. "Wusi: yichang shijie zhuyi qinghuai de gongmin yundong"〈五四：一場世界主義情懷的公民運動〉. In Xu Jilin and Liu Qing 劉擎, eds., *Qingmeng de yichan yu fansi*《啓蒙的遺產與反思》. Nanjing, Jiangsu renmin chubanshe, 2010, pp. 16-27.

____. "Zhengzhi meide yu guomin gongtongti: Liang Qichao ziyou minzu zhuyi sixiang yanjiu"〈政治美德與國民共同體：梁啓超自由主義思想研究〉. In Huang Aiping 黃愛平 and Huang Xingtao 黃興濤, eds., *Xixue yu Qingdai wenhua*《西學與清代文化》. Beijing: Zhonghua shuju, 2008, pp. 733-745.

____. *Zhongguo zhishi fenzi shilun*《中國知識分子十論》. Shanghai: Fudan daxue chubanshe, 2004.

Yan Runyu 閆潤魚. *Ziyou zhuyi yu jindai Zhongguo*《自由主義與近代中國》. Beijing: Xinxing, 2007.

Yin Haiguang 殷海光. "Ziyou zhuyi de quxiang"〈自由主義的趨向〉. In *Zhongguo wenhua de zhanwang*《中國文化的展望》. Taipei: Wenxing shudian, 1966.

Zhang Hao 張灝. *You'an yishi yu minzhu chuantong*《幽暗意識與民主傳統》. Taipei: Lianjing, 1993.

____. "Zhuanxing shidai Zhongguo wutuobang zhuyi de xingqi"〈轉型時代中國烏托邦主義的興起〉. *Xinshixue*《新史學》, 46: 2 （June 2003）, pp. 1-42.

Zhang Shengli 張勝利. *Zhongguo wusi shiqi ziyou zhuyi*《中國五四時期自由主義》. Beijing: Renmin chubanshe, 2011.

Zheng, Chaolin. "Chen Duxiu and the Trotskyists." In ed. Gregor Benton, *China's Urban Revolutionaries: Explorations in the History of Chinese Trotskyism, 1921-1952.* Amherst: Prometheus Books, 1996, pp. 124-202.

____. *An Oppositionist for Life: Memoirs of the Chinese Revolutionary Zheng Chaolin,* ed. and trans. Gregor Benton. Atlantic Highlands, NJ: Humanities Press, 1997.

新文化運動中的自由主義：
跨國概念研究的視角

沙培德

摘要

　　對新文化運動中的中國自由主義的烏托邦方面的考察，不僅顯示了這一時期的樂觀情緒，還突出了中國自由主義者把立憲主義、民主主義和社會主義連在一起的一種傾向。至少自十九世紀初以來，自由主義在全球範圍內是一種高度動態的政治思想模式，而中國自由主義在二十世紀初成為全球自由主義的流通之一部分。中國自由主義者相信個人的價值（主要來源於儒學和西方自由主義的影響），而且想要打破階級、性別甚至民族的障礙。這種烏托邦主義式的人文主義和世界主義與約翰・杜威的思想有許多共同之處，但卻沒有完全接受西方觀點。不過，我們不要誇大中國自由主義中的烏托邦主義；它對國家重要性和穩定的社會秩序的認識並不是烏托邦式的。與此同時，中國自由主義者與當權者合作的意願不是自由主義理論的錯誤所致，也不是背叛自由理想的結果。在不同的國家，自由派試圖將烏托邦概念與和平改革結合起來。在中國「自由主義失敗」的歷史書寫儘管準確無誤，但卻錯過了二十世紀10年代至40年代自由主義在中國的主導地位或至少是在思潮上所扮演的主流角色。在二十世紀初中國的整個意識形態範圍內，自由主義，包括憲政思想在內，直到馬克思主義的勝利之前都是思想的主流。陳獨秀和胡適的案例即表現自由主義在中國現代文化中的中心地位。自二十世紀末以來，中國自由主義的復興部分是基於在新形勢下企圖恢復早期的自由主義傳統。

關鍵詞：自由主義，胡適，陳獨秀，烏托邦主義，新文化運動

【書評及書評論文】

民主的未竟之業：
回顧戰前中國安那其主義研究[*]

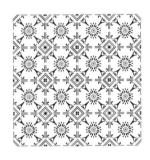

王佩心

臺灣師範大學歷史系碩士，曾於威斯康辛大學麥迪遜分校訪學。嘗試通過區域比較視野和跨域遷徙經驗，如：勞工、難民與士商的亞際交流，來理解近現代東亞地區共享特性與個別差異。研究興趣涵蓋安那其主義理論、亞際移民與民主運動網絡、國族意識與認同、文化轉型與建構。

---

* 撰稿與審查期間，感謝黃克武老師、吳展良老師和審查老師提出許多建議，幫助拙文修訂。拙文中的不足，全責在我，尚請各界不吝指正。

一、前言

　　安那其主義（Anarchism）與共產主義（Communism）為19世紀社會主義思潮中的兩個領導思想，兩股思想主張的競合不僅存在於第一國際與第二國際，也可見於世界各地的社會主義運動中。直到1917年俄國十月革命成功，共產主義席捲全球成為主導的左翼激進思想，共產主義信仰維持到1991年，以蘇聯瓦解象徵著其獨領風騷時代的結束。著名的國族主義研究者本迪克・安德森（Benedict Anderson）以龜兔賽跑寓言，來比喻兩個社會主義思潮的競逐，並且暗示著自1990年代以後，長期屈居劣勢的安那其主義已經重新回到了賽道上，思想的影響力逐漸增加，國際間也陸續出現各種「自由組織」，推動安那其主義主張的民主與自由思想。[1] 與此一政治風潮呼應，全球安那其主義的歷史研究也增添了不少值得稱讚的新著作，幫助人們重新釐清在共產主義聲勢高漲之時，被掩蓋或刪改的安那其運動史。

　　近年一些深具開創意義的著作有：俄國學者華汀・達米爾（Vadim Damier）的英譯本著作《二十世紀的無政府工團主義》為至今對國際工人協會（IWA）最具權威的著作。由史蒂芬・赫許（Steven Hirsch）和范德華特（Lucien van der Walt）共同主編的《殖民和後殖民世界中的無政府主義和工團主義（1870-1940）》，以全球反帝國運動視角理解非洲、南美洲、中亞與東亞地區的安那其工團革命。安德森新編

---

[1] Benedict Anderson, "Forward," in *Anarchism and Syndicalism in the Colonial and Postcolonial World, 1870-1940: The Praxis of National Liberation, Internationalism, and Social Revolution*, ed. Steven Hirsch, Lucien van der Walt（Leiden: Brill, 2010）, xiiv.

修的《全球化時代》，以菲律賓安那其主義者爲切入，串連起的橫跨歐、美與東亞的安那其主義者的反殖民運動。日裔學者 Sho Konishi 以《安那其現代性》爲題，撰寫在日本的日俄安那其主義者運動，告訴世人在日俄政府外交緊張時期，民間日俄知識人之間的密切交往。韓裔學者黃東淵撰述朝鮮安那其主義者在中日朝鮮三地的激進政治運動。[2] 由上述選錄的著作可以看見 2005 年之後國際學界新出版了許多安那其主義研究，並且此類研究多具有全球觀點與跨域特色，雖然並非專門撰寫中國安那其主義的研究，但是許多著作都論及中國安那其主義者在他地的活動，甚至是外籍安那其主義者在中國的事蹟，因而也成爲非常具有參考價值的研究。然而，本文並未意圖深究這些書籍的內容，而是受到上述國際學術成果的啓發，希望能夠重整中國安那其研究的概況。

　　回顧中國安那其主義研究，本文並非開創風氣之作，實際上已有幾篇回顧，介紹了新近刊行的研究著作。例如：安井伸介主題回顧了安那其主義研究的幾個重要議題與相關著作，其中涵蓋特別豐碩的日文研究成果。盧壽亨的博士論文也回顧了大量中、日、韓、英語學界就安那其主義的研究成果，尤其是詳細介紹大陸的著作，包含眾多期

2　Vadim Damier, *Anarcho-Syndicalism in the 20th Century*, trans. Malcolm Archibald（Edmonton: Black Cat Press, 2009）; Benedict Anderson, *Age of Globalization: Anarchists and the Anticolonial Imagination*（New York: Verso, 2013）. 此書爲下述 2005 年書籍的增修版：Benedict Anderson, *Under Three Flags: Anarchism and the Anti-Colonial Imagination*（New York, NY: Verso Books, 2005）; Sho Konishi, *Anarchist Modernity: Cooperatism and Japanese-Russian Intellectual Relations in Modern Japan*（Cambridge, Massachusetts: Harvard University Asia Center, 2013）; Dongyoun Hwang, *Anarchism in Korea: Independence, Transnationalism, and the Question of National Development, 1919-1984*（Albany: State University of New York Press, 2016）.

刊著作以及學位論文。[3]然而，本文的突出之處在於重整過去研究中的
詮釋觀點，歸納出四種中國安那其主義的研究取向，從中理解學術發
展歷程，並藉由中國安那其研究成果為視窗，理解近代中國轉型與革
命經驗。

　　安那其主義（Anarchism），其西文源於希臘文，字意為無領導、
無強權。在中國文獻中，有時譯為「無強權主義」、「無治主義」，或
援用來自日本的借形詞「無政府主義」。本文採用音譯「安那其主
義」，以避免其他翻譯可能造成的狹義聯想。安那其主義興起於19世
紀中葉的歐洲，於世紀之交伴隨其他社會主義傳入中國，最先以暗殺
與破壞手段吸引中國知識人，隨著越來越多譯著的引入，其核心主張
才成為中國轉型社會中的指導性思想：反對社會裏一切壓迫與威權，
主張個體從文化、政治、社會與經濟壓迫中解放，重新組合為人民
「自願」、「自由」與「平等」的社會組織。

　　在1910-20年代，安那其主義發展成中國最為蓬勃、廣泛流行的
思潮，巔峰時期全國各地超過50餘社團，出版物超越80餘種。[4]這些
社團傳播安那其主義思想，宣揚破除傳統與家庭威權，實踐道德與互
助團體生活，推廣工農運動。在清末民初思想文化劇烈動盪的年代，
安那其主義為當時許多學子青年帶來反抗專政的理論與烏托邦社會理
想，然而進入20年代中葉後，卻迅速地流失群眾基礎，最終為馬克

3　安井伸介，《中國無政府主義的思想基礎》（臺北：五南圖書公司，
　　2013）；盧壽亨，〈中韓「安那其主義」運動比較研究〉（南京：南京大學
　　歷史學系博士論文，2012），頁13-22。
4　蔣俊、李興芝，《中國近代的無政府主義思潮》（濟南：山東人民出版
　　社，1991），頁204；李怡，《近代中國無政府主義思潮與中國傳統文化》
　　（武漢：華中師範大學出版社，2001），頁73。

思共產主義所取代，直至抗戰期間僅剩下少數支持社群。從突然興起
到其逐漸喪失號召力，歷程大約30年，時程大致與張灝所提的轉型
時期（1895-1925）相符合，[5]因此也可視爲轉型時期的一個特殊思潮。

　　安那其主義作爲中國革命歷史中的一段插曲，參與了中國革命話
語與理想模型的形塑，但是最終卻沒有實現其理想。中國革命思想的
競爭，最後形成由國民黨與共產黨爭霸的局面，兩黨的意識型態在戰
後的海峽兩岸仍舊長時間的主導了革命歷史的論述，不約而同地，兩
方都大幅忽略安那其主義，甚至將之排除在歷史記憶之外。直至今
日，距離1949年共產革命成功已經68年，雖然許多安那其主義的新
評價與見解問世了，大眾印象與主流論述中，仍然充斥著對於安那其
的負面刻板印象，甚或無所記載。因此，本文希望能夠重整學界至今
的研究成果，說明中國安那其主義研究爲我們理解近代中國的歷史遭
遇，增添了哪些值得深思的新面向。

　　本文以中英日文學界成果爲主，將以四種觀點來歸納學者對於這
場未竟之役的多種詮釋，並試述他們的學術關懷與手法之差異，再綜
合說明至今研究成果、限制和未來展望，最後以中國安那其的研究意
義與啓示作結。期許本文能夠對於有志於近現代歷史研究的學人有點
啓發。

二、毛革命史觀：型態學

　　毛革命史觀研究幾乎主導了戰後初期海內外的中國社會主義思想
研究，此時期的研究是以共產社會爲主要關懷，而安那其主義僅是其

5　張灝，〈中國近代思想史的轉型時代〉，《時代的探索》（台北：中央研究
　　院‧聯經出版公司，2004），頁37-60。

中一個延伸的課題，也因此關懷的問題集中於安那其主義與毛主義之間的關係。而此時的研究者也多懷著左傾意識形態、社會階段論、亞洲停滯觀和主觀意志來研究中國思想，此種強烈的主體式研究直到80年代才逐漸改變。

　　50年代中前，安那其研究處於較爲沉寂狀態，僅有零星的作品。50年代後期到60年代初期，中國大陸受黨政局勢影響，曾經出現一股短暫的批判安那其思想潮流，[6]一些史料編輯工作試圖由理論層面，檢討共產主義優於安那其主義的必然性，另一些論著則從五四激進思想傳播與馬列共產思想的發展角度，來論述安那其思想的過渡性角色。[7]同時，海外左翼知識人也持續關注中國共產政權的發展，焦點集中於中國社會主義革命與毛澤東主義。60年代中葉，國際知識界迎來了一個突來的震盪——中國文化大革命爆發了；中國政治波動刺激了海外研究者進一步思索，新中國的政治特色及毛主義的理論基礎與思想源流。

　　美國著名的毛主義研究學人邁斯納（Maurice Meisner）的系列研究即是來源於此一關懷，他懷著深厚的原典共產主義理論知識來探究中國共產思想的特色。在分析李大釗和毛澤東思想的著作中，邁氏從

6　蔣俊、李興芝，〈建國以來中國近代無政府主義思潮研究述評〉，《近代史研究》，4（北京，1985），頁193。

7　中國人民大學馬克思列寧主義基礎系編，《無政府主義批判（上、下冊）》，（北京：中國人民大學出版社，1959）；中共中央馬克斯、列寧、恩格斯、斯大林著作編譯局研究室，《五四時期期刊介紹》（北京：生活‧讀書‧新知三聯書店有限公司，1958-1959）；蔡章，《五四時期馬克思主義反對反馬克思主義思潮的鬥爭》（上海：上海人民出版社，1961）；丁守和、殷叙彝，《從五四啓蒙運動到馬克思主義的傳播》（北京：生活‧讀書‧新知三聯書店，1963）。

理論層次，分梳了馬克思主義、空想烏托邦主義（Utopianism）、俄國民粹主義（Populism）和李毛兩人思想的異同，從歷史論、意識論、城鄉－工農和資本─帝國主義等等概念，闡釋中國共產主義中所滲入的烏托邦思想元素。[8]雖然他沒有直接論及中國安那其主義，但是他就毛主義與國際社會主義理論的深入剖析，爲後進安那其主義研究者提供了進一步研究中國社會主義思想的基礎。比邁斯納更直接凸顯出安那其主義運動主體性的小書《中國安那其主義運動》，雖然早一步出版，但是它的影響要到十數年後日本學界引介後才顯現出來。[9]

　　戰後初期日本學人的中國學研究主要也是由社會革命史觀出發。他們受到美國爲首的西方學術研究影響非常深遠，其中的一項特色便是應用馬克思唯物史觀來看待亞洲與中國歷史發展的問題。持此觀點，他們視中國近代史爲一部社會演進史：先由王朝封建轉向半殖民半封建，再轉向社會主義階段。[10]辛亥革命也因此成爲了共產革命的一個重要前置階段，吸引眾多學者關注。對戰後初期的日本學界而言，近代中國革命史所展現的獨特現代化路線──批判反省內在傳統與積極抵抗外在侵略，對反思日本戰爭責任、文化結構和現代社會具有深刻意義。[11]狹間直樹撰寫的《中國社會主義的黎明》可以管窺此

8　Maurice J. Meisner, *Li Ta-Chao and the Origins of Chinese Marxism* (Cambridge: Harvard University Press, 1967), pp. 71-90；莫里斯・邁斯，《馬克思主義、毛澤東主義與烏托邦主義》（北京：中國人民大學出版社，2005），頁50-70。（原文書初版發行於1981年）

9　Robert A. Scalapino and George T. Yu, *The Chinese Anarchist Movement* (Westport, Conn.: Greenwood Press, 1980). 1961年初版由加州大學發行。1970年由丸山松幸翻譯成日譯本。

10　邵軒磊，〈「西方」如何影響日本的「中國研究」？──以日本福特基金會論爭爲例〉，《中國大陸研究》，52：3（臺北，2009），頁72。

11　竹內好是爲此種帶有濃烈意識形態與目的性的中國學研究之代表。鈴木將

種馬克思主義史觀和對共產中國的樂觀評價，書中運用了大量的馬克
思式語彙，將辛亥革命到共產運動視爲階段式的進步：由布爾喬亞革
命逐漸向群眾革命的進程。[12]

　　同一時期，丸山松幸和玉川信明注意到了安那其主義在中國革命
中承先啓後的思想角色：中國共產主義一方面是安那其主義的對立面
（antithesis），另一方面又是安那其主義的承繼者。[13] 在《中國近代的革
命思想》中，丸山以劉師培、李大釗、陳獨秀等人與安那其主義思潮
的交融批判，來闡釋中國現代化「國家建構與人民解放」二大課題中
「人民」的面相——即中國從傳統的天下體制中被動的「天人」和
「萬民」思想，向民族國家中具有個別主體性「人民總體」意識轉換
的過程。[14] 丸山認爲安那其主義對毛澤東所產生的深邃影響即反映在
對「群眾」自發性和意志力的信任，最爲顯著的例證即是文革初期毛
澤東所表現出的放任與信心。而此種信任正是陳獨秀在 1921 年與安
那其者論爭中所批判的安那其特性。[15] 玉川信明同樣也肯定毛澤東思
想與中國共產黨混雜了許多安那其的元素。在《中國無政府主義的影
子》中，他認爲毛澤東相信農民運動和「主觀能動性」等等革命方
法，都是淵源於中國安那其思想。[16] 甚至整個共產黨組織都是在安那
其主義的基礎上加以改良，才得以成功建立一個有組織能力與行動效

久，〈竹内好的中國觀〉，《二十一世紀》，83（香港，2004），頁 74-84。

12　狹間直樹，《中国社会主義の黎明》（東京都：岩波書店，1976），頁 197-205。

13　玉川信明，《中国の黒い旗》（東京都：晶文社，1981），頁 292。

14　丸山松幸，《中国近代の革命思想》（東京：研文出版，1982），頁 86-89。

15　丸山松幸，《中国近代の革命思想》，頁 79、88、116-119、248-150。

16　玉川信明，《中国アナキズムの影》（東京都：三一書房，1974），頁 122-123、125-128。

率的政黨。[17]

　　他們兩人的研究都展現了強烈的日本意識，即深深自覺與反省日本在中國革命中的影響與角色。[18]丸山意識到近代中國從反思現代性到貶抑傳統的思潮變化，是與排滿、五四、抗日各階段的現實壓力和民族主義抗爭對象互相交織在一起。而日本在這過程中扮演了不可迴避的角色，它對中國的積極侵略不僅激起強烈的反帝國情緒，更摧毀了傳統中國農村的權力結構，爲共產運動提供了有利的客觀條件。[19]玉川的研究則是具體地展現了中日知識界的緊密連結，他說明了在中國安那其主義的引介傳播與組織實踐過程中，和日本安那其者的互動與合作是一個不可忽視的側面。[20]他還引用景梅九的自述解釋了中國安那其衰弱的原因：日本安那其者遭到政府逮捕處決後，使得中國的革命者變得孤立，斷絕了來自日本的支援。[21]如是的說法呈現了濃厚的「中日共同體」的意味。

　　玉川信明在80年代的安那其研究有著非凡的意義。他的第二本安那其研究著作《中國的黑旗》，不僅較之先前日人研究更爲明確地將中國安那其主義的主體性凸顯出來，不再簡化地視1921年爲安那其和共產主義的命運轉捩點，而試圖梳理此後安那其者在國民黨內的

---

17 玉川信明，《中国アナキズムの影》，頁82-83。
18 此種觀點非常近似竹內好之「有中國的中國學」，即把中國作爲日本自身的問題來思考。詳見張崑將，〈關於「東亞」的思考方法：以竹內好、溝口雄三與子安宣邦爲中心〉，《臺灣東亞文明研究學刊》，1：2（臺北，2004），頁263-265、273-278。
19 丸山松幸，《中国近代の革命思想》，頁10-19。
20 玉川信明，《中国アナキズムの影》，頁57-117。
21 玉川信明，《中国アナキズムの影》，頁83-84。

努力，和1930年後仍在中國各地耕耘的安那其主義者。[22]也就是說，
他筆下的安那其主義不再只是連接傳統思想與馬列主義的紐帶，而是
有著獨立生命與延續的思潮。[23]如此一來玉川的研究將問題意識，由
「安那其與共產主義之關係」的「工具性問題」，帶入到「安那其主
義是甚麼」的「歷史性問題」。他的研究呼應了日本學界中國學研究
的逐步轉向，漸漸地脫離樂觀肯定共產中國的意識形態和將自身投射
入中國的研究立場，轉而將中國「客體化」，以懷疑與批判的眼光來
客觀說明「中國是甚麼」。[24]

　　在日本學界逐漸將安那其主義作為客體研究之際，80年代的中
國大陸學界卻才剛掀起一股由共產意識形態所推動的安那其研究潮
流，催生出許多資料彙編與通史性質的專著出版。[25]這股思潮的根本
推動力，是源於官方對於文化大革命的質疑，及毛澤東逝世後興起的
思想自由風氣。[26]此波安那其主義研究，意圖檢討與抨擊文化大革

---

22 玉川信明，《中国アナキズムの影》，頁81。
23 玉川信明，《中国の黑い旗》，頁279-281、283-290。
24 邵軒磊，〈自反而縮：「文革」與日本中國研究學術社群的主體建立〉，
　《國家發展研究》，7：2，（臺北，2008），頁17-18、20-21；張崑將，〈關
　於「東亞」的思考方法：以竹內好、溝口雄三與子安宣邦爲中心〉，頁
　276-281。
25 中國第二歷史檔案館編，《中國無政府主義和中國社會黨》（南京：江蘇
　人民出版社，1981）；葛懋、蔣俊、李興芝主編，《無政府主義思想資料選
　（上冊）》（北京：北京大學出版社，1984）；鍾離蒙、楊鳳麟主編，《無政
　府主義批判》（瀋陽：遼寧大學哲學系，1981）；徐善廣、柳劍平，《中國
　無政府主義史》（武漢：湖北人民出版社，1989）；路哲，《中國無政府主
　義史稿》（福州：福建人民出版社，1990）；胡慶云，《中國無政府主義思
　想史》（北京：國防大學出版社，1994）；蔣俊、李興芝，《中國近代的無
　政府主義思潮》。詳細評介此時期的研究回顧可參考：蔣俊、李興芝，
　〈建國以來中國近代無政府主義思潮研究述評〉。
26 阿里夫·德里克著，孫宜學譯，《中國革命中的無政府主義》（桂林：廣

命，將文革中的四人幫歸咎於安那其主義對馬列主義造成的負面影響
——安那其主義中的個人主義傾向與「無秩序」觀念造成了中國革命
的扭曲。[27] 在否定文化大革命的前提下，許多人藉由研究中國馬列思
想的根源——安那其主義，來緩解馬列路線遭受到的挑戰。「中國革
命鬥爭的歷史經驗已經證明，馬克思主義關於無產階級政黨的理論是
千真萬確的真理。中國無政府主義不要政黨，靠教育感化，靠『眾人
起事』，靠『工團』『直接行動』等等，只會把中國革命引向歧途。」
此類價值評述普遍見於此時期的多數大陸著作中。[28]

　　雖然觀點僵化，常以「後設」立場評判安那其思想與運動，從其
衰敗的歷史結局評價其思想內涵與歷史價值，但是這些通論著作卻幫
助釐清了中國安那其思想與運動大體的發展模式，整理出中國安那其
運動中各種思想流派、社團刊物與運動事蹟。以毛主義為正統革命思
想的研究觀點，延續至2000年仍占中國大陸研究的多數，之後才逐
漸出現一些突破意識型態的著作，開始正視安那其思想對中國歷史的
積極影響。[29]

　　港臺學者最早嚴肅處理中國安那其思想的是1988年蔡國裕撰寫
的《1920年代初期中國社會主義論戰》，其著作詳盡地探討20年代初
期社會改良主義、共產主義與安那其主義分別進行的兩次深度論戰，
分析論戰的背景、思想內容與影響，具有相當的參考價值。蔡氏由杜

西師範大學出版社，2006），頁5-6。
27 李振亞，〈中國無政府主義者的今昔〉，《南開學報》，33：1（天津，
　　1980），頁7-12。轉引自 Peter Zarrow, *Anarchism and Chinese Political
　　Culture*（New York: Columbia University Press, 1990), p. 28.
28 湯庭芬，《無政府主義思潮史話》（北京：社會科學文獻出版社，2011），
　　頁4。
29 例如李怡，《近代中國無政府主義思潮與中國傳統文化》。

威（John Dewey）與羅素（Bertrand Russell）訪中之行起始，平實條
理地舖述五四之後社會主義百家齊放的思想論域，充分展現安那其對
於「政府」、「法律」與「自由契約」的論述。[30]但是蔡氏同樣囿於意
識形態——反毛革命意識形態，因而未能真正理解安那其表層語彙之
下的意涵，以至於無法區分安那其主張與無限制的「絕對個人自由」，
也無法理解安那其者反對政府、法律與避談政治的考量和意圖。

　　除蔡著之外，港臺學者較少將安那其主義作為一個課題加以研
究，一些處理安那其主義的單篇論文亦是在90年代以後才出現。[31]比
較常見的是對於個別人物的細緻研究，但是在其中，安那其思想多只
是思想家生命中的片刻，未被視為一個思潮與其時代互動多加闡
述。[32]這樣的現象一方面可以歸因於臺灣人文傳統的研究方法，重視
傳統文化的延續性研究，著眼於儒佛等思想在現代社會的轉化及其與

---

30 蔡國裕，《1920年代初期中國社會主義論戰》（臺北：臺灣商務印書館，
　　1988）。
31 王汎森，〈劉師培與清末無政府主義運動〉，《大陸雜誌》，90：6（臺北，
　　1995），頁1-9；王遠義，〈無政府主義概念史的分析〉，《臺大歷史學
　　報》，33（臺北，2004），頁399-425；楊芳燕，〈激進主義、現代情境與中
　　國無政府主義之崛起〉，《臺大歷史學報》，33（臺北，2004），頁365-
　　397；安井伸介，〈中國無政府主義的思想基礎〉（臺北：臺灣大學歷史學
　　系博士論文，2011）；安井伸介，〈中國無政府主義、民族主義與世界主義
　　——探析近代中國政治思想中的一種思維模式〉，《政治科學論叢》，59
　　（臺北，2014），頁1-26。
32 僅舉幾本著作為例：李文能，《吳敬恆對中國現代政治的影響》（臺北：
　　正中書局，1977）；王汎森，《章太炎的思想（1968-1919）及其對儒學傳
　　統的衝擊》（臺北：時報文化公司，1985）；張灝著，高力克、王躍譯，
　　《危機中的中國知識份子——尋求秩序與意義》（山西：山西人民出版社，
　　1988），頁200-217；Fang-yen Yang, "Nation, People, Anarchy: Liu Shih-P'ei
　　and the Crisis of Order in Modern China"（Ph.D. dissertation, University of
　　Wisconsin-Madison, 1999）。

西學的調和。另一方面則是受到了兩岸對立的政治環境與自由主義的學術文化影響，雖然能夠呈現相對豐富的思想論域與變遷過程，而不會特別侷限於單一思想或主義的內涵與發展，但是對於左翼思想的剖析與反省卻也顯得單薄無力。

三、轉型時期史觀：思想面

90年代海外學界陸續出版幾本鉅著，大量使用80年代大陸整理出版相關史料，突破了過去帶有強烈社會型態意識與價值判斷的研究，對中國安那其主義的思想內涵進行了深入的探討。丸山松幸與玉川信明等人的研究很早就顯現出對「傳統思想的延續與轉型」問題的關懷，但是直至以下著作才從寬泛的抽象概述進入到深刻具體的思想分析。

沙培德於1990年出版的《無政府主義和中國政治文化》由思想的連續性著眼，深入探討中國第一代安那其主義者的思想內涵，及其與中國傳統思想的關聯。[33]生長於60年代，美國國內的反戰運動與「新左派」思想深刻地影響他的歷史關懷。[34]不若前期史觀視毛澤東革命為唯一的歷史出路，沙培德將安那其主義看作中國激進思想中的一個「選擇方案」（alternative），並試圖挖掘出此種方案所呈現出的思想變遷與群眾意識。對沙氏而言，安那其主義並非僅是一種傳統烏托邦理想的復興，它其中蘊含的進步史觀與革命號召力量，給予思想家新的有力的語言，來回應現代化社會及新時代面臨的難題，也因此轉

---

33 Zarrow, *Anarchism and Chinese Political Culture*.
34 Zarrow, *Anarchism and Chinese Political Culture*, p. x.

型時期安那其主義的流行便成爲一個近代思想史上有意義的問題。[35]
藉由安那其主義研究，沙培德的詮釋隱含了思想與時代一體雙面的問
題意識：安那其烏托邦思想擁有甚麼特別內涵與吸引力，能吸引20
世紀初的中國知識人？而20世紀初的中國又呈現出甚麼樣的面貌，
促使知識人轉向烏托邦思想？他的著作中注意到了儒學的語彙、思維
模式、人生觀與傳統社會生活對知識人接受安那其主義所造成的影
響，同時也對中國和西方原典的安那其主義進行了細緻的分析。

　　沙培德的著作在思想方面仍舊以第一代傳播安那其思想的中國留
學生爲主軸，而繼其研究之後的愛德華・克雷布（Edward Krebs），
則是出版了中國安那其主義之父的專集《師復：中國安那其主義的靈
魂》，完整描繪被譽爲中國安那其之父師復的生平經歷、思想撰述與
其對後繼者的影響。[36]克氏著作可見三個具有啓發意義的詮釋：第
一，其著作加深了太虛及佛教思想觀念的解析，補充了過往著作中偏
重儒家與道家傳統思想影響的著述。第二，克氏也靈活分述師復參與
的社會主義論戰與其繼承者參與的安布論爭，說明師復思想如何延遲
了中國接受馬克思主義，直至列寧革命成功才反轉了局勢。第三，他
藉由比較師復與吳稚暉的言論、行爲與對後人的影響，展現出兩種對
於知識人如何參與建構新社會建構的想像：吳稚暉意圖幫助中國創建
一個良性政黨，並且藉由政黨資源投入文化與教育建設；師復與其繼
承人則是希望排除利益關係，提供新社會在野的批判視角，並致力於
草根組織，由下而上推動文教與勞工權利。克雷布的詮釋，使得中國
安那其主義者超脫了作爲純粹反政府的單一平面角色，而增添了許多

---

35 Zarrow, *Anarchism and Chinese Political Culture*, pp. 11, 30.
36 Edward S. Krebs, *Shifu: Soul of Chinese Anarchism*（Lanham, Md.: Rowman & Littlefield Publishers, 1998）.

立體與復雜元素，充分體現出左翼思想家與政黨/政權之間的複雜關係。

　　嵯峨隆和曹世鉉同樣也是深入了第一、第二代安那其者的思想研究，兩人以對「傳統文化」的回應與評價作為標準，來分析東京派、巴黎派和師復的安那其思想。曹世鉉在嵯峨隆分析的基礎上，精要地概括了幾個群體：東京派「以國學來批判專制文化」、巴黎派「以科學反對傳統文化」與師復「反復古主義」。[37]在這些分歧的主張背後，嵯峨隆也關注到其中所隱含的社會集體心態——濃厚的「保全群體」意識，這種群體意識深刻影響了安那其思想在中國的詮釋與轉化。[38]楊芳燕則進一步從兩代安那其者的思想中，挖掘出深藏的文化結構：全盤主義、環境決定論與性善論的結合、以及道德主義結合反政治傾向。此三大結構匯聚成為「反思傳統及現代性的解放論述」。[39]

　　人物思想的分析研究在近年又有了新的進展。在臺灣接受博士訓練的日裔年輕學人安井伸介，於2013年將博士論文整理成書《中國安那其主義的思想基礎》，由單元式的觀念「自由」、「平等」與「人性發展論」，深入探討中國安那其主義的思想特徵，具體而微地說明新舊文化的交融與多元轉型。在群己自由方面，呈現出個人收斂式的「絕對自由」與西方「自由組織」論並存的樣態。平等意識方面，則分別有「萬物一體」的平等觀與「齊物式」的均平思想。從倫理秩序方面，存在著巴黎派倡議的「知識道德」人性發展論與朱謙之的一元

---

37 曹世鉉，《清末民初無政府派的文化思想》（北京：社會科學文獻出版社，2003），頁72、120、169-171。
38 嵯峨隆，《近代中國アナキズムの研究》（東京：研文出版，1994），頁8-10、322。
39 楊芳燕，〈激進主義、現代情境與中國無政府主義之崛起〉，頁383。

倫理哲學。從此三種基礎觀念，安井描繪出安那其思想繽紛複雜的元素。[40]此書將中國安那其思想的研究，導入一個更爲精微的層次，開創安那其思想研究的新方向。

需要注意的是，雖然「轉型時期史觀」將思想研究推入了較爲細緻精微的層次，但是仍可見研究焦點多只停留在1920年代以前的人物思想、概念單元與文化結構，對於後期人物與安那其主義的結構特性轉向卻鮮有發揮。造成這種研究偏向的原因有三：第一，受到研究觀點的限制，多數研究者將安那其主義的生命截斷至1921年共產黨建黨，或是1927年國民黨清黨，以至於忽略了安那其思想殘存的影響與團體活動。第二，雖然有學者就五四之後的思想派別做了詳細區分：安那其共產主義、新虛無主義、新村主義、安那其工團主義、托爾斯泰泛勞動主義、中國式安那其主義等等，[41]但是還是有學者認爲各分支流派的思想大抵上沒有脫離師復主義的框架，思想已不見創新元素，它們之間的差異多在於手段與策略。[42]最後且可能是其中最關鍵的因素則是依據玉川信明的解釋：1930年代後關於安那其者的材料零散缺乏，因此不容易進行系統且細緻的研究。

四、民主鎮壓史觀：運動面

另一種於90年代後開展的研究面向是中國安那其的實踐運動。由中國馬克思主義史學開始展開中國革命思想研究的阿里夫・德里克（Arif Dirlik），可謂爲此一觀點的奠基人。他於1991年出版的《中國

---

40 安井伸介，《中國無政府主義的思想基礎》。
41 胡慶云，《中國無政府主義思想史》，頁99-109。
42 蔣俊、李興芝，《中國近代的無政府主義思潮》，頁205-206。

革命中的安那其主義》藉由思想運動的視角，探討中國安那其主義運動的興盛與衰亡，及其對後來革命運動產生的影響。[43] 不同於沙培德或臺日學者著重於中國傳統觀念與話語的延續，（德氏稱之爲「東方主義氏的分析取向」（orientalist approach），由傳統文化來詮釋近現代中國的歷史發展）[44]，他的論著展現出兩種特點：一是跳脫哲學思想的範疇，關注觀念思想、實踐運動與現實環境間的相互作用，由此呈現出安那其主義思潮的興起與衰落。二是更爲重視中國近現代史中的「斷裂」與「創新」元素，尤其重視此時期被忽視與掩蓋的全球現代民主元素。

德氏的著作對於肯定中國安那其主義者的影響與貢獻，無疑是一個重要的里程碑。他不僅從理論層面，詳述1910-20年代間師復主義、安布與安國之間的多項論爭，深化安那其主義思想的特色。從行動層面，重新挖掘出安那其主義者在實踐道德理想、工讀互助、新村運動、組織勞工運動與聯合泛社會主義者及國際左翼革命家等等各種領域的嘗試與努力。從革命話語方面，他更彰顯了安那其主義者如何透過點滴的運動，將女性、工農、勞動、反抗權威、文化改造、科學與教育等等話語，溶入中國革命的語彙中，催生出了具有中國特色的革命歷史。

同時，他藉由深入安國合作下的勞工教育研究，具體呈現出國民黨內的安那其主義者的調和思想和他們對安那其主張的堅持。他繼玉

---

[43] Arif Dirlik, *Anarchism in the Chinese Revolution*（Berkely and Los Angeles: University of California Press, 1991）；阿里夫‧德里克著，孫宜學譯，《中國革命中的無政府主義》。

[44] Arif Dirlik, "Dimensions of Chinese Anarchism: An Interview with Arif Dirlik," *Perspectives on Anarchist Theory* 1, 2（Fall 1997）.

川信明的研究之後，[45]從實踐運動的角度，來回應與思考安那其者的
多變與一貫，以及安那其者的「政治觀」與「現實觀」。從中他一方
面呈現出巴黎派安那其者思想中的張力，另一方面也揭露出國民黨內
複雜的權力關係，以現實的權力鬥爭來解釋安那其批判性思想無法繼
續發展的原因。[46]由同樣實踐運動視點著手進行研究的周麗卿，則是
關注於閩南護法區中安那其者與陳炯明的合作建設。在〈政治、權力
與批判：民初劉師復派無政府團體的抵抗與追求〉一文中，他說明必
須要從現實生存條件和非理論因素，來理解第二代安那其主義者在實
踐場域的策略和其「不談政治」的複雜兩面性。[47]如是從實踐運動與
現實環境因素著眼，德里克和周麗卿的研究得出了不同「毛革命史
觀」的結論，他們強調安那其主義的落幕，不單純源於理論缺陷，而
是與國際與國內政治現實、權力關係與意識形態發展有深刻關聯。

　　不同於「毛革命史觀」，將轉型時期的左翼思想發展視為一段值
得歌頌的革命成功史。「民主鎮壓史觀」視安那其主義的衰亡正呈現
了中國民主理想的重要挫敗，清末民初萌芽的民主思想，曾經在五四
運動達到巔峰，但是最後卻無法在政黨集權化的革命土壤中繼續生
存，反而遭到同屬激進勢力的國共兩黨前後撲殺。雖然作為一場運
動，安那其主義已經消失，但是德里克認為，安那其思想作為一種
價值，不僅仍然殘留在中國革命，深刻影響著後來的中國馬克思主
義革命，並且其存在也能夠化為一種批判反省的力量，修正社會前
進的方向。

45 玉川信明，《中国の黒い旗》，頁279-281, 283-290。
46 阿里夫・德里克著，孫宜學譯，《中國革命中的無政府主義》，頁241-263。
47 周麗卿，〈政治、權力與批判：民初劉師復派無政府團體的抵抗與追求〉，《國史館館刊》，2014：12（臺北，2014），頁17-19。

五、全球史觀：國際性

上述提及的三個史觀所使用的材料性質與內容較為類似，差異在由於著重的焦點與議題，因而產生對於中國安那其主義思潮與運動產生不同的詮釋。西元 2000 年後，全球學界興起全球史研究風氣，開啟了書寫東亞近代史與全球左翼運動史的另一個範例。部分史學研究者開始採用「東亞比較史觀」或「全球史觀」，突破了過去集中討論中國地域內華人安那其主義者的研究框架，開始關注中國境內不同文化背景的左翼運動者，並將研究材料延伸到東亞的其他地域中，由殖民政府與情治單位檔案與新出版的思想者個人書信與日記，來探討一個橫跨東亞，甚至是全球的思想運動，藉此反思全球化與資本主義擴張所推動的現代世界體系。

在此要再一次提及前言中已經簡介過的書籍，2010 年由專長南美勞動史的史蒂芬・赫許和研究南非的社會思想學家德華特共同主編的選輯《殖民和後殖民世界中的無政府主義和工團主義（1870-1940）》，此書意圖藉由比較南美、非洲、中亞與東亞的無政府工團運動，來檢視資本主義與全球化擴張趨勢下的無政府工團運動，如是，他們不僅關注到 19-20 世紀的安那其全球性思潮與在各地的不同影響，同時也重視跨越國界的思想、人員、資本與組織的多向流動。[48] 在此種觀點之下，安那其主義成為一種透視全球化現象的窗口。具體的研究方法又可分為「跨域連帶」與「比較研究」方法。

跨域連帶方法，突破單一民族國家的地域邊界，突顯出思想與人

---

[48] Steven Hirsch and Lucien Van der Walt, ed., *Anarchism and Syndicalism in the Colonial and Postcolonial World, 1870-1940: The Praxis of National Liberation, Internationalism, and Social Revolution.*

物的跨界流動，強調區域互動的概念與歷史空間內部的多樣化。李丹
陽在2002年發表的論文〈AB合作在中國個案研究——眞（理）社兼
及其他〉中，首開風氣利用英國政府檔案，一方面生動闡述在中國共
產黨成立之前，中國安那其主義者與蘇聯布爾什維克的聯絡與合作，
爲中國共產主義運動與安那其主義發展史，寫下了別開生面的一頁。
另一方面藉由南洋安那其社團「眞社」，描繪了安那其主義向南洋華
社傳播與發展的過程。[49]韓籍學者黃東淵所撰的〈1945年以前的朝鮮
無政府主義〉與新書《朝鮮無政府主義：獨立、跨國和國族發展議題
（1919-1984）》也是一例。[50]黃東淵的論著藉由梳理中朝安那其者在上
海與廣州的具體合作運動與人際網絡的跨國關係，來反省韓國的現代
國家與歷史建構過程。

　　與跨域連帶方法相同，比較研究也試圖呈現區域共同經驗。曹世
鉉的〈東亞三國（韓、中、日）安那其主義的比較〉[51]與盧壽亨的
〈中韓「安那其主義」運動比較研究〉[52]試圖藉由比較視角，尋找出東
亞現代化過程的共同經歷與特殊文化。曹世鉉藉由比較東亞安那其發

---

[49] 李丹陽，〈AB合作在中國個案研究——眞（理）社兼及其他〉，《近代史
研究》，2002：1（北京，2002）；李丹陽，〈AB合作在中國個案研究——
眞（理）社兼及其他〉，《近代中國研究》，20/27，取自 http://jds.cass.cn/
ztyj/gms/201605/t20160506_3324846.shtml/（檢索 2017.6.5）。

[50] Dongyoun Hwang, "Korean Anarchism before 1945: A Regional and
Transnational Approach," in Steven Hirsch, Lucien van der Walt ed., *Anarchism
and Syndicalism in the Colonial and Postcolonial World, 1870-1940*; Hwang,
*Anarchism in Korea: Independence, Transnationalism, and the Question of
National Development, 1919-1984*.

[51] 曹世鉉，〈東亞三國（韓、中、日）無政府主義的比較〉，《吉首大學學報
（社會科學版）》，26：2（吉首，2005），頁 53-58。

[52] 盧壽亨，〈中韓「安那其主義」運動比較研究〉。

展歷程：收容─發展─衰退，指出東亞安那其主義不同於西歐的歷史
特色。與西歐因經濟階級對立而產生安那其主義不同，東亞是在「收
容」西方思潮過程中一併接收社會主義思潮，而安那其主義的反強權
思想、烏托邦理想與互助進化論，皆有助於東亞發展出反抗帝國主義
的革命運動。比較觀點也有助於理解東亞歷史發展的差異，以「收
容」的過程為例，曹世鉉指出的安那其主義日本是在明治維新政府由
上而下的改革過程中，以預防社會主義思想為目的，進行反面介紹時
普及開來。在中國則是源初於，最初期的介紹背景，源於維新知識分
子對於帝制威權的反抗，他們熱衷的是其中的破壞與革命手段，而非
其中蘊含的社會理想。而後安那其思想逐漸透過留學生進一步宣傳介
紹，影響到中國反帝制、反壓迫與反傳統的革命思想。韓國遲至
1920 年三一運動，安那其思想與馬克思主義才一併「收容」，這使得
韓國安那其思想中的國族意識反帝國侵略與民族自決色彩特別濃厚，
東亞的歷史彰顯出安那其主義中「國族─世界」，社會觀複雜且多層
次的面貌。

六、研究方法上的幾點思考

　　由上述幾種史觀介紹，可見不同研究史觀因問題意識與研究取向
的差異，使得其所界定之「安那其主義」模糊分歧，乃至於評價更有
所不同。從「毛革命史觀」的中日研究者的論著中，可以看見安那其
主義是作為馬克思主義的對立型態而存在的，它涵蓋的範疇是由幾點
抽象原則所界定的一個含糊群體。如：蔣俊和李興芝將之定位為小資
產階級的反封建民主主義分子，他們雖然具有一定的批判性，尤其對
封建專制與剝削制度進行批評，但也因強調自由，反對組織紀律與生

產集中擴大化，而帶有著空想與保守特性。[53]他們所認定的安那其主義是一種僵硬類型化的思想，並且是以直接行動與激烈革命爲標準，因而將「教育革命」和「反對階級鬥爭」視爲反動的「改良主義」，抗戰時期的統一陣線主張則被認爲是背離了初衷的「取消主義」。[54]丸山松幸也從類似的型態觀念出發，他引用丁守和的論述，認爲安那其主義是基於內憂外患的危機之下，受到傳統老莊虛無思想與烏托邦理想的影響，在社會轉型下所產生的過渡型批判思想。[55]由此種社會階段發展論與思想型態學的意識觀，雖然能夠藉此討論出安那其與馬克思主義之異同，但是卻也簡化歷史與思想，而無法實際理解社會主義傳播發展時期，各家思想混雜難分的狀況，也沒有能力去深入討論安那其思想元素的渲染影響力。

採用「轉型時期史觀」的研究者也有相似的傾向。沙培德、嵯峨隆等人雖然更爲注意具體的歷史情境與社會文化對新舊思想產生的融合變形作用，但是在界定安那其主義者時，他們仍舊是以預設的安那其主義抽象原則來定義。沙培德的定義是具有普世性的，同時適用於西方和中國的社會革命歷史。他將安那其主義與國家主義（statism）和威權主義（authoritarinsim）作爲對立價值來思考，認爲中國安那其主義與世界安那其主義的經驗相同，未能在現代國家的官僚體制和各種社會與經濟組織之中，成功免除威權與壓迫關係。[56]這種宏觀的世界觀點影響了他的歷史詮釋，因此他以中國安那其主義者（尤以第一代爲主）的「向右轉」和群眾號召力的逐漸減弱爲例證，來證實安

53 蔣俊、李興芝，《中國近代的無政府主義思潮》，頁391-395。
54 蔣俊、李興芝，《中國近代的無政府主義思潮》，頁306。
55 丸山松幸，《中国近代の革命思想》，頁83-84。
56 Zarrow, *Anarchism and Chinese Political Culture*, pp. 240-242.

那其思想在中國也只扮演了過渡階級思想的角色。[57]

比較之下，德里克的「民主鎮壓史觀」則是試圖以更開放與彈性的定義來界定中國安那其主義。他並非先行定義安那其主義的原則，再以此原則來檢驗近代人物的思想類型與思想純粹性。反之，他藉由研析安那其主義者的思想和行動，來理解中國安那其主義的特色與內涵。換句話說，他將各種分歧的改良／調和思想都納入了安那其主義的範疇中，從中來思考安那其主義在社會上所產生的影響。此種歷史性的手法確實對我們理解具體情境中的安那其主義有相當大的助益，但是也有需要審慎之處，即需要注意此法會否將安那其主義界定得過於廣泛，而給予安那其主義過高的歷史評價，忽略了同一時期其他共享許多相同價值概念的社會主義思想。[58]

以上說明了定義與討論「中國安那其主義」的困難，而這種含糊定義將會影響「中國安那其主義」作爲一個分析範疇的有效性。筆者認爲安那其主義研究可以更細緻地區分爲三個辯證對照的分析觀念組：經典原型—中國變型、理論話語—實踐行爲、主義原理—思想單元。第一組的「經典原型—中國變型」，並非是要將西方各地的安那其主義簡化爲一種單一原型來與中國對照，而是要強調將中國安那其主義放置在「全球體系」和「西來思潮」下來討論。沙培德的研究即特別重視此一層次的分析，「全球史觀」下的研究著作也嘗試經由「比較視野」來描繪中國安那其主義的特色與結構。第二組的「理論話語—實踐行爲」是關注於話語與行動間的張力，意圖從行爲與話語之間的辯證來理解政治文化的具體思維和意義。德里克、周麗卿的著

---

57 Zarrow, *Anarchism and Chinese Political Culture*, pp. 196-198.
58 Zarrow, *Anarchism and Chinese Political Culture*, p. 256.

作展現了此一分析模組的佳例。第三組的「主義原理—思想單元」，是希望能夠更清楚地闡明安那其主義的批判性原則和其餘思想概念，以進一步理解中國安那其主義的思想基礎和價值影響。安井伸介的單元式概念分析展示了一種哲學基礎的研究方式，德里克則揭示了思想中意識、關懷和價值認同的層面，為我們提供了重新估量安那其主義歷史影響的新指標。

七、成果

中國安那其主義思潮，作為轉型時期的一個代表性思想，吸引越來越多學者深入研究，至今也已經累積相當豐碩的成果。雖然尚未見其成果扭轉或增補主流的中國革命歷史論述，但是這不意味著中國安那其不是一個有意義的研究課題，或者缺乏啟發性的歷史觀點，相反的，而是因為安那其研究的貢獻還散落在各個著作裏。

從本文的回顧中可以見到安那其研究為我們理解與評價中國近現代的歷史經驗提供了一扇反思且新穎的視窗。我們可以從五個方面加以說明：第一，以中國安那其思想為軸心，由之理解轉型時期傳統思想與外來文化資源的會通與變遷。繼張灝提出「轉型時代」的觀念後，近代中國思想史研究已有許多重要論著從思想媒介與各種思想內涵變遷，來探討轉型思想的樣貌與意義。[59]安那其思想作為此一轉型時代獨有的且極具影響力的思潮，正合適一窺轉型思想的一個側面。沙培德、安井伸介等人的著作，藉由細緻的觀念分析，呈現了安那其思想傳統思想曲折地彙通具有現代意義的「平等」、「自由」等概

---

59 王汎森等著，《中國近代思想史的轉型時代——張灝院士七秩祝壽論文集》（臺北：聯經出版公司，2007）。

念，同時也由傳統經驗與語彙，理解安那其思想基礎中的人性論、人格發展認知及社會組織觀念，具體而微地補充了張灝與墨子刻論述的近代中國樂觀主義。[60]安那其思想觀念分析不僅表現了慣性思維與認知的連續及轉折，另一方面也反映了傳統文化遭揚棄與否定的一面。傳統禮教倫常被視為壓迫性的文化遭到強烈挑戰，而諸子百家也經歷嚴峻批評。約翰・拉普（John Rapp）即指出安布論爭中，共產黨人駁斥安那其主義為「傳統道家」學說，可見傳統思想淪為一種詆毀負面的形象。

　　第二，由安那其主義來理解近代中國的革命經驗與民主嘗試。海峽兩岸的革命歷史長期以來受國共兩黨革命論述侷限，然而安那其研究正好突顯出共產黨創黨與國民黨接受蘇聯援助之前的中國思想脈動。安那其思想的包容與妥協特性，發展出多元樣貌的中國安那其主張，無論是轉向保守的國粹派、支持國民黨政權的科學派或是發展工團運動的廣州派，他們的理論與實踐都是現代中國建設歷程上的「另一種選擇」，是不同於蘇聯式黨國體制與集權式民主的道路。德里克的著作已充分說明了安那其主義對於中國革命觀念、話語與價值所產生的深遠影響，而他更希望可以重新導引出其中積極正面的批判思維，指引當代社會改革進步的方向。

　　第三，由安那其主義的興衰來觀看現實政治環境變遷。現實政治環境對政治思想發展影響深遠，安那其者與陳炯明合作提供了一個短暫的例證，即在一個穩定與寬容的社會條件下，安那其主義存有實踐

---

60 張灝，《幽暗意識與民主傳統》（北京：新星出版社，2006）；墨子刻（Thomas A. Metzger），〈中國近代思想史研究方法上的一些問題——一個休謨後的看法〉，《近代中國史研究通訊》，2（臺北，1986），頁38-52。

與建設的潛力。在接連與陳炯明、共產國際和國民黨的合作與分離經驗，安那其主義刺激我們思考政治資源對於社會思想的成敗所造成的影響。當喪失了政權給予的生存發展空間，失去了能夠維繫社團運作與刊物發行的資金，安那其主義如何能夠在一個穩定的基礎上發展？德里克與克雷布的著作指出1920年代以後革命政黨化的政治環境，使得安那其思想難以維繫，與有獨立資金與軍隊的革命勢力抗衡。蔣俊與盧壽亨也指明日本侵略與對日戰爭的爆發，進一步削弱了安那其思想的現實基礎，存亡危機優先於啓蒙的價值，使得安那其思想漸同化於反日主流論述中，喪失獨特的批判意識與主張。

　　第四，由中國安那其思想來反思全球反殖民運動與革命現代性。赫許和范德華特在研究中表明，安那其主義影響最爲深遠的不是在發源地工業化的西歐社會，而是在世界資本主義體系中處於邊陲與弱勢的被殖民國家。中國安那其思潮是其中一個例證，對照中國與其他地區的安那其運動，有助於理解現代國家建構的共同經驗。盧壽亨與曹世鉉比較東亞地區的安那其思潮，即發現了民族主義在其中發揮的不同作用。德里克與黃東淵也讓人注意到安那其者的跨國際人際網絡與思想交流，更具體指出中國在東亞革命運動史上的獨特貢獻，成爲周邊地區浸淫實踐安那其思想的地方，可謂是孕育東亞安那其思潮的搖籃。

八、展望

　　中國安那其研究不僅成爲一個逐漸深化與加溫的研究議題，它的歷史材料也有逐漸累積增加與擴張的趨勢。安那其思想研究素材大抵上仍是以民國時期的報章期刊爲主，在80年代整編的系列無政府主

義思想選輯與共產黨建黨材料[61]外，近年大陸學界進行的報章期刊數位化工程，對後繼研究者使用報章材料有相當大的幫助。境外的華人報刊整理工程也有了相當基礎，尤其是新馬地區的報章刊物，在國立新加坡大學的主導下，已經將許多報章進行圖像化處理。此外，日本的中國安那其研究學者嵯峨隆、玉川信明與坂井洋史主編的《中國アナキズム運動の回想》，則於主要的安那其報刊外，蒐羅了共產黨建黨時期AB合作、勞動運動實踐、上海勞動大學、《革命週報》等相關主題素材，至今還未有效的運用，值得後繼者參考。[62]

　　報刊雜誌之餘，近年中國各地與臺灣也陸續出版許多人物的傳記、日記、文集、回憶錄與口述訪談，如：安那其主義者與廣東共產黨創黨人的《袁振英研究史料》、安那其教育家《宋森傳》等等。[63]又有如《廣州文史資料》、《廣東文史資料》等許多地方文史資料整理出版的工作，刊載豐富的回憶紀事。若能夠注意到這些雖然片段但是卻逐漸積累增加的豐富資訊，無疑對於安那其與中國近現代史研究能有所助益。

　　與此同時在全球視野研究的帶動下，安那其研究者也注意到殖民政府與情治單位的檔案紀錄，其中尤其是英國的外交部檔案與殖民部檔案，記錄了中國境內境外大量的激進主義者的活動事蹟及蘇俄訪華

---

61 中國第二歷史檔案館編，《中國無政府主義和中國社會黨》；中國人民大學馬克思列寧主義基礎系編，《無政府主義批判（上、下冊）》；葛懋春、蔣俊、李興芝主編，《無政府主義思想資料選》上、下冊（北京：北京大學出版社，1984）。
62 嵯峨隆、玉川信明、坂井洋史主編，《中國アナキズム運動の回想》（東京：総和社，1992）。
63 宋森傳編寫組，《宋森傳》（廣州：廣東人民出版社，1998）；中共東莞市委黨史研究室編，《袁振英研究史料》（北京：中共黨史出版社，2014）。

後的思想傳播與政治行徑。其他各國殖民政府檔案也成爲國際運動與跨域研究的基礎材料。

　　上述的史料檔案說明了一些可望再深入探究的一些素材，接著在文末筆者希望提出一些個人的見解，指出眾多中國安那其還有待開展的議題中，可以延伸討論的三個方向。

　　第一，中國安那其主義者的民主觀與政府觀。在近代政黨建立時期，國共與其他政黨的人員都擁有著分歧多元的思想主張，雖然大方向的政治主張與政黨一致，但是細部的政策觀念卻多有差異。然而，既有的著作卻多以政黨涵蓋個別人物的思想主張較少申論政黨內的安那其主義者如何維持信念、調整主張與改變行動。以國民黨內的安那其主義者爲例。沙培德曾在其著作中，評價國民黨內的安那其者吳稚暉與李石曾等人是政治思想右轉的例證，但是卻未詳述安那其思想如何影響他們談論國民黨體制和詮釋三民主義。[64]德里克曾以李石曾的「聯邦主義」來說明巴黎的調和思想，這一部分在德里克與玉川信明的研究中有比較深刻的闡述。並且爬梳李的思想經歷了由較爲純粹激進的克魯泡特金，到向溫和務實的普魯東思想轉變的歷程。[65]但是他認爲雖然吳李致力於形塑「以三民主義爲方法的無政府主義」，其思想論述和政黨內部的權力結構發展卻也形成了難以解決的矛盾，這是他們的安那其主義面臨的難題。玉川信明也經由日本安那其主義者的觀察對話，揭露了李石曾的安那其政治觀：他所自求的革命與目標，是生活中99%的事務皆自外於政府的管控。[66]此句話讓我們更容易理解李石曾在國民黨內的努力，他並未將國民革命視作革命終點，而是

64　Zarrow, *Anarchism and Chinese Political Culture,* pp. 196-197.
65　阿里夫・德里克著，孫宜學譯，《中國革命中的無政府主義》，頁250-251。
66　玉川信明，《中国アナキズムの影》，頁87。

致力於教育和建設去政治化的社會。

　　他們研究已指出國民黨內安那其主義研究存在著有意義的研究議題與開展空間，李石曾等人的「分治合作」論述和政黨關係還值得更為詳細的探索，此議題還可延伸至第二代安那其主義者在安布論爭中的「反強權與反政府」論述，深入安那其語彙之中，反思他們的自治精神和對「政府——人民」關係的批判立場。

　　第二，中國安那其主義者的實踐與建設。安那其主義者在南北政府與國共兩黨的紀錄中，多是一群破壞者或者無組織、無紀錄的烏托邦理想者，然而從德里克等學者的著述中，可見安那其者不斷嘗試努力成立新社會互助組織，從事各種教育與世界語傳播事業，並戮力於勞工組織與運動，[67] 黃有東更稱第二代安那其者為「建設的無政府主義者」[68]，然而既存的研究對於安那其的建設卻仍舊留存相當多的空白。

　　實踐與建設可以包含安那其者進行的思想宣傳、勞工運動與文化教育服務。第二代安那其者不僅如前輩一般，致力於創辦刊物，撰文譯作宣傳新思想與安那其價值，更特別的是他們之間許多人曾渡海南洋，擔任教師，興辦刊物，組織勞工團體。路哲、蔣俊與李興芝皆曾簡要提及第二代中國安那其者梁冰弦、劉石心在南洋的宣傳活動，但沒有深入他們在僑界的運動事跡及其對地方社會文化造成的影響。[69]

---

67 阿里夫・德里克著，孫宜學譯，《中國革命中的無政府主義》，頁25-30。
68 黃有東，〈黃文山文化思想研究〉（廣州：中山大學中國哲學博士論文，2007）。
69 路哲曾花了一部分的篇幅，簡要的介紹民聲派的梁冰弦分別在新加坡、馬來亞與緬甸宣傳安那其主義的事跡。路哲，《中國無政府主義史稿》，頁185-200。

著名的海外華人研究者楊進發（Ching Fatt Yong）曾小篇幅述寫五位
安那其主義者在馬來西亞的短暫宣傳活動與影響，視其中的吳鈍民爲
後來馬來西亞共產主義傳播的先聲，並爲其整理出版了政治論集《吳
鈍民政論集》。楊進發也提及繼吳鈍民主辦激進報刊《益群報》的人
劉克非，正是廣州師復的胞弟。[70]筆者也發現吉隆坡尊孔學校、新加
坡養正學校創辦初期的校長與教員，許多都曾有過安那其淵源。這些
點滴記錄與研究都指明安那其者，繼保皇會與同盟會的海外運動之
後，也在南洋共產黨發跡之前有過一小段積極活躍的時期。

　　第二代安那其者的勞工運動也是一段埋沒了的歷史。蔣俊、李興
之與胡慶云的著作，抑或是劉明逵的《中國工人運動史》都是簡略提
及安那其者是上海、廣東與香港早期勞工俱樂部與工團運動的主要策
動人，並責備受他們領導的廣東機器工會是一個擁有龐大影響力的
「反動工會」，持續與共產黨工會對抗與鬥爭，但是他們述及的安那
其工運歷史簡略且短暫，沒有詳細的敘述。[71]所幸，《廣州文史資料》
已經陸續刊載了一些零星回憶資料，述及安那其者在廣東工會運動中
的事蹟，可以作爲中國工運資料的補充。雖然安那其工運材料仍有待
進一步蒐集，但是安國合作後，安那其者也繼續在國民黨下組織經營
廣東的工會。若能夠對於廣東機器工會有進一步了解，可以幫助我們
評價安國合作，以及融入國民黨中的安那其主義者。

---

70 楊進發，《新馬華族領導層的探索》（新加坡：新加坡青年書局，2007），
　　頁209-236；楊進發編著，《吳鈍民政論集》（新加坡：新加坡亞洲研究學
　　會，1995）；蔣俊、李興芝，《中國近代的無政府主義思潮》，頁200。
71 蔣俊、李興芝，《中國近代的無政府主義思潮》，頁214-221；胡慶云，
　　《中國無政府主義思想史》，頁191-193；劉明逵、唐玉良主編，《中國工
　　人運動史》，（廣州：廣東人民，1998），卷2，頁164-166。

　　安那其者的文化教育服務除了興學辦刊之外，更爲值得注意的是他們在閩南護法區進行的各種建設與活動。陳炯明在閩南護法區的新建設被中國各界與外媒稱道，被譽爲「模範小中國」，梁冰弦、陳秋霖等一批安那其者正是陳炯明在文化與教育領域所依賴的建設人員。他們在閩南護法區的實踐行爲，是理解安那其思想的一個重要窗口。思想主張不能僅從語言論述來看待，需要落實到現實環境與實踐場域中，如是可以使得安那其研究更爲貼近歷史眞實，也使我們更理解其思想遺產與價值意義。

　　本文僅列舉二個議題陳明安那其研究可望繼續深入的方向，然而正如本文標題所指的一樣，中國安那其思想展示了一條近代中國民主發展未竟之路，中國安那其研究同樣也還是一個未竟之業，如何去除偏頗史觀，公正評價與反省中國、東亞乃至全球的現代化歷程，仍有待後繼者持續努力。

徵引書目

丁守和、殷叙彝，《從五四啟蒙運動到馬克思主義的傳播》，北京：生活‧讀書‧新知三聯書店，1963。

丸山松幸，《中国近代の革命思想》，東京：研文出版，1982。

中共中央馬克斯、列寧、恩格斯、斯大林著作編譯局研究室，《五四時期期刊介紹（全三集）》，北京：生活‧讀書‧新知三聯書店有限公司，1959。

中共東莞市委黨史研究室編，《袁振英研究史料》，北京：中共黨史出版社，2014。

中國人民大學馬克思列寧主義基礎系編，《無政府主義批判（上、下冊)》，北京：中國人民大學出版社，1959。

中國第二歷史檔案館編，《中國無政府主義和中國社會黨》，南京：江蘇人民出版社，1981。

王汎森，《章太炎的思想（1968-1919）及其對儒學傳統的衝擊》，臺北：時報文化，1985。

_____，〈劉師培與清末無政府主義運動〉，《大陸雜誌》，90：6（臺北，1995），頁241-249。

王汎森等著，《中國近代思想史的轉型時代——張灝院士七秩祝壽論文集》，2007。

王遠義，〈無政府主義概念史的分析〉，《臺大歷史學報》，33（臺北，2004），頁399-425。

玉川信明，《中国アナキズムの影》，東京都：三一書房，1974。

_____，《中国の黒い旗》，東京都：晶文社，1981。

安井伸介，〈中國無政府主義、民族主義與世界主義——探析近代中國政治思想中的一種思維模式〉，《政治科學論叢》，59（臺北，2014），頁1-26。

_____，《中國無政府主義的思想基礎》，臺北：五南圖書公司，2013。

_____，〈中國無政府主義的思想基礎〉，臺北：臺灣大學歷史學系博士論文，2011。

宋森傳編寫組，《宋森傳》，廣東：廣東人民出版社，1998。

李丹陽，〈Ab合作在中國個案研究——真（理）社兼及其他〉，《近代史研究》，1（北京，2002），頁43-77。

李文能，《吳敬恆對中國現代政治的影響》，臺北：正中書局，1977。

李怡，《近代中國無政府主義思潮與中國傳統文化》，武漢：華中師範大學出版社，2001。

周麗卿，〈政治、權力與批判：民初劉師復派無政府團體的抵抗與追求〉，《國史館館刊》，12（臺北，2014），頁1-30。

邵軒磊，〈自反而縮：「文革」與日本中國研究學術社群的主體建立〉，《國家發展研究》，7：2（臺北，2008），頁3-28。

_____，〈「西方」如何影響日本的「中國研究」？──以日本福特基金會論爭為例〉，《中國大陸研究》，52：3（臺北，2009），頁71-90。

阿里夫・德里克著，孫宜學譯，《中國革命中的無政府主義》，桂林：廣西師範大學出版社，2006。

胡慶云，《中國無政府主義思想史》，北京：國防大學出版社，1994。

徐善廣、柳劍平，《中國無政府主義史》，武漢：湖北人民，1989。

狹間直樹，《中国社会主義の黎明》，東京都：岩波書店，1976。

張崑將，〈關於「東亞」的思考方法：以竹內好、溝口雄三與子安宣邦為中心〉，《臺灣東亞文明研究學刊》，1：2（臺北，2004），頁259-288。

張灝著，高力克、王躍譯，《危機中的中國知識份子──尋求秩序與意義》，山西：山西人民出版社，1988。

____，《幽暗意識與民主傳統》，北京：新星出版社，2006。

曹世鉉，〈東亞三國（韓、中、日）無政府主義的比較〉，《吉首大學學報（社會科學版）》，26：2（吉首，2005），頁53-58。

_____，《清末民初無政府派的文化思想》，北京：社會科學文獻出版社，2003。

莫里斯・邁斯，《馬克思主義、毛澤東主義與烏托邦主義》，北京：中國人民大學出版社，2005。

湯庭芬，《無政府主義思潮史話》，北京：社會科學文獻出版社，2011。

黃有東，〈黃文山文化思想研究〉，廣州：中山大學中國哲學博士論文，2007。

嵯峨隆，《近代中国アナキズムの研究》，東京都：研文出版，1994。

嵯峨隆、玉川信明和坂井洋史主編，《中国アナキズム運動の回想》，東京：総和社，1992。

楊芳燕，〈激進主義、現代情境與中國無政府主義之崛起〉，《臺大歷史學報》，33（臺北，2004），頁365-397。

楊進發，《新馬華族領導層的探索》，新加坡：新加坡青年書局，2007。

楊進發編著，《吳鈍民政論集》，新加坡：新加坡亞洲研究學會，1995。

葛懋、蔣俊、李興芝主編，《無政府主義思想資料選》上、下冊，北京：北京大學出版社，1984。

路哲,《中國無政府主義史稿》,福州：福建人民出版社,1990。

鈴木將久,〈竹內好的中國觀〉,《二十一世紀》,83（香港,2004）,頁74-84。

劉明逵、唐玉良主編,《中國工人運動史》,廣州：廣東人民,1998,卷2。

蔡章,《五四時期馬克思主義反對反馬克思主義思潮的鬥爭》,上海：上海人民出版社,1961。

蔡國裕,《1920年代初期中國社會主義論戰》,臺北：臺灣商務印書館,1988。

蔣俊、李興芝,《中國近代的無政府主義思潮》,濟南：山東人民出版社,1991。

_____,〈建國以來中國近代無政府主義思潮研究述評〉,《近代史研究》,4（北京,1985）,頁193-209。

盧壽亨,〈中韓「安那其主義」運動比較研究〉,南京：南京大學歷史學系博士論文,2012。

鍾離蒙、楊鳳麟主編,《無政府主義批判》,瀋陽：遼寧大學哲學系,1981。

Anderson, Benedict. "Forward." In *Anarchism and Syndicalism in the Colonial and Postcolonial World, 1870-1940: The Praxis of National Liberation, Internationalism, and Social Revolution*, edited by Steven Hirsch and Lucien van der Walt, xiiv-xxix. Leiden: Brill, 2010.

_____. *Age of Globalization: Anarchists and the Anticolonial Imagination*. New York: Verso, 2013.

_____. *Under Three Flags: Anarchism and the Anti-Colonial Imagination*. London ; New York, NY: Verso Books, 2005.

Damier, Vadim. *Anarcho-Syndicalism in the 20th Century*. Translated by Malcolm Archibald, Edmonton: Black Cat Press, 2009.

Dirlik, Arif. *Anarchism in the Chinese Revolution*. Berkely and Los Angeles: University of California Press, 1991.

_____. "Dimensions of Chinese Anarchism: An Interview with Arif Dirlik." *Perspectives in Anarchist Theory* 1, 2（Fall 1997）.

Hirsch, Steven and Lucien Van der Walt, ed. *Anarchism and Syndicalism in the Colonial and Postcolonial World, 1870-1940: The Praxis of National Liberation, Internationalism, and Social Revolution*. Leiden: Brill, 2010.

Hwang, Dongyoun. *Anarchism in Korea: Independence, Transnationalism, and the Question of National Development, 1919-1984*. Albany: State University of New York Press, 2016.

_____. "Korean Anarchism before 1945: A Regional and Transnational Approach."

In *Anarchism and Syndicalism in the Colonial and Postcolonial World, 1870-1940*, edited by Steven Hirsch and Lucien van der Walt, 95-130. Leiden: Brill, 2010.

Konishi, Sho. *Anarchist Modernity: Cooperatism and Japanese-Russian Intellectual Relations in Modern Japan.* Cambridge, Massachusetts: Harvard University Asia Center, 2013.

Krebs, Edward S. *Shifu: Soul of Chinese Anarchism.* Lanham, Md.: Rowman & Littlefield Publishers, 1998.

Meisner, Maurice J. *Li Ta-Chao and the Origins of Chinese Marxism.* Cambridge: Harvard University Press, 1967.

Scalapino, Robert A. and George T. Yu. *The Chinese Anarchist Movement.* Westport, Conn.: Greenwood Press, 1980.

Yang, Fang-yen. "Nation, People, Anarchy: Liu Shih-P'ei and the Crisis of Order in Modern China." Ph.D. dissertation, University of Wisconsin-Madison, 1999.

Zarrow, Peter. *Anarchism and Chinese Political Culture.* New York: Columbia University Press, 1990.

【研究紀要】

創造近代中國的「世界知識」與「地理想像」：回顧與思考 *

潘光哲

筆名彭廣澤、勞棟。臺灣大學歷史系博士。現任中央研究院近代史研究所研究員，兼任胡適紀念館主任。專業研究領域為近現代中國史與當代臺灣史。著有《晚清士人的西學閱讀史（1833～1898）》、《華盛頓在中國：製作「國父」》、《「天方夜譚」中研院：現代學術社群史話》等專書及學術論文八十餘篇，並主編《（新版）殷海光全集》、《容忍與自由：胡適思想精選》、《傅正《自由中國》時期日記選編》等史料彙編；並另主編《近代中國的政治與外交：第四屆國際漢學會議論文集》等書。

* 本文為：中央研究院補助主題研究計畫：《西方經驗與近代中日交流的思想連鎖》（計畫編號：AS-106-TP-C01）／分支計畫：《彌爾的自由主義論述在近代日本和中國的「理論旅行」》（計畫編號：AS-106-TP-C01-01）之部分研究成果。承蒙狹間直樹、黃克武、李達嘉與劉季倫、陳建守教授之指教批評，謹此同致謝悃。

一、

　　俄羅斯的彼得大帝（Peter the Great, 1672-1725），一代豪雄，影響深遠，他的形象，在俄羅斯歷史長河裡的轉易，本來就不僅是其政治、社會價值之變遷的寫照，也爲思索其國族意識（national consciousness）的本質，提供一面鏡子。[1]他的聲名，遠播寰宇，特別是他爲推動俄羅斯帝國的擴張，借鑒「他山之石」，竟爾一己親身微服出訪，遊歷西歐的軼事，膾炙人口，也喧騰於異鄉他邦；對他的形象認知，在俄羅斯大地之外激發的回應想像，曾無已時。像是彼得大帝的訪英之行（1698年1月11日至4月21日），就開啓英國人對他（與沙皇）的形象認識之契機，甚至連戲劇舞台上都出現他的影像，在人們喜聞樂見的娛樂天地裡佔有一席。[2]

　　時易境轉，彼得大帝的「魅力」，未嘗稍減。百餘年後，東亞世界裡的卓異之士，一旦知曉他的行止做爲，竟也馳騁思維，即便各有側重，意欲取爲楷模的心懷，則是同向如一。即如在近代日本中國歷史舞台上都必然不會被遺忘的佐久間象山和康有爲，時代相去四十餘年（佐久間於1864年在京都三条木屋町被暗殺的時候，康有爲不過才是六歲的孩童），雙方卻都引徵彼得大帝，做爲替自己的國族構思圖存求強方案的例證。在佐久間象山知曉大清帝國兵敗於鴉片戰爭的訊息之後，於1842年上書給擔任德川幕府老中一職的眞田幸貫，在

1　Nicholas V. Riasanovsky, *The Image of Peter the Great in Russian History and Thought*（New York: Oxford University Press, 1985）.
2　參考：Anthony Cross, *Peter the Great through British Eyes: Perceptions and Representations of the Tsar since 1698*（Cambridge: Cambridge University Press, 2000）.

這封俗稱爲《海防八策》的上書裡，[3]他說俄羅斯的彼得大帝，鑒於其國缺乏「大船」，海軍欠缺訓練，航海之技早已荒疏，因此自己親身前往荷蘭學習諸藝，藉以督責勸獎俄國人開始講求，正是有賴此等「豪傑之主」，竟使俄羅斯從「頑愚之貧國」的地位，轉而成爲可與西洋他國相提並立的國家。[4]相較於佐久間象山，康有爲上書的對象，可是九五之尊的清德宗（俗稱光緒帝）。康有爲在所謂「公車上書」的行動裡，[5]向光緒皇帝提出的建言（1895年5月2日），就已經聲言「俄主彼得，乃至易作工人，躬習其業，歸而變政，故能驟強」。[6]他的這分建言，當時沒有得到光緒帝「御覽」的可能性；[7]等到他有機會讓自己的意見「上達天聽」之後，彼得大帝的行止，則成爲康有爲鼓動光緒帝如何「亟籌自強」的楷模，他特別「譯纂」了《俄彼得變政記》，藉之從而「可考由弱至強之故」。[8]佐久間與康有爲對彼得大帝

3　源了圓，〈佐久間象山〉，《歷史人物シリーズ—幕末・維新の群像》（東京：PHP研究所，1990），頁87-101、大平喜間多，〈佐久間象山〉，《人物叢書》（東京：吉川弘文館，1987〔新裝版〕），頁62-68。

4　信夫清三郎，《象山と松陰—開国と攘夷の論理》（東京：河出書房新社，1975），頁99；當然，佐久間象山在其他文稿裡也嘗言及彼得大帝，不詳論。

5　世稱「公車上書」係康有爲發動；茅海建綜合前行研究，以爲不應視康有爲是其事的帶頭發動者，見：茅海建，〈「公車上書」考證補〉，茅海建，《戊戌變法史事考二集》（北京：生活・讀書・新知三聯書店，2011），頁1-99；茅海建的論說，也受其他學人之批駁，不詳論。

6　康有爲，〈上清帝第二書〉（1895年5月2日），收入姜義華、張榮華編校，《康有爲全集》（北京：中國人民大學出版社，2007），集2，頁44。

7　康有爲的諸番上書，直至1898年1月29日的第6度上書始得爲光緒帝覽之，見：孔祥吉，〈乙未丁酉間康有爲變法條陳考略〉，孔祥吉，《戊戌維新運動新探》（長沙：湖南人民出版社，1988），頁30-31。

8　康有爲，〈爲譯纂《俄彼得變政記》成書可考由弱至強之故呈請代奏摺〉、《俄彼得變政記》（1898年3月12日），姜義華、張榮華編校，《康

的理解是否「正確」,[9]暫且毋論;重要的是,這兩位在具體的時空背景裡堪稱第一流的思想家,究竟是在什麼樣的知識憑藉之上,開展他們因應世變而構思想像的觀念旅程?

　　以佐久間象山而論,他可能是從號稱幕末日本時期「蘭学者」的「大施主」:渡辺崋山[10]的《西洋事情書》那裡,得到關於彼得大帝的知識;[11]康有爲宣稱自己「譯纂」的《俄彼得變政記》,其實取材於徐景羅翻譯的《俄史輯譯》,[12]襲取刪改是著內容而成。[13]顯然,在近代東亞世界裡,像佐久間象山和康有爲這等取引彼得大帝爲楷模的秀異之士,所在多有;[14]僅就這兩個例證來說,可以推想,當時有心知

有爲全集》,集4,頁26-41。

9　前行研究,如鮑紹霖即指陳,康有爲對於彼得大帝的認識,頗不眞確,見:鮑紹霖,〈帝術縱橫:析論康有爲「彼得大帝心法」之議〉,《史學理論研究》,1998:3(北京,1998),頁111-123。

10　芳賀徹,《渡辺崋山:優しい旅びと》(東京:朝日新聞社,1986),頁199。

11　信夫清三郎,《象山と松陰—開国と攘夷の論理》,頁100。

12　本文徵引版本爲:徐景羅(譯),《俄史輯譯　四卷》,收入《叢書集成續編》第245冊(臺北:新文豐出版公司,1989);徐景羅,生平尚不詳;馮承鈞謂,《俄史輯譯》是書四卷,爲益智書會本,「景羅,寧波人,前有光緒十二(1886)年景羅序……是書似譯自英文,譯筆頗簡潔,無游詞費句,尤能力避用典,質而不俚,洵舊譯本中之佳作也」,見:馮承鈞,〈續修四庫全書總目提要(西學與中外交通部分)〉,收入馮承鈞撰、鄔國義編校,《馮承鈞學術著作集》(上海:上海古籍出版社,2015),冊3,頁1192。

13　參見本文附錄:〈康有爲《俄彼得變政記》取材於徐景羅《俄史輯譯》表〉。

14　即以日本而言,如啓蒙思想家之一的中村正直同樣曾以彼得大帝爲例證(他稱之曰「鄂王比達」),期待「方今有一英雄出,則渙汗大號,一變國制,造堅艦,載勝兵,往萬里,行互市,將有破陋士之見,而愕諸番之膽者焉」,見:中村正直,〈變國制〉,《敬宇文集》(東京:吉川弘文館,

曉世事，探究世變由來，思考因應之道的知識人，共向同循的，乃是
可以名之曰追求「世界知識」[15]的思想道路。畢竟，在他們具體身處
的生活世界裡，確實存在著前所未知的知識天地，或是寰宇情勢，或
爲新興學問，乃至於新式傳播媒介提供的訊息，好似廣袤無涯，總可
吸引有心好奇之士探其究竟，明其奧妙。如取譬喻之說，他們就像是
進入了一座包羅萬象的「知識倉庫」（stock of knowledge），[16]只要願
意信步直入，披卷展讀，隨意閱覽，各色資訊、思想與觀念，斑斕眩
目，應接不暇，迎面撲來：或是前所未曉的異域風土人情，或是從未

1903），卷3，頁3A-3B（是文撰作時間，自署爲「安政年間」，即1855-
1860年間）；關於中村正直的研究討論，不可勝數，例如：荻原隆，《中
村敬宇研究：明治啓蒙思想と理想主義》（東京：早稻田大學出版部，
1990）；餘例不詳舉。

15「世界知識」是筆者杜撰的詞彙，恰如當代英國文化／媒體研究巨擘Stuart
Hall之論說，現代媒體提供的首要文化功能是：供應與選擇性地建構「社
會知識」、社會影像，透過這些知識與影像，我們才能認知「諸種世
界」、諸般其他人們「曾經生活過的實體」，並且，我們也才能把他們的
及我們的生活，以想像方式建構成爲某種可資理解的「整體的世界」
（world-of-the-whole）和某種「曾經存在過的整體性」（lived totality），參
見：Stuart Hall, "Culture, the Media and 'Ideological Effect'," James Curran,
et al., eds., *Mass Communication and Society*（Beverly Hills, CA: Sage, 1979），
pp. 340-341；筆者師法其意，將透過各式各樣的印刷資訊媒介提供的各等
具有幫助認識／理解外在現實世界之作用的（零散）訊息／（系統）知
識，統稱爲「世界知識」。

16「知識倉庫」（stock of knowledge; *Wissensvorrat*）一詞，筆者借用自Alfred
Schutz的概念，參見：Alfred Schutz and Thomas Luckmann, trans. by R. M.
Zaner and H. T. Engelhardt, Jr., *The Structures of the Life-World*（Evanston, IL:
Northwestern University Press, 1973）；「知識倉庫」在舒茲學說的整體脈
絡，參見：H. R. Wagner, "Introduction: Schutz's Phenomenological
Sociology," Alfred Schutz, edited by H. R. Wagner, *Alfred Schutz on
Phenomenology and Social Relations*（Chicago, IL: The University of Chicago
Press, 1970）pp. 13-16，不詳論。

得聞的他國體制倫常，或是向不得見的外邦奇技妙器，或是令人驚異
不置，或是令人嘆爲觀止，或是令人掩卷深思，或是令人搖頭歎息，
覽卷所及，總可撼動挑撥觀奇攬勝者的心懷意念，馳騁廣袤浩瀚的
「地理想像」（geographical imagination）；[17] 藉由「知識倉庫」，知識人

---

17 「地理想像」（geographical imagination），借用自 David Harvey 的論說，
他取法 C. Wright Mills 的《社會學想像》（*The Sociological
Imagination*），指陳「地理想像」（他亦用「空間意識」〔spatial
consciousness〕一辭）對於城市規劃的概念性意義。David Harvey 指
出，「地理想像」能夠「使個人得以確認空間與地點在自己生命史上的
角色，將目視所及的空間環境和自己發生關聯，確認個人與組織之間的
具體事務如何受到把它們隔離的空間的影響。地理想像可讓個人確認自
己與四鄰、自己與領域所及（territory），或者（用街頭幫派的語言）自
己與『地盤』（turf）之間的關係。無論當下身處何方，它可以使他判斷
在其他地區（在其他人的『地盤』上）的事件與己身的相關性——如判
斷共產主義向越南、泰國和寮國的進軍，是否與己有關。它也可以使他
能夠有創意地仿傚和利用空間，能夠理解其他人創造的空間形式的意
義」，見：David Harvey, *Social Justice and the City*（Baltimore & London:
Johns Hopkins University Press, 1973），pp. 24-25；"geographical
imagination" 亦有自身的概念形成史，本文不擬詳探，參見 "geographical
imagination," edited by R. J. Johnston, *The Dictionary of Human Geography*
（Oxford: Blackwell Publishers, 2000），pp. 298-301；就具體個案言，即如
Susan Schulten 所述，因爲政治、文化與社會需求，會形成關於地理和空
間的新概念，它們又回過頭來影響了歷史與文化。以某種空間結構概念
來區分我們生活的世界，既可以確證歐亞大陸之所在，亦可用來建立第
一、第二與第三世界的認知架構。藉助現代科技，地理知識打破過往的
迷思或眞假難辨的認知，可以具體明確地指出某個地方之所在，建立所
謂超歷史的眞實（transhistorical truth）——好比說，臺灣是個島嶼，人
們無法親臨其境，地理知識即可讓人藉以認識和想像某個地方（因此可
以說，科學，就是讓「眞正的」地理知識在公眾生活裡「正當化」的主
要憑藉／依據）。她以19世紀末期以降至1950年美國崛起爲世界霸權的
歷程，說明美國地理學界（與地理組織，如國家地理學會〔National
Geographic Society〕）如何爲因應／滿足現實需求（包括商業利益，如
地圖的「消費」、學校地理教科書的競爭），在生產地理知識（與各級學

往往足可汲引激盪多樣思考想像的「思想資源」（intellectual
resources），[18] 進而可能催發若無止境的「概念變遷」（conceptual
change），[19] 匯爲晚清以降中國思想世界的洪流。如果可以取引具體的

校裡的地理課程內容）方面的變化，以及美國公眾的回應，參見：Susan
Schulten, *The Geographical Imagination in America, 1880-1950* (Chicago:
University of Chicago Press, 2001)；Susan Schulten 並未引用 David
Harvey。

18 潘光哲，〈追索晚清閱讀史的一些想法：「知識倉庫」、「思想資源」與
「概念變遷」〉，《新史學》，16：3（臺北，2005），頁137-170；王汎森述
說了日本導進的「思想資源」，對筆者甚有啓發：王汎森，〈戊戌前後思
想資源的變化：以日本因素爲例〉，《二十一世紀》，45（香港，1998），
頁47-54。

19 關於史學研究脈絡裡的「概念變遷」（conceptual change）之界說討論，自
是眾說紛紜，如 Kari Palonen 就將概念史（conceptual history）取向區分爲
六種層次，其中兩種即爲概念變遷的微觀理論（conceptual history as a
micro-theory of conceptual change）與概念變遷的巨型理論（conceptual
history as a macro-theory of conceptual change），見：Kari Palonen, "An
Application of Conceptual History to Itself: From Method to Theory in Reinhart
Koselleck's *Begriffsgeschifte*," *Finnish Yearbook of Political Thought*, Volume
1(1997), p. 41；筆者接受 James Farr 的述說，他認爲，概念變遷可以被理
解爲：政治行動者力圖解決他們遇到的問題，以及理解和改變他們置身的
世界時，在這整個過程裡顯現出來的深具想像性的結果。然而，概念從來
不會被孤立地被掌握與使用，而是在整體架構或信仰體系裡被掌握與使
用。這些架構或信仰體系就是理論，掌握這些理論的人，即爲理論家（當
然，他們對理論做了不同程度的闡發，複雜程度也不一）。反過來，理論
可以被理解爲頗具意圖的，並且也是理性的嘗試，以解決實踐和思辨的問
題，因爲這些問題既產生於政治信仰、行爲和實踐之中，也存在於政治信
仰、行爲和實踐之間。在嘗試解決那些持續出現的具體問題之際，理論可
能起了變化。那麼，當理論家努力解釋和重構世界的時候，他們會主張，
不論就引申的範疇標準，或是就它們指涉的意義，還是從它們的態度表達
而言，就應該摒棄自己理論裡的某些概念，或是應該另行設想，抑或應該
有所變化，見：James Farr, "Understanding Conceptual Change Politically,"
Terence Ball, Russell L. Hanson, edited, *Political Innovation and Conceptual*

個案，開展細密的考察，闡釋近代中國的「世界知識」與「地理想像」，如何被創造生產，應該可以深化拓廣我們對於近代中國思想與文化史的理解。本文即擬就此題，略抒一愚之見。

二、

　　近代中國的歷史，波瀾壯闊，事過境遷，史學工作者可以施展身手的天地，本來就是無限寬廣，得以繪描渲染的歷史圖像，當然多彩繽紛。那麼，言及近代中國的「世界知識」的創造、生產、積累、流通、消費與再生產，足可爲闡釋近代中國的歷史，增添不同的圖景；就創生近代中國的歷史知識而言，也具有清點前行者的思想工作與其成果的意義。只要仔細考查中國近代史知識生產方式的形成史，即可發現，既存的知識狀況與研究視野，既是後繼者開展知識生產之旅之際起步前行的基點，卻也可能是妨礙放眼四顧的無形眼翳。[20]一言以蔽之，我們仰仗的既有的知識基礎，未必堅實穩靠，不可動搖。

　　就以有關近代（相對於）中國本土的「邊疆」的「知識」，究竟如何生產創造的檢討來說，西方的傳教士、科學家乃至於探險家，都曾（冒險犯難）履足斯地，以爲「眼見爲憑」，將他們習以爲常的知識生產方式，「應用」在這方土地之上，認爲透過他們的親身考查得到的知識，既然是建立在「客觀的」、「科學的」基礎之上，自然可以取而貢獻於那裡生活的人們，提供諸多「指導」，好讓他們脫離

Change（Cambridge & New York: Cambridge University Press, 1989）, p. 33.
20 潘光哲，〈中國近代史知識的生產方式：歷史脈絡的若干探索〉，收入裴宜理、陳紅民主編，《什麼是最好的歷史學》（杭州：浙江大學出版社，2015），頁 105-163。

「落後」，走向「文明」。可是，這些足以促使當地人民從「黑暗」進入「光明」的「進步」方案，未必真正建立在「客觀的」、「科學的」基礎之上。他者毋言，為他們的知識生產提供助力的當地合作者（或是譯者，或為嚮導，或為協助尋找資料的研究助手），未必「忠心耿耿」，如實以應（其間因素，絕對錯綜複雜，或可能肇因於國族主義情懷，或可能是因為僱用者視之為「劣等人」的帝國主義霸道作風）。所以，他們生產的知識，怎容吾輩持信不疑，取而做為瞭解斯土斯民的知識基礎呢？[21]

放眼廣觀，類似的場景，屢見不鮮。大英帝國對印度的知識建構，也是個例證。當大英帝國以東印度公司為機制的勢力從1750年以後逐漸向南亞次大陸擴展的時候，地理學家扮演了打前鋒的角色，他們繪製了地貌景觀的地圖，研究原住民的情況，收集地質與植物標本，留下了各式各樣經濟、社會與文化的詳細資料。可以說，地理學家創造與界定了在東印度公司統治之下對於印度的空間印象（the spatial image）。可是，英國繪製與掌握的各種印度地圖，可以「再現」的印度，只是「他們的印度」，而不是「真正的印度」；那些印度地圖的範圍，只包括了他們所認知的與他們統治的印度。畢竟，做為被調查對象的印度人，會和英國人妥協，也會起而抗之，印度怎麼可能全盤無缺地為英國人所知曉；印度社會與文化的許多面向，更遠非英國人所能經驗。英國人以為，憑藉著自己掌握的科學，可以讓他

---

21 參考：Stevan Harrell, "Introduction: Explorers, Scientists, and Imperial Knowledge Production in Early Twentieth-Century China," Denise M. Glover, Stevan Harrell, Charles F. McKhann, Margaret Byrne Swain, edited, *Explorers and Scientists in China's Borderlands, 1880-1950* (Seattle, WA: University of Washington Press, 2011), pp. 3-25.

們認識「眞正的印度」，究其實際，他們繪製的地圖，僅僅是「大英
帝國的印度」的地圖。可以說，藉由對於英國繪製印度地圖的過程的
理解與認識，我們可以窺探英國人（當然是精英分子）如何帶著各式
各樣的假定（assumptions）與意識形態（這又是與他們想要理解自己
在印度所創造出來的帝國這個目標相關的），從而進行知識建構的方
式。[22]

　　「老王賣瓜，自賣自誇」。前此個人假《晚清士人的西學閱讀史
（1833～1898）》[23]一書，也從「閱讀史」的視野，對於身歷世變的士
人的思想／知識世界，提出了若干觀察。凡是有心知悉世事時局的晚
清士人，一旦開展追求「世界知識」的事業，絕對必須追索與「西
學」相關的書報，既覽其美富，增廣聞見，復汲引豐沛多樣的「思想
資源」，發爲感懷，自然爲整體思想界的「概念變遷」，供應了各式
各樣的動力。士人讀書世界的變化擴展，固然大有改變；他們的閱讀
實踐，則非勢所必至，理所當然；好比說，士人的閱讀實踐，往往遭
遇「書本地理學」的障礙；先行者意欲建立「讀書秩序」的努力，又
承受既存價值系統的挑戰反擊。閱讀致知的理由，更與士人的功名之
路息息相關，自然和「文化市場」的運作邏輯脫離不了關係。當讀書
成爲「生意」，各式各樣「西學」書報的盜印本，應運而生。讀書求
知固是樂趣無窮，怎樣得到書本，卻不必然心想事成。因此，晚清士
人閱讀致知，求索「世界知識」的過程，錯綜複雜，他們的個體經驗

22 參見：Matthew H. Edney, *Mapping an Empire: The Geographical Construction of British India, 1765-1843*（Chicago & London: University of Chicago Press, 1997）。
23 潘光哲，《晚清士人的西學閱讀史（1833～1898）》（臺北：中央研究院近代史研究所，2014）。

和思想回應，不該被後世的史學工作者一刀切平。回答「西力東漸」
這個古老歷史命題的方式，實在可以日新又新。

　　一代蒙元史名家姚從吾，同時也在 1949 年以後的台灣大學歷史
系長期講授《史學方法》的課程。受業弟子之一陶晉生回憶，姚從吾
在課堂上的名言是：「騎馬要跳到馬背上，學游泳要跳到水裡去」。[24]
言下之意，開展史學研究，徒然高談闊論「史學方法」，無濟於事，
只有切實從事史學研究本身，方為正軌。同樣的，在口號宣示層次批
評既存的史學知識的成果，是一回事；在具體的史學實踐裡如何展
現，卻是另一回事。因此，倘能透過具體例證的研究書寫，既能闡明
近代中國歷史的另一方面向，應該也可以為我們承受的歷史知識，提
供反省思考的可能路向。

三、

　　胡適曾經自豪於一己的作品，具有「鴛鴦繡取從君看，要把金針
度與人」的意義；[25]確實，他在現代中國思想學術史領域的「典範」
地位，[26]眾無異辭。即使在史學殿堂的諸多領域裡，胡適未必都留下
不可磨滅的「典範」作品；他的「眼光」，確實具有醍醐灌頂的提醒
作用。例如，胡適批評過，只書寫「帝王的即位和死亡」、「權臣的
興起和傾倒」、「戰爭的發動和結束」的歷史，「在我們今日的眼光
裡，全是枉費精神，枉費筆墨」：

---

24 陶晉生，〈追憶姚從吾先生〉，《歷史月刊》，11（臺北，1988），頁 15。
25 胡適，〈《醒世姻緣傳》考證〉，《胡適論學近著》（上海：商務印書館，
　　1935），第一集，頁 333。
26 余英時，《中國近代思想史上的胡適》（臺北：聯經出版公司，1984）。

因為他們選擇的事實，並不能代表時代的變遷，並不能寫
出文化的進退，並不能描出人民生活的狀況。……我們今
日若作一部《新新五代史》，我們就應該知道，與其記誦
五代十國的帝王世系，不如研究錢鏐在浙江興的水利或王
審知入閩後種族上和文化上的影響；與其痛罵馮道的無
恥，不如研究當日政府雕板的監本九經的歷史；與其記載
桑維翰的大話，不如研究李煜、馮延巳一班人的小詞；與
其比較《新五代史》與《舊五代史》的文字優劣和義法寬
嚴，不如向當時人的著作裡去尋那些關於民生文化的新史
料。范仲淹的文集裡，無意之中，記載著五代時江南的米
價，那是真重要的史料。敦煌石室裡，前不多年，忽然發
現韋莊詳記北方饑荒的一首白話長詩，那也是真重要的史
料。比起這種真正史料來，什麼謹嚴的史傳，什麼痛快的
論贊，都變成一個錢不值的了！[27]

胡適在這裡展現的重視社會／經濟角度的「史料觀」，基本上「一以
貫之」，他甚至認為如《儒林外史》、《醒世姻緣》等小說，也是可以
據之寫史的材料；[28]只是，他從來不曾對傳統中國社會、經濟方面的
變化歷程，或是，某個時代的社、經變遷等具體問題，做過有系統而
詳盡的研究。[29]不容否認的是，他提醒我們如何調整轉換看待史料的

---

27 胡適，〈《中古文學概論》序〉（1923 年 9 月 24 日），《胡適文存二集》（上
　海：亞東圖書館，1924），卷四，頁 261-262。
28 參見：許冠三，《新史學九十年》，上冊（香港：中文大學出版社，
　1986），頁 160-162。
29 參見：唐德剛，《胡適雜憶》（臺北：傳記文學出版社，1981），頁 103-
　125；唐德剛對胡適在社會經濟史領域純屬外行的景況，有極風趣而中肯
　的評論。

視野，確實深具「金針」價值；[30] 中國近代以降的浩瀚史料海洋裡，許多常見史料，應該也需要同樣的工夫。

　　研究斯題，所須徵引的史料，固有取材自海外他邦者（主要是日本），主要多為研究者耳熟能詳的。舉例而言，研究近代中國人在西方國家的異域體驗，已漸蔚為大國，[31] 如何活用相關史料，則是史家技藝的考驗。例如，出身於同文館，擔任過大清帝國駐英欽差大臣的張德彝，從十九歲起就開始就出洋遠遊，見識異國風情的多番樣貌，

---

30 當然，胡適述說的前提是「我們今日的眼光」；那麼，我們就別忘記了，這等眼光，其實乃是「史學氣候」（historiographical climate）改變的結果；「史學氣候」一語，引自：Richard J. Evans, *In Defense of History* (New York: W. W. Norton, 1999), p. 77；他指出，許多史料，往往必須等到「史學氣候」改變，某人認為值得一用時，才會被發掘與利用。

31 例如：陳室如，《近代域外遊記研究（一八四〇～一九四五）》（臺北：文津出版社，2008）、尹德翔，《東海西海之間：晚清使西日記中的文化觀察、認證與選擇》（北京：北京大學出版社，2009）、呂文翠，〈晚清上海的跨文化行旅談王韜與袁祖志的泰西遊記〉，呂文翠，《海上傾城：上海文學與文化的轉異，1849-1908》（臺北：麥田出版，2009），頁 153-239、李湞，《帝國遠行：中國近代旅外游記與民族國家建構》（北京：中國社會科學出版社，2011）、唐宏峰，《旅行的現代性：晚清小說旅行敘事研究》（北京：北京師範大學出版社，2011）、李揚帆，《走出晚清：涉外人物及中國的世界觀念之研究（第二版）》（北京：北京大學出版社，2012）、陳室如，《晚清海外遊記的物質文化》（臺北：里仁書局，2014）、張治，《異域與新學：晚清海外旅行寫作研究》（北京：北京大學出版社，2014）、顏健富，〈晚清文化界對於 David Livingstone 與非洲探勘記的接受與傳播〉，收入李奭學、胡曉真主編，《圖書、知識建構與文化傳播》，《漢學研究中心叢刊》（臺北：漢學研究中心，2015），頁 435-486；日文著作如：佐々木揚，《清末中国における日本観と西洋観》（東京：東京大学出版会，2000）、手代木有児，《清末中国の西洋体験と文明観》（東京：汲古書院，2013）、岡本隆司、箱田恵子、青山治世，《出使日記の時代：清末の中国と外交》（名古屋：名古屋大学出版会，2014）。兩相比對，日本方面的研究，史料調查詳密，史實建構較為完整；相關漢語著作，猶待迎頭趕上。

《稿本航海述奇匯編》這套大書，就是他紀錄自身經驗的珍貴史料。[32]
日本學者手代木有児教授與筆者都採取類似的視角，都徵引這部史
料。不過，手代木教授關心的課題，只及於張德彝個人文明觀的變化
歷程；[33]筆者則具體論證張德彝的論說，如何成爲後來者如王韜的
「思想資源」。[34]再如，研究西方政體（political regimes）的類型知識
在晚清中國時期的導入和傳佈，自然必須注意各式各樣的考察報告與
日記書寫；日本學者佐々木揚考察大清帝國於1887年派遣12位中下
級官僚遊歷考察各國的歷史，成員之一劉啓彤及其考察報告《英政
概》自是其研究對象；[35]卻未進一步述說其影響所在。個人則具體論
證劉啓彤的《英政概》乃是薛福成述說英國制度的泉源，進而論證晚
清改革派要角之一的鄭觀應的名著：《盛世危言》5卷本（1894年刊
行），如何襲取自薛福成。[36]由此推想，西方政體的類型知識在晚清中
國的導入和傳佈，曲折綿延，注意其前後傳承之歷程，當可別顯新
知。況且，舉凡收載劉啓彤《英政概》（乃至張德彝、薛福成的部分
著作）的大書：王錫祺編輯的《小方壺齋輿地叢鈔》叢書系列，早已
復刻影印問世，[37]實非名山祕笈，研究者不難入手；「運用之妙，存乎

---

32 張德彝，《稿本航海述奇匯編》（北京：北京圖書館出版社，1997）；全帙
　　10冊。
33 手代木有児，《清末中国の西洋体験と文明観》，頁103-132。
34 潘光哲，〈晚清中國的「民主經驗」（1866-1895）〉，收入潘光哲主編，
　　《近代中國的政治與外交：第四屆國際漢學會議論文集》（臺北：中央研究
　　院，2013），頁41-133。
35 佐々木揚，《清末中国における日本観と西洋観》，頁202-203。
36 潘光哲，〈美國傳教士與西方政體類型知識「概念工程」在晚清中國的發
　　展（1861-1896）〉，《東亞觀念史集刊》，1（臺北，2011），頁179-229。
37 王錫祺（輯），《小方壺齋輿地叢鈔補編再補編》（臺北：廣文書局，
　　1964）。

一心」，在在有賴史家細審詳察。《小方壺齋輿地叢鈔》做爲史料，其實自有其創生依據，其中竟有取材於《時務報》的譯稿者，略舉例證如下表：[38]

《小方壺齋輿地叢鈔》出處	《時務報》出處	備　註
「闕名」，〈義火可握國記〉，《小方壺齋輿地叢鈔再補編》，帙10	古城貞吉譯，〈義火可握國記〉，《時務報》，冊16	1. 註明作者爲「闕名」，未註譯者。
「日本村田‥」，〈古巴述略〉，《小方壺齋輿地叢鈔再補編》，帙12	古城貞吉譯，〈古巴島述略〉，《時務報》，冊6、7	1. 改易篇名。 2. 刪去《時務報》原刊本起首的這段話：「日本軍醫村田，爲考求軍陣間攝養情形，遂抵古巴島，親臨戰地，歸而報其所見於政府。茲錄其要領如左」。 3. 註明作者爲「日本村田」，未註譯者。

<hr>

38 潘光哲，〈開創「世界知識」的公共空間：《時務報》譯稿研究〉，《史林》，2006：5（京都，2006），頁1-18；拙稿早已指出，王錫祺纂輯《小方壺齋輿地叢鈔》取材於《時務報》譯稿，指陳古城貞吉翻譯的〈古巴島述略〉即收錄於《小方壺齋輿地叢鈔再補編》（頁17）。陳一容亦發此論，其文微引拙作，卻未指出筆者於此論，「早著先鞭」，見：陳一容，〈古城貞吉與《時務報》「東文報譯」論略〉，《歷史研究》，2010：1（北京，2010），頁113、115；有勞識者諒鑒，毋以爲筆者抄襲彼者觀點是幸。

「闕名」，〈過波蘭記〉，《小方壺齋輿地叢鈔再補編》，帙11	古城貞吉譯，〈過波蘭記〉，《時務報》，冊15	1. 刪去《時務報》原刊本起首的這段話：「本報館主筆某，游歷歐洲，現在征途，過波蘭慶墟，偶坐車上，染翰作記，遠送於本館曰：鳴呼！」 2. 註明作者爲「闕名」，未註譯者。
「宛平郭家驥著」，〈革雷得志略〉，《小方壺齋輿地叢鈔再補編》，帙11	郭家驥譯，〈革雷得志略〉，《時務報》，冊13	1. 註明作者爲「宛平郭家驥著」；郭家驥實爲譯者。

顯然，只要廣覽博識，彼此參照，對於《小方壺齋輿地叢鈔》的取材來源，當可提出「鑿空」之論。胡適曾經批評所謂「鴛鴦繡取從君看，不把金針度與人」是一種「很可鄙的態度」。他認爲，身爲「提倡學術的人應該先把『金針』送給大家，然後讓他們看我們繡的鴛鴦，然後教他們大家來繡一些更好更巧妙的鴛鴦」。[39]當然，個人的描摹書寫，未必皆登大雅之堂，論說更難一鎚定音；然而，師法先賢，「野人獻曝」，對有心讀者或許稍可提供一些啓發。

　　調整轉換研究與看待史料的視野，並不意味不需要開發新史料。特別是近代中國已然被迫捲入了國際體系，吾輩不應該仍復懷持「方法論的國族主義」（methodological nationalism）立場，[40]以特定國家／

---

39 胡適，〈國語文法概論〉，《胡適文存》（上海：亞東圖書館，1921），卷3，頁35-36。

40 參考：Andreas Wimmer, Nina Glick Schiller, "Methodological Nationalism and beyond: Nation–State Building, Migration and the Social Sciences," *Global Networks*, 2: 4（October 2002）, pp. 301-334、Andreas Wimmer, Nina Glick Schiller, "Methodological Nationalism, the Social Sciences, and the Study of

疆土爲中心，發動研究事業。研究近代中國的「世界知識」如何創造
傳承，涉及的課題，固然以近代中國的歷史場景爲中心，引據所憑或
研究書寫，盡量不畫地自限。即如近代供應生產「世界知識」最重要
的載具：現代報刊在東亞世界裡的互動空間，如可放開眼界，涉足東
瀛扶桑的史料與研究，對於近代中國報刊雜誌的發展脈絡，自可稍顯
新意，個人即提出了在此等相關面向裡「日本好似『看不見的手』」
的論斷。[41]況乎「西風東漸」，近代受到「西力」影響的，不僅只有中
國而已，日本、韓國（朝鮮）乃至越南，皆在其列。來自西方的現代
「世界史地」與「國際法」知識，如何在東亞世界（主要是中、日、
韓三國）流傳廣佈，成爲知識人同潤均享的「共同知識文本」，[42]而爲

Migration: An Essay in Historical Epistemology," *The International Migration Review*, 37: 3（Fall 2003），pp. 576-610；當然，Wimmer 與 Glick Schiller 批評的是移民研究（migration studies）領域裡的問題；他們的論說，同樣也有批判者，不詳論。

41 潘光哲，〈近代中国における日本情報受容の一側面〉，收入孫江、劉建輝編著，《東アジアにおける近代知の空間の形成》（東京：東方書店，2014），頁 159-176；日本學人也從必須相互理解以做爲和解基礎的角度倡言「東亞媒體史」的可能性，而其主要著眼領域爲日本與韓國（朝鮮）之間，見：小林聡明，〈東アジア・メディア史研究の可能性：日韓の相互理解と東アジアの和解にむけて〉，《都市文化研究》，12（大阪，2010），頁 153-158。

42 「共同知識文本」是筆者鑄造的辭彙，意指約略從 1830 年代以降，西方傳教士與東亞各國知識人共同致力，生產製作介紹世界局勢與西方知識的著述，例如《海國圖志》、《瀛環志略》或是《萬國公法》等著作，同時在東亞世界流通，廣受閱覽，彼此能夠同潤均享，引發了多重多樣的歷史效應；如梁台根以《佐治芻言》爲中心，就這部曾用於中、日、韓三國流傳的「共同文本」，如何展現了當時引進、傳播和吸收西方知識的場景，也指陳東亞內部複雜的知識傳播互動脈絡，參見梁台根，〈近代西方知識在東亞的傳播及其共同文本之探索——以《佐治芻言》爲例〉，《漢學研究》，24：2（臺北，2006），頁 323-351。

創造近代東亞的「地理想像」（geographical imagination），供應了無
窮動力，自然需要擴張視野。[43]因是，從研究史的面向，檢討思索像
是魏源（1794-1857）纂輯的《海國圖志》[44]（1842年首度出版，1852
年更增補爲一百卷出版）[45]、徐繼畬（1795-1873）編撰的《瀛環志略》
（初刻於1848年）[46]或是曾任同文館總教習的傳教士丁韙良（William
Alexander Parsons Martin, 1827-1916）翻譯的《萬國公法》（1864年
出版）[47]等等爲近代中國史研究者「耳熟能詳」的著作，具體影響之
所及，實在非僅中國本土思想界而已。

　　例如，1860年（日本万延元年）德川幕府遣派使節團赴美，這
是幕府首度遣派赴外的使節團（一般俗稱万延元年的遣米使節団〔万

---

43 潘光哲著，川尻文彦譯，〈「世界史地」と「国際法」知識及び近代東アジ
　ア「地理想像」の生産、流通と変容〉，收入沈国威、内田慶市編著，《東
　アジア言語接触の研究》（大阪府吹田市：関西大学出版部，2016），頁
　237-258。

44 魏源，《海國圖志》，卷60，「道光丁未（1847）仲夏，古微堂鐫板」本
　（臺北：成文出版社，1967〔景印〕）；魏源，《海國圖志》，卷100，「光緒
　二（1876）年，平慶涇固道署重刊」本，《續修四庫全書》（上海：上海
　古籍出版社，1997），總冊743（總頁206以下）～冊744。

45 魏源的《海國圖志》，最先爲50卷，於1842年亦即「鴉片戰爭」甫結束即
　出版，經增補爲60卷，1847年再刊，1852年復擴增爲100卷刊行，即今
　日一般所見版本（王家儉，《魏源年譜》〔台北：中央研究院近代史研究
　所，1967〕，頁132-134）。

46 徐繼畬，《瀛環志略》，收入白清才、劉貫文主編，《徐繼畬集》（太原：
　山西高校聯合出版社，1995），第1冊；徐繼畬自1843年起意著書以明瞭
　域外世界，曾草成《輿圖考略》，後再改纂爲《瀛環考略》，最後勒爲
　《瀛環志略》，1848年初刻於福州。參見陳存恭，〈徐繼畬事略及其《瀛環
　志略》〉，收入任復興主編，《徐繼畬與東西方文化交流》（北京：中國社
　會科學出版社，1993），頁8-9。

47 丁韙良（譯），《萬國公法》，「同治三（1864）年歲在甲子孟冬月鐫・京
　都崇實館存板」本（臺北：中央研究院歷史語言研究所傅斯年圖書館藏）。

延元年の遣米使節団〕），意義深遠；[48]使節團成員裡，固有日後如福
沢諭吉（1835-1901）這等名聲卓著的知識人，[49]成員之一的仙台藩藩
士玉虫左太夫（1823-1869），則以其旅行紀錄《航米日錄》[50]爲這趟
行旅留下詳盡的紀錄。[51]有趣的是，玉虫左太夫開展這趟旅程，不是
全無知識憑藉的，以他對美國第一任總統華盛頓的述說爲例，應該正
來自於徐繼畬的《瀛環志略》開拓的「想像空間」。試比較徐繼畬筆
下的述說、英國倫敦傳道會牧師慕維廉（Muirhead William, 1822-

---

48 相關研究不可勝數，舉其要者，如：Masao Miyoshi（1928-2009）, *As We Saw Them: The First Japanese Embassy to the United States*（Berkeley, CA: University of California Press, 1979 / New York: Kodansha International, 1994；日譯本：三好将夫（著），佳知晃子（監訳），飯野正子（等訳），《我ら見しままに：万延元年遣米使節の旅路》〔東京：平凡社，1984〕）、宮永孝，《万延元年の遣米使節団》，《講談社學術文庫》（東京：講談社，2005）、岡林伸夫，《万延遣米使節におけるアメリカ体験の諸相》（奈良：萌書房，2016）；餘例不詳舉。

49 福沢諭吉在万延元年、慶応三年（1860年、1867年）兩度赴美，他在美國的聞見與經驗，參閱：山口一夫，《福沢諭吉の亜米利加体験》（東京：福沢諭吉協会，1986）。

50 全文見：玉虫左太夫著，《航米日錄》，收入沼田次郎、松沢弘陽校注，《西洋見聞集》（東京：岩波書店，1974），頁 7-259；相關研究，如：飯田鼎，〈玉虫左太夫『航米日錄』にみるアメリカ体験──福沢諭吉の蔭に──〉，飯田鼎，《福沢諭吉研究：福沢諭吉と幕末維新の群像》，收入《飯田鼎著作集》，卷 5（東京：御茶の水書房，2001），頁 91-138、高橋茂美、中田正心，〈玉蟲左太夫論〉，《中央学院大学人間・自然論叢》，32（千葉県我孫子市，2011），頁 174-190、岡林伸夫，〈玉虫左太夫のアメリカ理解──「礼」の国と「情」の国の交錯〉，《万延遣米使節におけるアメリカ体験の諸相》，頁 45-80。

51 當然，關於万延元年遣米使節団之紀錄，不一而足，森田岡太郎（1812-1861）的《亜行日記》，亦爲其一，參見：飯田鼎，〈万延遣米使節のアメリカ体験──森田岡太郎『亜行日記』について──〉，氏著，《福沢諭吉研究：福沢諭吉と幕末維新の群像》，頁 77-82。

1900）的《地理全志》（1853至1854年出版；1858至1859年間有日
本翻刻本）[52]與玉虫左太夫的述說：

著　　述	内　　　容
《瀛環志略》[53]	頓【華盛頓—引者按】乃與眾議曰：「得國而傳子孫，是私也。牧民之任，宜擇有德者為之」。仍各部之舊，分建為國。每國正統領一……各國正統領中，又推一總統領，專主會盟戰伐之事……。
《地理全志》[54]	頓【華盛頓—引者按】乃與眾議曰：「得國而傳子孫，私也。牧民之任，宜推有德者為之」。仍各部之舊，分違【建—引者按】為部，每部一正首領……。各部之中又推一總統領，督管合部政事……。
《航米日錄》[55]	初メ花盛頓眾卜議シテ日ク、「国ヲ得テ子孫ニ伝フルハ私ナリ、民ヲ牧スルノ任宜シク德アル者ヲ推シテ之ヲ為サシムベシ」ト。乃チ部ヲ分チ、毎部一正首領……而シテ又一大統領ヲ建テ、其眾部ノ政事ヲ司ラシム、是即チ貌列志天德ナリ……。

---

52 慕維廉，《地理全志》，「耶穌降世壹仟捌伯【佰】伍拾肆年甲寅仲秋／江
蘇松江上海墨海書館藏板」本（上海：上海圖書館藏）；慕維廉《地理全
志》首度問世於1853至1854年間，重訂本於1883年出版，見：鄒振環，
〈慕維廉與中文版西方地理學百科全書《地理全志》〉，《復旦學報（社會
科學版）》，2000：3（上海，2000），頁51-59；日本方面，據謂有「安政
戊午〔五年／1858年〕晚秋」刊本與「安政己未〔六年／1859年〕榴夏」
刊本，見：開国百年記念文化事業会（編），《鎖国時代日本人の海外知
識──世界地理・西洋史に関する文献解題──》（東京：乾元社，1953
／東京：原書房，1978〔複製〕），頁156-158；筆者未可得見《地理全志》
1858年版，目前所見為1859年刊本：英國倫敦傳道會牧師慕維廉（著），
《地理全志》，「安政己未（1859）榴夏新刊爽快樓藏版」本（臺北：中央
研究院，歷史語言研究所傅斯年圖書館藏）。吉田寅指出，日本翻刻《地

目前可以確認《瀛環志略》以做爲「蕃書調所」之「御用」而購置，於1859年送抵日本，[56]經過刪改，[57]爾後經井上春洋、森荻園、三守柳圃訓点，由阿波德嶋的小西吉兵衞與宮嶋屋伊左衞門於1861年刊行，[58]因是玉虫左太夫的紀錄當非直接取材於《瀛環志略》。由於玉虫左太夫的紀錄裡引徵過《地理全志》與魏源《海國圖志》；[59]然而，1842年首度出版的《海國圖志》50卷本雖然早於1844年即輸入日本，[60]出版於1852年增補爲100卷本的《海國圖志》也引徵了《瀛環志略》，卻施以「文字手術」，刪除了《瀛環志略》這段論述：

理全志》皆爲「爽快樓」本，皆分爲上、下篇，各5冊，分爲兩種形態，一種是小豆色封面，上篇爲1858年版，下篇爲1859年版，下篇「緣起」關於「地球爲行星之一，與諸行星環繞於日」等等宇宙論述説，削除部分內容；一種是黃色封面，皆1859年版，下篇「緣起」關於「地球爲行星之一，與諸行星環繞於日」等等宇宙論述説，全部削除，見：吉田寅，《中国プロテスタント伝道史研究》（東京：汲古書院，1997），頁378。

53 徐繼畬，《瀛環志略》，卷9，收入《徐繼畬集》，冊1，266-267。

54 慕維廉，《地理全志》（上海墨海書館1854年刊本），上篇，卷之4，〈亞墨利加志〉，12A-13B、慕維廉，《地理全志》（日本1859年刊本），上篇，卷之4，〈亞墨利加志〉，12A-13B。

55 玉虫左太夫著，沼田次郎校注，《航米日錄》，頁147。

56 大庭脩，《江戸時代における中国文化受容の研究》（京都：同朋舍，1984），頁394-396。

57 日本方面刪改《瀛環志略》文本的詳細情況，見：杉井六郎，〈「瀛環志略」の翻栞〉，《史窓》，51（京都，1994），頁65-110。

58 大庭脩，《江戸時代における中国文化受容の研究》，頁396；按，檢索日本「沖縄県立図書館貴重資料デジタル書庫」，是著封面資料爲：徐繼畬（著），井上春洋、森荻園、三守柳圃（訓点），「阿陽對嵋閣藏梓」，「文久辛酉（1861年）仲秋新刊」。http://archive.library.pref.okinawa.jp/?type=book&articleId=61362（檢閱日期：2017/11/27）

59 玉虫左太夫著，沼田次郎校注，《航米日錄》，頁109、146、147。

60 大庭脩，《江戸時代における中国文化受容の研究》，頁388。

《瀛環志略》[61]	米利堅二十六國，內地各國大小不甚懸殊，惟東北濱海數國，壤地甚褊……其國之三大埔頭……又皆萃于東北，富商大賈之所聚，地雖褊小，氣象固殊，內地各國，皆資耕作，幅員易廣，而財力不如海濱之盛，其勢然也。迨華盛頓倡義拒英，各部之豪皆起兵相應，功成之後，舉事者凡十餘部，因即分為十餘國，其後有續附者，有新分者，遂成二十六國，皆仍其舊而安之，非裂地而定封也……。
《海國圖志》[62]	《瀛環志略》曰：米利堅二十六部，其內地各部大小不甚懸殊，惟東北濱海數部，壤地甚褊……其國之三大埔頭……又皆萃于東北，富商大賈之所聚，地雖褊小，氣象固殊，內地各國，皆資耕作，幅員易廣，而財力不如海濱之盛，其勢然也。華盛頓倡義拒英（華盛頓生於雍正九年，十歲喪父，母教成之，少有大志，兼資文武[63]），部豪起兵相應，舉事者十餘部，因即分為十餘國，其後續附新分，遂成二十六部，皆仍其舊而安之，非裂地而定封也……。

　　既然《地理全志》於1858至1859年間已出現日本翻刻本，可以確證，玉虫的紀錄應該是來自《地理全志》。幕末時期日本知識人透過如《地理全志》這等首先問世於大清帝國的著述，藉以汲取新知者，

61　徐繼畬，《瀛環志略》，卷9，《徐繼畬集》，冊1，頁283。

62　魏源，《海國圖志》，100卷本，卷61，頁12A-12B（《續修四庫全書》冊744，頁243）。

63　按，「華盛頓生於雍正九年，十歲喪父，母教成之，少有大志，兼資文武」一句，不見於《瀛環志略》本段落；且《瀛環志略》原文為：「……華盛頓者（一作兀興騰，又作瓦乘敦），米利堅別部人。生於雍正九年，十歲喪父，母教成之，少有大志，兼資文武，雄烈過人，嘗為英吉利武職。……」見：徐繼畬，《瀛環志略》，卷9，《徐繼畬集》，冊1，頁266；由是可見，魏源《海國圖志》實出以「文字手術」的方式，引徵《瀛環志略》。

眾多難盡；[64] 玉虫做為它的讀者，其實正與時代風向同呼應。推廣懸想，對中、日兩方知識人而言，身處西力東來之世，如何汲取與傳播簇新的知識／觀念以為因應之道，甚或構思擘擬如何建設現代國家體制的諸多方案，這些為他們同潤均享的「共同知識文本」，正是憑藉所在；那麼，兩方知識人彼此相涉之間，往來交通之際，可能形構的「知識社群」（epistemic community），[65] 實在跨越國族疆宇的範圍限制。

---

64 如高杉晉作、中牟田倉之助、五代友厚、橋本左內等等，見：吉田寅，《中国プロテスタント伝道史研究》，頁371-374。

65 「知識社群」（epistemic community）是John Gerard Ruggie首發其端而由Peter M. Haas精致化的概念，Haas指出，「知識社群是一群在某個領域或議題範圍裡被公認為具有專業知識和才能的專業人士組成的網絡（network）」，這些專業人士未必身受同一學科訓練背景，卻皆懷持：1、共同的規範性與原則化的信念（normative and principled belief）以做為行動的價值判斷標準；2、共同的因果信念（causal belief），以做為聯繫行動選項及政策後果之判斷準則；3、共同的效度觀念（a notion of validity），存在著相互公認足可評斷專業領域裡知識效力的內部判準；4、共同的政策企畫（policy enterprise），以其專業能力解決問題的實踐機制。Haas認為，「因為專注於探究新觀念及新資訊如何被傳播，以及如何被決策者接納，知識社群更傾向於提供關於國家利益的非系統性起源（nonsystemic origin）的建議，並確證那些才是足可獨立於國際權力配置之外的長遠合作方案的可能動力來源」。見：Peter M. Haas, "Introduction: Epistemic Communities and International Policy Coordination," *International Organization*, 46: 1（Winter 1992），pp. 3-4；筆者之認識，亦參考："Epistemic Communities," Annabelle Mooney and Betsy Evans, edited, *Globalization: The Key Concepts*（London & New York: Routledge, 2007），pp. 79-81、黃偉峰，〈「知識社群」研究取向如何應用在歐洲與東亞經濟暨貨幣整合？方法論的困境及其解決之道〉，《問題與研究》，39：5（臺北，2000），頁47-69；當然，「知識社群」的本來知識脈絡出現在國際關係（International Relations）學門裡，特別是在當下愈趨全球化的世界裡，決策者自須更形仰賴「知識社群」的專業建議；可是，「知識社群」的跨國與在地面向並行深化（既要關注全球問題，也不能不為本土發聲），更形重要的乃是說服能力（persuasive abilities），而未必是科學結果（因為科

四、

　　傅斯年當年檢討甲骨文研究的綜合業績，批判號稱「以綜合自許」其實根本是「不觸類而引申，憑主觀以遐想」的作品，認爲不過是「類書耳，教條耳」。況且，那些當代的「教條家」，根本是連「辨證教條並未熟習」，反而卻「強讀古史原料以爲通論通史」，即使「可以嘩眾而取寵於無知之人」，結果只帶來無窮弊病，「正爲學術進步之障耳」。[66]因此，想要調整轉換研究與認識的視野，不受既存知識的束縛，確切掌握思想觀念變化的具體歷史脈絡／場景，期可還諸歷史本身，絕對不應徒爲空言，實須有賴具體史學實踐的展現。

　　例如，想要討論西方政體的類型知識在晚清中國時期的導入和傳佈，便應該出以比較細緻的「脈絡化」研討取徑，考察1845至1895年間西方政體的類型知識，在晚清中國思想界經歷了何等錯綜複雜的「概念工程」建設過程，終究成爲知識人思考「政體抉擇」的參照要項，並爲晚清中國的思想界，提供了豐厚的「思想資源」。所以，在這個課題方面扮演重要角色的蔣敦復、王韜，即便對於西方政體類型知識「概念工程」之發展，確有貢獻；卻不能忽略他們對於政體類型知識的述說，隨時間流變而展現前後變化。[67]只有就具體時間定點析

學實驗的效度總帶有建構論〔constructivism〕的色彩），關於「知識社群」的來龍去脈、批判異議及其反思發展，本文不可詳述，參考：Mai'a K. Davis Cross, "Rethinking Epistemic Communities Twenty Years Later," *Review of International Studies*, 39: 1（January 2013），pp. 137-160.

66 傅斯年，〈《殷曆譜》序〉，收入歐陽哲生主編，《傅斯年全集》（長沙：湖南教育出版社，2003），卷3，頁343；傅斯年的這番話，應是「有的放矢」，批判的矛頭，應是指向郭沫若的《甲骨文字研究》（上海：大東書局，1931），不詳論。

67 潘光哲，〈晚清中國士人與西方政體類型知識「概念工程」的創造與轉化

論「政體類型知識『概念工程』的雜音與同調」，始可深化吾人對於西方政體的類型知識在晚清中國思想界的多重樣態之認識；進而藉著這段歷史展開思考與反省：中國／中國人開始走向「民主之路」，竭力歡迎「德先生」，並不是由於前行者對「民主思想」進行積極「宣傳」或「宏揚」的必然結果。各方知識人的思考與言論，都各有其演變的脈絡，應該返諸它們問世的本來場景，進行理解；而不是將這些繁雜的歷史現象／事實簡單概念化，甚至於成爲書寫「中國民主思想史」理所當然的組成部分。

近代中國的思想世界，正如眾聲喧嘩的舞台，甲未唱罷，乙即登場；如何縱覽全局，通識主脈，有賴史家巧思卓識。即如王汎森以「主義時代」描摹中國近代思想史的關鍵主脈，[68] 啓人深思；張灝對於「中國近代思想史的轉型時代」（1895年至1925年）的宏觀論說，也足以展現前輩學人的智慧結晶。[69] 那麼，在這個「轉型時代」裡，「地理想像」如何成爲統攝人們理解／解釋世界，開展論述的「默會之知」？個人以張灝的觀察爲綱目，首先述說是「制度性傳播媒介」的勃興，方可促使人們得與世界思想潮流同波共舞，既展現了中國和世界未可或分的共同認識，也導引人們對中國國族在世界秩序裏的地位，重行繪製一張簇新的「認知地圖」。筆者認爲，在這個「轉型時

以蔣敦復與王韜爲中心〉，《新史學》，22：3（臺北，2011），頁113-159、

68 王汎森，〈「主義時代」的來臨——中國近代思想史的一個關鍵發展〉，《東亞觀念史集刊》，4（臺北，2013），頁9-88；另可參考：Ivo Spira, *A Conceptual History of Chinese-Isms: The Modernization of Ideological Discourse, 1895-1925* (Leiden & Boston: Brill, 2015)；相較之下，Ivo Spira 的論說固然洋洋灑灑，更具規模，卻未可超越王汎森的勾勒。

69 張灝，〈中國近代思想史的轉型時代〉，氏著，《時代的探索》（臺北：聯經出版公司，2004），頁37-60。

代」展現的「地理想像」樣態，既展示人們對中國自身處境的認識，
也顯現了人們對中國與世界之關係的理解，往往更在「普遍主義」和
「特殊主義」之間徘徊躊躇，莫衷一是。只是，諸方論者各自的認識
能力與思想場域，互有差異，所可開展的想像空間和得以繪製的「認
知地圖」，自是處於永無停歇的塗抹繪製歷程，更未必是諸眾公認的
准針指南。因此，「地理想像」創造的是真實和想像雜揉兼存的「第
三空間」，既真又假，且綿延相續，曾無已時。[70]

　　「地理想像」可以打開創造的「第三空間」，真實和想像雜揉兼
存；對於人物學說的認識理解，也不例外。孫中山的形象演變與晚清
革命風潮之雲起，與章士釗以宮崎滔天的《三十三年の夢》為藍本而
「譯錄」之《孫逸仙》一書（1903年出版），關係密切。過往研究中
國革命史的學者，固然重視《孫逸仙》一書的重要地位，卻多未曾取
《三十三年の夢》原著，詳續比對章士釗的譯筆。所以，必須直接回
歸《三十三年の夢》原著，考索檢討章士釗的筆耕事業「革命想
像」，如何「打造革命領袖」，乃至將康有為「污名化」，以其「偽」
證成孫中山之「真」，進而「感化」讀者選擇「革命」的道路，藉以
論證廿世紀初期中國「革命想像」的思想基礎。[71]因是，對於諸多鼓
動革命風潮的知識文本，就其原來根源脈絡究竟何在，詳為覆按檢
討，自可深化我們對於中國革命的意識形態構成史的認識。

　　為有一鋤可成井，豈能一筆得描龍。正如傅斯年的警醒告示一

---

70 潘光哲，〈中國近代「轉型時代」的「地理想像」（1895-1925）〉，王汎森
　主編，《中國近代思想史的轉型時代》（臺北：聯經出版公司，2007），頁
　463-504。
71 潘光哲，〈宮崎滔天與廿世紀初期中國的「革命想像」：以章士釗「譯錄」
　的《孫逸仙》為中心〉，《孫學研究》，12（臺北，2012），頁1-32。

般，近代中國思想文化史的宏觀綜合及其書寫，同樣應該擺脫「類書」與「教條」的框框，以比較穩固的知識基礎，對我們繼承的歷史／思想傳統，進行無窮盡的詮釋追索。

五、

　　法國年鑑學派（The Annales School）祖師爺之一的費夫赫（Lucien Febvre），面對第二次世界大戰之後的殘景廢墟，依然信心滿滿，鼓勵同僚弟子，迎風以進（facing the wind）。在他看來，向前看才是最重要的事，因為當下這個世界是怎麼被打造的，已經是昨天的事了；可是，打造世界這項工程，永遠沒有終點：「如果我們法國人還有機會比別人更快更好地瞭解怎麼履踐這等彰明昭著的真理，我得說，丟下沉舟，跳進水裡，奮力的向前游罷！」[72] 一代史界豪雄，氣魄萬千，即使懷持著歷史乃是「當前人們必然會追問的問題的回應」[73] 這樣的「經世」之志，如他的名著之一《十六世紀的無信仰問題：拉伯雷的宗教》（The Problem of Unbelief in the Sixteenth Century: The Religion of Rabelais）[74] 依舊經得起時代的考驗，就算不是定論之

72　引自：François Hartog, "The Modern *Régimes* of Historicity in the Face of Two World Wars," Chris Lorenz and Berber Bevernage, edited, *Breaking up Time: Negotiating the Borders between Present, Past and Future*（Göttingen: Vandenhoeck & Ruprecht, 2013），p. 131.

73　引自：François Dosse, *New History in France: The Triumph of the Annales*, translated by Peter V. Conroy, Jr.（Urbana, IL: University of Illinois Press, 1994），p. 47.

74　Lucien Febvre, *The Problem of Unbelief in the Sixteenth Century: The Religion of Rabelais*, translated by Beatrice Gottlieb（Cambridge, MA: Harvard University Press, 1982）；法文原著出版於 1942 年；漢譯本：閆素偉（譯），《十六世紀的無信仰問題：拉伯雷的宗教》，《漢譯世界學術名著叢

作，卻絕對是追索「無信仰問題」足可激發辯論的起點。[75]那麼，連想到費夫赫批評恩格斯的名著《德國農民戰爭》的批評：「想瞭解恩格斯？這部書有用。想知道農民戰爭？這部書只是個笑話（a joke）」。[76]自有己見的史學工作者，焉能從眾共流呢？只能丟下沉舟，跳進水裡，奮力的向前游罷！斯篇之作，「野人獻曝」，倘可對有心之士，提供一些知識與思考面向的啟發，自是何其幸焉。

書》（北京：商務印書館，2012）。

[75] David Wootton, "Febvre and the Problem of Unbelief in the Early Modern Period," *The Journal of Modern History*, 60:4（Dec. 1988）, pp. 695-730.

[76] 引自：François Dosse, *New History in France*, p. 46.

附錄：〈康有為《俄彼得變政記》取材於徐景羅《俄史輯譯》表〉[77]

康有爲《俄彼得變政記》	徐景羅（譯），《俄史輯譯》
……聘法人雷富卜德，講文學、兵制。彼得聞之下淚曰：「外國政治、工藝皆勝我，何我國之不思仿效也？」於是有變政之心矣。……	……聘法國人雷富卜德訓以文字、兵機。彼得下淚曰：「凡茲文武事宜，皆勝於俄，何我國之不早講求也？」……。
……下詔議游學。廷臣咸阻之。有謂國王宜端居國內，緩爲化導，風俗自丕變者；有謂用外國法，須考外國書，與本國恐難適用者；有謂以國王之尊而出外游學，甚爲可恥者。彼得不聽。……	……欲親往偵視以圖後舉。廷臣咸謂王宜端居國內，緩爲化導，風俗自能蒸蒸日上，何必親勞宸躄，遠蹈險機。況用外國法，須考外國書，恐難適用。彼得又伸解其意，以爲非親往不可。曰，吾意決矣，卿等弗阻。……
……彼得先之瑞典，探其海口；之布，之荷蘭，至含斯談造船廠，更服爲商船主衣飾，從船匠學藝，手製桅檣；又至曬帶買船廠，更名求爲廠夥，凡鋸木、截鐵、造纜、製帆皆習焉。……	……先至犁縛尼亞，其海口即嘽噶，爲瑞典屬地，彼得甫至，遽爲瑞之方伯斥逐，怒而矢誓曰後日必奪取此地，旋往布國，布厚待之，自布至荷蘭都城含斯得談，其地有造船廠，彼得假寓小室，復更服爲商船主裝飾，隨在可行無阻，見船匠技藝甚高，乃購小艇一艘，手製桅檣，復至曬帶買船廠，再易服從匠頭學藝，凡鋸木、截鐵、造纜、製帆諸務悉全習焉。……

---

77 本表主要出處爲：康有爲，《俄彼得變政記》，《康有爲全集》，冊4，頁36-37、徐景羅（譯），《俄史輯譯》，卷1，頁17B下-20A上，《叢書集成續編》，冊245，總頁588-593；本表但舉數例對照；其他部分，不詳一一舉例。

……彼得念國之富強由工藝之盛，大募法、荷、瑞諸國巧匠，面試其技，優者以厚俸招往本國勸工。……於是仍在曬帶習地理書。……	……遂募法、荷、瑞諸國巧匠，面試其技，優者以厚俸招往莫斯科作工。彼得仍在曬帶，買習地理書。……
……已聞英國甚巧，遂之英學造船，學造鐘錶，學勾股算學，學天文學；遇奇材異能之士，皆禮聘至俄，分遣濟用。……	……彼得在曬帶買時，廠匠惟教以作船之法，至是英匠乃教以修短巨細、優絀遲速之理，旋彼得即能自出心裁，造新式船一艘，行駛甚捷。又至造鐘錶所習藝。又聘哲士教以勾股算學。先時俄算法出於中國，祇用算盤撥枚，彼得始通西法。聞蘇格蘭人法格勝善於天文，乃受業於門，請其往。俄立欽天監，俾占星日，彼得亦能預測蝕暈之期，不少差謬。……
……令英匠疏遁河、窩瓦河，俾通海。於沿海作數港口，以利舟舶。築船塢以便製造。於河之高下處，置壩閘以利往來。又新立稅例，量出如入，以為常徵；令富商主其事，無漏卮者，資用愈饒。立新議事會，國之大事，合諸臣公義，以多者為定，其權則自上操之。立大書院，厚其廩餼，使貴游子弟肄業其中。……	……令英匠疏盾河及窩瓦河，俾漸通海。又於沿海作數港口以通舟舶，築船塢以便製造。凡於河之高下處始置壩閘以利往來。一千六百九十九年，新立稅例，先是俄之糧稅，凡勳貴鉅家投納從便，素無定例，至是量其所入，定為常徵。令富商主其事，錙銖悉入，資用愈饒。是年立新議事會，俄之議事會頗有權勢，諸事皆可酌定。彼得廢之，損益其規，另立新會俾權操於己。……彼得思有以慰悅之，乃立大書院三所，厚其廩餼，使教中子弟肄業其中。……

徵引書目

一、史料

丁韙良譯，《萬國公法》，「同治三1864年歲在甲子孟冬月鐫・京都崇實館存板」本，臺北：中央研究院歷史語言研究所傅斯年圖書館藏。

中村正直，《敬宇文集》，東京：吉川弘文館，1903。

王錫祺輯，《小方壺齋輿地叢鈔補編再補編》，臺北：廣文書局，1964。

玉虫左太夫著，沼田次郎校注，《航米日錄》，沼田次郎、松沢弘陽校注，《西洋見聞集》，《日本思想大系》，東京：岩波書店，1974。

胡適，〈國語文法概論〉，《胡適文存》，卷三，上海：亞東圖書館，1921。

────，〈《中古文學概論》序〉，《胡適文存二集》，卷一，上海：亞東圖書館，1924。

────，〈《醒世姻緣傳》考證〉，《胡適論學近著》，第一集，上海：商務印書館，1935。

徐景羅譯，《俄史輯譯》，卷4，《叢書集成續編》，冊245，臺北：新文豐出版公司，1989。

徐繼畬，《瀛環志略》，白清才、劉貫文主編，《徐繼畬集》，冊1，太原：山西高校聯合出版社，1995，冊1。

康有爲著，姜義華、張榮華編校，《康有爲全集》，北京：中國人民大學出版社，2007。

張德彝，《稿本航海述奇匯編》，北京：北京圖書館出版社，1997。

傅斯年，〈《殷曆譜》序〉，歐陽哲生主編，《傅斯年全集》，卷3，長沙：湖南教育出版社，2003。

慕維廉，《地理全志》，「耶穌降世壹仟捌伯【佰】伍拾肆年甲寅仲秋／江蘇松江上海墨海書館藏板」本，上海：上海圖書館藏。

慕維廉著，《地理全志》，「安政己未（1859）榴夏新刊爽快樓藏版」本，臺北：中央研究院，歷史語言研究所傅斯年圖書館藏。

魏源，《海國圖志》，卷100，「光緒二（1876）年，平慶涇固道署重刊」本，《續修四庫全書》上海：上海古籍出版社，1997。

────，《海國圖志》，卷60，「道光丁未（1847）仲夏，古微堂鐫板」本，臺北：成文出版社，1967〔景印〕。

二、研究成果

中文

孔祥吉，《戊戌維新運動新探》，長沙：湖南人民出版社，1988。

尹德翔，《東海西海之間：晚清使西日記中的文化觀察、認證與選擇》，北京：北京大學出版社，2009。

王汎森，〈「主義時代」的來臨——中國近代思想史的一個關鍵發展〉，《東亞觀念史集刊》，4（臺北，2013），頁3-7、9-88

_____，〈戊戌前後思想資源的變化：以日本因素為例〉，《二十一世紀》，45（香港，1998），頁47-54。

王家儉，《魏源年譜》，臺北：中央研究院近代史研究所，1967。

余英時，《中國近代思想史上的胡適》，臺北：聯經出版公司，1984。

呂文翠，〈晚清上海的跨文化行旅談王韜與袁祖志的泰西遊記〉，氏著，《海上傾城：上海文學與文化的轉異，一八四九～一九〇八》，臺北：麥田出版，2009。

李涯，《帝國遠行：中國近代旅外游記與民族國家建構》，北京：中國社會科學出版社，2011。

李揚帆，《走出晚清：涉外人物及中國的世界觀念之研究第二版》，北京：北京大學出版社，2012。

茅海建，〈「公車上書」考證補〉，收入茅海建著，《戊戌變法史事考二集》，北京：生活‧讀書‧新知三聯書店，2011，頁100-127。

唐宏峰，《旅行的現代性：晚清小說旅行敘事研究》，北京：北京師範大學出版社，2011。

唐德剛，《胡適雜憶》，臺北：傳記文學出版社，1981。

張治，《異域與新學：晚清海外旅行寫作研究》，北京：北京大學出版社，2014。

張灝，〈中國近代思想史的轉型時代〉，氏著，《時代的探索》，臺北：聯經出版公司，2004，頁37-60。

梁台根，〈近代西方知識在東亞的傳播及其共同文本之探索——以《佐治芻言》為例〉，《漢學研究》，24:2（臺北，2006），頁323-351。

許冠三，《新史學九十年》，香港：中文大學出版社，1986，上冊。

陳一容，〈古城貞吉與《時務報》「東文報譯」論略〉，《歷史研究》，2010:1（北京，2010），頁99-115。

陳存恭，〈徐繼畬事略及其《瀛環志略》〉，收入任復興主編，《徐繼畬與東西方文化交流》，北京：中國社會科學出版社，1993。

陳室如，《近代域外遊記研究一八四○～一九四五》，臺北：文津出版社，2008。

＿＿＿＿，《晚清海外遊記的物質文化》，臺北：里仁書局，2014。

陶晉生，〈追憶姚從吾先生〉，《歷史月刊》，11（臺北，1988），頁11-15。

馮承鈞撰，鄔國義編校，《馮承鈞學術著作集》，上海：上海古籍出版社，2015。

黃偉峰，〈「知識社群」研究取向如何應用在歐洲與東亞經濟暨貨幣整合？方法論的困境及其解決之道〉，《問題與研究》，39:5（臺北，2000），頁47-69。

鄒振環，〈慕維廉與中文版西方地理學百科全書《地理全志》〉，《復旦學報社會科學版》，2000:3（上海，2000），頁51-59。

潘光哲，〈追索晚清閱讀史的一些想法：「知識倉庫」、「思想資源」與「概念變遷」〉，《新史學》，16:3（臺北，2005），頁137-170。

＿＿＿＿，〈開創「世界知識」的公共空間：《時務報》譯稿研究〉，《史林》，2006:5（上海，2006），頁1-18。

＿＿＿＿，〈中國近代「轉型時代」的「地理想像」（1895-1925）〉，收入王汎森主編，《中國近代思想史的轉型時代》，臺北：聯經出版公司，2007，頁463-504。

＿＿＿＿，〈晚清中國士人與西方政體類型知識「概念工程」的創造與轉化以蔣敦復與王韜為中心〉，《新史學》，22:3（臺北，2011），頁113-159。

＿＿＿＿，〈美國傳教士與西方政體類型知識「概念工程」在晚清中國的發展（1861-1896）〉，《東亞觀念史集刊》，1（臺北，2011），頁179-229。

＿＿＿＿，〈宮崎滔天與廿世紀初期中國的「革命想像」：以章士釗「譯錄」的《孫逸仙》為中心〉，《孫學研究》，12（臺北，2012），頁1-32。

＿＿＿＿，〈晚清中國的「民主經驗」（1866-1895）〉，潘光哲主編，《近代中國的政治與外交：第四屆國際漢學會議論文集》，臺北：中央研究院，2013，頁41-134。

＿＿＿＿，《晚清士人的西學閱讀史（1833～1898）》，臺北：中央研究院近代史研究所，2014。

＿＿＿＿，〈中國近代史知識的生產方式：歷史脈絡的若干探索〉，收入裴宜理、陳紅民主編，《什麼是最好的歷史學》，杭州：浙江大學出版社，2015，頁105-163。

鮑紹霖，〈帝術縱橫：析論康有為「彼得大帝心法」之議〉，《史學理論研究》，1998:3（北京，1998），頁111-123。

顏健富，〈晚清文化界對於David Livingstone與非洲探勘記的接受與傳播〉，收入李奭學、胡曉真主編，《圖書、知識建構與文化傳播》，《漢學研究中心叢刊》，臺北：漢學研究中心，2015，頁435-486。

日文

大平喜間多，《佐久間象山》，《人物叢書》，東京：吉川弘文館，1987〔新装版〕。

大庭脩，《江戸時代における中国文化受容の研究》，京都：同朋舎，1984。

小林聡明，〈東アジア・メディア史研究の可能性：日韓の相互理解と東アジアの和解にむけて〉，《都市文化研究》，12（大阪，2010），頁153-158。

山口一夫，《福沢諭吉の亜米利加体験》，《福沢諭吉協会叢書》，東京：福沢諭吉協会，1986。

手代木有児，《清末中国の西洋体験と文明観》，東京：汲古書院，2013。

吉田寅，《中国プロテスタント伝道史研究》，東京：汲古書院，1997。

佐々木揚，《清末中国における日本観と西洋観》，東京：東京大学出版会，2000。

杉井六郎，〈「瀛環志略」の翻栞〉，《史窓》，51（京都，1994），頁65-110。

岡本隆司、箱田恵子、青山治世，《出使日記の時代：清末の中国と外交》，名古屋：名古屋大学出版会，2014。

岡林伸夫，《万延遣米使節におけるアメリカ体験の諸相》，奈良：萌書房，2016。

芳賀徹，《渡辺崋山：優しい旅びと》，《朝日選書》，東京：朝日新聞社，1986。

信夫清三郎，《象山と松陰：開国と攘夷の論理》，東京：河出書房新社，1975。

宮永孝，《万延元年の遣米使節団》，《講談社学術文庫》，東京：講談社，2005。

高橋茂美、中田正心，〈玉蟲左太夫論〉，《中央学院大学人間・自然論叢》，32（千葉，2011），頁174-189。

荻原隆，《中村敬宇研究：明治啓蒙思想と理想主義》，東京：早稲田大学出版部，1990。

開国百年記念文化事業会編，《鎖国時代日本人の海外知識世界地理・西洋史に関する文献解題》，東京：乾元社，1953／東京：原書房，1978〔複製〕。

飯田鼎，《福沢諭吉研究：福沢諭吉と幕末維新の群像》，《飯田鼎著作集》，巻5，東京：御茶の水書房，2001。

源了圓，《佐久間象山》，《歴史人物シリーズ—幕末・維新の群像》，東京：PHP研究所，1990。

潘光哲，〈近代中国における日本情報受容の一側面〉，収入孫江、劉建輝編著，《東アジアにおける近代知の空間の形成》，東京：東方書店，2014，頁159-176。

潘光哲，川尻文彦譯，〈「世界史地」と「国際法」知識及び近代東アジア

「地理想像」の生産、流通と変容〉，收入沈国威、内田慶市編著，《東アジア言語接触の研究》，《関西大学東西学術研究所研究叢刊》，大阪：関西大学出版部，2016，頁237-258。

英文

Cross, Anthony. *Peter the Great through British Eyes: Perceptions and Representations of the Tsar since 1698*. Cambridge & New York: Cambridge University Press, 2000.

Cross, Mai'a K. Davis. "Rethinking Epistemic Communities Twenty Years Later." *Review of International Studies*, 39:1(January 2013), pp.137-160.

Dosse, François. *New History in France: The Triumph of the Annales*, translated by Peter V. Conroy, Jr. Urbana, IL: University of Illinois Press, 1994.

Edney, Matthew H. *Mapping an Empire: The Geographical Construction of British India, 1765-1843*. Chicago & London: University of Chicago Press, 1997.

Evans, Richard J. *In Defense of History*. New York: W. W. Norton, 1999.

Farr, James. "Understanding Conceptual Change Politically." Terence Ball, Russell L. Hanson, edited, *Political Innovation and Conceptual Change*. Cambridge & New York: Cambridge University Press, 1989.

Febvre, Lucien. *The Problem of Unbelief in the Sixteenth Century: The Religion of Rabelais*, translated by Beatrice Gottlieb Cambridge, MA: Harvard University Press, 1982；漢譯本：閆素偉譯，《十六世紀的無信仰問題：拉伯雷的宗教》，《漢譯世界學術名著叢書》，北京：商務印書館，2012。

Haas, Peter M. "Introduction: Epistemic Communities and International Policy Coordination," *International Organization*, 46:1 (Winter 1992), pp. 1-35.

Hall, Stuart. "Culture, the Media and 'Ideological Effect'." James Curran, et al., eds., *Mass Communication and Society*. Beverly Hills, CA: Sage, 1979, pp. 315-348.

Harrell, Stevan. "Introduction: Explorers, Scientists, and Imperial Knowledge Production in Early Twentieth-Century China." Denise M. Glover, Stevan Harrell, Charles F. McKhann, Margaret Byrne Swain, edited, *Explorers and Scientists in China's Borderlands, 1880-1950*. Seattle, WA: University of Washington Press, 2011, pp. 3-25.

Hartog, François. "The Modern Régime of Historicity in the Face of Two World Wars." Chris Lorenz, Chris and Bevernage, Berber, edited, *Breaking up Time: Negotiating the Borders between Present, Past and Future*. Göttingen: Vandenhoeck & Ruprecht, 2013, pp. 124-133.

Harvey, David. *Social Justice and the City*. Baltimore & London: Johns Hopkins

University Press, 1973.

Johnston, R. J. ed., *The Dictionary of Human Geography*. Oxford: Blackwell Publishers, 2000.

Miyoshi, Masao. *As We Saw Them: The First Japanese Embassy to the United States*. Berkeley, CA: University of California Press, 1979／New York: Kodansha International, 1994；日譯本：三好将夫著，佳知晃子監訳，飯野正子等訳，《我ら見しままに：万延元年遣米使節の旅路》，東京：平凡社，1984。

Mooney, Annabelle and Betsy Evans, ed., *Globalization: The Key Concepts*. London & New York: Routledge, 2007.

Palonen, Kari. "An Application of Conceptual History to Itself From Method to Theory in Reinhart Koselleck's Begriffsgeschifte." *Finnish Yearbook of Political Thought*, Volume 1, 1997, pp. 39-69.

Riasanovsky, Nicholas V. *The Image of Peter the Great in Russian History and Thought*. Oxford & New York: Oxford University Press, 1985.

Schulten, Susan. *The Geographical Imagination in America, 1880-1950*. Chicago, IL: University of Chicago Press, 2001.

Schutz, Alfred and Thomas Luckmann, trans. by R. M. Zaner and H. T. Engelhardt, Jr., *The Structures of the Life-World*. Evanston, IL: Northwestern University Press, 1973.

Spira, Ivo. *A Conceptual History of Chinese-Isms: The Modernization of Ideological Discourse, 1895-1925*. Leiden & Boston: Brill, 2015.

Wimmer, Andreas, Nina Glick Schiller. "Methodological Nationalism and Beyond: Nation-State Building, Migration and the Social Sciences," *Global Networks*, 2:4(October 2002), pp. 301-334.

——. "Methodological Nationalism, the Social Sciences, and the Study of Migration: An Essay in Historical Epistemology." *The International Migration Review*, 37:3(Fall 2003), pp. 576-610.

Wootton, David. "Febvre and the Problem of Unbelief in the Early Modern Period." *The Journal of Modern History*, 60:4(Dec. 1988), pp. 695-730.

三、網路資料

徐繼畬著，井上春洋、森荻園、三守柳圃訓点，「阿陽對嵋閣藏梓」，「文久辛酉 1861 年仲秋新刊」。http://archive.library.pref.okinawa.jp/?type=book&articleId=61362（檢閱時間：2017/11/27）

【研究紀要】

「白話」作為一種性質：
重探胡適的白話文學理論[*]

林毓凱

南加州大學比較文學博士。歷任加州大學柏克萊分校、戴維斯分校東亞系中國文學講師，現任賓州大學東亞系中國文學講師。主要研究領域爲晚清民初思想史、五四運動與華語系論述、中國小說發展史。論文散載於《東亞概念史集刊》、《文藝理論研究》、《當代中國研究》、《中國文學研究前沿》、《當代》。

[*] 感謝周質平教授、主編黃克武教授、及三位匿名評審的閱讀與指正，本文初稿約一萬四千字，承蒙多位評審賜教，不斷爲筆者提供可能的思考資源，終稿約三萬字，爲初稿兩倍有餘，在胡適的思想探源上，筆者也上了寶貴的一課，特此鳴謝。

一、導論

　　五四時期的「白話」往往以「文言」的對立概念出現於世人面前，這當然要歸功於五四知識分子（特別是胡適）對於白話不遺餘力的理論化工程，讓原本泛指街談巷語和引車賣漿之流的市井小民言語，開始在新的文學理論和史觀中與傳統士大夫的菁英語言分庭抗禮，從而強化了原本在晚清時期還不甚明顯的文言／白話二元對立邏輯。然而這樣的對立邏輯卻影響了後世對於新文學運動的認知，直至今日，許多論者在評價五四的文學運動時，仍多半沿用五四文人「以白話文替代文言文」的口號，視其爲五四新文學運動最具代表性也最具時代意義的成果，譬如當代學者耿雲志就寫到：「五四文學革命運動，其最顯著最普遍的成果就是白話文學代替了古文文學，而最尖銳的鬥爭也正是圍繞著這一點展開的。」[1]陳國球也認定胡適的文學革命論述「作了『白話』、『文言』的分劃，分列『古文』和『白話散文』、『古典詩』和『白話詩』等對立概念」[2]，Vera Schwarcz 也認爲「反傳統的【五四】知識分子選擇以不同於古文或官話的口說語言——白話——來寫作，來顯示他們斬斷他們與傳統文人之間關係的決

1　耿雲志，《重新發現胡適》（北京：人民出版社，2011），頁72。耿雲志解釋，由於古文兩千年來長期統治文壇，雖不時有白話文學或近白話的作品出現，但總被認爲是旁門歪道，直至晚清梁啓超、黃遵憲等知識界領袖開始有意提倡白話，從而帶起整個文壇及社會風潮，白話文運動才被看作是件重要的大事，這就是爲什麼文學革命一度表現爲白話與古文之爭的原因。耿雲志，《重新發現胡適》，頁68-69。
2　陳國球，《感傷的旅程：在香港讀文學》（臺北：臺灣學生書局，2003），頁6。陳國球還列舉胡適的幾篇代表性著作如《白話文學史》、〈歷史的文學觀念論〉和〈建設的文學觀念論〉來證明胡適論述中所彰顯的文言／白話二元對立。陳國球，《感傷的旅程：在香港讀文學》，頁4-9。

心。」[3]雖然這些看法被廣泛接受，而且在很大程度上也反映了許多五四文人自身對於新文學運動的見解，譬如蔡元培就曾經說過：「國文的問題，最重要的就是白話與文言的競爭。」[4]不過，從五四初期種種關於白話的不同討論來看，所謂的「白話」及其文學實踐對許多五四知識分子而言並非總是個自明的概念，譬如胡適在不同時期就針對不同的批評與讀者，以不同的方式和語言來重述白話文學運動在中國歷史上的特殊性與必然性，此外新文學論戰初期幾篇較具代表性的文章，也皆對白話的相關議題提出不同的定義與觀點，[5]這顯示所謂的白話／白話文／白話文學在五四的語境裡是個不斷被重新定義、調整的語彙。

有鑑於此，本文將五四時期的「白話」視爲一具有多重意義的複合概念，說明此概念在新文學運動中所可能蘊含的多重意涵。本文聚焦胡適關於白話文的論述，認爲五四語境下的「白話」一詞不應僅被視爲一種語言形式，而更應被視爲任何語言都具有的一種原生「性質」或「元素」，這種性質或元素可以拿來作爲衡量一個語言生命週期的標準，也可用以評價一個文學作品的優劣好壞。爲了探究白話作爲一種性質的可能思想方向，本文追溯了胡適早年（特別是其中學和大學時期）關於白話的論述，指出胡適在閱讀、思考、寫作上的雙語

3　Vera Schwarcz, *The Chinese Enlightenment* (Berkeley and Los Angeles: University of California Press, 1986), p. 56.

4　蔡元培，〈國文之將來〉，收入《蔡元培選集》（北京：中華書局，1959），頁103。

5　譬如劉半農的〈我之文學改良觀〉、錢玄同的〈答胡適之〉、〈嘗試集序〉、傅斯年的〈文言合一草議〉、〈白話文學與心理的改革〉、周作人（周啓孟）的〈思想革命〉，以上皆收入胡適編，《中國新文藝大系：論戰一集》（以下簡稱《大系：論戰一集》）（臺北：大漢出版社，1977）。

模式，使他在文言／白話二元對立的表象架構下，仍保有對於白話作為一種性質的理解，這種思維模式還持續到他後期《白話文學史》的寫作當中。此外本文也分析了胡適少年時期的白話寫作，顯示其當時關於「白話文」的概念並非是作為「文言文」的對立面出現，而是宋元話本、平話的延續。透過對於胡適論述的分析，本文希望找到重新梳理新文學運動的切入點，進而商榷文言／白話二元對立的長期看法。[6]

二、從文白二元論到語言整體觀

　　胡適在1918年的〈建設的文學革命論〉中寫到：

> 讀者不要誤會；我並不曾說凡是用白話做的書都是有價值有生命的。我說的是：……這一千多年的文學，凡是有真正文學價值的，沒有一種不帶有白話的性質，沒有一種不靠這個「白話性質」的幫助。換言之：白話能產出有價值的文學，也能產出沒有價值的文學；可以產出《儒林外史》，也可以產出《肉蒲團》。[7]

〈建設的文學革命論〉雖是胡適名篇，旨在將「白話的文學」過渡成「國語的文學」，以便為白話文學的「國家文學化」做準備。不過，

6　關於胡適與白話文運動的論述有許多，比較重要的包括李孝悌，〈胡適與白話文運動的再評估〉，收入周策縱等著，《胡適與近代中國》（臺北：時報文化，1991），頁 1-42；余英時，《重尋胡適歷程——胡適生平與思想再認識》（臺北：聯經出版公司，2004），頁 195-210；周質平，《光焰不息：胡適思想與現代中國》（北京：九州出版社，2012）還將胡適與不同五四作家關於白話的論述做細緻的比較，提供了一個理解胡適白話文論述的多角度視野。

7　胡適，〈建設的文學革命論〉，收入胡適編，《大系：論戰一集》，頁 189。

胡適在該文所提出的「白話性質」卻值得我們玩味，到底「白話性質」所指爲何？這種性質在胡適的文學理論中有何重要性？他又是在哪種情況下開始摸索或觸及到此概念？這是本節想探討的問題。

胡適在〈逼上梁山〉提到，1915年夏天，美東的中國學生會成立的「文學科學研究部」計畫舉辦學術年會，彼時身爲委員的胡適對漢字改革的議題開始萌生興趣，因此想組織一個論壇來專門討論相關議題。由於那時胡適自認不是文字改革議題的專家，所以請了專攻語言學的趙元任，來擔任該論壇的共同主持人，那時趙元任對漢字拼音的方案大概相當熱衷，認爲漢字拼音化勢在必行，雖然胡適在理念上支持他，但卻不認爲漢字拼音在短期之內可以實行，因此僅以〈如何可使吾國文言易於教授〉做爲年會的報告題目，這是胡適在〈逼上梁山〉告訴其讀者的事情。[8]

然而，胡適在同年夏天的一份日記中也同樣記錄了此事情，他在8月26日的日記中寫到：

> 作一文（英文）論「如何可使吾國文言易於教授」，將乞
> 趙君元任於今年東美學生年會時讀之。先是有鐘某等廣刊
> 傳單，極力詆毀漢文，主張採用字母，以爲欲求教育之普
> 及，非有字母不可。……其詞極激昂，志在動人也。余以
> 爲此問題至重大，不當以意氣從事，當從容細心研究之，

8　胡適在〈逼上梁山〉引用一篇概述〈如何可使吾國文言易於教授〉主要論點的日記，不過卻沒有註記該日記的出處，經筆者查證，該日記應爲1915年8月26日的日記。胡適，〈逼上梁山〉，收入胡適編，《大系：論戰一集》，頁42-44。另外，自晚清以來，中國知識界對漢字改革的議題已有長遠的辯論，許多方案也被提出，譬如錢玄同就主張廢除漢字，並採用外國語言，也有論者認爲應當保留漢語但使用拼音字母，更有學者如吳稚暉等人主張使用人工語言、世界語。

故建議以「國文」爲今年年會討論問題。[9]

有趣的是，胡適在「作一文」後特別註明了「英文」二字，這顯示〈如何可使吾國文言易於教授〉原先係以英文寫成，而胡適在此日記和〈逼上梁山〉中所提及關於此文的概述乃是根據該英文稿寫成的中文翻譯，這意味著我們在考察胡適早期的文字改革論述時，必須回頭參照此英文原稿，才能得到較全面的理解。

根據江勇振的考證，此英文原稿大概是當年胡適爲美東學生年會所寫的文章，並於隔年的《留美中國學生月報》上以 "The Teaching of Chinese as It Is" 的標題與趙元任的其他三篇文章第次發表。[10] 由於此文應爲胡適首次針對語言改革所寫的文字，文中也涉及白話和文言的相對定義，因此在探討胡適的白話文論述上，有著不亞於〈文學改良芻議〉的參考價值。胡適在 "The Teaching of Chinese as It Is" 一開頭寫到：

> 我認爲吾國語言絕大部分的缺點，来自缺少適當和科學的教學，論者對吾國語言的批評太過倉促，沒有認識到語言

---

9 胡適，〈如何可使吾國文言易於教授〉，收入季羨林主編，《胡適全集》（合肥：安徽教育出版社，2003），卷28，頁244-245。

10 "The Teaching of Chinese as It Is" 其實是趙元任的〈漢語的問題〉（The Problem of the Chinese Language）的一部分，該文分四節，標題依序是「漢語語文學的問題」（The Problem of Chinese Philology）、「漢語語音學」（Chinese Phonetics）、「現行漢文的教學法」（The Teaching of Chinese as It Is）、「改革方案」（Proposed Reforms），第一、第二、第四節由趙元任撰寫，第三節由胡適撰寫，〈漢語的問題〉於1966年的《留美中國學生月報》（*The Chinese Students' Monthly*）上發表，參見江勇振，《捨我其誰：胡適【第一部】——璞玉成璧（1891-1917）》（臺北：聯經出版公司，2011），頁620；另外參見 Hu Suh, "The Problem of the Chinese Language (Concluded): III. The Teaching of Chinese as It Is," *The Chinese Students' Monthly*, XI. 8（June 1916）, pp. 567-572。

其實比宗教更保守，不會因爲激烈的言詞和嚴峻的批評而
改頭換面……國文教學［the teaching of Chinese as it is］可
能是更迫切的問題，因爲語言記錄著我們過去和現在的文
明，是我們跨省域溝通的唯一媒介，也是國家教育的唯一
工具。

I am of the opinion that most of the faults which have been
attributed to our language are due to the fact that it has never
been properly and scientifically taught. Its critics have been
too hasty in their condemnations, and have failed to realize
that languages are more conservative than religions and
cannot be made and remade by sensational agitations and
destructive criticisms... the teaching of Chinese as it is
constitutes a far more urgent problem, because it is the
language which records our past and present civilizations,
which is the only means of inter-provincial communication,
and which is the only available instrument of national
education. [11]

顯然1915年的胡適並不認爲「文白」有取代「文言」的必要，也不
認爲兩者是不同的語言，若對照此文的標題（The Teaching of Chinese
as It Is）和8月26日的日記，我們可以推測，此時的胡適大概把
Chinese直接翻譯成「國文」、「吾國文言」、或更具廣泛意義的「漢
文」：他在日記一開始就寫到：「作一文（英文）論『如何可使吾國

---

[11] Hu Suh, "The Problem of the Chinese Language (Concluded): III. The Teaching of Chinese as It Is," *The Chinese Students' Monthly*, XI. 8, p. 567.

文言易於教授』」，之後又建議「以『國文』爲今年年會討論問題」，
之後再以「漢語」作爲指涉「吾國文言」的詞彙，而從胡適翻譯
Chinese的方式可以看出，當時的他大概認爲只有文言才算是眞正的
中國文字，而白話只是前者的一種簡化型態或大眾語的書寫形式，因
此不能算是獨立的語言，引文中的「吾國語言」因而指的是文言而不
是白話。此外，胡適雖然強調的是文言的教學法，但無論是文言還是
白話都是「國文」的一部分，因爲國文是整體的、一體的、不分文言
白話的，這也是爲什麼胡適雖然認可漢語拼音的重要，最後仍建議以
「國文」作爲年會討論的題目。從這樣的思維邏輯可以看出，胡適當
時的語言觀其實帶有種整體論或一元論的觀點，他把文言視爲漢文、
吾國語言的同義詞，而沒有強調文言和白話的對立，乃因他最後想彰
顯的是漢語本身的整體性，該文英文標題 "The Teaching of Chinese as
It Is" 中的 "as It Is"（如是觀、照現狀看）強調的就是這種整體性的思
維，而這個胡適界定爲國文或漢文的文言依舊是「跨省域溝通的唯一
媒介」、「國家教育的唯一工具」，這代表當時的胡適並無意強調文言
和白話的對立，文白的二元邏輯不構成白話的定義本身。

　　胡適在 "The Teaching of Chinese as It Is" 繼續寫到：

> 我認爲在討論現行漢語的教學問題，有幾個通則
> （generalizations）是至關重要的。首先，我們所謂的文言
> 文（literary language）是個幾近全死的語言，它是死的是
> 因爲沒有人在說了，就像中世紀歐洲的拉丁文一樣。事實
> 上，文言文比拉丁文還要死（如果死也可以分程度的
> 話），因爲講拉丁文還可以被理解，但文言文說出來卻沒
> 人聽得懂，即使在士人階層也是一樣，除非我們熟悉特定
> 的詞語，或者聽者已經知道講者可能要說什麼。

第二個通則是我們須從傳統的觀點裡解放出來，過去認爲
口說語言（spoken language）的用詞和語法很「俗」
（vulgar），然而中文裡的「俗」字僅僅指「約定俗成」
（customary），其字義本身並沒鄙俚的意思。事實上，許
多日用口語的文字和辭彙是非常具象的，而且是優雅的。
判斷文字表達的標準應該端看其生命力和適用性，而不是
遵循正統的標準。吾國的口語是個活的語言，它代表了人
們日常生活的需求，在本質上是優美的，更蘊含了產生偉
大活文學的可能，正如同那些以俗語（vulgate）寫出的偉
大小說一樣。

There are a few generalizations which I consider to be of great importance in discussing the problem of teaching Chinese as it is. The first of these is that what we call our literary language is an almost entirely dead language. Dead it is, because it is no longer spoken by the people. It is like Latin in Mediaeval Europe; in fact, it is more dead (if mortality admits of a comparative degree), than Latin, because Latin is still capable of being spoken and understood, while literary Chinese is no longer auditorily intelligible even among the scholarly class except when the phrases are familiar, or when the listener has already some idea as to what the speaker is going to say.

The second generalization is that we must free ourselves from the traditional view that the spoken words and the spoken syntax are "vulgar." The Chinese word vulgar (see chart 2

（44））means simply "customary" and implies no intrinsic vulgarity. As a matter of fact, many of the words and phrases of our daily use are extremely expressive and therefore beautiful. The criterion for judging words and expressions should be their vitality and adequacy of expression, not their conformity to orthodox standards. The spoken language of our people is a living language: it represents the daily needs of the people, is intrinsically beautiful, and possesses every possibility of producing a great and *living literature* as it shown in our great novels written in the vulgate. [12]

胡適雖然在兩個段落中分別對「書寫語言／文言」（literary language）和「口說語言／白話」（spoken language）提出不同的定義，似乎有意無意將兩者視爲不同的概念，但就實質內容來看，第一段點出的是語言生命程度的相對性，第二段說明的是口說語言本質上的俗雅判斷，前段雖闡明文言文和拉丁文難以言說的特性，但後段僅僅爲口說語言的美感本質辯護，並沒有在字意上嚴格區分文言和白話的不同，因這兩個詞彙的二元對立情況還不甚明顯。値得注意的是，胡適訴諸了「程度」的說法來作爲界定死語言活語言的標準，也就是以一種相對性的、漸次性的衡量方式來看待語言的生命週期，這種程度的劃分會根據比較的對象和比較的方法有所不同，譬如胡適將「文言文」定義爲「幾近全死」（而非全死）的語言，乃是因爲文言文仍含有當代聽眾所能聽懂的詞語，但比起拉丁文文言文的使用率更低，因此是更

12 Hu Suh, "The Problem of the Chinese Language（Concluded）: III. The Teaching of Chinese as It Is," *The Chinese Students' Monthly*, XI. 8, pp. 567-568.

接近死亡的語言。

　　胡適的語言生命程度相對論也持續到他中期的寫作，譬如他在
1920年的〈國語的進化〉一文也用了「半死」一詞來形容不變遷的
語言：「進化的生機被一個時代的標準阻礙住了，那種文字就漸漸乾
枯，變成死文字或半死的文字；文字枯死了，幸虧那些『鄉曲愚夫，
閭巷婦稚』的白話文還不曾死，仍舊隨時變遷：變遷便是活的表示，
不變遷便是死的表示。」[13] 從這段文字可以發現，胡適所謂的「活」與
「死」只是一種相對的描述，白話之所以是活語言，只因其依舊與時
變遷，一旦其被時代的標準阻礙，便會慢慢乾枯，變成死的文字或半
死的文字。在這裡胡適強調語言的變動過程，正因爲一個語言或文字
的消亡和復甦皆是漸進的，因此其生命程度也是相對性的，從這個觀
點來看，胡適所謂的活語言死語言、文言白話，其象徵性的作用大於
字面上的意義，它們比較不是黑白分明的標籤，而是診斷一個語言健
康狀態的相對性描述。

　　此外，胡適還採用了一種跨文化、跨語境、甚至跨時代的觀點，
來觀察一個語言的生命週期。在 "The Teaching of Chinese as It Is"
中，胡適將中世紀的歐洲和當代的中國做比較，認爲「我們所謂的文
言文」其實「就像中世紀歐洲的拉丁文一樣」，但胡適比較的不是語
法和文字上的區別，而是語言生命週期的消長。這種語言生命本體
論，其判準不會因爲語種或時代的不同有所差異，反倒是因爲這種跨
文化、跨語境的視角，讓不同時期的語言有了比較的空間。這種比較

---

13 胡適，〈國語文法概論〉，收入季羨林主編，《胡適全集》，卷1，頁431。
　　另參見胡適，〈國語的進化〉，收入胡適編，《大系：論戰一集》，頁314-
　　315。在〈國語的進化〉一文中，胡適使用「白話」（而非「白話文」）一
　　辭。

不同時期中西語言的作法，也常見於胡適1917年以後的多篇文章，譬如〈歷史的文學觀念論〉、〈建設的文學革命論〉、〈國語的進化〉、〈中學國文的教授〉、〈文學進化觀念與戲劇改良〉等等。

胡適在"The Teaching of Chinese as It Is"一文裡還訴諸了中文的「俗」字來重新定義英文的vulgar一詞。他認爲「俗」字本身在中文語境裡並沒有鄙俚的意思，而是「約定俗成」的概念，也就是一種經時間慢慢自然形成的社會價值觀或文化實踐。當然「俗」字本身也有低俗的意思，因而胡適對於「俗」的解釋也可能是選擇性的、策略性的，然而這種以中文介入英文，以漢字來重新定義英文詞彙的作法，也顯示出胡適對於「白話」的定義經常是在一種雙語模式下進行的，這種跨語境的思考與詮釋模式，意味著胡適在理論化相關概念時經常進入的一種多語模式，他將不同的語言或文化相互參照，進行交叉閱讀，以挑戰某種慣性思維或既存概念。

我們以胡適8月26號的日記再加以說明，胡適在該則日記中概述了"The Teaching of Chinese as It Is"的主要論點，因此我們必須假設該日記是基於英文原稿寫成，此日記所含的雙語模式值得我們注意。胡適在該日記中寫到：

> 漢文乃是半死之文字，不當以教活文字之教法教之。（**活文字者，日用語言之文字，如英法文是也，如吾國之白話是也。死文字者，如拉丁、希臘，非日用之語言，已陳死矣。半死文字者，以其中尚有日用之分子在也。如犬字是已死之字，狗字是活字；乘馬是死語，騎馬是活語。故曰半死之文字也**）。[14]（粗體爲筆者所加）

---

14 胡適，〈如何可使吾國文言易於教授〉，收入季羨林主編，《胡適全集》，

從這段文字可以看出，胡適對於白話的界定乃是建立在語言的使用頻率和日用語成分比例上的：在日常生活中常使用的詞彙便是白話，不常使用的便會慢慢進入文言的範疇，也就是說，一個語言的日用語成分比偏高，便可定義爲白話，日用語成分的比例降低，該語言便會慢慢死亡或變成接近死亡的語言。此外，一個語言活詞彙無論從文言進化到白話，抑或從白話退化至文言，都是一個漸進的過程，轉變不可能一蹴即發，換言之，黑白分明的死活劃分，在實際評估一個語言的生命力其實很困難，因爲語言的生命本身就是個漸進的過程，因此測量語言生命程度最好的方法，就是考察其文字的白話成份和特性，也就是胡適所謂的「日用之分子」，這個修辭明顯受到了現代西方生物學的影響。雖然胡適在該日記中沒有對此提出額外的說明，我們可以推測此「分子」大概可作 "elements" 解，也就是將「白話」視爲一種可以獨立萃取出的元素或性質，這樣的思維可以從胡適8月26號的日記得到印證，胡適在該日記寫到：「凡一字有二要：一爲其聲，一爲其義。無論何種文字，不能同時並達此二者。字母的文字，但能傳聲，不能達意；象形會意之文字，但可達意，而不能傳聲。」[15]若仔細比較此日記和 "The Teaching of Chinese as It Is" 的內容，我們可以發現該這段文字其實來自 "The Teaching of Chinese as It Is" 中的一段話：

> Every word, be it Chinese or English, has two elements: its
> sound and its meaning. A word in an alphabetical language
> tells immediately its pronunciation, but not its meaning; while
> an ideographic word in its original form tells immediately its

---

卷28，頁245。

15　胡適，〈如何可使吾國文言易於教授〉，收入季羨林主編，《胡適全集》，卷28，頁246。

meaning, but not its pronunciation.[16]

這兩段文字雖在用字遣詞上有所不同，但文意上基本一致，顯然「凡一字有二要」對應的是英文 "Every word … has two elements" 一句，這裡的「要」字因而可作「要素」或「元素」解，這個例子告訴我們，胡適的「日用之分子」論（或曰「白話」分子論）應是受其英文思維的影響，另外，胡適在〈讀章太炎《駁中國用萬國新語說》後〉一文也提及此英文文章，並重申每個語言或文字所蘊含的兩個基本要素，該文亦引用了 "The Teaching of Chinese as It Is" 的英文文字，這為胡適的中英互換（或中英相互介入）的雙語境寫作模式再添二例，胡適將語言視為由不同元素構成的看法，在某種程度上也體現出他將語言視為一有機生命體的一貫看法。[17]

---

[16] Hu Suh, "The Problem of the Chinese Language（Concluded）: III. The Teaching of Chinese as It Is," *The Chinese Students' Monthly*, XI. 8, p. 569.

[17] 有趣的是，胡適在〈讀章太炎《駁中國用萬國新語說》後〉（1916年1月24日）中所引用的英文文字，與發表在《留美中國學生月報》上的 "The Teaching of Chinese as It Is" 仍有些許不同，胡適在日記中註明，此日記中的英文引文實來自他在「中城學生年會」所讀之稿件，據此推測，此稿應為胡適的會議發言稿，若參照 "The Teaching of Chinese as It Is" 的文字，可發現胡適在發言稿中的文字較為口語，也企圖將漢字與整體歐美文字做比較，而在 "The Teaching of Chinese as It Is" 中，胡適則僅將比較對象鎖定在漢語和英語。胡適引述章太炎《駁中國用萬國新語說》的部分文字，並一一詳加評論，其中有段如下：象形之與合音，前者易知其義，難知其音。後者易知其音，難知其義。……故象形與合音者，得失為相庚。特隸書省變之文，部首已多淆亂，故五百四十小篆為初教識字之門矣。適按：此說尤與吾所持論若合符節。吾所為文（英文，在城中學生年會所讀）原文曰：Every word, be it Chinese or European, has two elements: its sound and its meaning. An alphabetical language, like the English, gives you the sound or pronunciation of the word. But you must get the meaning by sheer memory work……but when you look at the Chinese characters in their original forms, you immediately perceived their pictorial likenesses. But there is nothing in

　　我們最後再以8月26號的日記爲例，說明胡適在活死、古今修辭上的相對標準，胡適以犬（古字）／狗（今語）、乘（古字）／騎（今語）爲例，說明漢文字中白話文言成份交雜的現象，由於漢字中有些詞語仍會在日常用語中出現，因此漢文做爲一種語言或文字仍保有其白話成份，故而是「半死之文字」，胡適在1916年8月4號的日記中又說：

> 吾所謂活字與死字之別，可以一語爲例。《書》曰：「惠迪吉，從逆凶。」「從逆凶」是活語，「惠迪吉」是死語。此但所謂**作文可用之活語耳**。若以吾「聽得懂」之律施之，則「從逆凶」亦但可爲**半活之語**耳。[18]（粗體爲筆者所加）

胡適在此區分了在作文上和觀聽上的「活語」的不同定義標準，「從逆凶」在書面上很好理解，乃因爲此三字古今意義皆同，因此可算是作文上的「活語」，但從觀聽的標準來看，「從逆凶」終究是精煉過後的書寫語言，以三字來表達一整句子的意思，因此就算念出來，聽者未必聽得懂，因此也可以定義爲「半活之語」，從這個觀點來看，無論是從先前的「半死之文字」還是這裡的「半活之語」，都意味著胡適是用一種相對性的、漸次性的方式來衡量一個語言的生命週期，而分子論所體現的語言生命觀，顯示出其所謂的活語言死語言的說法，都只是一種描述性的診斷術語，其所蘊含的語言生命整體論、一元觀的視角，或許才是胡適對語言或文字的根本看法。

---

these pictures which suggests that they are pronounced as they are pronounced. 參見季羨林主編，《胡適全集》，卷28，頁301。

18 胡適，〈死語與活語舉例〉（八月四日），收入季羨林主編，《胡適全集》，卷28，頁433。

三、胡適中學和大學時期的英文訓練

　　胡適的雙語境寫作和思考模式大概與其早年的學習環境和本身的閱讀習慣有關，胡適中學畢業後即赴美求學，首先進入康乃爾大學就讀，後轉入哥倫比亞大學攻讀博士。前者是其大學時期，也是胡適開始比較有系統地閱讀西方文學的時期，因此這階段對他其知識體系形成的影響，可能更勝後來的哥倫比亞大學時期。事實上，胡適在澄衷學堂就讀時就開始大量學習英文了，根據胡適自製的澄衷學堂課程表（見下表），我們可以看出英文在他的中學課程裡佔了相當大的比重：學堂週一至週六都有英文課的編排，且與英文相關的課名多達八種：英文文法、英文作句、英文默書、英文讀本、英文地理、英文演說、英文歷史、英文作文，學堂每天七節課，最後三節幾乎皆安排英文相關課程，換句話說，澄衷學堂一禮拜42節課中有15堂皆為英文課，即使相較於今日的中學課程，胡適所就讀的澄衷學堂之英文課程實相當繁重，這樣的雙語訓練為了胡適日後的雙語閱讀和雙語寫作打下堅實的基礎。

胡適澄衷學堂課程表 [19]

時 星期	第一	第二	第三	第四	第五	第六	第七
一	算術	體操	倫理	歷史	英文讀本	英文文法	圖畫
二	算術	讀文	地理	歷史	英文讀本	英文地理	英文默書
三	算術	體操	物理	習字	唱歌	英文歷史	英文作句

四	算術	作文	作文	歷史	英文文法	英文默書	圖畫
五	算術	體操	地理	歷史	英文讀本	英文地理	英文演說
六	算術	讀文	物理	歷史	英文歷史	英文作文	英文作文

　　胡適在澄衷學堂、中學畢業就讀畢業後赴美，過去論者在論及美國胡適時多半著重其在哥倫比亞大學的求學經驗，認為其業師——實用主義哲學家John Dewey——對其影響甚大，不過本文則想強調胡適在康乃爾大學時期的求學經驗，因為此階段是胡適的大學時期，其在康乃爾受的是美國大學正統人文教育的訓練，因而他在這時期的閱讀經驗和思考歷程，相較於後來的研究所時期可能會有更幽微更深遠的影響，以下就胡適的留學日記展開對其雙語閱讀的進一步分析。

　　從胡適的留學日記可以發現，胡適在康乃爾大學就讀時，上了很多英文、拉丁文、和德文的課程，日記中常有「考英文」、「考德文」、「讀拉丁文」的紀錄，譬如他在1911年6月3日的日記裡寫到：「本學期英文科，余得免考（Exempt），心頗自喜，實則余數月以來之光陰大半耗於英文也。」[20]可見在美國的胡適仍對各類語文學習下了

19　承蒙《思想史》主編查證，在胡適的澄衷學堂課表中，星期六、第二時之課名應為「讀文」。參見北京大學圖書館主編，《北京大學圖書館藏胡適未刊書信日記》（北京：清華大學出版社，2003），頁56。安徽教育出版社2003年版之《胡適全集》則刊為「讀本」。參見胡適，〈丙午年自治日記補遺〉，收入季羨林主編，《胡適全集》，卷27，頁57。

20　胡適，〈六月三日〉，收入季羨林主編，《胡適全集》，卷27，頁145。

頗大的功夫，雖然這些語文考試多半出現於第一年的留學日記，第二
年便不復見其有相關的紀錄，看得出這些語言和文學的學習是當時康
乃爾大學基礎人文教育的一部分，胡適在留學日記的首篇（1911 年 1
月 30 日）就記載到：「今日《五尺叢書》送來，極滿意。《五尺叢書》
（Five Foot Shelf）又名《哈佛叢書》（Harvard Classics），是哈佛大學
校長伊里鶚（Eliot）主編之叢書，收集古今名著」，[21] 此叢書乃大型西
洋文學作品選集，但同時也收錄部分亞洲人文經典，如孔子、佛陀、
穆罕默德的學說，胡適在康乃爾時期所閱讀的西洋文學作品，大概有
不少來自此叢書，胡適對於西洋文學的涉略是大量而密集的，譬如
1911 年 1 月到 10 月間，他閱讀過的作家包括狄更斯（胡適譯爲「狄
更氏」）、莎士比亞（胡適譯爲「蕭思壁」）、達爾文、果戈里、濟
慈、布朗寧、倍根、艾默森（胡適譯爲「愛麥生」）、大仲馬、德萊
頓（John Dryden）、喬瑟艾迪生（Joseph Addison）、理查史提爾
（Richard Steele）、司各得氏（Sir Walter Scott）、華茲華斯、柏拉圖、
湯瑪士昆西（Thomas De Quincey）、海涅、萊辛等等。

　　胡適的日記裡也記載了頗多他對文學作品的品評，譬如他讀大仲
馬時就寫到：「吾讀《俠隱記》續集，已盡六巨冊，亦不知幾百萬言
矣。此 Son of Porthos 爲最後之一冊。偉矣哉，小說之王也！」[22] 又譬
如他讀莎士比亞名著 Romeo and Juliet 後評價：「此書情節殊不佳，且
有甚支離之處。然佳句好詞亦頗多。」[23] 但在他則日記裡，胡適又說此
劇「有數處詞極佳，如〈初遇〉、〈窺豔〉、〈晨別〉、〈求計〉、〈長

---

21 胡適，〈一九一一年一月卅日〉，收入季羨林主編，《胡適全集》，卷 27，
　　頁 107。
22 胡適，〈九月四日〉，收入季羨林主編，《胡適全集》，卷 27，頁 176。
23 胡適，〈三月十四日〉，收入季羨林主編，《胡適全集》，卷 27，頁 120。

恨〉諸節是也」[24]，胡適在讀莎氏 *Hamlet* 後更誇讚：「*Hamlet* 眞是佳構，然亦有瑕疵。」[25] 胡適對於莎氏戲劇大概非常注重，其日記裡經常有對於莎氏劇本的討論，這一方面當然是應當時美國大學通識教育學程的要求，然而從胡適在康乃爾大學不斷出席各種戲劇表演的情況看來，他本身對於西洋戲劇應該有濃厚的興趣，而在次年的日記裡，胡適更開始有系統的提出他關於戲劇的想法和分析，譬如在1912年9月25的日記裡，胡適詳細記載了他出席由南君夫婦所演出之莎士比亞名劇 *Hamlet* 的經過，該日記不僅詳實列出該劇五齣二十幕的演出流程，還寫下了詳細的大意，並認爲該劇是「蕭氏〔莎氏〕第一名著」，[26] 就現有的胡適日記文獻來看，胡適在康乃爾的日子就是在大量閱讀英詩、散文、戲劇、小說、歷史、哲學和政治的作品中度過的。

胡適在大量閱讀西洋文學作品的同時也勤於研讀中文典籍，且很多時候他的中英閱讀是同時進行的，譬如1911年4月7日，胡適在日記中記下了他閱讀 *Hamlet* 後緊接著讀《左傳》的流程；同年9月8號的日記記錄其晚上翻譯 Heine 作品後續讀《荀子》、小說、和陶淵明的詩，而9月9日的日記又記載其讀《荀子》後又讀司各得氏的 *Fortunes of Nigel*，再隔日的日記亦是記錄一樣的流程。事實上，胡適在美國期間對中國經典的研讀是從不間斷的，康乃爾時期的胡適經常閱讀《詩經》、《水滸傳》、《杜詩》、《謝康樂詩》、《說文解字》等古集，另外他也常閱讀以文言文發行的國學刊物《國粹學報》，這意味著胡適在其論述中經常會透過交叉閱讀或比較文學的視角，來理解或比擬西方的作品和思想。例如他認爲 *Romeo and Juliet*「如吾國之《西

---

24 胡適，〈三月十七日〉，收入季羨林主編，《胡適全集》，卷27，頁121。
25 胡適，〈四月十五日〉，收入季羨林主編，《胡適全集》，卷27，頁129-130。
26 胡適，〈元年九月廿五日〉，收入季羨林主編，《胡適全集》，卷27，頁199。

廁》，徒以文傳者也」，[27] 而該劇之楔子「頗似吾國傳奇。」[28] 他將《五尺叢書》中的 "Tales" 章節比爲中國的《搜神述異》，[29] 而倍根「如吾國戰國縱橫家流，挾權任數而已。」[30] 又譬如他評價 Hamlet 時說：「讀其事者，宜合吾國史上伯奇、申生、子胥諸人之境地觀之，尤宜知王子處境，比較諸人尤爲難處，其人其事，爲吾國歷史倫理所未有，知此而後可以論此劇中情節。」[31]

　　胡適對於中外的戲劇比較似乎也頗有興趣，並相當有心得，在其第二和第三年的留學日記中，經常可以看到他觀看及談論各種戲劇表演，譬如胡適某次觀看莎劇 Hamlet 表演後，論及中西戲劇間的優劣異同：「王子之人格全在獨語時見之……獨語（Soliloquy），頗似吾國之自白，尤似今日新劇中小連生諸人之演說，但西方之獨語聲容都周到，不如吾國之自白之冗長可厭耳。獨語爲劇中大忌，可偶用不可常用，此劇獨多用此法，以事異人殊。」[32] 在這裡胡適已注意到中西戲劇在表現形式上的差異，過去他以爲獨白乃戲劇「大忌」，但他發現西方戲劇之獨白「聲容都周到」，因而反成爲此劇成功的重要元素，胡適因此開始反思戲劇作品的本質可能在於反映眞實：「吾國舊劇自白姓名籍貫，生平職業，最爲陋套，以其失眞也。吾國之唱劇亦最爲無理。即如《空城計》，豈有兵臨城下緩步高唱之理？……又如《桃

27　胡適，〈三月十四日〉，收入季羨林主編，《胡適全集》，卷27，頁120。
28　胡適，〈三月十七日〉，收入季羨林主編，《胡適全集》，卷27，頁121。
29　胡適，〈八月十七日〉，收入季羨林主編，《胡適全集》，卷27，頁171。
30　胡適，〈四月廿五日〉，收入季羨林主編，《胡適全集》，卷27，頁133。
　　顯然，胡適對倍根評價不高，他批評：「倍根有學而無行，小人也。」
31　胡適，〈元年九月廿五日〉，收入季羨林主編，《胡適全集》，卷27，頁197。
32　胡適，〈元年九月廿五日〉，收入季羨林主編，《胡適全集》，卷27，頁197。

花扇》，使近人以說白改演之，當更動人。又如，新劇之中之《明末遺恨》，使多用唱本，則決不如說白之逼眞動人也。」[33] 從這裡可以看出，胡適此時關於白話的理解，越來越重視反映眞實、情眞意切的文學表現，這點與後來他在1916年所提出的「詩國革命」說和1917年提出的〈文學改良芻議〉在若干論點上相似（下詳）。

　　事實上，胡適在1917年發表〈文學改良芻議〉後，仍不斷重複並重新詮釋其關於白話文學的主張，且很多文章都以英文發表，值得注意的是，胡適在其英文著作裡幾乎沒有固定對「白話」的中文翻譯，反而以極爲多樣的詞句來向英文讀者解釋他「白話」的概念。譬如胡適在1919年2月12日《北京導報》（*The Peking Leader*）副刊上發表的"A Literary Revolution in China"（中國的文學革命），該文以英文闡釋白話文學革命的始末，全文一共啓用十二個英文字句來指涉中文語境下的「白話」，共計有：language of everyday conversation、plain language、spoken tongue、vulgate Chinese、vulgate、spoken Chinese、popular tongue、spoken language、vulgate tongue、living language、living spoken language、*pei-hua*。[34] 胡適在1931年所發表的"The Literary Renaissance"[35]（文學的啓蒙）一文中還增用了vulgar language of the people和living tongue二種說法來解釋「白話」，即使在1915年的"The Teaching of Chinese as It Is"一文裡，胡適也用了

---

33 胡適，〈元年九月廿五日〉，收入季羨林主編，《胡適全集》，卷27，頁197-198。另參見頁334、364。

34 Chih-P'ing Chou, ed. *English Writings of Hu Shih: Literature and Society Volume 1*（Heidelberg: Springer and Foreign Language Teaching and Research Press），pp. 3-12.

35 Chih-P'ing Chou, ed. *English Writings of Hu Shih: Literature and Society Volume 1*, pp. 41-50.

spoken words、spoken syntax、words and phrases of our daily use、spoken language of our people、the vulgate 等四種說法來指涉白話。從胡適翻譯「白話」的多種英文用法來看,他想呈現的白話意涵大概有三個層面:首先是語言上的雅俗之分,在中文的脈絡裡文言文長期佔據文學正宗的位置,這個對中文讀者再熟悉不過的事實,在同時代的西方脈絡裡,卻找不到對應的狀況。西方的現代小說早在十八、十九世紀,隨著工業革命、中產階級的興起而成熟,而現代英文也早已成為西方文學生產的重要媒介,故其小說家可以不必為英文的美感和文學性辯護,然而中文語境下的淺近白話則向來不被傳統文人認可,且一直被認為是鄙俚的、低俗的,所以必須強調是一種 vulgate tongue 或 plain language;其次,文言分離是五四時代知識分子所面對的迫切問題,日常生活的白話與書寫語言的文言文有著相當大的鴻溝,這也表現成大眾語言和菁英語言的差距,這對於早已脫離拉丁文控制的當代歐洲有脈絡上的不同,因此胡適強調白話必須是一種 language of everyday conversation 或 popular tongue;最後,這些用法也反映了胡適的理論術語(也就是活、死語言);胡適一直在不同的文章裡用活語言來指涉白話或其相關概念,而用死語言來描述文言,同時他也用此說法來描述拉丁文和現代歐洲語言的消長,從而提倡白話必須慢慢取代文言位置的觀點,從這個觀點來看,在歐洲的脈絡下,拉丁文的消退和現代語言的成熟是已然的事實。然而在中國的脈絡下,文言文的消退和白話文的成長確是未達成的目標,前者是歷史的實然,後者是理論的應然,因此胡適才不斷用 living(活的)一語來陳述他文學改革的白話理論及實踐目標。

　　總體來說,胡適在英文的著作裡對白話的描述較多樣且不拘一格,可以說他對白話的策略上意義大於該字原先的意義,理論上的意

義大於字面上的意義，關於這點我們還可從 "The Teaching of Chinese as It Is" 再舉例說明。在該文中胡適強調了 generalizations（通則）的概念，也就是以一種籠統概括的方式，來企圖應付討論漢字相關議題時所可能面臨的問題，這些問題可能是概念上的混淆，也可能是價值判斷上的落差，甚至是觀點上的不同，這個通則因而應該理解爲一種「原則」，這種原則不是定義本身，而是生產定義所可依據的標準。譬如胡適該文第二個原則就是「須從傳統的觀點裡解放出來」，但擺脫傳統觀點的束縛並不是白話的定義本身，而是胡適用以重新定義白話的理據。又譬如胡適在該文中將語言的生死做程度上的劃分，他說：「文言文比拉丁文還要死（如果死也可以分程度的話）。」[36] 這個說法亦非白話的定義，而是判斷一個語言是否是白話的標準，更確切的說，通則的作用在於打開詮釋的空間，而不在縮限定義的可能，這就是爲什麼胡適在文章一開始就說明，他認爲「在討論現行漢語的教學問題，有幾個通則是至關重要的」，這些通則只是幫助其思考、爲其日後定義何種文字作品可以算是白話文提供思考的方向和理論的判准。

　　胡適關於白話的英文論述、雙語思考模式、和他在白話定義原則上的摸索，展現了其文學理論建構中所採取的策略式選擇，以及在不同語境下激盪出關於白話本質的思考。從此觀點來看，研究胡適思想不能只強調單一的文化傳統的影響，同時也需注意胡適從少年時期就養成的雙語思考和雙語寫作模式。[37]

---

36 Hu Suh, "The Problem of the Chinese Language（Concluded）: III. The Teaching of Chinese as It Is," *The Chinese Students' Monthly*, XI. 8, pp. 567-572.
37 研究胡適最力的周質平教授幾年前致力編纂胡適英文著作的選集，大概也有這個意思。

四、少年時期胡適的白話寫作

胡適曾在《嘗試集》的〈自序〉中寫到：

〔我〕自民國前六、七年到民國前二年（庚戌），可算是
一個時代。這個時代已有不滿意於當時舊文學的趨向了。
我近來在一本舊筆記裡（名《自勝生隨筆》，是丁未年記
的）翻出的這幾條論詩的話：作詩必使老嫗聽解，固不
可；然必使士大夫讀而不能解，亦何故耶？（錄《麓堂詩
話》）東坡云「詩須有爲而作。」元遺山云「縱橫正有凌
雲筆，俯仰隨人亦可憐」（錄《南濠詩話》）這兩條都有
密圈，也可見我十六歲時論詩的旨趣了。[38]

這段文字寫於1919年，也就是胡適發表〈文學改良芻議〉兩年之
後，彼時白話文學運動已在中國文壇如火如荼的展開。我們可以推
測，胡適大概將其關於白話文學革命的主張分爲兩個階段：第一個階
段從1906年到1910年，也就是胡適在上海就讀中學（澄衷學堂、中
國公學）的時期，第二個階段則是1911年到1917年，也就是胡適的
留美時期（或者包括了胡適爲《嘗試集》寫序的1919年），換句話
說，若要更全面的理解胡適的白話文論述，我們也必須分析少年時期
的胡適的白話寫作。

胡適曾說他的的白話文寫作起於民國前六年（丙午），也就是
1906年，那時十五歲的他剛從澄衷學堂轉入中國公學就讀，開始爲
該校生所籌辦的白話報紙《競業旬報》撰稿，兩年間陸陸續續發表了
許多文章、報導、詩詞、以及一部完成了一半的章回小說《眞如

---

[38] 此序寫於1919年8月1號，庚戌年爲1910年，丁未年爲1907年。引文出
自胡適，〈自序〉，收入季羨林主編，《胡適全集》，卷10，頁16。

島》，同時也在《安徽白話報》上刊載散篇文章。大體而言，胡適這階段的白話文寫作仍不脫宋元話本、平話的影響，用字遣詞經常帶有傳統戲曲、說唱藝術、章回小說的作者或說書人對其讀者或觀眾的慣用套語和稱謂，也因傳統說唱藝術預設了在場的觀眾，其在論述與鋪陳上常以自答自唱、自問自答的方式進行。譬如胡適在《競業旬報》第1期到第3期上發表的〈地理學〉一文，一開始就以說書人口吻開場：「諸君啊！你們可曉得俗語中有『見多識廣』四個字嗎？這四個字可不是人生最難做得到的麼？爲什麼呢？因爲那『見識』二字，是沒有一定的。」[39]而同段的結尾也以類似的口吻作結：「諸君啊！兄弟今天所講的地理學就是爲這個緣故的了。諸君請聽我一一道來。」[40]又譬如刊於《競業旬報》第30期的〈飲食上的衛生〉一文也以自問自答的方式開場：「列位能夠一天不吃飯麼？能夠一天不喝水麼？自然是不能的了，自然一天是要吃要喝的了。但列位不記得兩句古話麼？叫做『禍從口出，病從口入』。列位！這句『病從口入』，不是說飲食不留心便成了百病的根源麼？對呀！這『飲食』二字，萬不可不留心的，所以兄弟今天便來說些飲食上的衛生談，列位且聽我道來。」[41]又譬如載於《競業旬報》第26期的〈論家庭教育〉一文共有六段文字，其中有五段皆有「列位且聽我道來」、「列位看官」、「看官須記清」、「看官要曉得」[42]等傳統說書人的慣用套語，這樣的用法也常出

---

39 胡適，〈地理學〉，收入季羨林主編，《胡適全集》，卷20，頁481（2003年版爲頁493）。

40 胡適，〈地理學〉，收入季羨林主編，《胡適全集》，卷20，頁488（2003年版爲頁494）。

41 胡適，〈飲食上的衛生〉，收入季羨林主編，《胡適全集》，卷20，頁501（2003年版爲頁509）。

42 胡適，〈論家庭教育〉，收入季羨林主編，《胡適全集》，卷20，頁3-5。

現於胡適同時期所撰寫的許多文章中：譬如〈說雨〉、〈顧咸卿〉、
〈婚姻篇〉、〈積少成多〉、〈徽州談〉等等，[43]顯然此時胡適對白話寫
作的想像和實踐仍不出傳統話本、平話的影響，在字句鋪陳上十分貼
近直白的口語，句短而無修飾，且經常使用日用語中的語助詞來加強
化說話時的口氣，譬如〈徽州談〉短短一文用了七個「唉」字，第四
段前三句更連用了四次「哪」字，胡適寫到：「小孩子漸漸大了，到
了十三四歲，把那些『開宗明義』哪、『天文』哪、『學而』哪、『梁
惠王』哪，都讀完了。」[44]此外，〈徽州談〉第四段後面還有一句也用
了一個『哪』字：「但是他們所當的學生，可沒有我們學堂中的學生
那麼快活哪。」[45]有趣的是，此字在密集出現於第四段後，就不復見於
其他段落，可見這時期的胡適在語助詞的使用上，並無固定的模式和
標準，而是在不同的情況下，使用不同的語助詞來加強語氣或塑造某
種方言的感覺。胡適在〈顧咸卿〉一文就說了，他爲《競業旬報》所
寫的白話文章實刻意模仿了「平話」的風格：「注意：這本白話報本
來說白話的，所以兄弟便學那說平話的樣子，立這一門。譬如列位看
官茶前酒後，拉兩位說書先生說兩只笑話聽聽罷了。哈哈！」[46]這意
味著胡適早期關於白話（文）的概念比較是傳統話本或平話的延續，
而不是與文言相對立的文學媒介。

　　當然《競業旬報》時期的胡適也有對白話文提出一些看法，譬如

---

43 以上除〈徽州談〉刊載於《徽州白話報》外，其餘皆載於《競業旬報》。
44 胡適，〈徽州談〉，收入季羨林主編，《胡適全集》，卷20，頁507（2003年
　　版爲頁515）。
45 胡適，〈徽州談〉，收入季羨林主編，《胡適全集》，卷20，頁507（2003年
　　版爲頁515）。
46 胡適，〈顧咸卿〉，收入季羨林主編，《胡適全集》，卷21，頁23。

在《競業旬報》第34期到36期，胡適發表了三篇主標題均帶有「白話」字眼的文章，三篇文章依序為：〈白話（一）愛國〉、〈白話（二）獨立〉、〈白話（三）苟且〉，文章分別講述愛國主義、人格獨立、科學思想的重要，而在〈白話（一）愛國〉一文前有段引文，該引文針對該文中所使用的「白話」一詞提出一有趣的解釋：

> 我今天所用這「白話」二字，並不是白話報的白話，是別有個意思的。這個「白」字，是「白白地」的意思。「白白地」是「空空」的意思，我這「白話」二字的意思，就是白白說掉的話兒。因為我要說的話，說得筆禿口枯，天花亂墜，列位看官終究不肯照這話實行，我的話可不是白白說掉了嗎？所以使用這「白話」二字，做了全篇的題目。我很盼望列位看官切不可使我說的話，當真成了白話才好呀！[47]

胡適在這裡仍持續傳統說書的風格，以極為口語的語氣（譬如第七句的兒化韻），將讀者當成「列位看官」來講述為文的目的，他指出這三篇文章所使用的「白話」都不是白話報的白話，而是「白白說掉」的意思，也就是白費唇舌的意思，這種自我調侃、解嘲的開場方式，無論在邏輯上和精神上仍不出宋元話本、平話的範疇，在表現方式上也持續了說唱藝術以具娛樂效果之文字或開場方式來吸引觀眾注意的手法，並不是真的想對白話的概念提出新的理論的解釋。

　　胡適的白話文寫作其實在更大意義上承襲了晚晴改革派知識分子對於白話的關注。早在1898年，[48]康有為就開始鼓吹以小說廣開民

---

47 胡適，〈白話（一）愛國〉，收入季羨林主編，《胡適全集》，卷21，頁104。
48 康有為在其《日本書目志》將日譯西洋圖書分為十五門，第十四門為小說門，康有為寫到：「六經不能教，當以小說教之；正史不能入，當以小說

智、啓迪民心，其繼承人梁啓超更於1902年發表名文〈論小說與群治之關係〉，以「新小說」之名將白話小說的重要性提升至治國治民的層次，胡適在中學時期的日記就提過梁啓超的「新小說」和他流亡日本所辦的《新民叢報》：「予幼嗜小說，惟家居未得新小說，惟看中國舊小說，故受害滋深。」[49] 在同年同月的另一篇日記裡，胡適又寫到：「看《新民叢報》:〈責任心與名譽心之利害〉篇，心大感動，不自己。」[50] 顯然中學時期的胡適受梁啓超影響頗大[51]，再加上清政府於

入之；語錄不能喻，當以小說喻之；律例不能治，當以小說治之……今中國識字人寡，深通文學之人尤寡，經義史故亟宜譯小說而講通之。」康有爲主張翻譯小說，乃因爲「中國識字人寡」，因此他這裡指的「小說」自然是指白話體的小說，根據沈國威的研究，康有爲於1896年就在《康南海自編年譜》裡記錄其撰寫《日本書目志》；在該譜1897年的條目裡，康有爲記錄其完成了《日本書目志》的撰寫（「（六月以前）撰日本書目志成」），1898年再有上海大同譯書局刊行。見沈國威，〈康有爲及其《日本書目志》〉，《或問》，5（2003），頁51-68。

　由於康有爲在1896前後即開始撰寫《日本書目志》，我們可以合理推測康有爲很可能在1896年甚至更早就開始有意識的鼓吹以小說翻譯西學，譬如1895年康有爲代張之洞草擬《上海強學分會序》，他在序文中寫到：「欲令天下士人皆通西學，莫若譯成中文之書，俾中國百萬學人，人人能解，成才自眾，然後可給國家之用。」雖然康有爲在序中並無提及「小說」字眼，但若要使譯書「百萬學人，人人能解」，大概只有白話小說才能到達此目標。本文之前將《日本書目志》成書期間植爲1897年，承蒙評審指正，已作修正。

49 胡適，〈四月初八（陽曆五月一日）〉，收入季羨林主編，《胡適全集》，卷27，頁25。胡適自云有「小說癖」，自覺荒廢正業，因此節制自己看小說的時間，他在該則日記末尾寫到：「此後除星期日及假期外，不得看小說。惟此等日，亦有限制：看小說之時限，不得逾三小時；而所看除新智識小說，亦不得看也。」

50 胡適，〈閏四月初九日（陽曆五月卅一日）〉，收入季羨林主編，《胡適全集》，卷27，頁41。

51 胡適赴美留學後仍十分注意梁啓超的動態，他在康乃爾大學就讀時，就有

1905年廢科舉，八股文不再是入仕求學的唯一標準，少年時期的胡適對於鼓吹白話文寫作的言論不僅應該不陌生，更有可能早已萌生白話文應爲新世代知識生產的媒介與文學標準的想法。

　　中學時期的胡適也指出，許多盛於一時的白話報最後皆慢慢消失殆盡，走進歷史，因此決定大力介紹當時新興的白話報，他在《競業旬報》第26期的「介紹新書」一欄裡寫到：

> 中國從前所出的白話報，什麼《中國白話報》、《杭州白話報》、《安徽俗話報》、《寧波白話報》、《潮州白話報》，如今差不多都消滅完了，只剩那《杭州白話報》改做了日報，以外的各種白話報只好算做歷史上的名詞了。如今上海有一班志士，曉得白話報的好處，所以集了許多資本，開了一所《國民白話報》〔館〕……處處以「開通民智」四字，作了這報的宗旨……各處的看官們，勸學所、閱報社，大家買一份看看罷。[52]

從這裡可看出，胡適很早就有意識的鼓吹並投入白話文寫作的行列，但因爲這時期的胡適對白話寫作的重視，其實承繼了晚清改革派知識分子開通民智、啓迪民心的路線，因此這時期的他仍主要把「白話」視爲知識傳達的媒介，而不是語言、文學革命的主體，這也說明了爲

日記一則紀錄如下：「閱《時報》，知梁任公歸國，京津人士都歡迎之，讀之深嘆公道之尚在人心也。梁任公爲吾國革命第一大功臣，其功在革新吾國之思想界……使無梁氏之筆，雖有百十孫中山、黃克強，豈能成功如此之速耶！近人詩『文字收功日，全球革命時』，此二語惟梁氏可以當之無愧。」（一九一二年十一月十日）胡適，收入季羨林主編，《胡適全集》，卷27，頁222。

52 胡適，〈介紹《國民白話報》、《須彌日報》〉，收入季羨林主編，《胡適全集》，卷20，頁499-500（2003年版爲頁507-508）。該標題爲編者所擬。

何中學時期胡適的白話作品，內容多半注重科學知識的傳達（如〈地理學〉、〈說雨〉）；舊社會的批判（如〈婚姻篇〉、〈敬告中國的女子〉），或新生活的締造（如〈論家庭教育〉、〈飲食上的衛生〉）。

　　譬如胡適在〈敬告中國的女子〉一文裡鼓勵中國女子擺脫傳統「女子無才便是德」的禮教束縛，他文章末尾寫道：

> 所以我說中國的女子，若不情願做廢物，第一樣便不要纏
> 腳，第二樣便要讀書。若能照這兩件事行去，我做報的
> 人，便拍手大叫著：「中國女界萬歲！中國萬歲！！中國
> 未來的國民萬歲！！！」再不絮絮煩煩的來說這些白話
> 了。哈哈！[53]

胡適在總結自己婦女解放的主張後，末尾這句「再不絮絮煩煩的來說這些白話了」再次透露作者此時用白話文寫作，乃是爲了向普羅大眾傳遞新知識、新觀念，而不是爲鼓吹白話文取代文言文所作的文章，這種想法爲中學時期胡適實延續晚清文人開通民智、救國救民的思維再添一例。

五、胡適在美時期的白話詩論戰

　　本文前面提及，胡適在1915年夏天與趙元任合組了一個專門討論漢字改革議題的論壇，並開始以活文字、死文字、半死之文字來定義白話與文言的相對（而非對立）的關係，根據胡適的自述，他關於白話的討論也就是在此時開始從文字改革的議題延伸至文學革命的層面，胡適自云「這是一個大轉變」。[54]然而這個轉變一開始並沒有以理

---

53 胡適，〈敬告中國的女子〉，收入季羨林主編，《胡適全集》，卷21，頁12。
54 胡適，〈逼上梁山〉，胡適編，《大系：論戰一集》，頁45。

論化的語言來呈現，反而是以與友人間的書信往來逐漸帶出其關於白話文學理論的思考。

　　胡適在日後的文章中經常提及梅覲莊和任叔永，這當然是因爲此二人經常對胡適「漢文爲全死或半死之文字」的說法提出質疑，從而促使胡適先後提出「文學革命」及「詩國革命」的口號，然而，影響胡適在美時期的白話文論述的朋友大概還有兩位較少提及，那就是張准（子高）和秉志（農山）[55]；張子高和秉農山皆爲胡適留美時期的朋友，二人在美時皆與胡適有往來，也對胡適的詩作提出一些評語，這些評語在某種程度上激化了胡適「文學革命」與「詩國革命」的看法。

　　胡適在1915年2月11日的一份日記中寫到：

> 張子高（准）索觀劄記，閱讀後寄長書，頗多過譽之詞；然亦有名語，如「足下『葉香清不厭』之句，非置身林壑，而又能體驗物趣者，絕不能道出。詩貴有眞，而眞必由於體驗。若埋首牘下，盜襲前人語句以爲高，烏有當耶？坡公有句云：『長江繞廓知魚美，修竹滿園覺筍香』，淺人讀之，必謂筍何必香，更何論乎足下所賞玩之葉香也耶？」秉農山（志）亦謂吾「葉香」一語甚眞，淺人不覺耳。子高謂吾詩文足當「雅潔」二字，殊未必然。吾詩清順達意而已，文則尤不能工。六七年不作著意文字矣，烏能求工？[56]

---

55 張子高在麻省理工學院攻讀化學，日後開拓了中國化學史，秉農山則於康乃爾大學攻讀動物學，是中國近代生物學領域的奠基人。

56 胡適，〈詩貴有眞〉（二月十一日），收入季羨林主編，《胡適全集》，卷28，頁47（2003年版爲頁45）。

胡適在此特別紀錄了張子高「詩貴有眞」的說法，這一方面體現胡適
對文學創作的一貫旨趣，如本文先前所述，他在康乃爾大學的第二、
第三年就開始對西洋戲劇產生興趣，因而經常在其日記中記錄他對中
西戲劇的比較與觀察。那時的胡適就認定戲劇的本質在於反映眞實，
合情合理的描寫必須是戲劇作品的基本元素，而「逼眞動人」和「失
眞」也是胡適當時用來評價戲劇好壞的用語，[57]而在這裡胡適則將同
樣的標準移植至對於「詩」的評價，詩作之所以動人不在於其雅潔的
文字，而在於逼眞的描述，詩人將眞實的體驗轉化爲文字，讓讀者在
閱讀時也能感同身受，眞實的體驗因而是成就詩作好壞的關鍵因素，
譬如張秉二人皆認爲「葉香」一辭頗能捕捉一般人的眞實體驗，但
「筍香」就不見得如此。胡適開始重視眞實描寫與眞實體驗之間關
係，並視其爲詩文創作的準則，這也多少爲他日後申論白話詩美感的
問題上提供了一些早期線索，顯然從這時候開始胡適就不認爲詩的最
終價值在於文字上的工美精巧，而在於捕捉一般大眾體驗到的眞實世
界。

　　胡適引用張子高「埋首牖下，盜襲前人語句以爲高，烏有當
耶？」大概也可從此邏輯來理解，不「盜襲前人語句」（也就是「不
摹倣古人」），爲的就是讓作者更貼近當下的現實，讓眞實的世界和
作者自身的體驗成爲創作的基本素材，這種重視逼眞、強調合理並反
對雕琢字句的創作原則，也慢慢在胡適日後的日記中以不同的方式展
現，譬如胡適在7月10日的日記中寫下：

　　連日讀托爾斯泰（Lyof N. Tolstoi）所著小說《安娜傳》

57 胡適，〈元年九月廿五日〉（星三），收入季羨林主編，《胡適全集》，卷
27，頁193-200。胡適透過張子高的文字點出「眞必由於體驗」的看法，
已明顯與他十六、七歲「作詩必使老嫗聽解」的說法已有所不同了。

（Anna Karenina）。此書為托氏名著。其書結構頗似《石頭記》，布局命意都有相似處，惟《石頭記》稍不如此書之逼真耳。[58]

又譬如同年9月21日，胡適給任叔永的一首詩中寫下「琢鏤粉飾喪元氣，貌似未必詩之純」的「詩國革命」準則，[59]認為精雕細琢的文句不是寫詩的精神（下詳），又譬如他在隔年4月14日的〈沁園春誓詩〉中寫到：「何須刻意雕辭，看一朵芙蓉出水時。倘言之不文，行之不遠，言之無物，何以文為？」[60]他在4月16日的日記也寫到：「文章要有神思。到琢句雕辭意已卑。定不師秦七，不師黃九；但求似我，何效人為？語必由衷，言須有物；此意尋常當告誰？」[61]胡適在該年4月17日的日記中更寫下：「吾國文學大病有三：一曰無病而呻。…二曰摹倣古人。…三曰言之無物。…頃所作詞，專攻此三弊。豈徒責人，亦以自誓耳。」等日後成為〈文學改良芻議〉的主要字句，[62]從這些例子來看，張子高和秉農山在胡適文學革命理論的早期建構中發揮了幽微但深遠的影響。

　　胡適於1915年9月17寫下〈送梅覲莊往哈佛大學詩〉一篇長

---

58 胡適，〈讀托爾斯泰《安娜傳》〉（七月十日），收入季羨林主編，《胡適全集》，卷28，頁180。

59 胡適，〈依韻和叔永戲贈詩〉（九月廿一日），收入季羨林主編，《胡適全集》，卷28，頁272。

60 胡適，〈沁心園誓詩〉（四月十四日改稿），收入季羨林主編，《胡適全集》，卷28，頁354-5。

61 胡適，〈沁心園誓詩〉（四月十六日第三次改稿），收入季羨林主編，《胡適全集》，卷28，頁355-6。另參見，〈沁心園誓詩〉（四月十八夜第四次改稿），同上，頁358。

62 胡適，〈吾國文學三大病〉（四月十七日），收入季羨林主編，《胡適全集》，卷28，頁356。

詩，此詩一共六十句，四百多字，前後使用十一個外國字，一個抽象
名詞，十個本名，胡適因此自認是文學史上的一個「實地試驗」，[63] 同
時他也認爲此詩是他寫過最長的詩作之一（「生平作詩，此爲最
長」），[64] 詩中有段提及「文學革命」字眼：

> 梅生梅生勿自鄙！神州文學久枯餒，
>
> 百年未有健起者。新潮之來不可止；
>
> 文學革命其時矣！吾輩勢不容坐視。
>
> 且復號召二三子，革命軍前杖馬箠，
>
> 鞭笞驅除一車鬼，再拜迎入新世紀！
>
> 以此報國未云菲，縮地戳天差可儗。[65]

這首詩大概是胡適首次提及「文學革命」，也是他開始在書面上有意
識的鼓吹文學革命的重要，而這個「有意識的」、「有所爲而爲」的
概念在胡適日後的文學理論扮演了重要的角色，此時的他已認識到，
文學革命不能只是過去宋元話本、明清小說的模擬或延續，除了承接
傳統以外，它還必須肩負開創新局，打造新國族的使命。[66]

　　由於胡適先前寫給梅覲莊的詩中，使用了許多外國語彙與人名的
譯音字，任叔永因此將這些譯音字串連在一起，作成一首詩送給胡

---

63 胡適，〈送梅覲莊往哈佛大學詩〉（九月十七夜），收入季羨林主編，《胡
　　適全集》，卷28，頁269。
64 胡適，〈送梅覲莊往哈佛大學詩〉（九月十七夜），收入季羨林主編，《胡
　　適全集》，卷28，頁269。
65 胡適，〈送梅覲莊往哈佛大學詩〉（九月十七夜），收入季羨林主編，《胡
　　適全集》，卷28，頁，頁268。
66 1915年陳獨秀在上海創辦《新青年》企圖以介紹西方新知改變中國文化，
　　而同年在太平洋彼端的胡適也同樣寄望以文學變革來達到救國救民的目
　　的，從這點來看，五四新文學運動的崛起本身就帶有跨太平洋的內涵和意
　　義，其本身就是華語系研究的絕佳例子。

適，同時調侃胡適文學革命的口號：

> 牛敦愛迭孫，培根客爾文，
>
> 索虜與霍桑，「煙士披裡純」
>
> 鞭笞一車鬼，爲君生瓊英。
>
> 文學今革命，作歌送胡生。[67]

此詩前兩行列舉了六位西方科學家、哲學家、文學家的中譯名，並以「煙士披裡純」（英文 inspiration 之音譯）做爲此詩前半段的結尾，大概藉此反映胡適當時以西方爲範本的文學革命論。後兩行則調侃了胡適的文學革命論，說這些西方鴻儒大哲的鬼魅，如今也因胡適的「鞭笞」被迫聚在一塊，爲他生一個擁有神奇武功的文學革命英雄，又由於瓊英爲《水滸傳》中的角色，她在夢中被神人傳授武功，日後靠此行走江湖，因此任叔永引用這個典故大概亦有暗指胡適文學革命的口號，容易流於不切實際的誇誇之言的意思。任叔永的言外之音，胡適大概也讀出言外之意，因此胡適在前往紐約的火車上，寫了一首頗爲嚴肅的答詞，答詞中首次提及了「詩國革命」一詞，同時爲白話詩提供基本的規則：

> 詩國革命何自始？要須作詩如作文。
>
> 琢鏤粉飾喪元氣，貌似未必詩之純。[68]

這段話大概可以視爲當時胡適對白話詩的定義原則，值得注意的是胡適以「詩之純」一語來表述詩該有的一種氣息或質地，這與胡適關於語言生命週期所提出的「程度論」有異曲同工之妙，一首詩的白話成

---

67 胡適，〈叔永戲贈詩〉（九月十九日），收入季羨林主編，《胡適全集》，卷28，頁270。

68 胡適，〈依韻和叔永戲贈詩〉（九月廿一日），收入季羨林主編，《胡適全集》，卷28，頁272。

分越高，就越有元氣，反之則無，「要須作詩如作文」（也就是以白話的文句作詩）自然成爲提高一首詩的元氣（生命力）的最有效的作法。

　　胡適的「詩國革命」不僅挑戰了詩／文體裁的界線，同時也打破日用語言和文學語言之間的分野，由於「詩國革命」的精髓在於「要須作詩如作文」，而古典韻文和律詩又是傳統中國文學的代表，因此問「文章之文」是否可以作詩，其實就是問「白話」是否可創作文學。胡適從詩史的角度來回答這個問題，他認爲從唐詩到宋詩最顯著的轉變就在於打破六朝以來的聲律束縛，使用了一種更近於說話的文體，胡適對於宋詩質變的看法某種程度上延續了他先前對於白話的定義原則，意即，只有在日常生活中經常使用的語言才算堪稱有價值的活文字，這個原則在此則被昇華成「詩國革命」的綱領，詩的純粹性不在於華麗的文藻，而在於能否表現實際的生活，因此只有以日用語創作的詩，才是最貼近現實的文學作品（也就是之前的「逼眞」原則）。從此角度看來，胡適在這裡企圖挑戰的是古典韻文在主導中國文學想像的位置，以逼眞動人、合情合理的創作指導原則下，指出詩／文同體的必要性，進而論證白話的文學和藝術價值。69

---

69 沈寂從胡適成長背景的角度來探討胡適對於白話詩的堅持。沈寂認爲，由於清代科舉考試有試帖詩，因此學作詩是當時文人的必修功課，時任清朝官員的胡適父親胡傳，自然希望胡適能耳濡目染於傳統詩文的世界裡，因此胡傳在胡適幼時還爲其準備韻文教材，規定他熟讀《律詩六鈔》，只不過短短幾年裡，社會風氣爲之一變，百日維新後緊接著義和團事變，清廷被迫推行新政，廢除科舉考試，胡傳因而不再鼓勵胡適走科舉的老路。胡適到上海讀書後，偶然間接觸到《古文讀本》，竟重新燃起對於詩的興趣，導致之後胡適還與其兄長有戒詩之約的趣聞。關於胡適成長過程中與傳統詩詞的淵源，請參見沈寂，《時代碼鑑：胡適的白話文、政論、婚戀》（重慶：新華書店，1996），頁116-124。

胡適白話詩學「作詩如作文」的方法引起了友人更激烈的爭論，梅覲莊就駁斥：

> 足下謂詩國革命始於「作詩如作文」，迪頗不以爲然。詩
> 文截然兩途。詩之文字（Poetic diction）與文之文字
> （Prose diction）自有詩文以來（無論中西）已分道而馳。
> 足下爲詩界革命家，改良「詩之文字」則可。若僅移「文
> 之文字」於詩，即謂之革命，則不可也。……一言以蔽
> 之，吾國求詩界革命，當於詩中求之，與文無涉也。[70]

梅覲莊將「詩之文字」與「文之文字」分開的做法自然與胡適「作詩如作文」的論點大異其趣，爲了強調詩／文的不同，梅覲莊還訴諸了英文的Poetic diction和Prose diction來解釋兩種文體在文字表現上的根本差異。任叔永也贊同梅覲莊的說法，他在寄給胡適的一封信上寫到：「近來頗思吾國文學不振，其最大原因，乃在文人無學。救之之法，當從績學入手，徒於文字形式上討論，無當也。」[71]換言之，任叔永也不認爲文字形式上的改變能帶來文學本質上的改變，知識面的增長才是正途。

　　面對朋友連續的質疑，胡適開始尋找新的方式證明自己的論點；他認爲文學革命的主張不應僅僅是以「文之文字」入詩而已，而應是對中國文學的根本毛病作診斷。雖然不敢明目張膽的舉起白話的大纛，胡適卻將中國文論傳統中「文質」的說法借屍還魂，將其做爲鼓吹文學革命的新修辭，他寫到：「這時候，我已髣髴認識了中國文學問題的性質。我認清了這個問題在於『有文而無質』。怎麼纔可以救

---

70 胡適，〈逼上梁山〉，收入胡適編，《大系：論戰一集》，頁47。
71 胡適，〈叔永答余論改良文學書〉（二月十日），收入季羨林主編，《胡適全集》，卷28，頁319。

這『文勝質』的毛病呢？我那時的答案還沒有敢想到白話上去，我只敢說『不避文的文字』而已。」[72]胡適在給任叔永和梅覲莊的信裡進一步闡明他的論點：

> 今日文學大病，在於徒有形式而無精神，徒有文而無質，徒有鏗鏘之韻貌似之辭而已。今欲救此文勝之弊，宜從三事入手：第一須言之有物；第二須講文法；第三，當用「文之文字」（覲莊書來用此語，謂 Prose diction 也。）時不可避之。三者皆以質救文勝之敝也。[73]

我們可以追問，胡適這裡「有文無質」的「文」和他先前「作詩如作文」的「文」是否相同？又胡適所謂的「文之文字」與梅覲莊所說的「文之文字」是否為同一概念？更令人費解的是，既然「有文無質」是個有待消除的病徵，強調「文之文字」的使用和價值豈不是緣木求魚、甚至自相矛盾？這些「文」意上的混淆當然部分是因為「文」字本身在中國文化傳統中擁有多樣且複雜的含意，[74]但更關鍵的原因是，此時胡適開始以「有質之文」和「無質之文」的分別來取代「文章之文」與「詩歌之文」的區別，對他而言，詩和文的區別已不重要，重要的是一個文體所能承載或展現白話性質的能力，以及一個作品能否反映一個時代或一個社會的語言特性的能力，也就是說，胡適所謂的「質」可以理解為文學創作中所應該含有的一種白話的性質，而他的「文」則是一種能夠融合實際生活用語、從而描寫當下現實情

---

72 胡適，〈逼上梁山〉，收入胡適編，《大系：論戰一集》，頁48。

73 胡適，〈與梅覲莊論文學改良〉（二月三日），收入季羨林主編，《胡適全集》，卷28，頁317。

74 古典語境中的「文」不僅可指文字辭藻，亦可是詩詞文章，甚至代表紋飾符號。

境的白話文體。

　　事實上，先秦語境裡的「文」和「質」是相互獨立的概念，譬如《周易》記載：「道有變動，故曰爻，爻有等，故曰物，物相雜，故曰文。」[75] 這段話的意思是：天地萬物的變化是用卦爻來表示的，爻位的次序代表不同的物象，物象交錯複雜的關係叫做「文」，換言之，這裡的「文」是指天地萬物間「道」的變動，跟胡適的「白話之文」沒有太大的關係。此外先秦典籍關於「質」的用法也相當簡略，又譬如《周易》：「易之爲書也，原始要終，以爲質也，六爻相雜，惟其時物也。」[76] 這段話的意思是：《周易》一書是由卦爻組成的，透過卦爻推究事情的開始與結尾，是卦象的本質，而爻雜相陳的卦爻所體現的，只是一定時間條件下的具體事物而已，由此可知，《周易》裡所謂的「質」是指事物發生的道理和緣由，這跟梅覲莊的「文字形式」或胡適的「白話性質」亦相去甚遠。《論語》裡的「文」和「質」二字開始成對出現，但主要也僅僅體現在品人論世的標準上，譬如孔子說：「質勝文則野，文勝質則史。文質彬彬，然後君子。」[77] 這裡的「文」指的是後天習得的文化修養，而這裡的「質」則是指一種內在品性或與生俱來的人格特質，此外孔子又有「義以爲質」[78] 的說法，東漢鄭玄因而還將「質」解釋爲一種「操行」，鄭玄註解「義以爲

75　參見《周易·繫辭下》，中國哲學書電子化計劃，https://ctext.org/book-of-changes/xi-ci-xia/zh。

76　參見《周易·繫辭下》，中國哲學書電子化計劃，https://ctext.org/book-of-changes/xi-ci-xia/zh。

77　參見《論語·雍也》，中國哲學書電子化計劃，https://ctext.org/analects/yong-ye/zh。

78　參見《論語·衛靈公》，中國哲學書電子化計劃，https://ctext.org/analects/wei-ling-gong/zh。

質，謂操行」[79]就是這個意思。從這裡我們可以發現，胡適關於「文」和「質」的說法與中國文學傳統中的文質之辯沒有太多內在意義上的連結，反而比較像是對後者的一種創造性的轉喻，從這個觀點來看，胡適表面上延續了中國文學傳統中的文質之辯，但實際上只是利用了傳統文學批評的修辭，來呈現「白話」作為一種性質的邏輯思維。

六、《白話文學史》的「日用分子論」和「小說模式」

　　許多研究者都指出胡適的文學理論因受困於文言和白話的二元邏輯觀，而導致內在的衝突與矛盾或一種深刻的語言困境，從古典文學中發掘白話文學的《白話文學史》自然成為論者批評的主要例子，譬如陳伯軒就認為，胡適的《白話文學史》「對於白話文並沒有嚴格學理上的定義，只強調其特色在於易懂、近似口語等。在這個立場上，便會產生一個問題。某些可能被歸類為文言的作品，在胡適的眼中可能是白話文學」，[80]陳的論文最終以區分胡適的「革命語言」及其「理論語言」來作為折衝胡適論述內部衝突的辦法，這個看法著實很有道理，不過在處理胡適論述中「文言」和「白話」的關係上，胡適早期的「日用分子論」或許也可為我們帶來另一種思考。

　　胡適的《白話文學史》出版於 1928 年，其底本為 1921 年胡適為教育部所辦之國語講習所撰寫的講義，此講義被胡適稱為《國語文學

---

79 參見《論語注疏‧衛靈公》，中國哲學書電子化計劃，https://ctext.org/lunyu-zhushu/wei-ling-gong/zh。

80 陳伯軒，〈表述邊變——胡適白話文運動的論述糾結與根本依據〉，《文與哲》，19（高雄，2011），頁 355。另參見王平，〈晚清白話文運動「二元性」語言觀再認識〉，《首都師範大學學報（社會科學版）》，189（北京，2009），頁 86-89。

史》稿本，胡適在1922年對此稿本的綱目有兩次更動，我們可以從中觀察胡適書寫白話文學史的標準及其邏輯，1921年的《國語文學史》稿本將中國文學史分爲兩期：第一期從漢到北宋，第二期從南宋開始。講義分十五講，依序爲：[81]

第一講　我爲什麼要講國語文學史呢？

第二講　古文是何時死的？

第三講　第一期（一）漢朝的平民文學

第四講　第一期（二）三國六朝

第五講　第一期（三）唐上

第六講　第一期（三）唐中

第七講　第一期（三）唐下

第八講　第一期（四）五代十國的詞

第九講　第一期（五）北宋（一）文與詩

第十講　第一期（五）北宋（二）宋詞

第十一講　第一期的白話散文

第十二講　總論第二期的白話文學

第十三講　第二期上之一（一）南宋的詩

第十四講　第二期上之一（二）南宋的詞

第十五講　第二期上之一（三）南宋的白話文

值得注意的是，《國語文學史》稿本首先處理的是古文何時死亡的問題，從第二講的標題來看，胡適對古文死亡時間點劃分大約在漢代前

81　胡適，《白話文學史》（臺南：臺南東海出版社，1976），頁1-2。

後，由此推測，漢朝應是胡適版國語文學史的起點，此外，胡適以
「平民文學」作爲漢朝文學的統稱，而以「白話文學」作爲指涉第二
期（南宋以降）的文學作品，除了第十一講提及的「白話散文」，
「白話文學」一詞要到第十二講的標題才出現，這意味胡適在這裡注
重的是文學「史」的演變，而不是「白話文學」的定義本身，胡適自
己也說：「我把『白話文學』的範圍放的很大，故包括舊文學中那些
明白清楚近於說話的作品。」[82]換言之，不管是《國語文學史》稿本和
《白話文學史》裡的「白話文學」都不是一個以古語今言、文言白話
劃分的簡單概念，而是一個漫長歷史演進過程的集合概念。胡適注重
史的變遷，看重在地語言的特色和民間文學的展現，[83]這讓其文學史

---

[82] 胡適，《白話文學史》，頁9。

[83] 胡適的文學史書寫頻頻提及「國語文學」、「民間文學」、「平民文學」等
用詞，由此推測，胡適除受達爾文進化論影響外，應也受陳獨秀、周作人
影響頗大，例如周作人在其〈平民的文學〉認爲：「就形式上説，古文多
是貴族的文學，白話多是平民的文學。但這也不盡如此，古文的著作，大
抵偏於部分的，修飾的，享樂的，或遊戲的……但白話也未嘗不可雕琢，
造成一種部分的修飾的享樂的遊戲的文學。那便是雖用白話，也仍然是貴
族的文學。」顯然周作人也不認爲文字（文言或白話）是區分平民文學和
貴族文學的標準，研究平民的生活，並力求體現全體人類的生活表現，進
而改進其方向，才是平民文學的標準和目標，陳獨秀在〈文學革命論〉高
舉文學革命的三大主義第一條便是「推倒雕琢的、阿諛的貴族文學，建設
平易的、抒情的國民文學」，而文章後段更簡述了陳獨秀版的「國民文學
史」，譬如陳獨秀認爲「《國風》多里巷猥辭，《楚辭》盛用土語方物」，
成績斐然可觀，然而兩漢詞賦家「雕琢阿諛，詞多而意寡」，是「貴族文
學」的始作俑者，而魏晉以下以的五言詩「抒情寫事」，一改兩漢辭藻堆
砌的風格，因此可謂是文學史上的一大革命，不過陳獨秀又認爲魏晉的抒
情詩仍「希托高古」、「言簡意晦」，不能完全脫離貴族遺風，因而不能算
是完全的國民文學，且東晉以降至南北朝，駢文興起，規律工整的律詩盛
行唐代，因此是「雕琢的、阿諛的、鋪張的、空泛的貴族古典文學」的最
佳例證，國民文學的興起要等到韓愈、柳宗元的崛起，才一改前人「纖巧

觀一直都帶有種將白話及其相關概念（如民間生活、土語、方言）視
爲一種質地或元素的傾向，譬如《白話文學史》第一章「古文是何時
死的？」一開始便認爲雖然古文在漢朝已死，但同時間具有「白話
化」傾向的書面文字仍不斷出現於各種史書記載中，例如《史記‧儒
林列傳》記載西漢丞相公孫弘呈給漢武帝的一篇奏表，內容提及當時
的老百姓和初級官員皆不懂文言，因而無法宣導政令的情況，公孫弘
奏：「臣謹案詔書律令下者，明天人分際，通古今之義，文章爾雅，
訓辭深厚，恩施甚美。小吏淺聞，不能究宣，無以明布諭下。」從這
篇奏表來看，古文的死亡至少得從西漢開始算起。[84]雖然漢代史書對
此奏表皆有記載，而當時朝廷也頒布新政，鼓勵各郡縣挑選青年學
子，送至京師學習，並且優先任用熟悉經學者爲官（「先用誦多者」
《史記‧儒林列傳》），因此在制度上發揮了保存甚至延續古文生命的
功用，[85]然而同時間胡適也發現到，《史記》和《漢書》在描寫人物

　堆朵之習」，此二人與後來的元稹、白居易，爲後來宋、元時期的國民通
　俗文學鋪路。雖然胡適的《白話文學史》與陳獨秀的國民文學史觀論點不
　盡相同，但陳獨秀、周作人以貴族和平民的階級作爲劃分國民通俗文學的
　作法，在胡適後期的白話論述中也屢見不鮮，陳周二人對於胡適的白話文
　學理論的影響，值得另作專文詳細討論。

84 胡適，《白話文學史》，頁3。胡適在《白話文學史》第一章一開始也寫
　到：「我們研究古代文字，可以推知當戰國的時候，中國的文體，已不能
　與語體一致了。戰國時，各地方言很不統一。」胡適以《孟子》書中一位
　楚國大夫想讓其子學齊語的故事，認爲與其讓齊人在楚國教其子齊語，還
　不如讓其子直接在齊國生活來得有效，又譬如《韓非子》中也有「鄭人謂
　玉未理者璞，周人謂鼠未臘者璞」的記載，證明戰國時期的語言和文字已
　經分開了，而秦始皇一統天下後所頒布「書同文」的政策，更是反映了言
　文不一致的實際情況，由於方言眾多，固當時的朝廷只能以「文言」作爲
　全國的溝通媒介。

85 胡適，《白話文學史》，頁4。

時，往往保留一兩句方言，引用古文時，也經常往往該做當時文字，
因此這些史書雖然在文體上不盡然是民間語體，但「文從字順」，[86] 且
「採用當日民間的活語言」，[87] 因而展現出「近於語體」[88] 的自然文法。
換言之，對胡適而言，漢代史書雖然稱不上完全言文合一的作品，但
顯然已含有不少的白話成分，讓《史記》、《漢書》儼然已具有「白
話文學」的雛形，胡適舉《項羽本紀》為例，《項羽本紀》中項羽欲
活烹劉邦的父親，劉邦回答到：「吾與若俱受命懷王，約為兄弟。吾
翁即若翁。必欲烹而翁，則幸分我一杯羹！」這段文字在《漢書》裡
被改作：「吾翁即汝翁。必欲亨迺翁，幸分我一杯羹！」這裡的
「汝」與「若」字皆代表當時的白話說法，而「分我一杯羹」更是十
分直白的句子，因是胡適認為是白話化的散文。又譬如《陳涉世家》
中記載了陳涉一位種田的朋友聽聞他做了王之後，趕去看他，朋友進
宮後見「殿屋帷帳」，因而喊到：「夥頤！涉之為王沉沉者。」此句
《漢書》改為：「夥！涉之為王沉沉者。」胡適說明，這裡的「夥頤」
和「夥」都是表示驚訝的狀聲詞，且「者」字古音如「睹」，因此這
裡的「者」字大概類似蘇州話的「篤」字尾，從這些「文從字順」的
例子來看，胡適考察一個文本或作品的白話傾向，會從該作品所含的
「白話字」或「日用語」下手，而這些白話字、日用語越多，就表示
此作品的白話程度越高，也就越可算作是白話文，而白話化的篇幅多
至一個程度，就可以慢慢改變整個文體了。

　　胡適以白話為成分的觀點，也表現於其對於《國語文學史》綱目
的修正上，1922 年 3 月 23 日，胡適到天津南開學校演講，在旅途期

---

86 胡適，《白話文學史》，頁 26。
87 胡適，《白話文學史》，頁 26。
88 胡適，《白話文學史》，頁 26。

間決定修改《國語文學史》，並將原先的講義合併爲三大部分：

　　第一講　漢魏六朝的平民文學
　　第二講　唐代文學的白話化
　　第三講　兩宋的白話文學

在這個版本裡，原本被分開講述的漢代與六朝文學被統整爲一個時期；唐代文學仍作爲單一的文學時代，但原先被切割爲不同時期的南北宋現被整併爲同一時期，胡適在此版本所作的刪改似乎頗大，但從他的斷代方式可以看出，其書寫白話文學史的重點在於彰顯明清以前的白話文學，這或許是因爲明清白話小說的成就及其影響早已廣被認可，但明清以前的文學作品與「白話文學」之間的關係則向未被仔細梳理，所以闡述明清以前的白話文學對於胡適來說才是當務之急。此外胡適以「平民文學」、「白話化」、「白話文學」作爲國語文學史三階段的作法，更反映出他將「白話文學」視爲一持續變動過程（而非一成不變的概念）的觀點，「白話化」一詞的用法就是明顯的例子。[89]胡適在1922年3月23日爲其國語文學史擬了一份更詳細的綱

89　胡適以「平民文學」作爲統稱漢魏六朝的文學發展概有其論述上的考量，胡適大概想強調漢代樂府詩的崛起所帶來廟堂文學民間化的趨勢。胡適認漢代文人作品有一種故事化的傾向，而這種傾向在漢代文學的歷史發展代表了民間詩歌的文人化，抑或是文人作品的民間化。胡適引《漢書》卷22中的一段記載來說明此趨勢的背景：「【武帝】乃立樂府，採詩夜誦，有趙代秦楚之謳。以李延年爲協律都尉，多舉司馬相如等造爲詩賦，略論律呂，以和八音之調，做十九章之歌。」漢代官方針對民樂的採集，開始成立相關機構，代表了兩件事情，第一，民間的作品得到了官方的認可，因而進入文人貴族的視野；第二，由於文人開始接觸民間作品，並依民歌造新詩賦，代表貴族文人從此受到民間影響。譬如東漢蔡琰（字文姬）的長

目，並認爲這個計畫「很可以代表我當時對於白話文學史的見解」，[90]在這份長達三頁的目錄中，唐代文學的部分也以「白話化」一詞表示（唐代文學的白話化）。

　　胡適討論《史記》還有個相當有趣的例子，《史記‧周昌傳》裡描寫了患有口吃的周昌向漢高祖進諫的情形，他向高祖諫到：「臣口不能言，然臣期──期知不可。陛下欲廢太子，臣期──期不奉召。」胡適認爲，這種刻意模仿說話樣子的寫法讓《史記》的可讀性和趣味性大幅提高，這使胡適得以小說的敘事模式及其筆法，來分析漢代史書中的許多紀錄，譬如《史記‧魏其武安侯列傳》有個「使酒罵座」的故事，此故事多以對話進行，對於人物的口氣有頗爲傳神的

篇寫實作品《悲憤詩》二篇，就衍生出著名的「文姬歸漢」的故事，蔡文姬爲蔡邕之女，出生於東漢末年，適逢亂世，中原戰亂頻繁，邊疆頻受異族侵擾，在匈奴的一次南征中，蔡文姬被俘虜至匈奴領地，過了長達十二年的異地生活，還生了兩個胡漢混血的孩子，直到曹操感念其父蔡邕無子嗣，才以金璧從匈奴手中將她贖回，《悲憤詩》就是描述蔡文姬被劫邊異地，在語言風俗完全不同的環境下生活，最終回到故土卻發現人事已非的故事。全詩雖用五言詩體，樸實的文句卻帶出相當於小說的動人敘述，實爲白話敘事詩之佳作，譬如詩中有段描寫蔡文姬終於等到漢朝使者的駕臨，卻須面對與孩子訣別的兩難情況，詩人以具象的語言，描其子詢問母親離開的理由：「兒前抱我頸，問『母欲何之？人言母當去，豈復有還時？阿母常仁惻，今何更不慈？我尚未成人，奈何不顧思？』見此崩五內，恍惚生狂癡。號泣手撫摩，當發復回疑。」這裡的描述句句帶著情緒上的轉折，作者先從一個動作的描述開始，然後描寫一個孩子對其即將遠離的母親所表達的不捨與不解，文字中有故事般的聚焦性、合情合理的對話、人物之間的互動，這樣的敘事手法大大增添了讓讀者感同身受的閱讀空間，胡適因此認爲這是一首「很動人的白話詩」，這首五言詩凡108句，共540字，不僅是兩漢最長篇幅的作品之一，也是胡適討論「故事詩」的第一個例子，重要性可見一般。

90 胡適，《白話文學史》，頁5。

描述，胡適認爲「有小說風味」。[91]胡適分析漢代史書的故事性和小說本質的理念，讓他經常注意到「對話體」的紀錄，譬如《漢書‧外戚傳》有段官員審問婢女宦官的口供，供詞中還引有很長篇幅的對話，敘事性十足；又譬如西漢王褒的《僮約》紀錄了一位男子與一位桀驁不馴的家奴訂下契約的故事，這位原本不聽使喚的家奴聽到新的嚴苛契約後，「仡仡叩頭，兩手自搏，目淚下落，鼻涕長一尺」，[92]這樣清晰具體且趣味橫生的描寫，打破了一般讀者對於歷史紀錄一板一眼的想像，這些含有民間風味小說敘事的漢代史書，讓胡適得以證明《史記》、《漢書》也可當作（廣義的）白話文學來解讀。事實上，胡適在康乃爾時早已注意到「對話體」之於文學的重要，他在1915年9月4日的日記中寫到：

> 以對語體（Dialogue）入詩，《三百篇》中已有之：「女曰，『雞鳴』，士曰，『昧旦』」；「女曰，『觀乎？』，士曰，『既且』是也。漢魏詩多有之：如「道逢鄉里人，『家中有阿誰？』」『兔從狗竇入，雉從樑上飛。』」[93]

這意味著《白話文學史》的若干理論架構，早在胡適的康乃爾時期就已成形，而胡適在「對語體」一詞後提供英文原文（Dialogue）的作法，也再次顯示胡適早年的雙語閱讀對其白話文學理論的長遠影響。

　　胡適對於小說筆法及其敘事本質的重視，也表現在他對傳統詩的鑑賞上。譬如《白話文學史》第六章「故事詩的起來」從世界文學史的角度來看待中國敘事詩的源起，胡適寫到：「故事詩（Epic）在中

---

91 胡適，《白話文學史》，頁27。
92 胡適，《白話文學史》，頁27。
93 胡適，〈對語體詩詞〉（九月四日），收入季羨林主編，《胡適全集》，卷28，頁254。

國起來的很遲，這是世界文學史上一個很少見的現象。要解釋這個現象，卻也不容易。我想，也許是中國古代民族的文學，確是僅有風謠與祀神歌，而沒有長篇的故事詩，也許是古代本有故事詩，而因爲文字的困難，不曾有紀錄，故不得流傳於後代；所流傳的僅有短篇的抒情詩。」[94] 在這裡，胡適提出了兩個解釋中國古代文學作品缺少故事詩的原因，首先是古文書寫和保存上的困難，其次是文化和歷史脈絡上的不同，但胡適認爲後者的可能性較大，因爲《詩經》中雖然有不少篇章的主題很適合發展成故事類型的作品，譬如《大雅》的〈生民〉和《商頌》的〈玄鳥〉都有神話的元素，但這些元素和主題終究沒有在該時代發展出長篇故事，先秦時期的文學仍多半爲祭祀歌詞和民間風謠而已，因此胡適斷定中國故事詩的發展大概還得從漢代說起。

在現代的中文語境裡，Epic常被翻譯成「史詩」，其作品經常以多元的場景及宏觀的歷史視野，來講述民間傳說及英雄事蹟，譬如西方文學經典《伊利亞特》和《奧德賽》就是此類型的代表作品，然而胡適在此卻以「故事詩」來作爲Epic一詞的中文翻譯，似乎有意承接他前幾章對於漢代史書的小說模式及故事本質的分析與看法，且在更大意義上體現了胡適的「白話文學」重視敘事（Narrative）的思維。

七、結語

白話和文言的二元對立過去一直是我們理解新文學運動的基礎邏輯，許多五四知識分子事實上也經常使用此邏輯來進行其立論，但胡

---

94 胡適，《白話文學史》，頁53。

適的例子告訴我們，五四時期的白話一詞更像是一種複合概念，它不僅是一種語言、一種溝通和傳遞知識的工具，而還是任何語言都需要的一種養分、或應該擁有的元素，白話因此可以是評估一個語言或文學作品之生命力或屬性的重要標準和單位，而胡適的例子也顯示，新文學運動中關於白話文的論述始終帶有跨文化和多語視角的解讀可能，因此五四時期許多關於文學和語言的概念應有深掘的空間。

徵引書目

王平，〈晚清白話文運動「二元性」語言觀再認識〉，《首都師範大學學報
　　（社會科學版）》，4（北京，2009），頁86-89。

江勇振，《捨我其誰：胡適【第一部】──璞玉成璧（1891-1917）》，臺北：
　　聯經出版公司，2011。

余英時，《重尋胡適歷程──胡適生平與思想再認識》，臺北：聯經出版公
　　司，2004。

李孝悌，〈胡適與白話文運動的再評估〉，收入周策縱等著，《胡適與近代中
　　國》，臺北：時報文化，1991，頁1-42。

沈國威，〈康有爲及其《日本書目志》〉，《或問》，5（大阪，2003），頁161-
　　166。

沈寂，《時代碉鑑：胡適的白話文、政論、婚戀》，重慶：新華書店，1996。

周質平，《光焰不息：胡適思想與現代中國》，北京：九州出版社，2012。

胡適著，《白話文學史》，臺南：東海出版社，1976。

胡適，季羨林主編，《胡適全集》，合肥：安徽教育出版社，2007。

胡適編，《中國新文藝大系：論戰二集》，臺北：大漢出版社，1977。

耿雲志，《重新發現胡適》，北京：人民出版社，2011。

陳伯軒，〈表述遞變──胡適白話文運動的論述糾結與根本依據〉，《文與
　　哲》，19（高雄，2011），頁351-390。

陳國球，《感傷的旅程：在香港讀文學》，臺北：臺灣學生書局，2003。

楊揚編，《周作人批評文集》，廣東：珠海出版社，1988。

蔡元培，《蔡元培選集》，北京：中華書局，1959。

Chou, Chih-P'ing, ed., *English Writings of Hu Shih: Literature and Society,* Vol. 1.
　　Heidelberg: Springer and Foreign Language Teaching and Research Press,
　　2013.

Hu, Suh. "The Problem of the Chinese Language (Concluded): III. The Teaching
　　of Chinese as It Is." *The Chinese Students' Monthly*, XI. 8 (June 1916), pp.
　　567-593.

Schwarcz, Vera. *The Chinese Enlightenment*. Berkeley and Los Angeles: University
　　of California Press, 1986.

【圓桌論壇】

多重文化脈絡下的自利觀

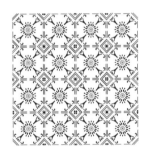

發言人：Oliver Weingarten（韋禮文）、陳建綱、陳禹仲、陳瑋芬

主持人：陳正國

地　　點：中央研究院歷史語言研究所

時　　間：民國106年12月14日

引言

　　自利（self-interest）觀念在近代歐洲思想中扮演極爲關鍵的角色。這可以從兩個方面來說。第一是關於自我（self），第二關於利益（interest）。「自我」做爲思想課題，在西方有一淵遠流長的書寫傳統。從上古蘇格拉底－柏拉圖，到中世紀的聖奧古斯丁，到近代早期的蒙田、霍布斯、盧梭等人，都曾在此議題上留下深刻的思想足跡。十九世紀史家布克哈特甚至斷言，所謂文藝復興的精神，就是自我意識的昂揚。檢視當代史家如 Jerrold Seigel 以及 Charles Taylor 等人，對於歐洲的自我觀念的研究，就知道這個主題在歐洲史上的重要性。至於利益的歷史，則相對短暫。在羅馬天主教的教誨下，利益在一千年的中世紀道德與政治領域中處於相當邊陲位置。直到十七世紀之後，歐洲人對商業、貿易、乃至物質文明的認同達到一定強度，利益才悄悄從邊陲爬向中心。一點都不誇張的說，自利從中世紀的邊陲向中心移動的歷史，就是歐洲現代性的歷史。從對自我的探討，到對自利的愛恨兩難，是研究歐洲（近代）思想史的一個關鍵線索，以及關鍵面向。

　　反之，似乎兩千年來的傳統中國思想對於自我與利益都採取保守的立場。從江湖到廟堂，對於家族與國家，忠義與犧牲的德性訴求，一直占據各式書寫的首位，而且甚少受到挑戰。但情況是否如此？晚近史學界開始對於明清兩代的文化開始有不一樣的見解。雖然不直接討論自我與利益，當代中國史家們從情慾、友誼、消費等社會史與文化史角度來重新評析或修正所謂傳統社會的「傳統」。西方有關個人、家庭、情慾、友誼、消費等等課題的研究，極大程度上其實是受到「現代性」大纛的激揚，它們與自我、自利的思想史研究互爲犄

角。不過，在中國思想研究中，有關自我與自利的歷史研究，則相對貧瘠。然而，中國思想面貌是否真如現階段歷史研究所展示的呢？如果我們希望中國史修正派史學的意見，能激發更深沉的歷史底蘊，它們絕不能停留在物質的層面，也不能停留在歷史人物的活動的表象，而應該更進一步探索，歷史上的人們依據何種原則來理解個人、家庭、情慾、友誼、消費等等。

　　我們認為自利觀課題有極大的研究潛能，極重要的底蘊等待發掘。在時間與機緣的條件下，我們本次邀請四位專家，就他們的研究興趣與專長對此課題作第一階段的分享。其中一位研究中國上古自利觀；一位研究日本在明治維新以後如何理解、接受歐洲自利觀；兩位學者討論英國與歐洲在十八、十九世紀的自利觀。理解不同文化脈絡與歷史背景下的自利觀至少有三個層面的意義。第一，這可以幫助反思自利觀與現代性的連結關係。此一連結，顯然是從歐洲歷史的變遷而闡揚出來的。但是誠如座談內容所示，亞洲傳統社會可能有另一種自我觀、自利觀的存在。如此，自利／現代性的關係就多了許多層次可以繼續深究。第二，自利觀看似普世，其實又深受文化制約。這樣具雙重性格的觀念，讓歐洲觀念在亞洲的繼受史以及跨文化的比較研究更具挑戰性。不管是在繼受時的翻譯，或是當代史學研究者在翻譯與借用、挪用之時，都經常會面臨究竟甚麼是本土，甚麼是外來觀念的定義難題。概念的邊界不易確定，這也就注定這樣的比較研究勢必充滿迂迴、彳亍、以及驚喜。

Oliver Weingarten（韋禮文，捷克科學院研究員）： 〈法家與早期兵書的賞罰思想和自利觀〉

　　治國、治兵曾爲戰國至秦漢思想家、軍事家所面對的關鍵問題。兩者都涉及到如何控制、監督、操作，進而鼓動人群。但是研究思想史的學者似乎較不常探討政治思想跟軍事思想之間的聯繫與共同之處。據我最近看到的著述來講，好像只有幾位西方學者如Christopher Rand、Albert Galvany與Yuri Pines等人就此進行過研究。以下討論試著補充古代思想研究上這一方面的一些新觀念。

　　法家思想往往被視爲政治上的現實主義。Arthur Waley、Benjamin Schwartz、A.C. Graham這三位古代中國思想專家都持這樣的見解，而這種評價意味著法家理論對於人性、政治行爲具有切實的了解。其實，究其根源則在於，政治哲學和人性論是分不開的。任何政治理論畢竟基於對人性的某一種假設，以之爲理論的前提。必定要先達到對人性的某種理解，然後才能夠通曉人們在社會上、政治上的行動，唯有如此才能預測、支配人民的所作所爲。而早期兵法兩家所面對的課題，正是如何預測、操作、支配人們的行爲。兩者之間唯一的差別就是活動範圍、知識領域、現實上的目標和手段各有所異而已。

　　法家思想者，特別是韓非和商鞅，都認爲人們必定會預計利害得失，以自我利益的最大化爲動作的主要目標。但如以下所述，這種看法未必確實，易於忽略人性方面和社會上的一些決定性的因素。有意思的是，面對類似課題的軍事思想家對這個問題，提出了與法家迥異的看法。

我們先了解一下韓非子對自利觀持著何等觀點，在此舉一段《韓
非子》文本為例：

> 且父母之於子也，產男則相賀，產女則殺之。此俱出父母
> 之懷袵，然男子受賀，女子殺之者，慮其後便、計之長利
> 也。故父母之於子也，猶用計算之心以相待也，而況無父
> 子之澤乎![1]

表面上看來，這是一個非常驚人的說法。夫婦若生男孩就預想兒
子對家庭將引起多麼大的好處，便互相祝賀。但若生了女孩，因預估
女兒不值得養，就將她殺掉。韓非創造新的字詞來描寫這種行為背後
的動機，即他所謂的「計算之心」。整部《韓非子》中，「計算之心」
只在這一篇章才出現。雖然如此，「計算之心」卻又好像是韓非的核
心觀念，確切地顯示出他對人性的基本了解：人們生下來便具有計算
之心，而其所有行動皆由此心來左右，因此，與自我利益相比，連親
子關係也隨著遜色。

當然，由一般人情的觀點來看，父母對親生子女的眷顧算是最根
本的人間關係，其意義似乎無可質疑。但韓非竟然表示舐犢之愛沒有
那麼重要，甚至為烏有。在現實世界中人們必定預計自我利益為如
何，照此做一切決定，所以方便的話，廢棄親子關係也無妨。但要注
意韓非發表如此令人驚訝的論點，應該是為了雄辯的效果，故意發表
的驚世之論，未必是韓非本人真正的意思。儘管如此，我們還是必須
承認，自我利益這概念在韓非的人性論中，是一切行為的主要準則。

下面這一段同樣是討論親子關係。但它進一步把親子關係跟君主

---

[1] 張覺，〈六反〉，《韓非子校疏》（上海：上海古籍出版社，2010），頁
1129。

對人民的態度連結起來。

> 母之愛子也倍父，父令之行於子者十母；吏之於民無愛，
> 令之行於民也萬父。母積愛而令窮，吏用威嚴而民聽從，
> 嚴愛之筴亦可決矣。且父母之所以求於子也，動作則欲其
> 安利也，行身則欲其遠罪也；君上之於民也，有難則用其
> 死，安平則盡其力。親以厚愛關子於安利而不聽，君以無
> 愛利求民之死力而令行。明主知之，故不養恩愛之心而增
> 威嚴之勢。故母厚愛處，子多敗，推愛也；父薄愛教笞，
> 子多善，用嚴也。[2]

與父母對子女態度不同，明主純粹希望人民怕他，使之不敢違背命令，所以君主並非像雙親一樣依賴威逼利誘，「養恩愛之心而增威嚴之勢」，他單純以威勢嚇嚇人民。

商鞅談到人性，像韓非一樣也認爲人們務必追求利益：「民之於利也，若水於下也，四旁無擇也。民徒可以得利而爲之者，上與之也。」[3]水自然而然往下流，對四方並無偏好，只要朝下而已。人們與此相似，將利益看作唯一的目標，別的事都不理睬，而根據商鞅對其理想國家的藍圖，所有利益應該上屬君主，經由他來賞賜與人民。君主會贈與人民如爵祿等各種各樣的利益，同時唯由他來處罰人民，就等於他緊握著全國的賞罰權，所以才能夠治理人民，正如商鞅所說：「人情而有好惡，故民可治也。」[4]

知道人希望得到什麼，討厭什麼，就能夠施所欲得於人，且助之

---

2 張覺，〈六反〉，《韓非子校疏》，頁1131。
3 張覺，〈君臣〉，《商君書校疏》（北京：知識產權出版社，2012），頁260。
4 張覺，〈錯法〉，《商君書校疏》，頁131。

避免其所懼怕的、討厭的，所以才有操縱人民的可能性。若欲治理人民，要好好觀察其所好所惡究竟爲何，理解這一點即爲有效賞罰最基本的前提。也因此，光靠韓非所謂二柄，即賞罰，來控制民眾。商鞅與韓非都認爲人民一方面追求自我利益，同時也儘量避免一切負面影響。所以執政者能夠（或甚至是必須）抓住人的所好所惡，利用他們的自利觀加以治理。自利觀就是商韓兩者根本的政治原則。

雖以上曾提到兵書與法家的人性論有所差別，但另一方面當然也有許多共同之處。先秦至漢代的兵家文獻，像《孫子》、《吳子》、《尉繚子》、《六韜》諸書對軍事紀律，對如何鼓動兵士的手段往往持著與法家相近的觀點，同樣地依賴二柄，這一方面的建議極爲常見，可以總結如下：

1. 統帥該依嚴罰、威懾手段以鼓動兵士。
2. 軍事結構須明晰，上層獨佔懲治下層的權力。
3. 執行任務時須遵守命令，絲毫不偏離，若超越任務，即使是爲了建功，也要受到重罰。軍官應當一項一項地記錄兵士的功過以便事後加以賞罰。
4. 下令極刑的能力爲統帥獨佔指揮權的信號，所以將軍故意懲罰權臣而獎賞下層人物。

鼓動、控制兵士的主要手段有兩種：一方面要威攝他們，另一方面要贈與獎賞。這正好等於法家的二柄。如此看來，以上列舉的手段都涉及到對自我利益、自我保護的考慮，與第一段所討論《韓非子》跟《商君書》中的論述很相似。但兵書也提出迥然不同的原則。以下引用《三略》的一些說法爲證。在此需要補充，從辨僞的角度來看，

有學者認爲《三略》是漢代的書，說不定更晚。雖然不能確定，但大
概也可以拿來去研究古代兵家的思想。

　　《三略》說：「使義士，不以財。故義者，不爲不仁者死。」[5]有義
之士，不可以用財物來招聘他。他對錢沒有興趣，以義爲至高無上，
根本不會爲缺乏仁德的人服務，更不會爲他犧牲自己。義士不會讓普
通自利觀的考慮影響到他的行爲，就是說，社會上總有人是因爲壓根
兒不預計利害得失，所以不能用商韓那一套去操縱他的。同樣地，
《三略・中略》說：「智者，不爲闇主謀。」有知識的人不會臣服於愚
笨的君主，當他的謀臣。這些人，賞賜再多的爵祿也無濟於事，因爲
他們不會把利害得失放在首位。其實，這種人物不會讓外在因素給左
右，不好控制，甚至會對君主造成危險。

　　孫子說：「道者，令民與上同意也，可與之死，可與之生，而不
畏危。」[6]所以要靠道德，才會讓人民、君主、統帥都爲了同樣的目標
而努力。人民這樣才願意犧牲自己，或者跟上層人物好好相處，但主
要的是，如此就不會怕危險，逃避戰場上的血腥局面。從這些引文可
以發現，有些兵書提醒我們若純粹按照賞罰思想則會造成忽略道德的
風險，而道德觀念、人間關係等這一類非利益因素擱置不管的話，也
會妨礙治國、治兵的要務。對道德、人間關係不予理睬，可以說這是
《韓非子》與《商君書》政治思想上的一個盲點。

　　有些兵書討論象徵性的獎勵，建議不一定要賜給兵士爵祿或錢
財。授與榮譽也是個很有效的措施。《吳子》就此有比較細膩的描寫：

5　黃石公，《三略》，收入《景印文淵閣四庫全書》第726冊（臺北：臺灣商
　　務印書館，1983），〈中略〉，頁96。
6　楊丙安，〈孫子兵法・計〉，《十一家注孫子校理》（北京：中華書局，
　　1999），頁3。

> 武侯問曰:「嚴刑明賞,足以勝乎?」起對曰:「嚴明之
> 事,臣不能悉。雖然,非所恃也。夫發號布令而人樂聞,
> 興師動眾而人樂戰,交兵接刃而人樂死。此三者,人主之
> 所恃也。」武侯曰:「致之奈何?」對曰:「君舉有功而進
> 饗之,無功而勵之。」
> 於是武侯設坐廟廷爲三行饗士大夫。上功坐前行,餚席兼
> 重器、上牢。次功坐中行,餚席器差減。無功坐後行,餚
> 席無重器。饗畢而出,又頒賜有功者父母妻子於廟門外,
> 亦以功爲差。
> 有死事之家,歲被〔使?〕使者勞賜其父母,著不忘於心。
> 行之三年,秦人興師,臨於西河,魏士聞之,不待吏令,
> 介胄而奮擊之者以萬數。[7]

《吳子》所推行的主要是具有階級意義與象徵性的獎勵,未必包括具
體的,物質上的利益,其重點反而在於表示尊重與賞識。

　　至於陣亡兵士的眷屬,要讓他們相信國家永遠要維持對他們已故
親人的記憶,等於是慰問他們的一種方法。跟設宴款待一樣,這一點
顯然不關涉兵士家屬具體的利害得失,而是表示關懷,考慮人的情
面。正是因爲情緒是影響人們行動的一個決定性的因素,純粹依賴物
質上的好處不容易滿足,所以象徵性的獎勵很重要。韓非跟商鞅不會
那麼強調這一點,他們雖然偶爾提到名聲、榮譽等,但卻將具體的賞
罰看得遠比象徵性的獎勵重要。

　　還有另外一點是法家思想者不常注意到的,即軍事實力大程度上

7　吳起,《吳子》,收入《四部叢刊初編》第60冊(上海:商務印書館,
　　1926年重印本,1989),〈勵士〉,頁5。

依靠兵士的團結。軍隊如果缺乏凝聚力就容易分散，遭挫敗，所以兵士彼此之間的關係極爲密切才好，若存在宛如親戚、朋友般的感情，軍隊就隨著威勢無敵。比如說，《尉繚子》載如下一段：

> 故戰者必本乎率身以勵衆士，如心之使四肢也。志不勵則士不死節，士不死節則衆不戰。勵士之道，民之生不可不厚也。爵列之等，死喪之親，民之所營，不可不顯也。必也因民所生而制之，因民所榮而顯之，田祿之實，飲食之親，鄉里相勸，死生相救，兵役相從，此民之所勵也。使什伍如親戚，卒伯如朋友。止如堵牆，動如風雨，車不結轍，士不旋踵，此本戰之道也。[8]

這就是說，治理人民必須要尊重他們本來的情況、生活方式，考慮到他們由耕田、爵祿得來的收穫，他們的「飲食之親」，即人們聚會共同娛樂的社會交往。總之，建立軍事制度的時候並不能忽視人間關係、風俗、社會交往、生產與經濟上的利害關係。

古代的時候，人民多半群居於村子，否則是小城市，較少遷移他處，每一個地方的社群不免關係緊密。因爲參軍之前本有社會交往與人情關係在，所以兵士共有相同的群體認同，既已存在的人情關係必定提高戰鬥力，至於「止如堵牆，動如風雨」的程度。有意思的是，有學者指出雅典重裝步兵的群體認同和驚人的戰鬥力源自於類似的社群認同。由此觀之，《尉繚子》以人間關係爲軍隊核心的看法也得到跨文化證據的支持。

最後也要提到將軍在鼓動兵士上所扮演的角色。當然根據兵家思

8　尉繚，〈戰威〉，《尉繚子》，頁45。「漢籍全文資料庫」，http://hanji.sinica.edu.tw/（2018/04/24）。

想，統帥也要維持軍事紀律，按照功過加以賞罰，這一點跟法家操作利害得失以治理國家的政治思想如出一轍，但另一方面統帥也應該在情感上與軍隊成立良好的關係。爲此，兵書中往往看到如下紀載：

> 夫將帥者，必與士卒同滋味而共安危，敵乃可加：故兵有全勝，敵有全因〔湮〕。
>
> 昔者，良將之用兵，有饋簞醪者，使投諸河，與士卒同流而飲。夫一簞之醪，不能味一河之水，而三軍之士，思爲致死者，以滋味之及己也。[9]

統帥應該分擔痛苦、分享快樂，若得美酒，該倒之河中，然後與兵士共飲河水。這當然沒有什麼實在的意義，酒味那麼淡完全嚐不到。但跟以上《吳子》、《尉繚子》的引文一樣，重點在於象徵性的行動及其對軍隊的影響，並不在於這種行動的具體結果。基本上，大家假裝一起玩味酒漿以消除等級衝突、助於團結、加強凝聚力，如此提高戰鬥力。這種行爲古代的時候眞正存在與否，恐怕很難確定。不過兵書、史籍屢次提及，即使是虛擬記載，大概還是顯現出一個比較普遍的軍事理想，暗中表示集體想像中最佳統帥的人格與行爲該如何。

但統帥這種具體行爲即使是虛構的，卻不僅僅被看做理想化的描繪而已。爲了要維持紀律，加強戰鬥力，表示對軍隊的關懷，此類行爲簡直是無可或缺的。所以《孫子》警告將軍說：

> 卒未親附而罰之，則不服，不服則難用也。卒已親附而罰不行，則不可用也。故令之以文，齊之以武，是謂必取。[10]

9　黃石公，《三略》，收入《景印文淵閣四庫全書》第726冊，〈上略〉，頁92。
10　孫武，〈行軍〉，《孫子》，頁167。「漢籍全文資料庫」，http://hanji.sinica.edu.tw/（2018/04/24）。

如果統帥與部隊之間欠缺人情關係，懲治兵士不只無效，反而將引起嚴重後果：兵士不會遵循命令，愈加難以控制。總之，兵書強調軍事領導技能是多維性的，往往指出統帥需要依靠理性、廉恥，表示類似雙親對親生子女的慈愛才有可能打勝仗，而純粹依賴賞罰，使用強制手段或贈與財物未必有效，反而有害。

　　以上所述顯示出古代軍事思想家對兵士勇赴戰場的動機及人間關係對戰鬥力的影響具有相當深刻的、全面性的了解。甚至可以說，軍事思想家通曉人性與社會交往、凝聚力的某些關鍵因素，在這一方面遠遠優於法家。學者如 Waley、Schwartz 和 Graham 等人認為法家思想是政治上的現實主義，以人性、時勢為出發點，由此發展其經綸天下的原則，對人的行為具有相當確切的了解。但其實，和軍事思想家相比，商鞅與韓非的人性論並不全面。他們兩者都忽略了人情、道德觀念、社群認同與團結、非物質的象徵獎賞等這些不合乎自我利益，甚至與之相背的因素。

陳建綱（政治大學政治系副教授）：
〈邊沁論自利與仁厚〉

　　自利與道德，以及社會與個體之間的關係，是西方政治思想中很重要的研究議題。我今天想要扣住邊沁（Jeremy Bentham）這位思想家，向各位報告，邊沁政治思想研究中的一個核心議題。這個議題是，當邊沁在觀察人性的時候，他看到人性既有自利的一面，也有仁厚（benevolence）的一面，他怎麼去調和這兩者？進一步而言，邊沁的研究者，邊沁的二手詮釋者又怎麼去詮釋邊沁這個面向的思想呢？

　　談到邊沁不可避免地會談到效益主義（Utilitarianism），這兩者幾乎形影不離，因為邊沁最重要的思想史定位就是創建了效益主義。而不論是邊沁或是效益主義，這兩者都背負了一個原罪，也就是他們對人性的基本預設是人類具有趨樂避苦的天性，並且以此種天性為人性最重要的特徵，包括今天所要討論的邊沁，以及邊沁之後的彌爾（John Stuart Mill）與西季維克（Henry Sidgwick）等這些重要的古典效益主義者都將他們的思想奠基在此種人性觀之上。也因為如此，古典效益主義思想家常常面臨的指責包括，他們眼中的人性是縱情於快樂的追求慾的，是放縱於欲望的追逐的，如此不僅是把人給扁平化了、把人的能力給降格了，好像人類毫無理性的思考與判斷力，做任何事情都只在追求欲望的滿足、追求快樂而已。個人的理性、理智、道德潛能似乎都因此而消失。但倘若我們近一步去研究邊沁的政治思想，會發現這可能是對他蠻嚴重的誤解。實際上，邊沁理論中的人性，和他的批評者所描述的模樣有很大的差距。

　　為什麼效益主義者要從這個角度來理解人性呢？這跟效益主義者在政治與道德思想史中對理性主義（rationalism）的回應有很大的關係。邊沁最著名的、雖然不必然是最重要的一本著作是《道德與立法原理導論》（*An Introduction to the Principles of Morals and Legislation*），這本書的開頭說：自然把人置放在兩個主要原則的驅使之下，第一個原則叫做 pleasure，第二個原則叫做 pain，他接著說，pleasure 跟 pain 一方面決定我們會做什麼，另外一方面也決定我們應該做什麼。前一個命題講的是實然面，後面一個命題講的是應然面。邊沁之所以會這樣描繪人性的基本概念，是因為他繼承休姆（David Hume）的思想傳統，休姆在他的《人性論》中有一句名言：Reason is the slave of the passions，理性是激情的俘虜（*A Treatise of*

Human Nature）。Hume 之所以提出這樣的命題，與他要回應、批判
主宰西方政治思想的理性主義有很大的關係。包括休姆與邊沁在內的
古典效益主義者都期盼，當他們的讀者在觀察人的時候，除了將人的
尊貴性與道德能力完全歸於理性之外，更應該把人性的概念擴大，進
而理解人除了行使理性能力進行判斷外，也在情感的驅使之下而行
事。

　　從以上的人性觀也可以帶出效益主義的另一項主要特徵，那就是
享樂主義（hedonism）是古典效益主義的核心命題。享樂主義主張，
人都是在 pain 跟 pleasure 的驅使之下，做出趨樂避苦的行為。很重要
的一點是說，享樂主義並不等於自利主義（egoism）。Egoism 我們一
般翻譯成自利主義或者利己主義。Hedonism 和 egoism 是不同的，兩
者最根本的差別在於，利己主義在政治思想史中常常代表對於人性化
約式的觀點：我們做出道德的行為、不道德的行為、慷慨的行為、自
私的行為，不管行為在表面上看起來道德與否，利己主義認為我們都
可以把這些行為的動機化約成自我利益的追求。但是，相對的，享樂
主義主張的是，人類主要是追求快樂、追求愉悅，而且我們可以從不
同的行為、不同的德行中獲得愉悅。比如說有人會因為偷竊背信、或
是因為撒謊而獲得快樂，但有人則會因為與人建立友誼，或做出有德
行的行為獲得快樂。這表示說，我們在獲得快樂的當下，我們所從事
的行為不必然是利己的。這會引領我們去思考，其實邊沁在觀察人性
的時候，他從來不否認自利、對利益的追求是人性中一個很重要的傾
向，因此我們在研究這位思想家的時候，必須理解他肯認自利的存
在。但同時邊沁也認為，自利絕對不是人性中唯一的傾向、或是最具
主宰性的傾向，我認為掌握這一點對於我們詮釋邊沁的思想相當關
鍵。如果我們可以把邊沁的人性觀擴充開來，也就是認識到，我們做

事情的動機無法被化約成自利的話，進一步的，我們就可以從邊沁的
人性論切入，發現人性除了自利之外，仁厚、友誼或者其他的 virtues
具有獨立於自利之外的基礎，接著我們或許才能夠思索，道德哲學或
政治哲學要如何節制人性中自利的傾向，開發人性中利他的道德潛
能。

　　關於這個問題，依照我粗淺的理解，我認為邊沁的效益主義提供
了兩層的觀點，這兩層觀點都設下對自利的防線。要怎麼去抑制自利
的傾向，鼓勵人從事利他的行為，一個扮演關鍵角色的情感是人性中
的 benevolence。我把這種情感理解成仁厚之心，或者是正國老師所
翻譯的好善樂施。可是當 benevolence 各自與兩個理論傳統連結時，
它會具備不一樣的性質。第一種 benevolence 在邊沁的思想中是跟
moral sentimentalism 道德情感主義作連結，第二種 benevolence 則是跟
效益主義作連結，這兩者之間的關係很有趣也值得觀察。以前者來
說，從道德情感主義者的角度出發，這個理論重視人的仁厚之心，是
因為他們期許人表現出來的面貌是情感豐沛、多情善感，也就是我們
會透過 sympathy、透過 moral sentiment 去感受周遭的人、即便與我們
沒有直接社會關係的人所承受的痛苦。問題是，人性當中與生俱來的
道德情感，看在效益主義者眼中會不會產生侷限性？答案似乎是肯定
的。也正是如此，為了克服這個侷限性，邊沁後來提出 the principle
of utility。這個侷限性在於，雖然邊沁、彌爾、西季維克、休姆等古
典效益主義者都承認人天生具有 sympathy 與 moral sentiments，可是
他們也點出，當我們把道德的基礎建立在 sympathy 而不是 utility 的時
候，將會面臨一個困難，那就是我們的 sympathy 會隨著我們思考或
審酌的對象的性質而產生變化。跟我們的關係越疏離，情感感受的程
度就會變弱。既然我們每一個人都是生活在一個具體的社會關係脈絡

中，誠如剛剛正國老師所說的，那麼受制於不同的社會脈絡、不同的
生活圈，當我們聚在一起共同商討公共的道德事務或政治事務的時
候，就很難達到一個客觀的標準，因為道德情感的施展會受到自身所
歸屬的社會關係的影響。

　　邊沁為了克服這個侷限性，他提出 the principle of utility 並且與仁
厚之心連結，這就是前面提到的 benevolence 與效益主義的連結。相
較於道德情感主義者的特質，邊沁他自己，跟邊沁之後的西季維克對
效益主義有一個共同的描述，他們都堅持效益主義者是理性沉著，專
心致志的。這表示說，人性還是有多情善感的面向，但效益主義者期
許人將善感的那一面加以節抑克制。這是因為，效益主義者認為，個
人若任由他的道德情感引領，個人可能會活在有限的社會脈絡之中，
沒有辦法達到客觀的，超越性的道德準則。從這個角度來說，邊沁之
所以提出 the principle of utility 目的是去規範、引導仁厚之心，它並不
否認仁厚之心的存在，而是要給發乎本性的道德本能提供理性的引
導。當邊沁以效益為道德原則來造福天下的時候，他希望達到一個沒
有親疏遠近之分的標準。

　　下一個議題是，當 benevolence 跟 moral sentimentalism 連結在一
起，或者是邊沁所提出的將 benevolence 跟 utility 連結在一起的時候，
這兩種連結之間存在有趣、複雜的關係。當我們去觀察思想史論述的
發展，moral sentimentalism 在十七、十八世紀的時候是非常重要的學
派，這個正國老師是專家。效益主義的興起則是繼承了道德情感學派
對於人性的重要刻劃，也就是人是透過 moral sentiment 而不是理性的
引導去從事道德行為。我們也進一步發現，道德情感的論述並沒有完
全被效益主義所取代。換句話說，從道德情感理論出發的研究者，並
不是都對邊沁以效益所象徵的理性來引導道德情感到滿意。在效益

主義之外其實還有一派學者堅持要把道德的基礎安置在 moral sentiment 而不是 utility，並且一直發展到當代。這是第一層複雜的關係。

第二層值得探究的關係是指，在邊沁之後的效益主義思想家甚至包括邊沁本身，他們可能會把 moral sentiment 跟 utility 之間，理解成兩者之間存在進程、進步的關係。也就是說，人的 moral sentiment 是是與生俱來的。可是，人做為道德主體的重要課題之一，就是要學著以理性去駕御、調節自己的道德情感。理性的任務是駕御道德情感，它並沒有取代道德情感而成為道德判斷之主體。簡單來說，從 moral sentiment 到 utility 與 Utilitarianism 是不是象徵一個 moral progress，這是一個值得思考的問題。

更進一步去談，效益主義的仁厚之心又具有什麼樣的特點，我在這邊做一個報告。不只是在當代的邊沁研究中，其實從邊沁生前對他的主流詮釋一直到現在都還在延續的是，邊沁自身、以及邊沁理想中的效益主義者應該是一個冷靜、理性、不近人情、只著重在計算的效益機器，這種詮釋觀點直到今日都影響著我們對於邊沁思想的理解。但我認為這可能是一個誤解。假使稍微回想一下剛剛跟各位報告的一個重點，理性被賦予引導仁厚之心的任務，但理性卻沒有取代仁厚之心。這表示，當我們以效益主義的思維在計算衡量某個行為或某個公共政策的結果時，應當明白我們不是為了計算而計算，而是為了發揚仁厚之心而計算。當然，效益主義帶有有效益衡量的面向，因為效益主義在倫理學中是結果論，所以當人要落實一個公共政策的時候，或者是在倫理生活中當一個人要從事某項行為的時候，他必須想到這個行為可能引發的後果，而且依據這個後果來調整與評價自己現在從事的行為。可是，這個對後果的預估或設想，不代表說效益主義所推崇

的人格是把人等同於理性的計算機器，除了理性計算之外，對於社會
沒有任何人道關懷的冷酷之人，這可能是對邊沁與效益主義的誤解。
延續前面所說的，如果我們把benevolence作為效益主義本質的基礎
地位給拋棄掉的話，效益計算就純粹是工具性的，這並不是邊沁的立
場。這也會連結到另外一個有趣的問題，在二手文獻當中，有些學者
習慣用化約主義式的方式來詮釋邊沁，包括詮釋邊沁之前跟之後的很
多思想家，可是這種詮釋角度恰好會導致我們在這裡所希望避免的誤
解。

　　有一位邊沁研究者Bhikhu Parekh提到，邊沁的效益主義是以仁
厚或仁愛為本質，而且這個仁厚具有積極性的特徵，正是這種積極性
或邊沁所追求的客觀理性，很容易使效益主義跟立法行為或公共政策
的制定產生連結。這就關涉到下一個問題，我們為什麼要立法？在思
考這個問題時，一個很受學者爭辯的問題在於，立法是為了維繫社會
秩序，或者立法是為了要創發社會秩序？如果我們認為邊沁的觀點比
較接近第一種的話，那邊沁就比較屬於洛克式的自由主義；如果邊沁
的觀點接近第二種，立法是為了創發社會秩序，那邊沁就會被歸納到
霍布斯的威權主義傳統中。進一步來說，這牽涉到今天所要介紹的最
後一個問題，在政治思想史中我們要如何定位邊沁？是把他歸納於從
霍布斯以降的威權主義傳統？還是說在霍布斯之後，洛克就另立山頭
開創了古典自由主義的傳統，之後被休姆（Hume）、邊沁、彌爾和
西季維克所繼承？這兩種詮釋觀點在文獻中都一直存在，也一直爭辯
到今天。

　　最後，我想藉這個機會跟各位分享一下邊沁的一段文字："Is
there any one of these my pages in which the love of mankind has for a
moment been forgotten？ Show it to me, and this hand shall be the first to

tear it out." (*The Works of Jeremy Bentham*, Vol. X)。在這段文字中邊沁說，如果讀者在他的任何一篇作品中，找不到他的創作動機是對人類的愛，邊沁自己會先把那篇作品給銷毀。希望邊沁的這段自述會重啟當代研究者對他的思想詮釋與評價，以上是我的報告，謝謝各位。

陳禹仲（牛津大學歷史學博士生）：
〈自利與神聖正義：一個關於啟蒙運動的政治問題〉

「自利」這個概念，一向是探討歐洲啟蒙運動政治與道德思想的核心議題之一。對「自利」和啟蒙運動的討論，無論在政治思想、文學批評、與思想文化史的領域，皆已累積不少精彩的研究成果。我今天的報告，將由系譜學的方法切入，希望能為這個豐富的主題，提供一個稍微不同思考這個問題的角度。

首先我想指出的是，系譜學的方法，意味著我的討論，不會只是單純探討啟蒙時代對於「自利」的思辨，有著什麼樣的內容。它更著重檢驗對「啟蒙時代」這個歷史時刻的討論，如何批判我們現代的論述。我的主旨是，探討啟蒙文人如何思考「自利」這個概念，包含其生成與轉變，可以怎麼幫助我們重新反思當代歐美政治與道德哲學，對「啟蒙運動」與「現代性」這組概念關係的認識。

這表示我的討論，根本上是在回應現代的論述，尤其是現代慣常將「啟蒙運動」（enlightenment）這個十八世紀的歷史現象，抽象化成為一種「啟蒙理性」（enlightened reason），並以這種「啟蒙理性」作為現代性與世俗性起源的論述。

我想先指出結論。透過分析「自利」這個概念內容的演變，我討

論了「啓蒙運動」這個概念本身的神學意義，並以此複雜化現代政治與道德哲學對「啓蒙理性」和「現代性」的理解。

為了避免混淆，我想強調，我並沒有要如 Jonathan Israel 或 John Robertson 一般，宣稱啓蒙運動只有一個，也並沒有在建構一個政治神學式的「啓蒙運動」（the Enlightenment），以呼應世俗性的「啓蒙理性」。我僅是在考掘「啓蒙運動」（enlightenment）這個歷史現象中，被忽略的政治神學意義，並指出為什麼這層政治神學意義值得考掘。近年來，思想文化史家已經指出，「啓蒙運動」（enlightenment）這個歷史現象有諸多面向，包含政治經濟學、哲學式的歷史（philosophical history）、與哲學式的人類學（philosophical anthropology）……等等。我的考掘並不與近年「多重啓蒙運動」（the Enlightenments）的論述衝突。事實上，考掘「啓蒙運動」（enlightenment）這個歷史現象的政治神學意涵，也是在豐富啓蒙運動的多重面向。

在這裡，我所謂的「啓蒙運動」有兩種意涵。首先是「啓蒙運動」（the Enlightenment）作為一個歷史學概念（historiographical concept），指的是後人如何透過書寫「啓蒙運動」（enlightenment）這個歷史現象，來回應與詮釋「何謂啓蒙運動」（what is the Enlightenment）這個問題。「啓蒙運動」是世俗現代性的起點，以及「啓蒙運動」是政治經濟學的興起……等論述，都是屬於這個範疇。第二個「啓蒙運動」（enlightenment），則單純指十七世紀末到十九世紀初，歐洲與北美文人智識活動的歷史現象，它更近似於行文方便指涉某個歷史分期中特定地理區塊裡的人類活動。

由於時間與篇幅有限，我今天的題目會聚焦兩個概念：自利與神聖正義。而為了能在有限的時間內清楚陳述我的論點，我會在一個問

題的規範下，討論這兩個概念：「世俗現代性可以理解神學規範性嗎（can secular modernity make sense of theological normativity）？」這其實是另一個問題的延伸：「世俗現代性怎麼理解它的宗教性（how does secular modernity make sense of its religiosity）？」

　　為什麼要在這個問題的規範下討論呢？如我所說，今天對「自利」的討論，是一個系譜學式，對現代「啓蒙理性」論述世俗性與現代性的分析。我們大可以直接提出一個問題：「『啓蒙理性』真的是世俗的嗎（is enlightened reason genuinely secular）？」，甚至我們也可以問「真的有一個世俗的『啓蒙理性』嗎（does the secular, enlightened reason genuinely exist）」？

　　但這組問題本身極富爭議。例如，這牽涉到對「啓蒙運動」這個概念（不是歷史現象）的認識。如果「啓蒙運動」（the Enlightenment）是「除魅」的過程，那麼在定義上，「啓蒙理性」（enlightened reason）既然是「已經啓蒙的」（enlightened）「理性」（reason），就表示「啓蒙理性」已經完成「除魅」，則必然是世俗的。

　　撇除這種概念定義的分析不同，這組問題的另一個爭議面向在於，目前道德與政治哲學對「啓蒙理性」的論述，本身已經在反省「啓蒙理性」的世俗性，要如何與社會的宗教文化共存。

　　這個反省自有其脈絡。自911事件後，世俗現代性近年所經驗的嚴重政治與社會衝突，多數與宗教議題相關，例如伊斯蘭國的出現、美國基督信仰基本教義派的興起等等。學者指出，這是所謂「後世俗」（post-secular）問題，「後世俗」的定義，顧名思義，即「世俗化後」的社會，要如何重新認識宗教議題？

　　換句話說，「後世俗」的問題，就是對這一組問題（「世俗現代性可以理解神學規範性嗎？」與「世俗現代性怎麼理解它的宗教

性？」）的反思，包含Jürgen Habermas提出，重建世俗現代性與宗教性相互重新理解的reciprocal learning論點，與前幾年來中研院演講的Charles Taylor對世俗性（secularism）的詮釋。

後世俗問題事實上是一個歷史問題，因為在討論這個問題時，必須先定義世俗現代性是什麼，以及世俗現代性如何出現。換句話說，世俗現代性問題的有效範圍，是建立在「世俗化等於現代化」的歷史論點。這句話隱含了一段歷史與理論的關係，對這段關係的理解構成多數歷史學家對政治與道德哲學家，如何處理後世俗問題的批判。這種批評常見的方式，例如透過歷史材料指出，從十七世紀到現在的歐洲歷史，並不是一段世俗化或現代化的歷史。然而，這個批判其實混淆了（A）記述並分析經驗現象的歷史，與（B）抽象化經驗現象以幫助解釋或分析特定問題的歷史。其實歷史學家對這兩種「歷史」觀並不陌生，Thomas Hobbes的 *Behemoth* 與 *Leviathan* 就分別表現了這兩種歷史觀，Jean-Jacques Rousseau的 *Second Discourse* 則是清楚表明他在寫第二種歷史觀。

今天我想討論的，是一個屬於第二種歷史的論述。但在這之前，我想先進一步說明第二種歷史論述下的世俗現代性。這種世俗現代性，往往建立在兩個歷史現象上。第一是宗教改革，第二是啟蒙運動，或者更精確的說，是一個抽象的啟蒙理性這個概念。我們可以看到Charles Taylor怎麼談論宗教改革複雜化天主教的神學規範性，使神學之於道德的規範意義變得多元，以及啟蒙理性如何表現在自然神論（Deism）進一步加深這種多元規範，使神學規範在我們思考個人福祉（individual well-being）與Human Flourishing（這個詞有點難翻譯，我應該會把它翻譯成透過人的自我實現而達到的幸福）時，變成只是一種價值多元下的選擇。我們也可以在Habermas最早提及「後

世俗」這個詞彙的文章裡見到，啓蒙理性如何落實在國家主權，將神學規範性劃分於政治場域之外，以解決宗教改革後的國家衝突。在這種論述裡，啓蒙理性是世俗的，而啓蒙理性如何運作，並消弭神學規範既有的場域，就是所謂世俗化的過程。

　　我們討論了啓蒙理性的世俗性，但什麼是啓蒙理性的現代性呢？Charles Taylor對啓蒙理性現代性的解釋，是啓蒙理性的實踐帶來新的多元現象，他稱之爲The Nova Effect，這進而導向世俗現代性的多元主義（pluralism）。Habermas對啓蒙現代性的解釋，則是因爲啓蒙理性使道德規範失去既有的形上學基礎。礙於篇幅，我沒有時間與空間進一步探討甚至比較Taylor和Habermas的論證（這也不是我的目的，我的目的是借用他們來說明第二種史觀下的世俗現代性），但我們或許可以對他們的解釋做一個簡單的化約：啓蒙理性的現代性表示啓蒙理性取代了既有神學規範性。

　　到這裡我想大家應該可以理解，爲什麼我會說後世俗問題是建立在「世俗化等於現代化」，「世俗性等於現代性」的歷史論述。我們應該也可以發現，我的問題其實是在反思後世俗問題與神學規範性的關係。

　　我剛才所做的，是在解釋爲什麼我要在「後世俗」的問題規範下，爬梳「啓蒙運動」這個歷史現象的政治神學意涵。現在我可以進入一種特定的，關於「啓蒙理性」與世俗現代性的歷史論述，並指出爲什麼藉由系譜學分析「自利」這個概念，可以幫助我們批判這種「啓蒙理性」的論述。

　　這裡我所指的是Giorgio Agamben對現代政府的系譜學批判。Agamben的論證著重於從Divine Œconomy到political economy的過程，反映了政府從代理managing household in the divine constitution的

意象到積極地 arranging order 的轉換，這裡特別需要著重的是
œconomy 在希臘文（oikonomía）的原意：Household Management。
他指出，在 Early Church Fathers 的基督政治神學論述裡，政府
（gubernare）的角色是 œconomy of God 的代理管理人。這顯示在政府
的拉丁文字根 gubernare, to handle, to manage 的意思。

我們如果再將這層意思，投射到希臘對 Polis 與羅馬對 res publica
的政治想像上，可以發現這表示人類的世俗活動，包含政治行為，基
本上是神聖與自然政體（divine and natural constitution）的一環。城
邦與共和都是由家庭單位構成，人類的世俗活動是 Divine and Natural
Constitution 下的特殊家庭單位，政府所負責的 Household Management
一方面要符合 Divine Constitution 的原則，一方面也維繫 Divine
Constitution 的穩定。這層 Divine Constitution 與 Household 的關係，構
成 Agamben 區分 Kingdom and Government 的理論基礎。

這會立即帶到一個核心問題：Divine Constitution 是至善至美的，
我們該怎麼理解在這個完美政體的 Household 中，所發生的各種背離
Divine Constitution 原則的事物？我想對 Augustine of Hippo 熟悉的人
應該會立即聯想到，這就是 General Providence 與 Particular Vices 的問
題：至善至美的上帝所創造的世界，怎麼會有邪惡存在？這裡我們碰
到了我要談的一個概念「神聖正義」（theodicy）。

對 Agamben 來說，這個問題顯示了 Kingdom 與 Government 中間
有所斷裂，而彌補這層斷裂關係的，是 Glory 這個概念。Glory 表示
Theodicy 直接介入 Government 的運作以填補斷裂的空間。我知道這
聽起來很抽象，但我們可以用一個例子來談：耶穌受難。在詮釋耶穌
受難的事件裡，神的存在轉化成 Agamben 所謂的 Economic Trinity：
上帝的存在透過神意具象於神子的肉身。這種三位一體之所以是

Economic，是因為這種存在是為了解決 Household 的問題：耶穌的存在與受難洗去了 Household 違背 Divine Constitution 的罪惡。是在這個意義上我們可以說 Jesus died for the glory of God，而這是 the Grace to everyone。這在近代早期歐洲政治神學，其實是一個很常見的論點，例如 John Locke 在 *The Reasonableness of Christianity* 裡，便是在這個論點上進一步申論，人類只要相信耶穌受難與上帝存在，便足以得救。

在這樣的政治神學裡，人類「政治」的意義，只能在關涉到 Divine Œconomy 時有意義，因為人類的政治行為（體現在 Government 的運作）基本上是 Divine Œconomy 的一部份。但這種政治的意義，隨著 Œconomy 的世俗化與現代化，陷入危機。這是一種阿岡本式的 Crisis of the Meaning of the Political，表現在 Divine Œconomy 的概念轉化成 Political Economy 的過程，Agamben 尤其強調，這最明顯體現在 Rousseau 對 Political Economy 的定義。「政治」的意義，從如何補足 Kingdom 與 Government 間的斷裂，以達到 Human Flourishing，變成思考 Government 該有什麼樣的結構與行為，以落實 Human Flourishing。政治問題不再屬於政治神學的領域，從一個 Divine Œconomy 下的問題，轉化成一個 István Hont 提出的問題：「我們要如何在商業社會下思考政治？」（How to make sense of politics in commercial society?）

Agamben 這種啟蒙政治思想，體現在 Political Economy 世俗化 Divine Œconomy 的論點，其實過度簡化了啟蒙政治思想在處理的問題，忽略了啟蒙政治思想與政治神學問題的關聯。這裡我想回到 Rousseau 所思考的政治問題。我之前提到，早期啟蒙的政治神學，基本上試圖回應 Theodicy 的問題：至善至美的上帝所創造的世界，為何

充滿諸多罪惡與衝突。

　　這當然與宗教改革之後，宗教戰爭的歷史脈絡有關：應該要反映Divine Kingdom的Christendom，竟然因爲要如何信仰上帝的原則問題而分裂。宗教戰爭與個人安全堪慮的背景，使有宗教經驗的十七與十八世紀文人，更重視政治神學的兩個核心問題：第一、爲什麼上帝會創造給人類一個如此充滿罪惡與衝突的世界？第二、上帝有使其創造物幸福與拯救世人的General Will，但這個General Will要如何在這個世界上落實？

　　早期啓蒙對第一個問題的回覆，大家應該都很熟悉。Leibniz著名的 "The Best of All Possible Worlds"（le meilleur des mondes possibles）即是在回應這個問題。上帝創造了這樣的世界，是因爲這是所有可能被創造的世界中，唯一可能讓人類活得最好的世界。與Leibniz同時，Nicolas Malebranche提了不同的見解：上帝創造這樣的世界，並不是因爲這是對人類最好的世界，而是這是最能直接表述神聖正義的世界。此世的罪與善只有在後世才會得到賞罰，所以要理解現在這個世界的道德規範，必須要先認知神聖正義的運作與上帝的存在。

　　Malebranche的論點，其實也回應了第二個問題：上帝使其創作物達到Well-Being的General Will，是透過個人理解神聖正義、意識到人類活動的神學規範性後，依循General Will作息便可達成。換句話說，個人福祉與Human Flourishing是個人運用「理性的自然之光」（the natural light of reason, raison universelle），理解General Will之後，個人的Particular Will在世俗生活呼應General Will的結果。人類日常行爲、道德與政治活動，只有在符合神學規範性下才有意義。

　　在這裡特別重要的是理性的概念。我想指出一個區別，我們現有

對「啓蒙理性」（enlightened reason）的認識，是抽象「啓蒙運動的理性」（the reason of the Enlightenment[s]）而來，然而，抽象（abstraction）不應該等同於簡化（reduction or simplification），「啓蒙運動的理性」也不應只是一種簡化以利今人解釋現代性的工具。

　　「啓蒙運動的理性」最重要的特質是，理性是「自然的」（natural），因爲它是造物者創造人類時，置於人類機能運作的元素，以利人類了解自然世界、觀察 General Will、並落實 Human Flourishing。在這樣的定義裡，「自然的」（natural）事實上是「神意的」（providential），這其實也表示理性是「神聖的」（sacred）。我們必須要認識到這個概念網絡，才能理解爲什麼十八世紀英文文本在翻譯 Malebranche 的 La Raison Universelle（the universal reason）時，會翻譯成 the natural light of reason。「自然的」之所以是「普世的」，是因爲「自然的」是「神意的」，而「神意的」必然是「普世的」。

　　但這同時也表示，理性是容易被人類的其他身心構造扭曲的。當我最深沉的慾望是想要從你身上詐取錢財時，理性成爲幫助我理解如何詐取錢財最好的工具。我想對早期啓蒙思想文化史與科學史文本熟稔的讀者，應該能馬上聯想到一個著名的例子：正是因爲理性具備這樣的多重性格，使 Pierre Bayle 可以論證「一個無神論者構築的社會，可以落實 Human Flourishing」。

　　到這裡我們可以明白，General Will 的落實與否，取決於個人能否理解神學規範在這個世界的意義，以及個人是否配合 General Will 而爲了每一個個人的福祉行動。Particular Will 與 General Will 是否斷裂，取決於個人對什麼是「好」的認識，以及個人應該採取什麼樣的行動以企及這樣的「好」。這其實已經蘊含「自利」的前提：人性是爲了自己的好而行動。現在的問題是：如何使人類的自利（或個人所

認識與追求的個人的好），符合General Will？

　　我的時間應該已經到了，在結束以前，我想簡單談談Rousseau
怎麼處理這個問題。Rousseau談General Will時，轉化了General Will
的概念。General Will從「上帝使所有人幸福」的普遍意志，成為
「所有人得以落實Human Flourishing」的公共意志。但即便如此，
Rousseau在思考的問題，仍然是The Particular與The General之間的
落差，而對他來說General Will的落實也仍舊符合「啓蒙運動的理性」
意義下的「自然」。Rousseau並沒有世俗化General Will，而是嘗試使
人更容易理解General Will如何落實Human Flourishing。

　　Rousseau對這個問題最具原創的論點，是指出人的自利，並不完
全取決於個人的慾望。事實上，人的自利只能在人與他人的網絡中有
意義。在Rousseau的「歷史」（這裡的歷史是第二種歷史）裡，
Amour Propre與Amour de Soi最根本的差異在於，Amour Propre是人
類進入社會後方始存在的情感。這有一個更深層的意涵，Amour de
Soi實際上是「非自然」的存在，因為保存Amour de Soi的自然狀
態，實際上是一個人類虛構出來的虛構（fictional）狀態。Amour
Propre才是政治神學意義上的「自然」情感。而Amour Propre所追求
的「好」，是社會中其他人的認同與讚美，換句話說Amour Propre所
追求的「好」，是他人的認同（recognition）。

　　這給予Rousseau拉近自利與General Will的理論基礎。如果我們
可以自幼耕耘Amour Propre，使每一個個人所追求的，來自他人的認
同，是建立在人的美德，而不是例如收入、社會地位、受教程度或在
一級期刊的刊登文章數，那麼每個個人的Amour Propre，匯聚成能夠
落實個人福祉與集體Human Flourishing的General Will，也是極為自
然之事。

真正讓Rousseau悲觀的，並不是人類脫離自然狀態，脫離Amour de Soi，進入社會狀態且受Amour Propre主宰，而是社會的積習使這種Cultivation of Amour Propre非常困難（it is a sort of folly to remain wise amidst those who are mad）。除此之外，更嚴重的是，The Cultivation of Amour Propre其實只是解決個人與公眾，解決自利與General Will這個政治神學的次要方案。對Rousseau來說，我們正在面對也應該要思考的是，在社會已經成形的狀態下，如何解決這個政治神學的問題。這是在 Du Contrat Social 開宗明義便直指的問題，也是Rousseau思量反覆的難關。"In such a case, the wisest people…… form the government for the nation. Nevertheless, there is something better to do, that is to form the nation for the government." (Projet de constitution pour la Corse)

讓Rousseau悲觀的是，我們不太有機會做這件事，不太有機會form the nation for the government。就這點上來說，Rousseau或許會同意Tocqueville，美國是極其幸運的例外。

我希望這短短的，資訊量極為龐大的報告，能向大家展現我們所謂的「啟蒙理性」，不該被簡化成一種目的論式解釋世俗現代性歷史性（the historicity of secular modernity）的工具。「啟蒙理性」的概念背後，有著「啟蒙運動的理性」的政治神學意涵。

而事實上，將「啟蒙理性」簡化成解釋世俗現代性的工具，本身其實也在呼應這種政治神學意義。根據簡化的「啟蒙理性」的歷史觀，人類的歷史是有「目的」（telos）與方向的。這個目的可能是憲政民主的落實，可能是政治自由主義的實踐，但我們或許可以歸納為「宗教的規範意義在公共場域缺席」。根據這種歷史觀，人類的歷史「應該要」或「就是在」往這個「目的」邁進，而「啟蒙理性」正是

落實這個「目的」的有效工具。人類歷史因此是「目的」的「實踐」
（modus operandi）。

　　我想至此我們應該都可以發現，這種歷史觀的結構，與「啓蒙運
動」的政治神學意涵有多麼相似。根據後者，人類的歷史是有「目
的」與方向的，因爲神意欲使人類得享福祉。人類的歷史「應該要」
往這個「目的」邁進，而「理性的自然之光」正是落實這個「目的」
的有效工具。人類歷史因此是「目的」的「實踐」（modus operandi）。

　　透過這樣的對照，我們可以發現，「啓蒙理性」的歷史論述，只
是「啓蒙運動」政治神學意涵的「類比式理解」（analogical
reasoning）。當然，這種「啓蒙理性」歷史論述中的政治神學困境，
早有人提及，我想我們都可以思及 Walter Benjamin 如何挪用「新天
使」（Angelus Novus）的意象，來批判這種歷史觀的掙扎。

　　在最後，我想簡單小結一下。我的報告藉由「自利」的系譜學分
析指出，「啓蒙運動」這個歷史現象中的智識活動，有很大程度上環
繞一個對政治神學問題的思辨。而我沒有辦法進一步說明的是，這個
政治神學的問題困擾了 Thomas Hobbes、Spinoza、Pierre Bayle、
Leibniz、John Locke、Isaac Newton、Malebranche、George Berkeley
與 Jean-Jacques Rousseau。

　　我相信一定也有人想到，Kant 在 *Groundwork of the Metaphysics of
Morals* 也是在思考這個問題。甚至可以說，Kant 試圖在 "On the
Miscarriage of All Philosophical Trials in Theodicy" 一文裡，終結過往
對「神聖正義」必然牽涉到神學議題的討論，並將這個問題重新放置
在他「理性宗教」的規範下，作爲輔助我們釐清道德普世性的媒介。

　　帶著這樣的視野，回過頭來重新省視現代「啓蒙理性」論述在思
辨的「後世俗」問題，我們也許可以說，「後世俗」問題本身是一個

有問題的問題（a questionable question）。世俗現代性當然可以理解神學規範性，因為作為世俗現代性基礎的「啟蒙理性」，其實是抽象思考神學規範性問題的「啟蒙運動的理性」而來，如果我們能區別「抽象」與「簡化」，那麼我們大可以不必掙扎如何調解現代政治與道德哲學論述中，「世俗性」與「宗教性」的衝突。

陳瑋芬（中研院文哲所研究員）：
〈近代日本「自利」概念的翻譯與傳播〉

　　概念史研究是我這幾年來持續關注的主題，主要處理與日本近代化、啟蒙相關的概念的翻譯——例如「倫理」、「道德」、「文化」、「文明」、「自然」、「國語」、「國家」、「哲學」、「宗教」等等。目前為止比較著重於國民和國家的發展、近代社會的成形有關的價值理念形塑的問題，還沒能著手處理與個人和內在層面相關的概念。但我認為由「個人」及其內在的價值感的探討，也是面對近代化和啟蒙論題時相當關鍵和重要的。

　　謝謝陳正國老師給我這個機會，去初步思考這方面的問題。比較深入去挖掘思想史料之後發現，「利己」、「自利」概念與我之前處理的一系列概念有些不太一樣的特質，而且它的脈絡性我目前還沒有辦法梳理得很清晰，所以今天的報告比較像是一個讀書心得或是中途的報告，還沒能達到足夠的思想深度，這是必須跟大家致歉的。

　　最初看到陳正國老師的邀請名單中，包括了研究先秦思想、英國與法國思想的學者，我想我的任務應該是由近代日本的角度，來接榫先秦和歐洲的概念。具體而言，就是「利己」、「自利」這個源自先

秦的概念，在近代如何成爲benefit的譯語，其意義與古漢語有什麼異
同等問題。因此我把發表題目訂爲「近代日本自利概念的翻譯與傳
播」。

我們現在習用的語彙，多數可以在漢語古文獻中找到本源，「利
己」、「自利」這兩個語彙也都能在先秦文獻中看到。但是來到近
代，當它們成爲西歐近代概念的譯語時，所涵蓋的概念內容會產生近
代性的重構，與傳統概念內容出現一些距離。清朝中葉以後，以上海
爲中心、江戶後期以東京、大阪、長崎等都市爲中心，有不少傳教
士、以及具備西學背景的士人、蘭學者等投入翻譯工作。他們透過翻
譯工作，建立起漢語彙和西方概念的對譯關係，而這些對譯關係在中
國、日本、韓國、臺灣等漢語文化圈的地區互相流通、彼此影響，最
終固定下來，成爲多數人的共識。

但是我在處理「利己」、「自利」概念時發現它的重構過程之複
雜度高過於我之前處理過的概念。換言之，我沒辦法直接單純地處理
「利己」、「自利」作爲近代概念的成立史或變遷史，而必須先釐清
「己」或「自」這些與自我、個人認知有關的概念如何成形，又如何
在近代日本被認識和理解。這些基本問題如果沒有先弄清楚，就沒辦
法進入「利己」、「自利」概念在日本近代的理解和詮釋問題。

所以我把「利己」、「自利」的概念層次分成三個部分來談。第
一個層次是「我」和「自我」的概念，這也涉及近代日本對於第一、
第二、第三人稱的翻譯，以及「我」應該是怎樣的權利主體的問題。
第二個層次是環繞「自利」的概念，例如「利己」、「自利」、「自
私」、「自愛」等語彙的概念內容，而與之相對的就是「利他」的概
念。第三個層次就是「個人」的概念，亦即作爲一個「單一之人」，
也就是individual意義上的「個人」，如何相對於「群體」這個概念，

以及當「社會」、「國家」這些近代化的概念在東亞成立之後,「個人」是作為怎麼的單位和權利主體來認識。

　　更進一步,第二層次「利己」、「自利」還會衍生出「利己主義」的概念;而第三層次的「個人」也會衍生出「個人主義」的概念。「主義」是近代新出現的概念,王汎森教授做過深入的討論。當「利己主義」、「個人主義」這樣的複合詞出現時,自然有它的形成脈絡。

　　查閱中國古漢語文獻可以發現,上面所提的「我」╱「自我」、「利己」╱「自利」、「個人」等三個概念層次都可以找到語源。比方說「我」、「自我」可見於謝靈運、陸機的詩文作品(「達人貴自我,高情屬天運」;「夫以自我之量,而挾非常之勤」),意為自己肯定自己。「利己」、「自私」、「自愛」、「自利」在古籍中可以找到較多文例,《莊子》、《漢書》、以及剛剛韋禮文老師所提到的兵書等等都可見到其語源。「個人」意為「單一之人」,我目前在宋朝陳亮的〈至金陵〉及清朝曹垂燦〈蟋蟀〉的作品中找到以「個體」來理解「個人」的文例,時代可以說已經很遲了。

　　我也查閱了近代的辭典及研究論著,發現近代辭典或語意概念研究中,很少收錄或探究「自利」、「自愛」、「利己」、「個人」這些語彙。我著手這篇報告時,花了蠻長的時間想找看看是否有二手研究,卻近乎一無所獲。劉禾的《跨語際實踐》和齋藤毅《明治のことば》這兩本論著是少數提到「個人」概念的,不過都沒提到「利己」和「自利」。劉禾基於對古典文獻的熟悉,選擇大量現代漢語,按照其語源進行分類和歸納。她主張「個人」被歸屬於現代漢語中「源自古漢語的日本漢字詞語」。不過齋藤毅卻把「個人」歸類為「新語」,亦即其涵義在古語中無法溯源。

　　關於近代「個人」概念的理解,我想有必要提一下江戶與明治時

期自我認知的變化。江戶時期的武士社會中，人們依其社會地位被賦
予不同的權限，所居住的房子、穿的衣服、婚姻、遣詞用字上的要
求、須注意的禮節……，全都受到所處地位和階層的規範。每一個
人，作為一個「町眾」，自小需學習區辨自己的「職分」，接受社會
強韌的上下規制。當時的人確實未必具備當今所謂「個人」作為主體
的意識，更不可能存在所謂獨立不羈、自立自強、萬民平等這些概
念。

　　不過這個情形在江戶後期開始出現變化，主要是透過蘭學傳入的
影響。有一位重要的蘭學者司馬江漢，在他的《春波樓筆記》中寫道
「天子、將軍、士農工商、非人乞食，皆為人矣」。「非人」、「乞食」
就是當時階級最低下的人。但司馬江漢主張不論出身如何，「皆為人
矣」，顯示出一種萬民平等的觀念。那個時期的蘭學者，先是介紹了
荷蘭地誌學及世界地誌學，1825年前後引進西洋合眾制度及共和政
治的思想，1861年的時候則進一步將天賦人權、萬民同權、萬民共
治等思想傳播到日本的知識界之中。西方的學說理論因此逐漸受到近
代日本知識份子所認知。1868年是明治元年，也就是德川將軍把政
權奉還天皇，正式展開維新的第一年。明治維新的口號之一是「四民
平等」，不過「四民平等」的理念並非立即得到落實，譬如華族與士
族還是領有薪水及土地，享有一些特權，直到明治九年才廢除因身分
而得到的利益授予。

　　明治的啟蒙思想家對於西方學說的介紹不遺餘力。回到「個人」
概念的探討，必須一提的就是西周和津田真道。他們兩人都在幕府末
期奉派公費留學荷蘭，在萊頓大學就學，十分關注自然法、也進行不
少相關論著的翻譯。另一位啟蒙思想家加藤弘之則關注的是天賦人
權。這三人的努力開始讓日本人了解到「個人」是一種具備權利義務

的主體。而留學英國的中村正直則將 John Stuart Mill 的 *On Liberty* 翻譯爲《自由之理》，介紹自由平等的思想，也讓明治初期的人們開始認識到個人與社會的關係該如何拿捏。

　　與「個人」概念相關的，還有對個體差異的理解。請大家看一下這一張概念演變圖。江戶末期，大約十八世紀，有一位大家也許較不熟悉的蘭學者宇田川玄隨，他也是醫生，在《蘭譯弁髦》一書中翻譯了人稱代名詞——你、我、他。人稱代名詞的翻譯對當時的日本人而言並不容易，宇田川玄隨及其後的翻譯者摸索了相當長時間，最後才得以釐定。今天時間不足，沒辦法深入談這個部分。簡單的說，人稱的單複數和所有格，對當時代的人都是新知、新發現。他們也開始意識到人無貴賤的觀念，當認識到作爲個體、彼此對等的你－我－他，人沒有貴賤之類的平等思想也開始萌芽。同時，他們理解了歐洲哲學及體制的基本單位是「一個人」。這是德川時期中後期的事情。

　　十九世紀初期傳教士陸續來到日本之後，著手編纂《英華字典》等雙語辭典，承擔了引介西方概念的重要角色。「自利」和「個人」等概念的翻譯者也得力於傳教士甚多。馬禮遜、麥都斯、羅存德都在其所編輯的辭典中，收入「自利」的相關詞彙。到了明治維新之後，日本和中國的知識份子，例如西周、井上哲次郎、以及顏惠慶等人則開始翻譯出「利己主義」和「個人主義」，相關書目和出版年代我已經標示在這張圖中。直到明治十年代後半期，他們則開始透過相對的角度來進一步釐清這些概念的內涵，例如與「社會」相對的「個人」等等。此時「權利」、「義務」、「自由」、「平等」、「公」與「私」等概念也逐漸受到認識。

　　於是當時的人們理解到西方的「個人」是同爲國家、社會的組成要素，但是「個人」也是不羈的、獨立的存在，不應受到他人或國家

權力侵犯，是行使自由平等權利的主體。目前我透過文獻可以追溯到的大約在明治十七年，也就是1884年前後，「個人」的概念內涵得以被確認。「社會」概念的成立大約在1875年，可以說「個人」概念的成立大約晚了九年、十年左右。

最初對 "individual" 進行翻譯的是蘭學家古賀增，他在1855年以「各殊之人身」來翻譯。而1866年傳教士羅存德編纂《英華字典》時是採取「獨一個人，獨一者」的譯法；堀達之助在1866年則譯為「一體、一物、獨り」；中村正直在1871年翻譯為「一箇ノ人民、各箇」。西周則翻成為「個々人々、人々」；西村茂樹翻譯為「人民各個」。井上操在1877年以「各人、自己，各自體」來翻譯；服部德則使用「一個ノ人」來翻譯；高橋達郎主張翻成「獨箇人民」；金子堅太郎採用「一個人、個體、自立」。直到文部省在明治十七年（1884）編定教科書時，才出現以「箇人、個人」與 "individual" 的對譯。由古賀增於1855年著手對這個詞進行翻譯，到1884年為止，經歷了將近三十年的時間。

接著讓我們來看看「自利」概念的發展。井上哲次郎1884年出版的《哲學字彙》收有這個詞，他在ego詞條的釋意中引用了謝靈運的詩，也就是前面已經提到的「達人貴自我」；而Egoism他翻譯成「自利說、主我論、利己主義、愛己主義」等等。進一步查閱近現代比較重要的幾本辭典，可以概觀近代日本所理解的「利己」、「利他」與當今中文的理解和使用有無歧異。就結論而言是沒有什麼太大的不同。《大漢和辭典》的主編諸橋轍次是東京大學古典講習科出身，中文素養頗為深厚，針對各詞語都在漢語古文獻中找到語源。這部辭典將「利己」解釋為只注重自身利益、追求自身幸福。《廣辭苑》裡收有「利己」、「利他」、「自利」、「私利」等詞，詮釋的內容和《大漢

和辭典》差不多，「利己」、「自利」、「私利」是僅注重個人利益，
「利他」則是犧牲自身利益來成全他人的利益。森岡健二所編的《近
代語の成立》則只收錄西周所翻譯的「利學」一詞。

　　惣鄉正明、飛田良文共同編輯的《明治のことば辞典》是一部針
對明治時期使用的詞語進行分析介紹的辭典，書中把「利己」歸類爲
「新語」，並沒有與中國的語源做連結。在「利己主義」詞條中，他
們先徵引了明治時期各種雙語、漢語、熟語辭典，推定「利己主義」
來自《政法哲學》的翻譯。《政法哲學》一書是渡邊治和濱野定四郎
兩人翻譯 Herbert Spencer 的 *Political Institutions* 而成。在第二卷〈政
治組織概論〉中出現這一句：「尋繹各組織之分工，皆主於利己主
義」。

　　可以看到「利己」的翻譯走到這一步，有不少翻譯者和傳教士奠
下基礎——亦即馬禮遜、羅存德、麥都思、衛三畏等人。他們都曾經
進行「利己」相關概念的翻譯。關於 benefit 這個詞，在麥都思和羅存
德的《英華字典》、盧公明的《英華萃林韻府》都收錄這個詞條，以
「利己損人」說明 to benefit one's self and injure others。Enrich 這個詞
在羅存德的《英華字典》中，是以「利己、益己、富己」說明 to
enrich one's self。在麥都思的《英華字典》中則以「利己害人」說明
to enrich one's-self at the expense of others。最早收錄 "Egoism" 這個詞
的是羅存德的《英華字典》，他一開始也沒有翻成「利己」或「自
利」，而是以「自愛、自私、獨知自己、我」來說明 a love of self,
leading a man to himself, as the center。從上述翻譯可以看到對「利己」
相關詞彙及詞義的摸索過程。一直到 1908 年，顏惠慶編纂《英華大
辭典》時，才出現以「利己」說明 an insubordinate regard to self in
one's judgments and passions 的文例。1916 年赫美玲主編的《官話辭

典》也出現以「利己」說明selfishness的文例。另外一個與「利己」相關的語詞是selfish，他在馬禮遜的《英華字典》中就已經出現了，時間算是相當很早。但顯見馬禮遜費了很大工夫去找尋貼切的表述，例如以「私意先起先期預必」說明selfish feeling arising first, prejudice follows。最初步容易找到簡潔的漢語詞來表述西方的概念。經過衛三畏、羅存德、盧公明，來顏惠慶的時候，「自利」、「利己」與selfish的對譯關係逐漸確定下來。至於"selfishness"，馬禮遜一開始便翻譯成「毋我」，從衛三畏、麥都思、羅存德、盧公明都延續了這個選擇，以「無私」、「無我」、「毋我」來翻譯。

　　大致瞭解「利己」概念透過傳教士和知識分子被譯介的狀況後，我想談談這個概念在日本社會中被理解與使用的脈絡。這個詞較多出現於倫理學史著作之中。目前我能找到較早觸及「利己」概念的倫理學著作是1901年出版的，十九世紀問世的著作中我還沒有看到。井上哲次郎的《巽軒論集》有篇文章叫作〈論利己主義功利主義〉，著意於論證「利己」就是「利他」。我想可以簡要地歸納為：「利己」就是不應執著於小我，由於「大我」為許多小我的連結、集合，「利己」推而廣之便是「利他」。1907年中島德藏出版的《日本支那西洋倫理學要領》，第二十六節的標題就是：利己說（快樂說）。早期的倫理學者傾向把利己主義理解為快樂主義。文中指出，不妨礙他人的人，將會受他人所愛，這也是自我快樂的源泉。同時強調一個成熟的利己主義者，所注重的不是眼前短暫的利益，而是長遠的終身的利益，如此則會追求全體的快樂，尋找大家可以一起獲得幸福的方法。再來松村正一在1908年出版的《西洋倫理學批評》有一篇題名為「個人的快樂說（自利、利己、自愛）」，也是把利己主義理解為快樂主義。這篇將西方「利己」（＝「快樂」）的思想發源和傳承，做了

系統的介紹。也把蘇格拉底以降的相關人物之思想與學說內容，進行脈絡性的整理。由上面的例子可知，二十世紀的前十年，日本的知識分子開始認識了「利己」學說並進行傳播。

藤井健治郎在1910年出版的《主觀道德學要旨》，第四講「人格價值（上──利己主義）」篇幅相當長的。他歸納了利己說的要點、介紹此學說在西方的流變、探討其概念和主張，偏重由行為特質和行為結果來分析利己說，也提出了「利己」和「利他」之間的矛盾。1922年土屋幸二的《倫理學原理》第十章「利己說與利他說」則舉出非常多事例來證明人的利他心比利己心更發達。他針對幾篇批評利他說的文章來討論，也提到利他有時必要自我犧牲。見尾勝馬在1926年出版的《哲學新綱》有一篇討論「利己的快樂主義」、「公眾的快樂主義」。他認為「利己的快樂主義」有賴於希臘人所謂的四種主要德性：睿智、節制、勇氣、正義為手段才可能完成；而「公眾的快樂主義」是一種功利主義。荻原擴於同一年出版的《倫理概論》也介紹了利己說跟利他說的內容跟流變，但進一步提出當時社會對這兩個學說的批評，並分析這些批評中的邏輯錯誤。

我目前只閱讀了1920年代為止的倫理學著作，年代更晚的著作還力有未逮。就目前的觀察而言二十世紀早期的倫理學著作著重在利己觀念的引介，將利己認知為快樂，呼籲將之推己及人，達到利他的效用。下一個十年的著作則能夠進入利己概念的內涵，由動機、行為、目的來區別「利己」和「利他」。到下一個十年則轉為批判個人的利己主義。我認為這些變化，一方面反應了各時期的思想潮流，也和日本社會重視的特質有關──比方說，將集團主義將集團組織視為自己的命運共同體，把組織的存續和繁榮是置於個人欲望滿足之前，也可以說是一種「奉公」的精神。不論是在德川時期的家、村落、藩

這樣的組織、集團，或者近現代、現代的公司、社團集團、社會國家等等，基本上延續著這樣一種命運共同體的概念，個人和所屬團體不是對立的，而是一體的關係，一起追求某一個共同的利益和目標。與其說他們重視自由主義，不如說他們更重視團隊精神的價值。

【學術悼文】

紀念尼古拉斯菲利浦森
（Nicholas Phillipson, 1937-2018）

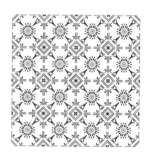

陳正國

目前擔任中央研究院歷史語言研究所研究員，以及中研院政
治思想中心合聘研究員。他的研究興趣從蘇格蘭啓蒙思想出
發。近幾年研究面向擴及整個十八世紀英國的思想史。近年
更積極探討歐洲啓蒙與亞洲歷史的關係。

　　本刊的編輯顧問，蘇格蘭啓蒙研究的先行者與重要學者尼古拉斯菲利浦森（Nicholas Phillipson, 1939-2018）於今年1月24日病逝。本刊謹以此文，略述其學術，以表哀悼與敬意。

　　蘇格蘭啓蒙研究在近四十年有長足的進展，浸浸然與研究傳統相對淵遠的法國啓蒙運動研究有分庭抗禮之勢。這其中的因緣固然很難簡單說明，但菲利浦森無疑在此扮演極爲重要的角色。Colin Kidd曾在 *Modern Intellectual History* 發表過一篇文章，敘述菲利浦森啓蒙研究的特色與貢獻。此文論點深刻，文筆優美，絕對是截至目前最佳的介紹，我無意在此重述，多做贅言。[1] 本文希望從 Kidd 文章未曾述及的重點，說明菲利浦森蘇格蘭啓蒙研究的主要關懷與進路。畢竟本文的主要目的在於對本刊的編輯顧問致上最高敬意。至於詳析其學術成就或意義，則需另謀專文。

　　菲利浦森出生於蘇格蘭，父親爲劍橋大學獸醫學教授。14歲，菲利浦森進入蘇格蘭亞伯丁（Aberdeen）就讀當地的文科中學與大學歷史系；因年紀過小就負笈在外，學習成績不理想。亞伯丁大學畢業後轉入劍橋大學三一學院重讀歷史。當時劍橋講授英國十八世紀歷史者爲欽定講座教授John Plumb，許多出身於劍橋的十八世紀學者如John Brewer, Simon Schama, Roy Porter 等人都與Plumb的教研有密切關係。菲利浦森與上述這些前後屆學友相繼在十八世紀研究領域嶄露頭角。他與以十七世紀思想史研究聞名的Quentin Skinner也頗有交誼，此後也曾一起編輯著作。但論其學術傳承與興趣，菲利浦森與Duncan Forbes（1922-1994）, John Pocock（1924-）, István Hont（1947-

---

1　Colin Kidd, "The Phillipsonian Enlightenment," *Modern Intellectual History,* 11:1（2014）, pp. 175-190.

2013）三人最為接近。此三人均以研究十八世紀政治思想史著稱，但
關心的主題與研究路徑均有明顯差異。

　　雖然菲利浦森的學術成就以十八世紀蘇格蘭啓蒙思想著稱，但他
的博士論文寫的卻是十八至十九世紀蘇格蘭的法律制度——「1785
至1830年間蘇格蘭輝格黨人士與簡易法庭改革」（The Scottish Whigs
and the Reform of the Court of Session 1785-1830）。[2]這份博論的指導教
授也不是當時的劍橋的十八世紀重鎮Plumb，而是黑格爾思想研究專
家，Duncan Forbes。[3]雖為黑格爾專家，Forbes著述不限於一家一地。
他本身具有蘇格蘭貴族的背景。或許緣於此由，他對於蘇格蘭十八世
紀作家多有涉獵，並在上世紀五〇年代發表過幾篇開創性的論文，論
及當時少有人注意的John Millar, James Mill, 以及研究熱潮尚未再興
的Adam Smith等人。[4] Forbes提出「科學的輝格主義」一詞，或許是
受「科學的馬克斯」這種概念的啓發，但對於幫助研究者進入十八世
紀英國政治思想有一定的引導意義與價值。事實上，這概念所反映的
人物與思維，正是後來興起的蘇格蘭啓蒙內容與特質。Forbes 在

2　此論文於1990年出版。根據作者在〈序言〉中自承，此書與博論的內容
　　一字未改。Nicholas Phillipson, *The Scottish Whigs and the Reform of the
　　Court of Session 1785-1830*（Edinburgh: Stair Society, 1990）.
3　與此同時，牛津的十八世紀重鎮則是Hugh Trevor-Roper。Trevor-Roper在
　　1968年出版 *The Scottish Enlightenment*，應是現代學界最早明白標舉「蘇
　　格蘭啓蒙」一詞的論文。
4　D. Forbes, "James Mill and India," in *Cambridge Journal*, 5（Feb. 1951）, pp.
　　19-33. 1954: "Scientific Whiggism: Adam Smith and John Millar," *Cambridge
　　Journal*, 7（1954）, pp. 643-670. 1966: "Introduction" to David Hume, *History
　　of England: The Reigns of James I and Charles I*, Harmondsworth, pp. 7-54.
　　1975: "Sceptical Whiggism, Commerce, and Liberty," in A.S. Skinner and
　　Thomas Wilson（eds.）, *Essays on Adam Smith*（Oxford: Oxford University
　　Press, 1975）, pp. 179-201.

1966年編輯的Adam Ferguson的*An Essay on the History of Civil Society*
是晚近佛格森思想研究復興的里程碑。他為此所寫的〈導論〉本身就
是一篇極佳論文，其論迄今仍具參考價值。[5] Forbes後來更於1975年
出版*Hume's Philosophical Politics*。基於這樣的學承，菲利浦森後來
進入蘇格蘭啓蒙研究領域，並不意外。

　　一九六〇年代英國新成立許多新主流大學，例如University of
Sussex, University of Warrick等等。對師資的需求量相當大。值此之
時，菲利浦森在博士畢業前兩年，亦即1965年，就在愛丁堡大學歷
史系找到講師教職，並於此地持續執教至2004年以Reader身分退
休。[6]因為這份地緣關係，菲利浦森更加鑽進十八世紀蘇格蘭歷史的研
究。值得注意的是，當時愛丁堡大學有「蘇格蘭史系」的設置，專事
蘇格蘭歷史研究。從菲利浦森的觀點來看，蘇格蘭史系的關懷有著地
方主義的狹隘。持平而論，二次大戰以後，大英帝國的沒落不只表現
在海外帝國的消退，也表現在英倫三島內部蘇格蘭、威爾斯、愛爾蘭
的自治呼聲。這些政治作為固然在二十世紀末才有明顯變化，但從
五、六〇年代，就一直有文化上的認同呼求。以蘇格蘭歷史為例，就
是對於賽爾特文化、高地社會、英蘇差異、長老教傳統等等議題的堅
持與研究。而菲利浦森的歷史研究，則是從英蘇文化接觸，以及泛歐
洲的角度來談蘇格蘭啓蒙思想。

　　1970年代，菲利浦森開始正面處理蘇格蘭啓蒙的課題，並隨之
發表一系列文章處理該啓蒙的定義問題。我們或許可以將菲利浦森的

5　直到1995年，此書才被Fania Oz-Salzberger的新編版本取代。
6　在菲利浦森近63歲時，愛丁堡大學提議將他升等為正教授，但菲力浦森
　　婉拒了這個好意。因為根據當時制度，正教授必須在63歲退休，而
　　Reader或Lecturer則可以專任至65歲。

蘇格蘭啓蒙定義稱爲「聯合法案理論」。他認爲，蘇格蘭啓蒙不只是一種思想創新，更是一種社會流動與改革運動。上述這些運動或作爲，都必須放在1707年，英蘇聯和法案（The Act of Union）的背景下來理解。菲利浦森認爲，聯合法案使得蘇格蘭貴族失去了政治中心來施展政治的關懷、利益或野心。除了少數移到倫敦政治中心的菁英，這些失去國會的蘇格蘭貴族轉而將注意力放在社會與文化的改造之上。一方面，許多改革社團相繼出現（他們改革的對象是中下階級與貧窮的蘇格蘭）；另一方面，他們的年輕子弟，也就是大衛休姆（David Hume）與亞當史密斯（Adam Smith）等人，則顯露智識上的叛逆仕紳子弟的傾向，在政治乃至世界觀上採取懷疑與批判的態度。這樣的論點顯然是受到他的博士論文研究的影響與暗示。法律在英國是貴族與仕紳子弟經常被期待的事業。前述Forbes是蘇格蘭貴族之後。菲利浦森在撰寫博論期間經常需要使用藏在蘇格蘭貴族家庭中的私人信件與檔案。沒有好的介紹人，這樣的研究會相當吃力。曾經在蘇格蘭貴族家庭與文化有所領略的菲利浦森將蘇格蘭啓蒙放在貴族的社會轉向，毋寧是可以理解的事。然而這個貴族特色隨著菲利浦森對蘇格蘭啓蒙研究的進展而與之淡化，終至扮演相當不起眼的角色。

菲利浦森在70年代的學思成果，可以1981年所發表的〈蘇格蘭啓蒙〉（The Scottish Enlightenment）爲結論。本文收錄在Roy Porter與Mikuláš Teich合編的《國族脈絡下的啓蒙運動》（The Enlightenment in National Context）一書之中。劍橋大學在當時出版一系列national context的書籍，包括《國族脈絡下的宗教改革》、《國族脈絡下的浪漫主義》、《國族脈絡下的文藝復興》等等。這固然反映了學術的分工與發展，也代表了以Quentin Skinner等人爲代表的脈絡主義思想史研究的擅場。菲利浦森延續他的「聯合法案理論」來定位蘇格蘭啓蒙

的時間。但這一次，他則呼應了John Pocock的著作，強調蘇格蘭啓蒙運動的政治思想與政治文化。Pocock在1975年出版了爾後膾炙人口的宏著《馬基維利的時刻：佛羅倫斯政治思想與大西洋共和傳統》（*The Machiavellian Moment: Florentine Political Thought and Atlantic Republican Tradition*）。菲利浦森則在〈蘇格蘭啓蒙〉這篇文章，強調蘇格蘭啓蒙與蘇格蘭的共和思想有關。而此共和思想主要表現在Andrew Fletcher的政治思想。菲利浦森稱Fletcher爲「蘇格蘭啓蒙的意識形態之父」。Fletcher的主要論述在於積極提倡蘇格蘭民兵制度。他強調，唯有這個制度以及其所顯示的共和主義，才能保存蘇格蘭自古以來的「獨立」地位與自由狀態，卻又適合商業與貿易逐漸發達的蘇格蘭未來。有意思的是，菲利浦森所謂的「之父」，不能當作權威或傳統來理解，而是帶有佛洛伊德依底帕斯的語意的「之父」。菲利浦森認爲，Fletcher的共和主義論述，一方面掀起蘇格蘭人對於「聯合法案」的歷史意義的爭辯，另一方面則刺激了休姆、亞當史密斯等人致力於探討「人的科學」（the Science of Man）的智識活動。

在蘇格蘭啓蒙研究的奮進路程中，有幾個重要的事件。其中之一，是格拉斯哥大學陸續於1976年所出版的亞當史密斯著作集。依筆者之見，此一出版計畫的原始意圖與蘇格蘭啓蒙研究這一新興領域的關係不大，主要還是爲了慶祝《國富論》出版兩百周年，並紀念史密斯這位格拉斯哥大學的校友以及前教授。因爲全集的主事者Ronald Meek是一位左派史家，他更關心的議題是史密斯思想與後來進步史觀，尤其是馬克思主義的內在關係。然而這個全集出版的非意圖結果，則是爲蘇格蘭啓蒙研究添加了豐盛的薪材。就在《國族脈絡下的啓蒙運動》出版的同一年，同樣是在劍橋大學，學者們召開了一場學術會議，主題是富裕與德性（wealth and virtue）。會議論文後來改寫

出版，以Istvan Hont 及 Michael Ignatieff掛名編者，集爲《富裕與德性：蘇格蘭啓蒙政治經濟學的形塑》（*Wealth and Virtue: the Shaping of Political Economy in the Scottish Enlightenment*），於1983年由劍橋大學出版。合集的歷史學者包括了John Dunn, István Hont, John Pocock, David Lieberman, Franco Venturi, John Robertson, Donald Winch, Peter Jones, T. C. Smout, Michael Ignatieff, James Moore 等人。當然，還包括了菲利浦森。無論從任何時間來看，這份名單絕對是研究蘇格蘭啓蒙以及十八世紀政治經濟學學者的夢幻團隊。菲利浦森在此發表〈亞當史密斯作爲公民道德論者〉（Adam Smith as civic moralist）。這當然還是延續了Pocock 的共和主義研究的傳統，強調公民德性的論述。不過，菲利浦森在此已經清楚分析，亞當史密斯的道德論述有幾層不同的指涉對象。而其中，最主要訴諸的對象是一般城民或民眾。換言之，菲利浦森所關心的公民德性已經不是馬基維利、哈靈頓（James Harrington）或是美國建國之父們所提倡的關注上層政治所需要的共和主義精神，而是維持高尚社會秩序的常民德性。

　　這篇文章固然在現代亞當史密斯研究史中佔有一定的地位，更在菲利浦森的個人研究生涯中，具標示性意義。第一，此文是菲利浦森研究亞當史密斯的序幕。往後三十年裡，儘管他很少再發表以史密斯爲名的文章，但他其實一直在思考如何書寫一本史密斯專書。這個想法終於在2010年實現。這一年他出版了《亞當史密斯：一曲眞正啓蒙的生命》（*Adam Smith: An Enlightened Life*）。[7]第二，如上所述，他

---

7 此書當年獲得Saltire Society 所頒發的年度蘇格蘭研究書籍獎 （The Scottish Research Book of the Year），以及美國十八世紀研究學會兩年一度的 Annibel Jenkins Biography Prize（2011-2013）。此書以「已啓蒙」（enlightened）爲副標，應該是取康德（Immanuel Kant）論啓蒙運動的旨

的蘇格蘭啓蒙圖像，逐漸從 Andrew Fletcher 或 Pcocok 的共和精神命題，逐漸轉向以 Adam Smith 為代表的城市文化、居民德性的書寫。從政治經濟學或社會型態的角度來看，菲利浦森晚年的寫作就是以商業社會的文化與秩序為核心。這讓他的研究與 Istvan Hont 有關商業社會與政治的研究有更多的對話。[8]

　　菲利浦森晚年曾在非公開場合講過兩句話，可以大略描述他如何在智識上處理、面對蘇格蘭啓蒙研究的態度。他說，「啓蒙運動（只）是一個方便。」菲利浦森是個資深音樂迷，長年贊助音樂與文化活動，同時也是愛丁堡音樂節的顧問。在他 2018 年 2 月 23 日的葬禮上，蘇格蘭國家管弦樂團現場為他演奏。當他說「啓蒙運動只是一個方便」時，態度就像音樂訴諸超越智性推理的表現一樣，並未加以深論。筆者對此話的理解是：「啓蒙運動」這概念可能／可以讓許多自然的事實成為史實，讓許多問題、課題成為有意義的研究對象，讓舞台上的人物、聲音、故事有個背景。沒了它，許多歷史一樣可以被敘述，但敘述的方式肯定就會不一樣，結論不一樣，意義、深刻性、教誨性也都會有所不同。而「啓蒙運動」之所以是個相對較好的歷史凝劑概念，在於它具有聯動性，具普遍性同時有可比較性─簡言之，它可以清楚標示歷史時間與歷史敘述的動向。當然，任何一種強勢歷史書寫都有固化與排他的後果，研究者必須謹慎面對。尤其，若一直深究何謂啓蒙，企圖去掌握它的「眞義」與「本質」，就好比專注在背景布幕上，而忘了欣賞台上的表演；好比買了櫝卻還了珠。當菲利

意─歐洲正在啓蒙的當頭，但尚未眞正啓蒙。

8　有關 Hont 的生平與學術可參考蔡孟翰先生文章，詳見蔡孟翰、John Dunn，〈紀念洪特伊斯凡先生（Istvan Hont）學思〉，《思想史》，1（臺北，2013），頁 427-438。

浦森還是一名年輕講師，正汲汲營營建立蘇格蘭啓蒙研究領域，希望
在此闖開天地時，曾經寫過一篇名爲〈尋求蘇格蘭啓蒙的定義〉的文
章。他的晚年談話，應該不是否定這個領域，而是隨著研究經驗與智
慧的增長而更加確定，一個領域是由其他領域共同定義的。在重重疊
疊的領域定義中，研究者終究會清楚體認，所謂定義只是研究過程的
概念工具，不能，也不應該取代故事本身的意義。

　　那麼，菲利浦森的終極故事是甚麼呢？他說，「蘇格蘭啓蒙研究
的終極目標在於如何脈絡化大衛休姆與亞當史密斯。」乍聽之下，這
句話頗爲專斷。這個專斷性質來自於菲利浦森不相信所謂二流思想家
或作家更能代表時代這種直觀的泛論。精彩而偉大的思想家、作家永
遠是思想史家關心的核心對象。顯然，認爲精彩的思想家更能彰顯時
代精神，與黑格爾傳統很親近。歷史研究的關鍵則在於，如何才能更
好地理解、再現這些精彩的作家們。在思考這樣的問題時，菲利浦森
基本上走的還是脈絡主義的路，強調同情的理解，強調深入探問主人
翁的心意與價值觀，同時強調主人翁所處的社會條件與思想模式。雖
然菲利浦森對於其他蘇格蘭啓蒙思想人物如 James Beattie, Dugald
Stewart, William Robertson，甚至 Thomas Reid 都有相當好的理解，也
曾經寫過相關的好作品，但在他研究生涯的最後二十年，他多數精力
畢竟還是放在大衛休姆與亞當史密斯兩人身上。早在1989年菲利浦
森就出版過一本討論休姆史學的專書。此後也寫過幾篇相關論文。對
菲利浦森而言，休姆的重要意義在於以經驗論的哲學立場，反對黨同
伐異的歷史書寫，反對新教的神學政治。而休姆本人所提倡的時代關
鍵概念則是意見（opinion）與斯文（或文雅）（politeness）。菲利浦
森的休姆研究的重要貢獻在於，透過他的研究，人們更清楚知道，休
姆所展示的，不是立場，甚至是一種反立場。但這樣的反立場，不表

示沒有原則或宣稱歷史沒有某種可預測的動向。換句話說，在批判激進改革時，休姆不會落入保守派的窠臼，一樣可以支持改革或革命。重點是支持的理由不是出自個人的信念，而是社會的意見或共識。意見與斯文不會憑空出現，也不是靠說教就會成事。它們與社會條件以及社會實踐是一體的兩面。

　　菲利浦森最重要的學術與書寫事件當屬在 2010 年底出版的亞當史密斯傳記。本書以編年為綱，卻又巧妙的隨著時間帶出不同層次的歷史課題，井然有序。作者似乎刻意淡化他原本擅長的分析式的學術語言，強調敘述。文字洗鍊優雅，顯然與他關心的文雅文化相符。這本書讓他宣示了三十年的書寫心願終於得償。本書有相當篇幅處理了休姆。菲利浦森仍是一貫以「人的科學」這智識計畫來理解休姆的一生書寫。在此一傳記，他精確的將史密斯視為對盧梭與休姆的批判性繼承。換言之，讀者可從本書，一窺菲利浦森念茲在茲的啓蒙研究重心—脈絡化休姆與史密斯—的精闢（史密斯）梗概（休姆）。菲利浦森不是著作等身型的學者。但是他對蘇格蘭啓蒙研究的巨大貢獻無人可以懷疑。這些貢獻不呈顯於累碩的著作，而在於他開拓的精神以及對關鍵議題與研究方向的引領。

菲利浦森著作目錄

書籍：

1989（2011, Yale University Press）, *Hume*, London: Weidenfeld & Nicolson.

1990, *The Scottish Whigs and the Reform of the Court of Session 1785-1830*, Edinburgh: Stair Society.

2010, *Adam Smith: An Enlightened Life*, New Haven: Yale University Press.

編著：

1970, Nicholas Phillipson and Rosalind Mitchison（eds.）, *Scotland in the Age of Improvement*, Edinburgh: Edinburgh University Press.

1983, Nicholas Phillipson（ed.）, *Universities, Society, and the Future: A Conference Held on the 400th Anniversary of the University of Edinburgh*, Edinburgh: Edinburgh University Press.

1993, Nicholas Phillipson and Quentin Skinner（eds.）, *Political Discourse in Early Modern Britain*, Cambridge: Cambridge University Press.

2003, Robert Anderson, Michael Lynch and Nicholas Phillipson（eds.）, *In the University of Edinburgh: An Illustrated History*, Edinburgh: Edinburgh University Press.

論文：

1969, "Nationalism and Ideology," in J.N. Wolfe（ed.）, *Government and Nationalism in Scotland: An Enquiry by Members of the University of Edinburgh*, Edinburgh: Edinburgh University Press, pp. 168-186.

1970, "Scottish Public Opinion and the Union in the age of the Association," in Nicholas Phillipson and Rosalind Mitchison（eds.）, *Scotland in the Age of Improvement*, Edinburgh: Edinburgh University Press, pp. 125-147.

1973, "Scott as Story-teller: An Essay in Psychobiography," in A.S. Bell（ed.）, *Scott Bicentenary Essays*, Edinburgh and London, pp. 87-100.

1973, "Towards a Definition of the Scottish Enlightenment," in P. Fritz and D. Williams (eds.), *Society in the Eighteenth-century*, Toronto: Hakkert, pp. 125-147.

1974, "Culture and society in the 18th century province: the case of Edinburgh and the Scottish Enlightenment," in Lawrence Stone & Nicholas Phillipson (eds.), *The University in Society*, New Jersey: Princeton University Press, Vol. II, pp. 407-448.

1974, "Henry Thomas Buckle on Scottish History and the Scottish Mind," in *History of Education Quarterly*, 14:3 (Autumn 1974), pp. 407-417.

1976, "Lawyers, Landowners and the Civic Leadership of Post-Union Scotland," in D. N. MacCormick (ed.), *Lawyers in their Social Setting: Wilson memorial lectures*, University of Edinburgh, Edinburgh: Green.

1976, "Lawyers, Landowners and the Civic Leadership of Post-Union Scotland," *Juridical Review*, 21 (1976), pp. 97-120.

1978, "James Beattie and the Defence of Common Sense," in B. Fabian (ed.), *Festschrift für Rainer Gruenter*, Heidelberg, 1978, pp. 145-154.

1978, "Boswell at Forty," *Times Literary Supplement*, 5 (May 1978), pp. 490-491.

1979, "Hume as Moralist: A Social Historian's Perspective," in S. C. Brown (ed.), *The Philosophers of the Enlightenment*, Brighton: Harvester Press, pp. 140-161.

1980, "The Social Structure of the Faculty of Advocates in Scotland 1661-1840," in A. Harding（ed.）, *Law-making and Law-makers in British History*, London: Royal Historical Society, pp. 145-156.

1981, "The Scottish Enlightenment," in Roy Porter and Mikuláš Teich（eds.）, *The Enlightenment in National Context*, Cambridge: Cambridge University Press, pp. 19-40.

1981, "The Scottish Enlightenment and the Science of Man," *Theoretische Geschiedenis*, 8（1981）, pp. 3-19.

1981, "The Evangelist of Common Sense," *Times Literary Supplement*,（23 Oct.）, pp. 1245-1246.

1983, "Adam Smith as civic moralist," in Istvan Hont and Michael Ignatieff（eds.）, *Wealth and Virtue: The Shaping of Political Economy in the Scottish Enlightenment*, Cambridge: Cambridge University Press, pp. 179-202.

1983, "The Pursuit of Virtue in Scottish University Education: Dugald Stewart and Scottish Moral Philosophy," in Nicholas Phillipson（ed.）, *Universities, Society, and the Future: A Conference Held on the 400th Anniversary of the University of Edinburgh*, Edinburgh: Edinburgh University Press, pp. 575-586.

1987, "Politics, Politeness and the Anglicization of Early Eighteenth-century Scottish Culture," in Roger A. Mason（ed.）, *Scotland and England, 1286-1815*, Edinburgh: John Donald, pp. 226-247.

1988, "Commerce and Culture in Scottish University Education," in Thomas Bender (ed.), *The University and the City: from Medieval Origins to the Present*, Oxford: Oxford University Press, pp. 100-118.

1993, "Politics and Politeness in the Philosophy of David Hume," in Gordon J.Schochet (ed.), *Politics, Politeness, and Patriotism*, Washington D.C.: Folger Institute, pp. 305-318.

1993, "Politeness and Politics in the Reigns of Anne and the Early Hanoverians," in J.G.A. Pocock et. Al. (eds.), *The Varieties of British Political Thought, 1500-1800*, Cambridge: Cambridge University Press, pp. 211-245.

1993, "Propriety, Property and Prudence: David Hume and the Defence of the Revolution," in Nicholas Phillipson and Quentin Skinner (eds.), Political Discourse in Early Modern Britain, Cambridge: Cambridge University Press, pp. 302-320.

1997, "Providence and Progress: an Introduction to the Historical Thought of William Robertson," in Stewart J. Brown (ed.), *William Robertson and the Expansion of Empire*, Cambridge: Cambridge University Press, pp. 55-73.

2000, "Language, Sociability and History: some Reflections on the Foundations of Adam Smith's Science of Man," in Stephen Collini et al. (eds.), *Economy, polity and society: British intellectual history, 1750-1950*, Cambridge: Cambridge University Press, pp. 70-84.

書評：

1978, "Reviewed Work: Hume's Philosophical Politics by Duncan Forbes," in *The English Historical Review*, 93:366 (Jan. 1978), pp. 130-132.

1978, "Reviewed Work: Social Science and the Ignoble Savage by Ronald M. Meek," in *The English Historical Review*, 93:367 (Apr. 1978), pp. 450-451.

1978, "Reviewed Work: The Scottish Enlightenment: A Social History by Anand C. Chitnis," in *The English Historical Review*, 93:368 (Jul. 1978), pp. 671-672.

1978, "Reviewed Work: Tradition and Change in English Liberal Education: an essay in history and culture by Sheldon Rothblatt," *History*, 63:207 (1978), pp. 172-173.

1981, "Reviewed Work: System of Social Science: Papers Relating to Adam Smith by Andrew S. Skinner," *History*, 66:216 (1981), pp. 141-142.

1985, "Reviewed Work: Church, Politics and Society: Scotland, 1408-1929 by Norman MacDougall," *The Journal of Modern History*, 57:4 (Dec. 1985), pp. 737-739.

1990, "Reviewed Work: The Classical Country House in Scotland, 1660-1800 by James MacAulay," *The English Historical Review*, 105:417 (Oct. 1990), pp. 1035-1036.

1991, "Reviewed Work: Aberdeen and the Enlightenment by Jennifer J. Carter, Joan H. Pittock," *The English Historical Review*, 106:418 (Jan. 1991), pp. 203-204.

1992, "Reviewed Work: Scotland and America in the Age of Enlightenment by Richard B. Sher, Jeffrey Smitten," *History*, 77:251 (Oct. 1992), pp. 433-434.

1993, "Reviewed Works: Philosophy and Science in the Scottish Enlightenment by Peter Jones; Improvement and Enlightenment: Proceedings of the Scottish Historical Studies Seminar, 1987-88 by T. M. Devine; Studies in the Philosophy of the Scottish Enlightenment by M. A. Stewart," *The English Historical Review*, 108:426 (Jan. 1993), pp. 211-212.

1993, "Reviewed Work: Britons: Forging the Nation, 1707–1837 by Linda Colley," *History*, 78:254 (Oct. 1993), pp. 516-517.

1995, "Reviewed Work: Shaftesbury and the Culture of Politeness: Moral Discourse and Cultural Politics in Early Eighteenth Century England by Lawrence E. Klein," *History of Political Thought*, 16:3 (Autumn 1995), pp. 466-468.

1996, "Reviewed Work: Subverting Scotland's past. Scottish Whig Historians and the Creation of an Anglo-British Identity by Colin Kidd," *The English Historical Review*, 111:441 (Apr. 1996), pp. 486-487.

2003, "Reviewed Work: The Scottish Enlightenment: Essays in Reinterpretation by Paul Wood," in *The English Historical Review*, 118:475 (Feb. 2003), p. 234.

《思想史》稿約

1. 舉凡歷史上有關思想、概念、價值、理念、文化創造及其反思、甚至對制度設計、音樂、藝術作品、工藝器具等之歷史理解與詮釋，都在歡迎之列。

2. 發表園地全面公開，竭誠歡迎海內外學者賜稿。

3. 本學報爲年刊，每年出版，歡迎隨時賜稿。來稿將由本學報編輯委員會初審後，再送交至少二位專家學者評審。評審人寫出審稿意見書後，再由編委會逐一討論是否採用。審查採雙匿名方式，作者與評審人之姓名互不透露。

4. 本學報兼收中（繁或簡體）英文稿，來稿請務必按照本刊〈撰稿格式〉寫作。中文論文以二萬至四萬字爲原則，英文論文以十五頁至四十頁打字稿爲原則，格式請參考 *Modern Intellectual History*。其他各類文稿，中文請勿超過一萬字，英文請勿超過十五頁。特約稿件則不在此限。

5. 請勿一稿兩投。來稿以未曾發表者爲限，會議論文請查明該會議無出版論文集計畫。本學報當儘速通知作者審查結果，然恕不退還來稿。

6. 論文中牽涉版權部分（如圖片及較長之引文），請事先取得原作者或出版者書面同意，本學報不負版權責任。

7. 來稿刊出之後，不付稿酬，一律贈送作者抽印本30本、當期學報2本。

8. 來稿請務必包含中英文篇名、投稿者之中英文姓名。論著稿請附中、英文提要各約五百字、中英文關鍵詞至多五個；中文書評請加附該書作者及書名之英譯。

9. 來稿請用眞實姓名，並附工作單位、職稱、通訊地址、電話、電子郵件信箱地址與傳眞號碼。

10. 投稿及聯絡電子郵件帳號：intellectual.history2013@gmail.com。

《思想史》撰稿格式

（2013/08修訂）

1. 橫式（由左至右）寫作。
2. 請用新式標點符號。「」用於平常引號，『』用於引號內之引號；《》用於書名，〈〉用於論文及篇名；英文書名用 Italic；論文篇名用" "；古籍之書名與篇名連用時，可省略篇名符號，如《史記・刺客列傳》。
3. 獨立引文每行低三格（楷書）；不必加引號。
4. 年代、計數，請使用阿拉伯數字。
5. 圖表照片請注明資料來源，並以阿拉伯數字編號，引用時請注明編號，勿使用"如前圖"、"見右表"等表示方法。
6. 請勿使用："同上"、"同前引書"、"同前書"、"同前揭書"、"同注幾引書"，"ibid.,""Op. cit.,""loc. cit.,""idem"等。
7. 引用專書或論文，請依序注明作者、書名（或篇名）、出版項。
   A. 中日文專書：作者，《書名》（出版地：出版者，年份），頁碼。
      如：余英時，《中國文化史通釋》（香港：牛津大學出版社，2010），頁1-12。
      如：林毓生，〈史華慈思想史學的意義〉，收入許紀霖等編，《史華慈論中國》（北京：新星出版社，2006），頁237-246。
   B. 引用原版或影印版古籍，請注明版本與卷頁。

如：王鳴盛，《十七史商榷》（臺北：樂天出版社，1972），卷12，頁1。

如：王道，《王文定公遺書》（明萬曆己酉朱延禧南京刊本，臺北國家圖書館藏），卷1，頁2a。

C. 引用叢書古籍：作者，《書名》，收入《叢書名》冊數（出版地：出版者，年份），卷數，〈篇名〉，頁碼。

如：袁甫，《蒙齋集》，收入《景印文淵閣四庫全書》第1175冊（臺北：臺灣商務印書館，1983），卷5，〈論史宅之奏〉，頁11a。

D. 中日韓文論文：作者，〈篇名〉，《期刊名稱》，卷：期（出版地，年份），頁碼。

如：王德權，〈「核心集團與核心區」理論的檢討〉，《政治大學歷史學報》，25（臺北，2006），頁147-176，引自頁147-151。

如：桑兵，〈民國學界的老輩〉，《歷史研究》，2005：6（北京，2005），頁3-24，引自頁3-4。

E. 西文專書：作者—書名—出版地點—出版公司—出版年分。

如：Samuel P. Huntington, *Political Order in Changing Societies* (New Haven: Yale University Press, 1968), pp. 102-103.

F. 西文論文：作者—篇名—期刊卷期—年月—頁碼。

如：Hoyt Tillman, "A New Direction in Confucian Scholarship: Approaches to Examining the Differences between Neo-Confucianism and Tao-hsüeh," *Philosophy East and West*, 42:3 (July 1992), pp. 455-474.

G. 報紙：〈標題〉—《報紙名稱》（出版地）—年月日—版頁。

〈要聞：副總統嚴禁祕密結社之條件〉，《時報》（上海），2922號，1912年8月4日，3版。

"Auditorium to Present Special Holiday Program," *The China Press* (Shanghai), 4 Jul. 1930, p. 7.

H. 網路資源：作者—《網頁標題》—《網站發行機構／網站名》—發行日期／最後更新日期—網址（查詢日期）。

倪孟安等，〈學人專訪：司徒琳教授訪談錄〉，《明清研究通迅》第5期，發行日期2010/03/15，http://mingching.sinica.edu.tw/newsletter/005/interview-lynn.htm（檢閱日期：2013/07/30）。

8. 本刊之漢字拼音方式，以尊重作者所使用者為原則。

9. 本刊為雙匿名審稿制，故來稿不可有「拙作」一類可使審查者得知作者身分的敘述。

《思想史》購買與訂閱辦法

（2014/3/31修訂）

一、零售價格：每冊新臺幣480元。主要經銷處：聯經出版公司官網、
　　門市與全省各大實體書店、網路書店。

二、國內訂閱（全年一冊）：
　　機關訂戶，新臺幣960元；個人訂戶，新臺幣760元；學生訂戶，
　　新臺幣720元。郵政劃撥帳戶「聯經出版公司」，帳號01005593。

三、海外訂閱（全年二冊／3、9月出版）：
　　港澳／大陸地區——航空每年訂費NT$2200元（US$78），
　　　　　　　　　　　海運每年訂費1972元（US$70）
　　亞洲／大洋洲地區——航空每年訂費NT$2342元（US$82），
　　　　　　　　　　　海運每年訂費2086元（US$74）
　　歐美／非洲地區——航空每年訂費NT$2542元（US$90），
　　　　　　　　　　　海運每年訂費2086元（US$74）
　　若需掛號，全年另加US$5

　　請將費用以美金即期支票寄至：
　　臺北市大安區新生南路三段94號1樓　聯經出版公司
　　1F., No.94, Sec. 3, Xinsheng S. Rd., Da'an Dist., Taipei City 106,
　　Taiwan（R.O.C.）
　　TEL：886-2-23620308

Subscription

A. List price: (surface postage included)

Hong Kong, Macao, China US$70 per issue; Asia, Oceania, America, Europe, Australia and Other Areas US$74. (Add US$5 for registered mail)

B. List price: (air mail)

Hong Kong, Macao, China: US$78 per issue; Asia and Oceania Areas US$82 per issue;

America, Europe, Australia and Other Areas: US$90. (Add US$5 for registered mail)

C. Subscription Rate: (2 issues per year)

Please pay by money order made payable to:

Thoughts History, 1F., No.94, Sec. 3, Xinsheng S. Rd., Taipei City 106, Taiwan (R.O.C.)

E-mail : lkstore2@udngroup.com

TEL : 886-2-23620308

FAX : 886-2-23620137

聯 經 出 版 公 司

《思想史》期刊　信用卡訂閱單

訂 購 人 姓 名：_____

訂 購 日 期：_____年_____月_____日

信 用 卡 別：□VISA CARD　□MASTER CARD

信 用 卡 號：_____（卡片背面簽名欄後三碼）_____必塡

信用卡有效期限：_____月_____年

信 用 卡 簽 名：_____（與信用卡上簽名同）

聯 絡 電 話：日(O)：_____　夜(H)：_____

傳 眞 號 碼：_____

聯 絡 地 址：_____

訂 購 金 額：NT$_____元整

發　　　　票：□二聯式　□三聯式

統 一 編 號：_____

發 票 抬 頭：_____

◎若收件人或收件地不同時，請另加塡！

收 件 人 姓 名：□同上_____□先生　□小姐

收 件 人 地 址：□同上_____

收 件 人 電 話：□同上 日(O)：_____　夜(H)：_____

※ 茲訂購下列書籍，帳款由本人信用卡帳戶支付

訂閱書名	年／期數	寄送	掛號	金額
《思想史》	訂閱____年	□ 航空 □ 海運	□ 是 □ 否	NT$

訂閱單塡妥後

1. 直接傳眞FAX：886-2-23620137

2. 寄臺北市大安區新生南路三段94號1樓　聯經出版公司 收

　 TEL：886-2-23620308

思想史

思想史 8

2018年12月初版　　　　　　　　　　　　　　　定價：新臺幣480元

有著作權·翻印必究

Printed in Taiwan.

編　　著	思想史編委會
叢書主編	沙　淑　芬
封面設計	沈　佳　德
編輯主任	陳　逸　華

出　版　者	聯經出版事業股份有限公司	總編輯	胡　金　倫
地　　　址	新北市汐止區大同路一段369號1樓	總經理	陳　芝　宇
編輯部地址	新北市汐止區大同路一段369號1樓	社　長	羅　國　俊
叢書主編電話	(02)86925588轉5310	發行人	林　載　爵
台北聯經書房	台北市新生南路三段94號		
電　　　話	(02)23620308		
台中分公司	台中市北區崇德路一段198號		
暨門市電話	(04)22312023		
台中電子信箱	e-mail：linking2@ms42.hinet.net		
郵政劃撥帳戶	第0100559-3號		
郵撥電話	(02)23620308		
印　刷　者	世和印製企業有限公司		
總　經　銷	聯合發行股份有限公司		
發　行　所	新北市新店區寶橋路235巷6弄6號2樓		
電　　　話	(02)29178022		

行政院新聞局出版事業登記證局版臺業字第0130號

國家圖書館出版品預行編目資料

思想史 8/思想史編委會編著 . 初版 . 新北市 .
聯經 . 2018年12月（民107年）. 408面 .
14.8×21公分（思想史：8）
ISBN　978-957-08-5214-1（平裝）

1.思想史　2.文集

110.7　　　　　　　　　　　　　107018876